Die Denktradition der kritischen Theorie vermag es kaum noch, sich in der Öffentlichkeit zu behaupten. Insbesondere an den Universitäten wird sie von einer irrationalistischen Gegenaufklärung verdrängt, die Vernunft, Wahrheit und Subjekt unter Generalverdacht stellt und dadurch die Perspektive gesellschaftlicher Befreiung verunmöglicht. Wer sich diesem Angriff auf das kritische Denken widersetzen will, muss aber dessen Fundamente selbst prüfen, damit Kritik nicht zum Vorurteil, zur beliebig auf- und absetzbaren Theoriebrille verkommt.

Die im Band versammelten Texte reflektieren vor allem subjekt- und revolutionstheoretische Probleme kritischer Gesellschaftstheorie.

Mit einem Vorwort von Maxi Berger und Philip Hogh und Beiträgen von Johannes Bruns, Lea Fink, Ulrich Mathias Gerr, Michael Heidemann, Simon Helling, Luise Henckel, Carolyn Iselt, Enrico Pfau und Jan Rickermann.

»Beiträge zur kritischen Theorie« ist eine Schriftenreihe der Gesellschaft für kritische Bildung (www.kritischebildung.de).

Jaro Ehlers, Katrin Henkelmann, Micha Keiten,
Askan Schmidt und Andreas Stahl (Hg.)

# SUBJEKT UND BEFREIUNG

## BEITRÄGE ZUR KRITISCHEN THEORIE 1

Mit einem Vorwort von Maxi Berger und Philip Hogh

VERBRECHER VERLAG

Diese Publikation wurde gefördert durch den AStA sowie das Institut für Philosophie der Carl von Ossietzky Universität Oldenburg, die Gesellschaft für kritische Bildung und die Rosa-Luxemburg-Stiftung Rheinland-Pfalz.

Erste Auflage
Verbrecher Verlag Berlin 2022
www.verbrecherei.de


Druck und Bindung: CPI Clausen & Bosse, Leck
Satz: Christian Walter

ISBN 978-3-95732-542-6

Printed in Germany

*Der Verlag dankt Anna-Lena Brunner und Dalina Schambach.*

# INHALTSVERZEICHNIS

# K UND KS

Vorwort von Maxi Berger und Philip Hogh

Wer heute Kritische Theorie betreibt, sieht sich sofort mit der Frage konfrontiert, um welche der unterschiedlichen Erscheinungsweisen, in denen sie heute auftritt, es sich dabei handelt. Denn *die Kritische* Theorie, so die von vielen geteilte Überzeugung, gibt es nicht, sondern stattdessen *kritische* Theorie*n*. Damit sind dann paradigmatisch so unterschiedliche Formen von Theorie und Philosophie gemeint wie der Poststrukturalismus Jacques Derridas, die politische Theorie Hannah Arendts, die Machtkritik Michel Foucaults, der Queerfeminismus Judith Butlers, die Diskursethik Jürgen Habermas' und schließlich auch die negative Dialektik Theodor W. Adornos. Diese Reihe ließe sich noch um einige Autor:innen erweitern. Kritische Theorie scheint, so verstanden, also keineswegs mehr eine marginalisierte Form sozialphilosophischer Kritik zu sein. Ihre Pluralisierung hat ihr vielmehr in Philosophie, Soziologie, Politikwissenschaften, Literatur- und Kulturwissenschaften selbst zu einigem Einfluss verholfen. Und je krisenhafter die gesellschaftlichen Zustände werden, je offensichtlicher es wird, dass es »so« nicht weitergehen kann – wobei durchaus umstritten ist, worin denn dieses »so« besteht –, desto stärker wächst die Anzahl derjenigen in der akademischen Community, die sich selbst als kritisch bezeichnen, und dies kann dann auch Vertreter:innen eines politischen Liberalismus einschließen.

Der Begriff und das Feld kritischer Theorien sind also umstritten. Denkt man an die frühe Kritische Theorie, so lässt auch diese sich nicht als ein in sich geschlossenes theoretisches Modell verstehen, sonst hätte es beispielsweise die heftigen theoretischen Auseinandersetzungen zwischen Adorno und Benjamin gar nicht geben können. Wie die kapitalistische

Gesellschaft am besten zu kritisieren sei, darüber wurde auch in den 1930er-Jahren massiv gestritten. Und auch nach der Rückkehr aus dem Exil beabsichtigten Adorno und Horkheimer keineswegs, so etwas wie eine Schule zu gründen und ein theoretisches Programm zu entwickeln, hinter dem die Divergenz der vielen unterschiedlichen Arbeiten, die dann in Frankfurt entstanden, verschwinden würden.

Weder ist die ältere Kritische Theorie heute eine dominante theoretische Strömung, noch beabsichtigte sie, so etwas wie einen Schulgeist hervorzubringen, das haben vielmehr erst Jürgen Habermas und seine Schüler:innen versucht. Es muss deswegen für Verwunderung sorgen, wenn gerade eine in der Akademie kaum noch vertretene Form theoretischer Kritik am Kapitalismus für viele Vertreter:innen kritischer Theorien im Plural häufig als eine Art Pappkameradin fungiert, um diskursiven Distinktionsgewinn einzustreichen. Die ältere Kritische Theorie ist dann ökonomistisch, subjektivistisch, essenzialistisch, eurozentristisch, also all das, was kritische Theorien tunlichst vermeiden wollen – allen voran die kritische Theorie von Adorno, Horkheimer und Kollegen. Zwar bleibt eine genauere Überprüfung solcher Zuschreibungen in den allermeisten Fällen aus, aber das Ticket wurde gelöst und so ist für die akademische Community sichtbar geworden, dass die eigene theoretische Arbeit zwar als Kritik verstanden wird, aber nicht so wie »die Kritik von denen«. Woher das Bedürfnis kommt, die Distinktion gerade in diese Richtung zu betonen, ob es sich dabei um so etwas wie theoretischen Vätermord handelt, oder aber darum, die nicht nur akademischen Konsequenzen von Kritik abzumildern, wäre andernorts zu diskutieren.

Dennoch sollte dieser Befund Skepsis hervorrufen und als zu hinterfragendes Desiderat ernst genommen werden: Ein Diskurs, dessen eigene Genese einerseits durch Distinktion von der alten Kritischen Theorie etwas »gewinnt«, diese andererseits aber nicht immanent kritisiert, sondern hypostasiert, bleibt abstrakt und uneingelöst – ein Forschungsdesiderat, dessen sich die Autor:innen dieses Bandes annehmen.

Theodor W. Adorno, Max Horkheimer und Kollegen haben auf die Dialektik von Aufklärung und damit auch von Kritik hingewiesen. Es ist unbefriedigend, die blinden Flecken von Theorien nur einseitig gegeneinander auszuspielen, weil der Rückzug auf einen Standpunkt der Kritik einseitig bleibt, wenn er seine Abhängigkeit von der jeweils kritisierten Position nicht mitreflektiert. Auf diese Weise verliert noch der kritischste Standpunkt seine Distanz zum kritisierten Gegenstand.

Die Autor:innen dieses Bandes rekurrieren daher – implizit wie explizit – auf die von Adorno entwickelten Begriffe immanenter und transzendenter Kritik, um Erscheinungen der Gegenwart zu analysieren und einzuordnen.

> Immanente Kritik geistiger Gebilde heißt, in der Analyse ihrer Gestalt und ihres Sinnes den Widerspruch zwischen ihrer objektiven Idee und jeder Prätention zu begreifen, und zu benennen, was die Konsistenz und Inkonsistenz der Gebilde an sich von der Verfassung des Daseins ausdrückt.
>
> Adorno, Theodor W., *Kulturkritik und Gesellschaft*, in: ders., *Gesammelte Werke,* Bd. 10.1, Darmstadt 1998, S. 11–30, S. 27.

Hier bleibt uns nur festzustellen, dass sich nicht unbedingt beliebt macht, wer es mit der älteren Kritischen Theorie insoweit ernst meint, dass ihre theoretischen Gehalte für eine Kritik der Gegenwart mit dieser Gegenwart konfrontiert werden, ohne dass zuvor geklärt wird, ob dies eigentlich dem gegenwärtigen Forschungsstand entspricht. Es liegt im Verständnis immanenter Kritik, dass die Konzentration auf den Gegenstand der Kritik eine unverzichtbare Voraussetzung für das Betreiben von Kritischer Theorie ist, weil alle bestehenden Diskurse ihr Maß nur daran haben können. Aber die Beiträge dieses Bandes zeigen nicht nur das. So wenig es ihnen um einen Ahnenkult der Kritischen Theorie geht, so sehr zeigen sie, dass die Auseinandersetzung mit Aspekten der Theorien von Adorno, Horkheimer, Marx und anderen begriffliche Potentiale zu Tage fördert, die für eine Kritik des gegenwärtigen Kapitalismus von Bedeutung sind. Statt die Frage zu stellen, ob die schon mehrere Jahrzehnte alten Arbeiten noch Aktualität beanspruchen können – wobei auch erst einmal zu klären wäre, was Aktualität eigentlich heißen soll –, springen die Autor:innen direkt *in medias res.*

Der Arbeitszusammenhang, der sich in Oldenburg in den letzten Jahren entwickelt hat und in dem die Beiträge entstanden sind und diskutiert wurden, erweist sich in diesem Band als äußerst lebendig, trotz prekärer Arbeitsbedingungen und institutioneller Hürden. Dass wir diesem Arbeitszusammenhang auch einmal angehörten, freut uns ebenso wie die Aussicht, dass er fortbestehen und dieser Band nicht das einzige Dokument bleiben wird, das wir bezeugen dürfen.

Frankfurt und Hannover im Mai 2022

Jaro Ehlers, Katrin Henkelmann, Micha Keiten,
Askan Schmidt und Andreas Stahl

# EINLEITUNG

Der vorliegende Band geht zurück auf eine Veranstaltungsreihe mit dem Titel *Vorträge zur kritischen Theorie*, die von Januar 2021 bis Februar 2022 online sowie an der Carl von Ossietzky Universität Oldenburg stattfand. Sie war aus unserer Idee heraus entstanden, zahlreiche uns wichtig erscheinende, jedoch weithin unbekannte Arbeiten von jüngeren Philosophinnen und Philosophen, insbesondere aus dem Umfeld des Fachschaftsrats Philosophie der Universität Oldenburg, einer breiteren interessierten Öffentlichkeit bekannt zu machen. Zu unserer freudigen Überraschung stieß die Reihe vor allem online auf großes Interesse, was uns dazu brachte, sie zum einen über den Juni 2021 hinaus auszuweiten, und zum anderen die verschriftlichten Vorträge zusammenzutragen, die nun in Form dieses Sammelbandes vorliegen. Die Einzelvorträge der zunächst nicht als thematisch zusammenhängend konzipierten Reihe waren alle grundsätzlich der kritischen Theorie verpflichtet. Es kristallisierten sich zwei thematische Schwerpunkte der Texte heraus, die im Titel *Subjekt und Befreiung* zum Ausdruck kommen.

Die Autorinnen und Autoren eint grundsätzlich ihr Nicht-einverstanden-Sein mit den gegebenen politischen und gesellschaftlichen Verhältnissen, insbesondere der kapitalistischen Produktionsweise, die nach wie vor systematisch Ungleichheit, Unfreiheit, Ideologie, Gewalt und Elend produzieren und daher unter vernünftigen Gesichtspunkten betrachtet nicht haltbar sind. Da eine solche Opposition aber nicht bloß auf der empirischen Erfassung und Beschreibung der Erscheinungen von Herrschaft beruhen kann, sondern diese begrifflich erfassen und einholen muss, bedarf es der Kritik. Kritische Theorie wiederum ist dabei weder als beliebig auf- und absetzbare Theoriebrille noch als Steinbruch zu verstehen, aus dem man sich je nach Forschungsinteresse oder politischer Zweckmäßigkeit bedienen kann. Vielmehr ist sie zu begreifen als »ein menschliches Verhalten, das die Gesellschaft selbst zu seinem Gegenstand hat«[1]. In dieser abstrakten Formulierung steckt schon der entscheidende Gedanke, dass nämlich alles Handeln und Denken konkrete gesellschaftliche Voraussetzungen hat, die es zu reflektieren gilt: Nicht, um diese einfach gedanklich anzuerkennen, sondern um ihre Widervernunft zu Bewusstsein zu bringen, und darauf zu insistieren, dass sie, als gemachte, auch veränderbar sind. Indem sie auf eine bewusste Veränderung des gesellschaftlichen Ganzen zielt, ist kritische Theorie der Vernunft verpflichtet – oder sie ist eben keine. An diesem inhaltlichen Kriterium muss sie gemessen werden. Und eben darum ist sich selbst so nennenden kritischen Theorien mit Misstrauen zu begegnen, die die Vernunft – dann oft charakterisiert als männlich, weiß, europäisch – umstandslos mit derjenigen Herrschaft identifizieren, gegen die sie sich angeblich wenden. Nicht zuletzt als Einspruch gegen einen solchen postmodernen Irrationalismus, der hinter die Aufklärung selbst zurückfällt, sich aber gerne und mit gutem Gewissen das Etikett der Kritik anheftet, ist die Schriftenreihe *Beiträge zur kritischen Theorie* intendiert.

Aufklärung lebendig zu halten, damit ihr Versprechen einmal eingelöst werde – auf diese Programmatik verweist der Titel des vorliegenden ersten Bandes in doppelter Hinsicht: Subjekt und Befreiung, das heißt zum einen anknüpfen an die Tradition der Philosophie und ihren Anspruch, verbindliches Wissen so zu formulieren, dass es jedem denkenden Wesen prinzipiell einsichtig ist; zum anderen an das Erbe der Revolutionsbewegungen, die sich mit der Allgemeinheit im Denken nicht zufrieden geben wollten, sondern die Gesellschaft menschenwürdig einzurichten versuchten. Weil das bis heute nicht gelungen ist, bleibt kritische Theorie notwendig.

In das Spannungsverhältnis zwischen Subjekt und Befreiung führt Michael Heidemanns Text *Von der Totalität zum Totalitarismus. Das Subjekt der Befreiung und seine Unterdrückung in Georg Lukács' Revolutionstheorie* ein. Am autoritären Scheitern der Revolutionstheorie zeigt er ex negativo, dass es keine Befreiung ohne erkennende Subjektivität geben kann, dass es keine Freiheit ohne Einsicht der Individuen gibt. Der

Subjektbegriff fußt dabei auf der cartesianischen Tradition, in der das denkende Ich als unbezweifelbares Fundament aller Erkenntnis begründet wurde. Immanuel Kant formulierte dieses »*Ich denke*, [das] alle meine Vorstellungen begleiten können [muss]«, als Bedingung der Möglichkeit von Erkenntnis überhaupt, die im Subjekt ihren Ort hat.[2] Carolyn Iselt verteidigt in ihrem Aufsatz *Kritik oder Destruktion? Das Subjekt bei Butler, Derrida und Foucault* diesen Subjektbegriff, der die Möglichkeit vernünftiger Urteile und letztlich der Kritik selbst begründet, gegen die im Titel genannten postmodernen Theoretiker. Die Vorgeschichte dieser irrationalistischen Tradition verfolgt Jan Rickermann in seinem Text *Geschichtlichkeit und Revolution. Herbert Marcuses Kritik des Politischen Existentialismus* in Form einer Kritik an Martin Heideggers wirkmächtigem Versuch, die Subjektivität philosophisch zu destruieren. Vor allem zeigt er, wie Herbert Marcuse daran scheiterte, mit Heidegger einen Marxismus der konkreten Praxis zu begründen, und ausgehend von diesem Scheitern zu einem frühen Kritiker des Politischen Existentialismus wurde. Ob nicht schon in der kritischen Theorie selbst Momente der Abschaffung des Subjektbegriffs angelegt sind, erörtert Johannes Bruns in seinem Aufsatz *Bedingungen der Unbedingtheit. Bestimmungen zur Genese der Subjektivität in der »Dialektik der Aufklärung«*. Anhand dieses zentralen Werks argumentiert er, dass Kritik unmöglich wird, wenn Denken und Herrschaft in eins gesetzt werden. Inwiefern das Scheitern der Revolution bei verschiedenen marxistischen Denkern eine Hinwendung zur Metaphysik und einem undogmatischen Marxismus bewirkt hat, zeigt Lea Fink in ihrem Text *1923 – Kritik des Marxismus. Geschichte, Utopie und Metaphysik bei Walter Benjamin, Ernst Bloch und Georg Lukács.* Unter dem Titel *Subversion und Phantasmagorie* beschäftigt sich Ulrich Mathias Gerr mit *Walter Benjamins Bucklicht Männlein*, einer zentralen Allegorie in dessen Werk. An diesem Motiv scheint auf, wie sich Subjektivität an spezifischen historischen Erfahrungen ausbildet und wie diese Erfahrungen durch die Erinnerung subversiv gegen die erlittene gesellschaftliche Beschädigung gewendet werden können. Enrico Pfau geht es in *Die politische Ökonomie der verwalteten Welt oder die Wirklichkeit des Primats der Politik* um die Allgemeinheit des scheinbar verselbstständigten Staates gegenüber den ökonomischen Grundlagen in Friedrich Pollocks Theorie des Staatskapitalismus. Im Mittelpunkt steht dabei die Entsubjektivierung des Individuums in der verwalteten Welt. An die Debatte über die Staatskapitalismusthese anknüpfend, beleuchtet Luise Henckel in ihrem Beitrag das *Verhältnis der Kritischen Theorie zur Kritik der Politik*, welches in besonders pointierter Weise beim *16. Deutschen Soziologentag* 1968 in Frankfurt am Main zur Geltung kam. Hierbei stellt sie insbesondere die Bedeutung der materialistischen Staatstheorie, der Liberalismus- und Wissenschaftskritik als auch der Interpretation des Nationalsozialismus für das Politikverständnis der Frankfurter Schule heraus. Gegen das immergleiche Forttrotten im gesellschaftlichen Dunkel setzt Simon Helling in seinem Text *Produktiver Schmerz anstelle des hilflosen. Funktionen des Widerspruchs im Bildungsprozess: Gegenstand, Herrschaft, Regression* die mühsame Arbeit der Bildung und entfaltet in der Kritik an gängiger Bildungstheorie ein Ideal gelungener (Schul-)Bildung, die aus der begreifenden Verarbeitung von Widersprüchen besteht. So beharrt er auf der Kraft der Subjektivität zur Selbstbefreiung.

Damit bietet der abschließende Text dieses Bandes bereits einen Ausblick auf den geplanten zweiten Band der Reihe *Beiträge zur kritischen Theorie*, der sich umfassend dem Thema Bildungstheorie widmen wird. Die Reihe selbst wird herausgegeben von der *Gesellschaft für kritische Bildung*, die im Februar 2022 entstanden ist und es sich zur Aufgabe gemacht hat, die Auseinandersetzung mit kritischer Theorie auch außerhalb der Universität zu fördern. Diese Auseinandersetzung beschränkt sich keineswegs auf klassische und zeitgenössische theoretische Werke. Genauso wichtig ist es dem Verein, sich aktuellen globalen gesellschaftlichen und politischen, aber auch historischen Gegenständen zuzuwenden. Dabei hegt der Verein mit seiner Arbeit den Anspruch, die Themen und Probleme kritischer Theorie einer breiten Öffentlichkeit zugänglich zu machen – davon zeugen Bildungsseminare, Diskussionsveranstaltungen, Vortragsreihen und unterschiedliche Publikationen.

Ganz herzlich bedanken möchten wir uns bei denjenigen, ohne deren Unterstützung sowohl die Vortragsreihe als auch die Veröffentlichung dieses Bandes nicht möglich gewesen wären: der *Adorno-Forschungsstelle* am *Institut für Philosophie* der *Carl von Ossietzky Universität Oldenburg*, dem *Allgemeinen Studierendenausschuss* der Universität Oldenburg, dem *Fachschaftsrat Philosophie* der Universität Oldenburg, der *Gesellschaft für kritische Bildung* sowie der *Rosa-Luxemburg-Stiftung Rheinland-Pfalz*. Dem *Verbrecher Verlag* danken wir für die sehr gute Zusammenarbeit und insbesondere für die Möglichkeit zur Veröffentlichung der langfristig angelegten Reihe *Beiträge zur kritischen Theorie*. Abschließend gebührt unser besonderer Dank den Autorinnen und Autoren, die diesem Band mit ihren Beiträgen seine konkrete Form gegeben haben.

## ANMERKUNGEN

1 Horkheimer, Max, *Traditionelle und kritische Theorie*, in: ders., *Gesammelte Schriften*, Bd. IV, Frankfurt a. M. 1988, S. 180.

2 Kant, Immanuel, *Kritik der reinen Vernunft (1787)*, in: *Akademieausgabe*, Bd. III, Berlin 1911, B 131 f.; Herv. d. Hg.

Michael Heidemann

# VON DER TOTALITÄT ZUM TOTALITARISMUS

## Das Subjekt der Befreiung und seine Unterdrückung in Georg Lukács' Revolutionstheorie

Mit seiner Aufsatzsammlung *Geschichte und Klassenbewusstsein* (1923) – also vor beinahe einhundert Jahren – reagierte Georg Lukács als einer der ersten marxistischen Intellektuellen in einer geschichtsprägenden Zeit auf die »ideologische Krise«[1] der Arbeiterschaft. Zu Beginn des 20. Jahrhunderts wurde der Glaube des orthodoxen Marxismus an das revolutionäre Subjekt Proletariat erschüttert. Trotz ökonomischer Krise und Massenelend blieb die Revolution in den westeuropäischen Industriestaaten aus. Das Bedürfnis nach theoretischer Absicherung dieser erschütterten Gewissheit kann als das zentrale Movens der gesamten theoretischen Anstrengungen von *Geschichte und Klassenbewusstsein* gelten. Lukács sieht sich genötigt, eine Erklärung für das folgende Problem zu finden: Wie ist es möglich, dass die Arbeiterschaft trotz ökonomischer Krise des Kapitalismus nicht ihre Funktion als »geschichtlich zur Führung berufene Klasse«[2] wahrnimmt, während die Bourgeoisie doch bereits die »Kraft zur Führung unwiederbringlich verloren«[3] habe? Diese Problemstellung bringt Lukács dazu, sich mit den theoretischen Stichwortgebern der Arbeiterbewegung und deren fehlerhafter Marx-Interpretation ebenso auseinanderzusetzen wie mit der kritischen Philosophie Kants und dem Deutschen Idealismus als derjenigen Traditionslinie, ohne die wesentliche Begriffe der Marx'schen Ökonomiekritik nicht denkbar wären. Im berühmten Fetischkapitel von *Kapital* Band 1, das vom traditionellen Marxismus damals noch kaum zur Kenntnis genommen wurde, verortet er die Grundlagen für eine Ideologiekritik des verdinglichten Bewusstseins. Sollte es Lukács gelingen, einerseits die Verstrickung des proletarischen Bewusstseins in die bestehenden Verhältnisse – seine »Verbürgerlichung« – durch Analyse des Phänomens der Verdinglichung ideologiekritisch zu erklären, andererseits aber aus der Stellung der Arbeiter im Produktionsprozess eine »Intention auf die Totalität«[4] zu begründen, durch die ihr Bewusstsein im Gegensatz zu dem der Bourgeoisie über die bloße Unmittelbarkeit der Verhältnisse hinaustriebe, dann ließe sich der obige Widerspruch auflösen. Das Proletariat könnte, befördert durch das in der Kommunistischen Partei inkarnierte »Gewissen seiner geschichtlichen Sendung«[5], doch noch zum Klassenbewusstsein gelangen und seiner geschichtlichen Bestimmung nachkommen, den Sozialismus zu verwirklichen bzw. – negativ gewendet – die Barbarei von der Menschheit abzuwenden. Die als Totalität begriffene und insofern in sich abgerundete Geschichte behielte ihren ganzheitlichen Sinn – zumindest in einer dergestalt hermetischen Theorie.

Lukács' problematische, durch seine philosophischen Lehrer Max Weber und Georg Simmel inspirierte Marx-Interpretation ist bereits häufig und zu Recht kritisiert worden.[6] So identifiziert er etwa die Marx'sche Bestimmung abstrakt menschlicher Arbeit fälschlicherweise mit der Rationalisierung der konkret-nützlichen Arbeit im kapitalistischen Arbeitsprozess und formuliert aufgrund dessen eine tendenziell rückwärtsgewandte Kritik der Arbeitsteilung schlechthin. Ferner unterscheidet er nicht wie Marx zwischen der Arbeitskraft als einer Potenz und ihrer Aktualisierung in der Vergegenständlichung von Arbeitsprodukten, wenn er die Ware Arbeitskraft mit der Ware Arbeit und beide wiederum mit ihrem Träger, dem Arbeiter, in eins setzt. Diese Mängel können als bekannt vorausgesetzt werden. Seltener wird indes thematisiert, wie die von Lukács beabsichtigte theoretische Fundierung des revolutionären Subjekts genau diese Fehlstellen gewissermaßen notwendig macht. Im Folgenden liegt der Fokus deshalb auf dem dritten Unterkapitel des berühmten Verdinglichungsaufsatzes, der den eigentlich revolutionstheoretischen Kern von *Geschichte und Klassenbewusstsein* enthält. Durch den Gang der Realgeschichte mag Lukács' Aufsatzsammlung vordergründig veraltet erscheinen, doch die Widersprüche, in die sich seine Argumentation verstrickt, stehen exemplarisch für eine jede materialistische Theorie, die sich über die Frage nach den apriorischen Bedingungen der

Möglichkeit von Kritik erhaben dünkt und Moralität in Geschichte aufzulösen versucht. Der vorliegende Text will also anhand von Lukács' Aufsatzsammlung grundsätzliche Widersprüche der Revolutionstheorie aufzeigen, ohne damit denjenigen Recht zu geben, die von der Geschichte und vom Klassenbewusstsein gleich gar nichts mehr wissen wollen. Es bleibt nämlich unzweifelhaft das Verdienst von Lukács, die Frage der Revolution überhaupt so ernsthaft gestellt zu haben, und dies auf einem philosophisch-begrifflichen Reflexionsniveau, das später nur noch selten erreicht und in der postmodern destruierten Critical Theory der Gegenwart komplett verloren gegangen ist. Heutige Gesellschaftstheorie formuliert keine Befreiungsperspektive mehr, wenn sie denn überhaupt noch von einem Begriff der Gesellschaft ausgeht. Umso mehr besteht nach wie vor ein Hang zur Denunziation von Freiheit und Autonomie, so als müssten sich die bedrängten Subjekte stets aufs Neue versichern, dass ein Ausbruch aus dem geschichtlichen Kontinuum der Herrschaft unmöglich sei.

## Die »Berufenheit des Proletariats«

Wenn eine jede Revolutionstheorie in sich aporetisch ist, indem sie den historischen Prozess der menschlichen Befreiung gemäß einer erkennbaren Regel konstruiert und somit nach dem Vorbild eines Naturprozesses darstellt, dann muss diese Aporie sich auch in der konkreten Durchführung der geschichtsphilosophischen Konstruktion von Lukács nachweisen lassen. Da die aporetische Form der Revolutionstheorie sich prinzipiell nicht auflösen lässt, erscheint sie zwangsläufig als offener Widerspruch, der in der Begründung des revolutionären Subjekts nach der Seite der reinen Immanenz und nach der Seite der reinen Transzendenz auseinanderfällt. Wenn Lukács gegen den Objektivismus der II. Internationalen zu Recht an das Subjekt der Befreiung und dessen Erkenntnisleistung erinnert, das Klassenbewusstsein dieses revolutionären Subjekts aber zugleich affirmatives Bewusstsein seiner »geschichtlichen Berufenheit«[7] sein soll, dann verschiebt sich das Problem dahingehend, dass es nun die subjektive Erkenntnisleistung und der Entschluss zur Revolution sind, die nach einer erkennbaren Regel aus der Notwendigkeit des immanenten Prozesses folgen sollen. Der Grund der Erkenntnis des gesellschaftlichen Seins soll in diesem selbst liegen. Die »Klassenziele des Proletariats«, so betont Lukács, seien zugleich »die bewußte Verwirklichung der – objektiven – Entwicklungsziele der Gesellschaft«[8]. Denn darüber, dass das Studium der Geschichte die »Universalwissenschaft«[9] sei und das Proletariat ihr gegenüber »keine Ideale zu verwirklichen«[10] hat, besteht zwischen Lukács, dem sozialdemokratischen Theoretiker Kautsky und auch Marx trotz aller Differenzen Einigkeit. Lukács' Einwand richtet sich demnach weniger gegen die vom objektivistischen Marxismus unterstellte Notwendigkeit der Entwicklung als vielmehr dagegen, dass sie als rein passive Erwartung formuliert wird und darin nicht mit dem subjektiven Moment des sich entwickelnden Klassenbewusstseins vermittelt ist. Indem Lukács beansprucht, die vom objektivistischen Marxismus vernachlässigte und von Marx lediglich angedeutete Vermittlung von Subjekt und Objekt, von Theorie und Praxis in seiner Revolutionstheorie konkret zu leisten, muss er das proletarische Klassenbewusstsein einerseits zum bloßen Moment des rein immanenten Prozesses ermäßigen, ihm andererseits als diesem subjektiven Moment aber die Seite der Spontaneität lassen.[11] Um den integrierten »subjektiven Faktor« angereichert, suggeriert seine Revolutionstheorie gegenüber dem Geschichtsdeterminismus Kautskys eine historische Notwendigkeit zweiter Potenz.

Folgt die »geschichtliche Berufenheit« bzw. »Sendung« des Proletariats aus dem immanenten Entwicklungsprozess der Geschichte selbst und entsprechen die »Klassenziele« des Proletariats zugleich den »objektiven Entwicklungszielen« der kapitalistischen Gesellschaft, dann stellt sich die Frage nach dem Verhältnis der historisch gewordenen Totalität der kapitalistischen Produktionsweise zum Ganzen der Geschichte. Wenn erstere nur als endlicher Teil, Entwicklungsstufe, Durchgangsstation der letzteren begriffen wird, hat dies Konsequenzen für die Geltung der Marx'schen Kapitalkritik.

> Den von Marx erkannten ökonomischen Bewegungsgesetzen – mit ihrem spezifisch historischen Charakter – selbst noch einmal eine zu erkennende gesetzmäßige Entwicklung zu unterstellen, ruiniert den Begriff des Gesetzes

und damit den der Erkenntnis. Wenn Gesetze selbst gesetzmäßig entstehen und vergehen, wäre ein solches Gesetz, das jenen Prozess ausdrücken will, selbst historisch dem Entstehen und Vergehen unterworfen usw. Gegen die Absicht wäre damit alle Erkenntnis historisiert und relativ. Es bliebe allein der Subjektivismus der gerade siegreichen Partei(-fraktion).[12]

Die Rede von der geschichtlichen Berufenheit des Proletariats steht dabei nur in einem scheinbaren Gegensatz zu diesem Subjektivismus, vielmehr ist sie deren konsequenter Ausdruck. Denn die beanspruchte Einsicht in das »höhere Gesetz« der Geschichte, durch das die untergeordneten Bewegungsgesetze des Kapitals relativiert und dieses somit notwendig zum Untergang bestimmt wäre, kann dann nur noch die Gestalt einer Offenbarung annehmen, die sich diskursiv nicht vermitteln, sondern allenfalls intellektuell anschauen lässt. Der verborgene Sinn der affirmativ begriffenen geschichtlichen Totalität, die selbst noch durch die Krisen und Katastrophen des Kapitals hindurch auf die finale Erlösung hingeordnet wäre, kann dann nur in ein Bewusstsein fallen, das sich dieser intellektuellen Anschauung fähig dünkte, um hernach prophetisch die berufene Klasse über ihre historische Mission in Kenntnis zu setzen. Die Depotenzierung der begründeten Kapitalkritik zur bloßen Weltanschauung des Marxismus verträgt sich auf diese Weise ganz hervorragend mit ihrer Übersteigerung zur göttlichen Heilsbotschaft in säkularisierter Gestalt. Von der »proletarischen Wissenschaft«[13] ist der Weg nicht mehr weit bis zur Affirmation der »proletarischen Ideologie«[14] und ihrem Herrschaftsanspruch.[15]

## Die »rein abstrakte Negativität« im Dasein des Arbeiters

Hatte Lukács im ersten Abschnitt von *Die Verdinglichung und das Bewusstsein des Proletariats* noch den Nachweis zu erbringen versucht, wie »sich im Laufe der Entwicklung des Kapitalismus die Verdinglichungsstruktur immer tiefer, schicksalhafter und konstitutiver in das Bewußtsein der Menschen«[16] hineinsenkt, soll der dritte Abschnitt *Der Standpunkt des Proletariats* darlegen, wie sich in einer Gegenbewegung das verdinglichte Bewusstsein auf Seiten der Arbeiterschaft prozessual auflöst. Ist das gesellschaftliche Sein im Kapitalismus ein tendenziell vollständig verdinglichtes und sind die Subjekte nach Maßgabe des historischen Materialismus zugleich ausschließlich durch dieses ihr gesellschaftliches Sein bestimmt, steht Lukács vor dem Problem, erklären zu müssen, wie das Proletariat dennoch die Verdinglichung überwinden können soll. Zunächst bestehen keine Anhaltspunkte, weshalb sich aus der unmittelbaren Stellung der Arbeiter im Produktionsprozess ihre Einsicht in das Wesen des objektiven Scheins, also in den Fetischcharakter der Kapitalformen ergeben sollte. Die Stärke der Argumentation lag schließlich bei aller Konfusion von Marx'scher und Weber'scher Terminologie zunächst darin, dass Lukács mit einem Begriff von gesellschaftlicher Totalität die klassenübergreifende »einheitliche Bewußtseinsstruktur«[17] aller Subjekte in der kapitalistischen Gesellschaft zum Thema machte. Hierin bestand der Fortschritt gegenüber einem manipulationstheoretischen Ideologiebegriff des traditionellen Marxismus. Für die Bourgeoisie ebenso wie für das Proletariat erscheinen die historisch spezifischen Vermittlungsformen der kapitalistischen Produktionsweise – Ware, Geld, Kapital – unmittelbar als überhistorische, ewige Vermittlungsformen einer jeden möglichen Vergesellschaftung. Auf dem »Boden der Tatsachen« stehend muss für die eine wie die andere Klasse das Wesen des Kapitalverhältnisses verborgen bleiben. So betont Lukács zu Beginn des dritten Abschnitts erneut, dass »die objektive Wirklichkeit des gesellschaftlichen Seins [...] in ihrer Unmittelbarkeit für Proletariat und Bourgeoisie dieselbe«[18] ist. Nicht nur »teilt« das Proletariat die »Verdinglichung aller Lebensäußerungen« mit der Bourgeoisie, sondern seine Daseinsformen seien so beschaffen, dass sich in ihnen die Verdinglichung sogar »am prägnantesten und penetrantesten, die tiefste Entmenschlichung hervorbringend«[19] äußere.

Ausgerechnet aus dieser »tiefsten Entmenschlichung« soll nun aber gemäß dem Schema des dialektischen Umschlags von Quantität in Qualität das Erkenntnisprivileg des Proletariats folgen. Lukács' Argument ist zunächst ein schlichtes: Der Kapitalist fühle sich in den Verhältnissen wohl, der Arbeiter könne dies nicht. Während nämlich der Kapitalist »die Verwandlung aller Gegenstände in Waren«, die extensive wie intensive Ausdehnung der »quantifizierenden« Warenform, stets nur als »Steigerung der Quantität der Objekte seiner Kalkulation und Spekulation«[20] wahrnehme, bedeute der gleiche Prozess für den Arbeiter eine stetige qualitative Veränderung, da für ihn »die Arbeitszeit nicht nur die Objektsform seiner verkauften Ware, der Arbeitskraft ist [...], sondern zugleich die bestimmende Existenzform seines Daseins als Subjekt, als Mensch.«[21] Könne der individuelle Kapitalist sich im Disponieren über seine Produktionsmittel zumindest dem Scheine nach als autonomes, zwecksetzendes Subjekt erfahren, sei der Arbeiter »in ein bloßes Objekt des Produktionsprozesses«[22] verwandelt. Die Perspektive auf den unendlichen Progress hin zu »einer vollendeten kapitalistischen Durchrationalisierung des gesamten gesellschaftlichen Seins«[23] erscheine für den Kapitalisten als stetige Erweiterung seines Geschäftsfeldes und damit seiner Handlungsmacht, für den Arbeiter hingegen sei es eine »Frage von Gedeihen und Verderben«, den Schein dieses unendlichen Progresses zu durchschauen und sich »über das dialektische Wesen seines Daseins bewußt zu werden«[24]. Dieses dialektische Wesen besteht für Lukács in der absoluten Spaltung von Subjektivität und Objektivität in der Person des vereinzelten Arbeiters. Absolut in Subjekt und Objekt gespalten ist der Arbeiter dadurch, dass er sich zu seinem lebendigen Arbeitsvermögen und damit zu sich selbst wie zu einem Ding zu verhalten hat.

> Die Quantifizierung der Gegenstände, ihr Bestimmtsein von abstrakten Reflexionskategorien kommt im Leben des Arbeiters unmittelbar als ein Abstraktionsprozeß zum Vorschein, der an ihm selbst vollzogen wird, der seine Arbeitskraft von ihm abtrennt und ihn dazu nötigt, diese als eine ihm gehörende Ware zu verkaufen. Und indem er diese seine einzige Ware verkauft, fügt er sie (und da seine Ware von seiner physischen Person unabtrennbar ist: sich selbst) in einen mechanisch-rationell gemachten Teilprozeß ein, den er unmittelbar fertig, abgeschlossen und auch ohne ihn funktionierend vorfindet, worin er als eine rein auf abstrakte Quantität reduzierte Nummer, als ein mechanisiertes und rationalisiertes Detailwerkzeug eingefügt ist.[25]

Ist die »rein abstrakte Negativität im Dasein des Arbeiters« – seine Abgetrenntheit von den materiellen Bedingungen seiner Autonomie – »die objektiv typischste Erscheinungsform der Verdinglichung«, so sei sie

– und das ist der ganze dialektische Trick der Argumentation – »eben deshalb [!] *subjektiv* der Punkt, wo diese Struktur ins Bewußtsein gehoben und auf diese Weise praktisch durchbrochen werden kann.«[26] Aus der »Unmittelbarkeit seines Daseins« scheint für den Arbeiter also plötzlich doch eine Erkenntnis zu erwachsen. »In allen Momenten des Alltagslebens [!], in denen der einzelne Arbeiter sich selbst als Subjekt seines eigenen Lebens vorzukommen scheint, zerreißt ihm die Unmittelbarkeit [!] seines Daseins diese Illusion.«[27] Der aporetische Gedanke einer durch die Verhältnisse erzwungenen Einsicht der Arbeiter in die Negativität ihres Daseins erfährt nun immer weitere Variationen, die doch nur die Unmöglichkeit der theoretischen Herleitung des Übergangs von der objektiven Möglichkeit zur Wirklichkeit des revolutionären proletarischen Klassenbewusstseins immer wieder aufs Neue unter Beweis stellen: »Gerade dadurch [!]«, dass der Arbeiter gezwungen sei, »sein Zurwarewerden, sein Auf-reine-Quantität-Reduziertsein als Objekt des Prozesses zu erleiden«, werde er »über die Unmittelbarkeit dieses Zustandes hinausgetrieben«[28]. Aus der vollständigen Fungibilität des Arbeiters folge seine Fähigkeit, diesen Zustand zu begreifen, »gerade weil [!] dabei die Verdinglichung ihren Höhepunkt erreicht«[29]. Phrasen wie »gerade dadurch« und »gerade weil« fallen hier auf, weil sie Subreptionen dialektischer Umschläge durch den bewusst offen formulierten Widerspruch kaschieren sollen. Gleichsam weil er am eigenen Leib erfahre, was es heißt, Ware zu sein, sei der Arbeiter zur Erkenntnis der Totalität der auf Warenproduktion beruhenden Gesellschaft fähig. Lukács beschreibt diesen Erkenntnisprozess grammatikalisch im zur Darstellung der Wirklichkeit vorgesehenen Indikativ:

> Vor allem kann sich der Arbeiter über sein gesellschaftliches Sein nur dann bewußt werden, wenn er über sich selbst als Ware bewußt wird. Sein unmittelbares Sein stellt ihn […] als reines und bloßes Objekt in den Produktionsprozeß ein. Indem sich diese Unmittelbarkeit als Folge von mannigfaltigen Vermittlungen erweist, indem es klar zu werden beginnt, was alles diese Unmittelbarkeit voraussetzt, beginnen die fetischistischen Formen der Warenstruktur zu zerfallen: der Arbeiter erkennt sich selbst und seine eigenen Beziehungen zum Kapital in der Ware. Soweit er noch praktisch unfähig ist, sich über diese Objektrolle zu erheben, ist sein Bewußtsein: *das Selbst-*

> *bewußtsein der Ware;* oder anders ausgedrückt: die Selbsterkenntnis, die Selbstenthüllung der auf Warenproduktion, auf Warenverkehr fundierten kapitalistischen Gesellschaft.[30]

Um argumentativ abzustützen, weshalb diese Selbsterkenntnis der kapitalistischen Gesellschaft ausschließlich in das Bewusstsein des Arbeiters fallen kann, warum nur er und nicht etwa jedermann zum »Selbstbewusstsein der Ware« fähig ist, grenzt Lukács das »unmittelbare Sein« des Arbeiters nochmals von anderen gesellschaftlichen Gruppen ab. Gerade die eintönig-geistlose Gestalt der Fabrikarbeit bewahre den Arbeiter davor, sich in seiner entfremdeten Tätigkeit befriedigt zu finden. Ganz anders sähe es im Journalismus und in der Bürokratie aus, wo die Warenstruktur »hinter einer Fassade der ›geistigen Arbeit‹, der ›Verantwortung‹ usw. [...] versteckt«[31] sei. Hier sei die nahezu vollständige Identität von Person und Funktion erreicht, denn: »Je tiefer die Verdinglichung in die ›Seele‹ des seine Leistung als Ware Verkaufenden reicht, desto täuschender wird dieser Schein«[32]. Ähnlich hatte Lukács bereits im ersten Abschnitt argumentiert. Die Deformation des Individuums zeige sich »umso krasser, je höhere, entwickeltere, ›geistigere‹ Leistungen [die] Arbeitsteilung verlangt«[33]. Dem widerspricht jedoch die Aussage, dass die »völlig mechanisierte, ›geistlose‹ Arbeitsweise der unteren Bureaukratie [...] eine noch monströsere Steigerung der einseitigen, das menschliche Wesen des Menschen vergewaltigenden Spezialisierung in der Arbeitsteilung«[34] darstelle. Was »vergewaltigt« das von Lukács ganz en passant herbeizitierte »menschliche Wesen« mehr? Lohnarbeit, die auch und insbesondere die intellektuellen und kreativen Fähigkeiten der Menschen mit in Dienst nimmt, oder solche, die die Tätigkeit auf die gedankenlose Verrichtung mechanisierter Bewegungsabläufe reduziert? Dass Lukács sich nicht entscheiden kann, welche Gestalt konkreter Arbeit für den wirklich allerhöchsten Gipfelpunkt der Verdinglichung zu stehen hat,[35] liegt darin begründet, dass er aus ein und demselben Phänomen einerseits die Befangenheit der Subjekte in den Verhältnissen und andererseits die Bedingung der Möglichkeit zur Überwindung dieser Befangenheit erklären will. Weil Lukács den Grund der Erkenntnis der Verhältnisse aus diesen selbst herleiten will und zugleich die Möglichkeit der

Erkenntnis auf eine bestimmte gesellschaftliche Gruppe – das im engeren Sinn in der industriellen Produktion arbeitende Proletariat – beschränkt, ist er genötigt, ungedeckte Spekulationen über die empirisch-psychologische Gemütsverfassung diverser Berufsstände anzustellen.

Zugleich kann er dabei gar nicht ohne einen emphatischen Begriff vom »menschlichen Wesen des Menschen« auskommen, denn ohne einen solchen wären seine ebenso zahlreichen wie uneingestandenen normativen Urteile über die menschenwidrigen Verhältnisse in nichts begründet. Lukács greift auf dieses der gesellschaftlichen Formierung vorgängige menschliche Wesen ganz unvermittelt zurück, es wird von ihm lediglich abstrakt postuliert und nicht näher bestimmt. So behauptet er, dass »der Verdinglichungsprozeß, das Zur-Ware-Werden des Arbeiters ihn – solange er sich nicht bewußtseinsmäßig dagegen auflehnt – zwar annulliert, seine ›Seele‹ verkümmert und verkrüppelt, jedoch gerade sein menschlich-seelisches Wesen nicht zur Ware verwandelt.«[36] Das Erkenntnisprivileg des Proletariats ausgerechnet durch ein aus dem Nichts heranzitiertes »menschlich-seelisches Wesen« untermauern zu wollen, das nicht korrumpierbar sei, widerspricht allen vorherigen Bemühungen von Lukács, ein jedes unmittelbar Gegebenes gemäß dialektischer Methode in reiner Vermittlung aufzulösen. Das menschlich-seelische Wesen kann ihm kein erschlossenes Noumenon etwa im Sinne der kantischen Transzendentalphilosophie sein, da es als solches ein Jenseits zum gesellschaftlichen Sein implizierte. Würde die Geschichte dergestalt »nach einem außer ihr liegenden Maßstab«[37] beurteilt, müsste Lukács sich selbst den Rückfall in die Antinomien des bürgerlichen Denkens ankreiden.[38] Das menschlich-seelische Wesen kann aber auch nicht bloß anthropologisch das empirisch-psychologische Ich meinen, denn dieses ist ja durch die Verdinglichung, die bis in die menschlichen Triebregungen hineinreiche, prinzipiell korrumpierbar und könnte der Revolutionstheorie keinen unverdinglichten »Rest« garantieren. Einerseits ist Lukács also genötigt, auf den traditionell philosophischen Begriff des Wesens zurückzugreifen und ihn als Platzhalter für ein unbestimmtes Transzendentes einzuführen, da er ansonsten keinen Maßstab der Kritik hätte und nicht begründen könnte, warum die Verdinglichung überhaupt ein Problem darstellt. Andererseits muss er dieses den Verhältnissen transzendente

Moment, das den Grund für die Spontaneität der Erkenntnis und Kritik ebendieser Verhältnisse enthalten könnte, immer wieder zurücknehmen und auf das empirische Dasein des Proletariats beschränken, um an der herausgehobenen Erkenntnisposition eines empirisch eindeutig definierbaren revolutionären Subjekts festhalten zu können. Da Lukács in *Geschichte und Klassenbewusstsein* nicht mehr moralisch argumentieren will,[39] schlagen in seinem Rückgriff auf traditionell philosophische Terminologie Positivismus und affirmative Metaphysik fortwährend ineinander um. Wenn er das »Widermenschliche, das alles Menschliche vergewaltigende und vertilgende Wesen des Kapitalismus« brandmarkt, zugleich aber ablehnt, dass »diesem Nichtsein des Menschen« der »seiende Mensch«[40] schlicht als Forderung gegenübergestellt wird, dann ist dies nur vordergründig eine berechtigte Kritik des Utopismus. Denn das Problem der moralischen Forderung ist bei ihm sehr viel profaner gefasst, dass sie nicht zum »Aufzeigen des Weges zur Lösung«[41] taugt, in sich keine erkennbare Regel ihrer Verwirklichung enthält. So ist Lukács zwar darin zu verteidigen, dass er auch nach seiner »Konversion« zum Marxisten nicht davor zurückscheut, affirmativ vom menschlichen Wesen zu sprechen, doch anstatt hieraus die Konsequenz zu ziehen, dass die radikale Kritik nur *einen* Adressaten haben kann, nämlich das vernunftbegabte Sinnenwesen, das nicht in seiner partikularen gesellschaftlichen Bestimmtheit aufgeht, sondern als vernunftbegabtes Sinnenwesen mit allen anderen vernunftbegabten Sinnenwesen gleicher Art im Denken verbunden ist, will er gerade umgekehrt mit dem Wesensbegriff den Partikularismus des revolutionären Subjekts begründen. Der enthaltene Widerspruch ist offensichtlich. Wenn der Kapitalismus widermenschlich ist, dann muss auch der Kapitalist ein Problem darin erkennen können, »nur als Personifikation des Kapitals [...] respektabel«[42] zu sein. Auch Angestellte, Staatsbeamte und Journalisten wären von dieser Erkenntnis nicht prinzipiell auszuschließen. Die Konzentration der kommunistischen Agitation auf die Arbeiterklasse wäre dann allenfalls pragmatisch, nicht jedoch durch ein revolutionstheoretisch konstruiertes Erkenntnisprivileg der Arbeiterklasse zu rechtfertigen.

## Das Proletariat und die »Intention auf die Totalität«

So als wollte Lukács den Einwand vorwegnehmen, dass das wirkliche Klassenbewusstsein des Proletariats sich nicht progressiv aus den objektiven Bedingungen seiner Möglichkeit herausvernünfteln lässt, betont er im Anschluss nochmals ausdrücklich, dass die unmittelbare Stellung der Arbeiter im Produktionsprozess nur den *Ausgangspunkt* für die Entwicklung des Klassenbewusstseins bilden kann. Es sei zu unterscheiden zwischen dem Bewusstsein und dem Selbstbewusstsein der Ware:

> [D]as unvermittelte Bewußtsein der Ware ist, ihrer einfachen Erscheinungsform entsprechend, eben die abstrakte Vereinzelung und die bloß abstrakte bewußtseinsjenseitige Beziehung zu jenen Momenten, die sie gesellschaftlich machen. [...] Daß hier die Unmittelbarkeit verlassen werden muß, ist selbstverständlich.[43]

Weniger selbstverständlich ist, *von wem* die Unmittelbarkeit verlassen wird, denn das empirisch-psychologische Bewusstsein des einzelnen Arbeiters und das Klassenbewusstsein des Proletariats erscheinen gänzlich unverbunden, wenn Lukács über die Einzigartigkeit der Lage des Proletariats schreibt,

> daß das Hinausgehen über die Unmittelbarkeit hier eine – gleichviel ob psychologisch bereits bewußte oder vorerst unbewußt bleibende – *Intention auf die Totalität* der Gesellschaft hat; daß es deshalb – seinem *Sinne* nach – nicht auf einer relativ höheren Stufe der wiederkehrenden Unmittelbarkeit stehen bleiben muß, sondern sich in einer ununterbrochenen Bewegung auf diese Totalität hin, also im dialektischen Prozeß der sich ständig aufhebenden Unmittelbarkeit befindet.[44]

Eine »Intention auf die Totalität« hat das proletarische Klassenbewusstsein plötzlich nur noch »seinem Sinne nach«. Lukács wechselt hier unter der Hand den Gegenstand. Wollte er zuvor noch mit allerlei argumentativer Verrenkung aufzeigen, wie der einzelne empirische Arbeiter zum Klassenbewusstsein gelangt, ist es nun für die Revolutionstheorie gar nicht mehr entscheidend, ob die einzelnen Proletarier sich der Intention, die in ihrem Dasein liegt, bewusst sind oder nicht. Für Lukács genügt nun, dass im Dasein der Arbeiter als Ware dieser »Sinn« von einer gleichsam »höheren Vernunft« aus prinzipiell erkennbar ist. Seine historische Mission muss dem einzelnen Arbeiter also nicht bewusst sein, das Klassenbewusstsein kann ihm genauso gut von einer externen Instanz »zugerechnet« werden.

> Die rationell angemessene Reaktion nun, die [...] einer bestimmten typischen Lage im Produktionsprozeß *zugerechnet* wird, ist das Klassenbewußtsein. Dieses Bewußtsein ist also weder die Summe noch der Durchschnitt dessen, was die einzelnen Individuen, die die Klasse bilden, denken, empfinden usw. Und doch wird das geschichtlich bedeutsame Handeln der Klasse als Totalität letzthin von diesem Bewußtsein und nicht vom Denken usw. des Einzelnen bestimmt und ist nur aus diesem Bewußtsein erkennbar.[45]

Die von Lukács an der Hegel'schen Geschichtsphilosophie kritisierte »Mythologie«, die »ein rätselhaftes Gattungsbewußtsein« zum Demiurgen der Bewegung mache, »dessen Beziehung zu dem und Wirkung auf das Bewußtsein des Einzelnen völlig unbegreifbar«[46] bleibe, ist seiner Konzeption von Klassenbewusstsein nur umso tiefer eingeschrieben. Denn wenn »selbst im ›falschen‹ Bewußtsein des Proletariats, selbst in seinen sachlichen Irrtümern *eine Intention auf das Richtige*«[47] steckt, wie Lukács in seinem Aufsatz *Klassenbewusstsein* (1920) in Kompatibilität zur obigen Formulierung schreibt, dann kommt es auf die genuine Erkenntnisleistung des Einzelnen gar nicht mehr an, da der Erkenntnisprozess immer schon auf die wahre Einsicht hin determiniert ist. Die Beweisführung im genannten Aufsatz hat die Form einer *petitio principii*, indem sie die Selbstbegründung des Absoluten für sich in Anspruch nimmt. Sie ist im strengen Sinne idealistisch. Als zur Herrschaft berufene und die neue historische Entwicklungsstufe repräsentierende Klasse kann sich das Proletariat nur dann selbst erkennen, wenn diese Selbsterkenntnis Erkenntnis der Totalität ist. Zur Erkenntnis der Totalität ist es fähig, weil es die zur Herrschaft berufene Klasse ist.[48] Dementsprechend treten die Individuen und Klassen in Analogie zu den Individuen und Volksgeistern, die in der Hegel'schen Geschichtsphilosophie Funktionsorgane der

Selbstbestimmung des Weltgeistes sind und nun zu Funktionsorganen der Partei werden. »Erst hierdurch [durch die von Lukács unterstellte Intention auf das Richtige; Anm. M. H.] wird der Widerspruch im Klassenbewußtsein des Proletariats lösbar und wird zugleich zum bewußten Faktor der Geschichte.«[49] Der Widerspruch wird *lösbar*, da die wirkliche *Lösung* zwar nach wie vor nur »die Frucht der *bewußten* Tat des Proletariats«[50] selbst sein kann, nunmehr aber die Partei als Sachwalterin dieser im Dasein des Arbeiters verborgenen Intention auf die Totalität fungiert. Im revolutionären Prozess, »den die Partei weder hervorrufen noch vermeiden kann« – da er ein objektiver sei –, »fällt ihr deshalb die erhabene Rolle zu: *Trägerin des Klassenbewusstseins des Proletariats, Gewissen seiner geschichtlichen Sendung zu sein.*«[51] Die Partei bzw. die Parteiintelligenz, also letztlich Lukács selbst, weiß sich der Totalität mächtig, weiß sich eins mit der historischen Tendenz, durch die der Unterschied von Sein und Sollen im Begriff des Klassenbewusstseins aufgehoben ist. Ist nach Kant das Gewissen »die sich selbst richtende moralische Urteilskraft«, die sich daraufhin befragt, »ob sie auch wirklich jene Beurteilung der Handlungen mit aller Behutsamkeit (ob sie recht oder unrecht sind) übernommen habe«[52], obliegt es nun der Partei, darüber zu richten, ob die Proletarier der geschichtlichen Berufung ihrer Klasse auch wirklich gerecht werden.[53] Bei Zuwiderhandlung weiß sie den Einzelnen, der seine Interessen *im* Kapitalismus womöglich nicht vollständig für ein Himmelfahrtskommando aufzuopfern bereit ist, zielgenau der sogenannten »Selbstkritik«[54] zuzuführen. Dem Anspruch nach sind durch den historischen Materialismus die »Mystifikationen« der Hegel'schen Geschichtsphilosophie beseitigt, nach der Struktur des Entwicklungsmodells besteht strenge Analogie zwischen beiden. Das individuelle Bewusstsein ist im Resultat des Prozesses aufgehoben im Klassenbewusstsein, dieses wiederum ist zum adäquaten Bewusstsein seiner klassenmäßigen Berufung durch die Geschichte, zum identischen Subjekt-Objekt derselben geworden.[55]

Das Verhältnis des Einzelnen zur Partei ist irrational bestimmt, es ist eines der emotionalen Bindung an die belohnende wie strafende Vaterfigur.

> Denn die Kraft der Partei ist eine moralische: sie wird vom Vertrauen der spontanrevolutionären, durch die ökonomische Entwicklung zur Auflehnung gezwungenen Massen gespeist. Von ihrem Gefühl, daß die Partei die Objektivation ihres eigensten, ihnen selbst jedoch noch nicht ganz klaren Willens, die sichtbare und organisierte Gestalt ihres Klassenbewußtseins ist.[56]

Obwohl Lukács vom Vertrauen zur Partei spricht, ist ihm wichtig zu betonen, dass unter Klassenbewusstsein »niemals ein psychologisches oder massenpsychologisches Prinzip« zu denken sei, es komme nicht darauf an,

> was die Angehörigen einer bestimmten Klasse in einer bestimmten geschichtlichen Lage tatsächlich gedacht, empfunden usw. haben. Klassenbewußtsein bedeutet im Gegenteil die Gedanken, Empfindungen usw., welche die Angehörigen einer Klasse haben würden, wenn sie ihre Klassenlage, die aus ihr folgenden Interessen, sowohl in Bezug auf das unmittelbare Handeln wie auf den Aufbau der ganzen Gesellschaft, vollkommen zu erfassen fähig wären [...]. Es ist die rationell angemessene Reaktion, die bestimmten Lagen im Produktionsprozess zugerechnet wird.[57]

Nun ist es das eine zu sagen, dass das Klassenbewusstsein nicht die bloße Summe von Einzelmeinungen der Proletarier sein kann. Etwas ganz anderes ist es hingegen, wenn Lukács die »rationell angemessene Reaktion«, die durch die Partei vertreten wird, noch bis in das Gefühlsleben der Einzelnen verlängert, die bei voller Einsicht bestimmte »Gedanken, Empfindungen [!] usw.« *hätten*. Für Gerhard Scheit ist *Geschichte und Klassenbewusstsein* deshalb uneingestanden »nicht zuletzt eine Art Gegenentwurf zur Freudschen Massenpsychologie, oder besser gesagt: der Versuch, ihr entgegen eine positive Massenpsychologie zu entwerfen, und zwar scheinbar eine ohne Führerfigur.«[58] Wie er zu Recht bemerkt, verschwindet bei Lukács mit dem Vertragsverhältnis nicht allein der bürgerliche Status des Arbeiters, worauf noch zurückzukommen ist, sondern miteins wird auch seine Existenz als bedürftiges Sinnenwesen durchgestrichen,

> damit der Leib des Arbeiters ganz im Bewußtsein verschwinden kann. Nach Freud wäre das ein Bewußtsein, das die massenpsychologische Identifikation

> in geradezu idealtypischer Vollkommenheit ausprägte, so daß alle Libido in den libidinösen Bindungen zwischen den Massenindividuen aufginge. Den konkreten Führer aber, den diese Individuen dabei an die Stelle ihres Ich-Ideals setzen müssen, verweigert *Geschichte und Klassenbewusstsein,* spricht statt dessen [sic!] eben abstrakt von der unbedingten Zentralisation und eisernen Disziplin der Partei, wie um nicht zuzugeben, daß libidinöse Bindungen eine Rolle spielen, wenn die Massen sich formieren.[59]

Zur Verteidigung von Lukács könnte eingewandt werden, dass in den letzten beiden Absätzen Zitate aus drei verschiedenen Aufsätzen aus *Geschichte und Klassenbewusstsein* kompiliert wurden, obschon im Verdinglichungsaufsatz im Vergleich zu den bereits 1920/21 geschriebenen Texten *Klassenbewusstsein* und *Rosa Luxemburg als Marxist* gar nicht mehr von der Partei und auch nicht vom »zugerechneten Klassenbewusstsein« die Rede ist. Die einheitliche Intention der drei genannten Aufsätze und auch aller weiteren in *Geschichte und Klassenbewusstsein* besteht jedoch ausdrücklich in der programmatischen Begründung der Einheit von Theorie und Praxis. In *Was ist orthodoxer Marxismus?* spricht Lukács die heteronome Funktion von Theorie, die sich in den Dienst der revolutionären Sache zu stellen hat, offen aus:

> Erst wenn das Bewußtwerden den *entscheidenden Schritt* bedeutet, den der Geschichtsprozeß seinem eigenen, sich aus Menschenwillen zusammensetzenden, aber nicht von menschlicher Willkür abhängigen, nicht vom menschlichen Geiste erfundenem Ziele entgegen tun muß; wenn die geschichtliche Funktion der Theorie darin besteht, diesen Schritt praktisch möglich zu machen, [...] wird die Einheit von Theorie und Praxis, die Voraussetzung der revolutionären Funktion der Theorie möglich.[60]

Revolutionäre Funktion der Theorie ist es, zirkulär die immer bereits vorausgesetzte Einheit von Theorie und Praxis im Interesse der letzteren notfalls auch gewaltsam gegen das disparate Material zu erzwingen. So muss Lukács im Verdinglichungsaufsatz nicht noch einmal explizit die Partei erwähnen, um deutlich zu machen, durch welche Instanz die noch immer bestehende Diskrepanz zwischen dem empirisch-psychologischen Bewusstsein des einzelnen Proletariers und dem Klassenbewusstsein des Proletariats zu überwinden ist. Er kann sich hier auf die nähere Bestimmung der in die Klassenlage des Proletariats hineinprojizierten »Intention auf die Totalität« konzentrieren, die zu ihrem Resultat das »Selbstbewusstsein der Ware« hat. Zur Problematik desselben ist nun noch einmal zurückzukehren.

## Die praktische »Selbsterkenntnis des Arbeiters als Ware«

Indem der Arbeiter sein lebendiges Arbeitsvermögen als eine ihm gehörende Ware – das einzige Eigentum, das er besitzt – zu verkaufen hat, verwandelt er sich für Lukács gleich selbst in eine Ware, da sein Arbeitsvermögen nicht abgetrennt von seiner physischen Person existiert. Nur indem der Arbeiter mit seiner Arbeitskraft gleichsam verschmilzt, von ihr ununterscheidbar wird, kann Lukács idealisierend vom »Selbstbewusstsein der Ware« sprechen. In ihm sei die Einheit von Subjekt und Objekt wiederhergestellt, da der Arbeiter in seinem Dasein als Ware das von Lukács so behauptete Prinzip der gesamten kapitalistischen Gesellschaft verkörpert und sich dessen nun – unter gütiger Mithilfe der Partei – bewusstwerde. Abgesehen davon, dass mit der Warenform die Totalität der kapitalistischen Produktionsweise gerade nicht auf den Begriff gebracht ist, ist auch die restlose Identifizierung des Arbeiters mit seiner Arbeitskraft problematisch. Zwar ist klarerweise richtig, dass der Arbeiter seine Arbeitskraft nicht am Werkstor abliefern kann, um sich in ihrem Verkauf als selbstbestimmtes Subjekt zu erhalten. Da die Autonomie der warentauschenden Subjekte in der bürgerlichen Gesellschaft in ihrer freien Verfügung über die Gegenstände ihres Eigentums besteht, der Arbeiter aber nichts weiter als seine Arbeitskraft besitzt, fällt die Garantie seiner Autonomie im Akt des Verkaufs seiner Arbeitskraft mit deren Preisgabe zusammen. Und dennoch ist mit Marx zu betonen: Die Veräußerung der Arbeitskraft und ihre wirkliche Äußerung fallen »der Zeit nach auseinander«[61]. Für die Bestimmung des doppelt freien Lohnarbeiters bei Marx ist die Differenz von Zirkulationssphäre und Produktionssphäre konstitutiv. Erst unter ihrer Voraussetzung lässt sich der Widerspruch im Dasein des Arbeiters überhaupt fassen. Die Konsumtion der Arbeitskraft findet außerhalb des Marktes, in der »verborgnen Stätte der

Produktion«[62] statt. Die Gesetze der Zirkulationssphäre geht diese nichts an. Der ironische Unterton bei Marx parodiert die ideologische Fixiertheit des bürgerlichen Bewusstseins auf die Sphäre der Zirkulation, durch die das Herrschaftsverhältnis in der Produktion verschleiert wird.

> Die Sphäre der Zirkulation oder des Warenaustausches, innerhalb deren Schranken Kauf und Verkauf der Arbeitskraft sich bewegt, war in der Tat ein wahres Eden der angebornen Menschenrechte. Was allein hier herrscht, ist Freiheit, Gleichheit, Eigentum und Bentham.[63]

Wenn jedoch der Schein der Zirkulation objektiver Schein ist, dann kann die Rede von den Menschenrechten nicht bloßer Lug und Trug der Herrschenden sein, wie es der traditionelle Marxismus und Antiimperialismus gerne hätten. Käufer und Verkäufer der Ware Arbeitskraft begegnen sich auf dem Markt tatsächlich als *formal* freie und gleiche Rechtssubjekte, andernfalls könnten sie keinen Vertrag miteinander schließen, der beide Willen zur Übereinstimmung bringt.[64] Ein Vertrag, mit dem sich der Arbeiter vollständig als Ware an den Kapitalisten verkaufte, sich also selbst zum Sklaven machte, wäre im Augenblick des Vertragsschlusses bereits ungültig. Er wäre an sich nichtig, denn für die Gültigkeit des Vertrags ist die wechselseitige Verpflichtung der Vertragspartner für den gesamten Zeitraum der Vertragsdauer vorausgesetzt. Als Sklave wäre der Arbeiter rechtlich gesehen ein unfreies Ding. Er wäre in seiner Funktion als Vertragspartner negiert und könnte zu nichts verpflichtet, sondern nur durch unmittelbare Gewalt gezwungen werden. Das kapitalistische Herrschaftsverhältnis verwandelte sich in eines der persönlichen Abhängigkeit zurück, noch ehe es feste Gestalt annehmen könnte.

Mit der Unterschlagung des Vertrags, durch den der Arbeiter seine Arbeitskraft verkauft, verschwindet bei Lukács also gleich ganz »der bürgerliche Status des Lohnabhängigen«[65], was den revolutionstheoretischen Vorteil in sich birgt, dass er hiermit gewissermaßen auch seine Empfänglichkeit für den Fetischismus der Zirkulationssphäre verliert. Ist der Arbeiter vom Revolutionstheoretiker zum »reine[n] und bloße[n] Objekt des gesellschaftlichen Geschehens«[66] erklärt worden, dessen partikulare Interessen *im* Kapitalismus aufgrund seiner ohnehin nichtigen

Existenz auf eine zu vernachlässigende Größe zusammenschrumpfen, kann die alte verelendungstheoretische These erneut aufgewärmt werden, wonach die Arbeiter nichts zu verlieren hätten als ihre Ketten, da ihnen durch ihre »schrankenlose Versklavung« ganz im Gegensatz zur Bourgeoisie der »innere Spielraum einer Scheintätigkeit verwehrt«[67] bleibe. Nur indem Lukács das Vertragsverhältnis zwischen Arbeiter und Kapitalist zum Verschwinden bringt, kann er dem Problem aus dem Weg gehen, dass der Arbeiter sich seine Unfreiheit als Resultat »freiwilliger« Entscheidung aktiv zuschreiben muss, wodurch die Spaltung von Subjektivität und Objektivität in seiner Person eher überdeckt als des »Bewußtwerdens fähig gemacht«[68] wird. Den Ausdruck »Selbstbewusstsein der Ware« einmal ernstgenommen, macht sich hierin weit eher der Zwangscharakter des notwendig falschen Bewusstseins geltend als eine kritische Einsicht in das Wesen der kapitalistischen Herrschaft. Gäbe es tatsächlich so etwas wie ein Selbstbewusstsein der Ware, dann wäre dies ein Bewusstsein, das sich die Anforderungen des Verwertungsprozesses vollständig zu eigen gemacht hätte, es wäre das verdinglichte Bewusstsein schlechthin. Was Lukács mit dem Selbstbewusstsein der Ware affirmativ zu fassen versucht, wäre allein kritisch in einem mit sich selbst noch uneinigen Selbstbewusstsein zu denken – doch Lukács fehlt mit einem emphatischen Begriff von Autonomie hierzu der Maßstab der Kritik. Für ihn enthalten die Marx'schen Bestimmungen zum Fetischcharakter der Ware bereits »die ganze Selbsterkenntnis des Proletariats«[69] positiv in sich. Ginge die Marx'sche Kritik tatsächlich darin auf, hinter der »gespenstigen Gegenständlichkeit« lediglich eine »Beziehung zwischen Personen«[70] zu erkennen – so lautete die Eingangsbestimmung von Lukács im ersten Abschnitt des Verdinglichungsaufsatzes –, liefe dies auf die Forderung hinaus, dass die Arbeiter sich mit ihrer ganzen Person und noch in ihren innersten Regungen dem Prozess anzugleichen hätten, der ihnen gesellschaftlich angetan wird. Bei aller zugestandenen kritischen Intention arbeitet Lukács dieser falschen Identifikation doch immer wieder selbst zu. Er wendet den historischen Materialismus schlicht noch einmal zurück ins Idealistische, setzt dem objektivistischen Marxismus einen subjektivistischen entgegen und verlängert die Heteronomie auf diese Weise bis in den freien Willen der empirischen Subjekte hinein.[71] So behält der objektivistische Marxismus gegen Lukács noch insofern ein Moment von Wahrheit, als er die gesellschaftlich durchgängig heteronome Bestimmtheit des empirischen Subjekts offen ausspricht, während bei Lukács die Suggestion der Aufhebung von Autonomie und Heteronomie im Begriff des geschichtlich Absoluten dazu führt, dass der Einzelne seine Selbstaufopferung als seine Selbstverwirklichung im proletarischen Klassenbewusstsein zu interpretieren genötigt wird.

Indem Lukács den spezifischen Gebrauchswert der Arbeitskraft betont, ist er der Auflösung dessen, was Marx den »Springpunkt« nannte, »um den sich das Verständnis der politischen Ökonomie dreht«[72], im Grunde ganz nah und verfehlt sie dennoch in Gänze. Denn mit diesem spezifischen Gebrauchswert der Arbeitskraft, der menschlichen Fähigkeit zur Mehrarbeit, ist das Freiheitspotential der Menschheit thematisch, und von hier aus wäre die spezifische Form der Mehrarbeit, wie sie unterm Kapital systematisch erzwungen wird, als realisierte Freiheit in verkehrter Gestalt zu bestimmen und zu kritisieren. Wenn Lukács hingegen den Gebrauchswert der Arbeitskraft vereinseitigend als »Fähigkeit, ein Mehrprodukt zu liefern«[73] bestimmt, ist hierin ausgerechnet in der konstruierten Selbsterkenntnis des Arbeiters unkritisch von der gesellschaftlichen Zurichtung der Arbeitskraft durch das Herrschaftsverhältnis abstrahiert. So wird die spezifische Funktion der Arbeitskraft unterm Kapital von Lukács einerseits zum Verschwinden gebracht und andererseits tendenziell bereits in Richtung einer Ontologie der Arbeit enthistorisiert.[74] Das Absehen vom spezifischen Herrschaftsverhältnis hatte schon im ersten Abschnitt zum *Phänomen der Verdinglichung* immer wieder Lukács' Kritik der Rationalisierung bestimmt. Marx konnte im *Kapital* jedoch zeigen, dass das Mehrprodukt nicht einfach »aus einer der menschlichen Arbeitskraft eingebornen, okkulten Qualität«[75] entspringt. Menschliche Arbeit erzielt nicht aus sich heraus immer schon Mehrprodukt. Die Produktivkraftentwicklung der Arbeit beruhte in aller bisherigen Geschichte jederzeit auf durch Herrschaft erzwungener Mehrarbeit. Diese Herrschaft war, ist und bleibt – wie vermittelt auch immer – historisch kontingentes Moment der geschichtlichen Entwicklung, sie ist selbst Ausdruck von Freiheit gegenüber dem bloßen Naturprozess.[76] Die in den jeweiligen Produktionsverhältnissen inkarnierte Herrschaft ihrerseits nochmals aus anderem ableiten zu wollen, etwa indem die Produktivkräfte zu ihrem bestimmenden Moment innerhalb eines dialektischen Widerspruchs gemacht würden, implizierte einerseits die Rationalisierung der Herrschaft, andererseits die Hypostasierung der Produktivkräfte zum wahren und absoluten Subjekt der Geschichte. Lukács diese Konsequenz als bewusste Intention zu unterstellen, wäre zu viel gesagt, zumal seine generellen Vorbehalte gegen eine rationalisierte Arbeitsteilung im ersten Unterabschnitt des Verdinglichungsaufsatzes hinreichend deutlich werden, doch seine lebensphilosophisch beeinflusste Kritik der Rationalisierung ist durchaus kompatibel mit der Vorstellung eines organisch ineinander greifenden Produktionskörpers, der sich durch den ungehemmten Fluss rein fungierender Arbeitskräfte auszeichnet. Seine Kritik ging auf das Trennende der Arbeitsteilung, nicht auf den Zweck dieser Trennung. Entsprechend hält Lukács dieser Trennung nun einfach das wieder zu vereinigende Kollektivsubjekt entgegen. Der »Klassensinn« der historischen Tendenz des Kapitals bestehe für das Proletariat in der »*Aufhebung der Vereinzelung*, in dem Bewußtwerden des gesellschaftlichen Charakters der Arbeit«[77]. So skizziert Lukács quasi das erwachende Bewusstsein des gesellschaftlichen Gesamtarbeiters.

> Indem aber die spezifische Gegenständlichkeit dieser Warenart, daß sie unter dinglicher Hülle eine Beziehung zwischen Menschen, unter der quantifizierenden Kruste ein qualitativer, lebendiger Kern ist, zum Vorschein kommt, kann der auf die Arbeitskraft als Ware fundierte Fetischcharakter *einer jeden Ware* enthüllt werden: in jeder tritt ihr Kern, die Beziehung zwischen Menschen als Faktor in die gesellschaftliche Entwicklung ein.[78]

Wäre das ganze Resultat der Marx'schen Kapitalkritik darin zusammenzufassen, dass sich unter der »dinglichen Hülle« der Ware eine »Beziehung zwischen Menschen« verbirgt, hätte sie nichts über die klassische bürgerliche Ökonomie Hinausgehendes erkannt. Auch Smith und Ricardo wussten, anders als die Physiokraten, dass der Wert ein gesellschaftliches Verhältnis ausdrückt und den Gebrauchswerten nicht von Natur aus anhaftet. Sie konnten jedoch ohne einen Begriff von Mehrwert nicht erkennen, inwiefern dieses gesellschaftliche Verhältnis, diese spezifische Form der »Beziehung zwischen Menschen«, Ausdruck von Herrschaft ist. Und dieser Begriff von Mehrwert taucht in *Geschichte und Klassenbewusstsein* fast ausschließlich am Rande in Zitaten von Marx auf. So verdoppelt sich auch bei Lukács in seinem Rückgang auf das zugrundeliegende Wesen – hier: auf den »qualitativen, lebendigen Kern« – doch nur die gesellschaftliche Erscheinungsform der Ware Arbeitskraft. In der dem Proletarier abverlangten positiven Einsicht, »Lieferant von Mehrprodukt« zu sein, ist virtuell bereits die bewusste Zueignung des heteronomen Zwecks einer Produktion um ihrer selbst willen enthalten, wie sie später für den sozialistischen Arbeiterstaat in dem Versuch der bewussten Aneignung des Wertgesetzes politisch konstitutiv wurde. Bei Lukács findet sich jedenfalls kein Argument, warum die Einsicht des Arbeiters in die Funktion seiner Arbeitskraft noch etwas anderes bedeuten könnte. Zwar spricht er durchaus im emphatischen Sinne von der »Unmöglichkeit des Menschseins in der bürgerlichen Gesellschaft«, wehrt aber sogleich die Interpretation ab, dass hieraus die Realisierung des Menschseins als eine normative Forderung folge, denn ein bloßes Sollen wäre nicht geeignet zum »Aufzeigen des Weges zur Lösung«[79]. Dieser ergebe sich aus dem »immanenten Gang«[80] der Geschichte. Die *kritische* Selbsterkenntnis des Arbeiters bestünde dagegen darin, dass sein Freiheitspotential als bloßes Mittel für die Produktion abstrakten Reichtums gefragt ist und er darin in seinem Selbstzweckcharakter negiert wird. Die kapitalistische Form der Aneignung von Mehrarbeit unterscheidet sich von ihren vorkapitalistischen Formen dadurch, dass sie reflexive Gestalt angenommen hat. Mehrarbeit wird im Kapitalismus also nicht zum Zweck des auskömmlichen Lebens der Herrschenden angeeignet, auch wenn dies angenehmer Nebeneffekt für die Kapitalisten sein mag, sondern um einen abstrakten Reichtum, der individuell gar nicht konsumierbar ist, tendenziell unendlich auszudehnen. Die Produktion ist nicht allein eine von Mehrwert, sie ist Produktion *akkumulierbaren* Mehrwerts.[81] Als solche setzt sie die bestimmte stoffliche Gestalt voraus, Produktion von stets verbesserten und verfeinerten Produktionsmitteln zu sein. »Seither erst« – unter Bedingungen der entwickelten kapitalistischen Produktionsweise, in denen Maschinen durch Maschinen produziert werden – »besteht ein notwendiger Zusammenhang von Produktionsverhältnissen und Entwicklung der Produktivkräfte.«[82]

## Der Idealismus bei Lukács und die historische Tendenz des Kapitals

Der gegen Lukács vielfach und oftmals aus falschen Gründen erhobene Vorwurf des Idealismus lässt sich an diesem Punkt erhärten.[83] Er interpretiert die idealistische Struktur des kapitalistischen Verwertungsprozesses, Produktion von Produktivität zu sein, als das wahre *telos* des gesamten Geschichtsprozesses, das nur noch zu vollem Bewusstsein gebracht werden müsse, um zur reinen Idealität zu gelangen. »Die Erkenntnis also, daß die gesellschaftlichen Gegenstände nicht Dinge, sondern Beziehungen zwischen Menschen sind, steigert sich zu ihrer vollständigen [!] Auflösung in Prozesse.«[84] Ließen sich die gesellschaftlichen Gegenstände tatsächlich vollständig in Prozesse auflösen, dann wären sie von ihrem materiellen Substrat gänzlich emanzipiert, damit aber auch in sich leere Prozesse. Lukács spricht damit gewissermaßen das unerreichbare Ideal des Kapitals aus, einen im strengen Sinne kontinuierlichen Prozess zu stiften, in dem alle Konsumtion zugleich Produktion und der Arbeiter mit seiner Arbeitskraft unmittelbar identisch geworden ist.[85]

> Konsequenterweise hieße das: Menschen leben ihrem Wesen gemäß, wenn sie in ihren gesellschaftlichen Funktionen aufgehen – in der freien Zeit wie während der Arbeit. Das ist freilich das Gegenteil von dem, was Lukács mit seiner Kritik verdinglichter Strukturen intendierte. Aber es entspricht seiner Ontologie. Durch die radikale Erklärung aller Dinge als Prozesse wollte er Verdinglichung geistig überwinden: ihr ontologisch die Basis entziehen. Solche Dissolution nimmt jedoch auch den Menschen das, wodurch sie mehr sind als ihre gesellschaftliche Funktion. Sie verlieren ihr Ansichsein [...]. Ohne es zu ahnen, propagiert Lukács die Abschaffung des autonomen Menschen.[86]

Hatte er im ersten Abschnitt des Verdinglichungsaufsatzes noch das menschlich-seelische Wesen in Anschlag gebracht, um dem Prozess der Rationalisierung etwas entgegenzusetzen, das sich der vollständigen Bestimmbarkeit entzieht, scheint diese An-sich-Bestimmtheit nun im Prozess aufgelöst zu sein. In Lukács' Behauptung, dass die Selbsterkenntnis des Arbeiters als Ware miteins praktisch sei und diese Praxis zugleich nur einsetzen könne, »wenn sie nichts anderes [!] sein will als das Zuendedenken, als das Bewußtwerden und Bewußtmachen der Bewegung, die die immanente Tendenz dieser Formen bildet«[87], kommt seine intellektuelle Kapitulation vor der Hermetik des sich selbst reproduzierenden Kapitalverhältnisses zum Ausdruck, das den Menschen seinen Zweck diktiert. Wenn das Klassenbewusstsein »nichts [!] als das Aussprechen des geschichtlich Notwendigen, [...] nichts [!] als der bewußtgewordene Widerspruch der gesellschaftlichen Entwicklung«[88] ist, dann ist es auch nichts anderes als die unbegriffene ideologische Verdopplung des zur Verewigung drängenden automatischen Subjekts und enthält nicht, wie von Lukács intendiert, eine über den Zwang zur Verwertung hinausweisende Befreiungsperspektive.

Da Lukács allerdings keine kritische Distanz zum Begriff der Totalität hat, kann er auch kein Bewusstsein davon haben, was es bedeutet, dass die kapitalistische Produktionsweise eine *historisch gewordene* Totalität ist. Er erkennt nicht ihre Negativität, die darin besteht, dass sie noch ihre Zerfallstendenzen durch entgegenwirkende Ursachen zu funktionalisieren weiß. So ist die Krise nicht nur immanente Folge des Kapitalismus, sondern zugleich notwendige Bedingung für seine Aufrechterhaltung, nicht Anzeichen seines baldigen und verbrieften Untergangs, den Lukács in ihr erkennen will. Für ihn ist das »Zeitalter der Auflösung des Kapitalismus«[89] längst angebrochen. Gesetzt, dem wäre so, fällt sein vorläufiges Fazit am Ende des Verdinglichungsaufsatzes, sein »Aufzeigen des Wegs zur Lösung« allerdings mehr als dürftig aus:

> Es ist klar, daß eine noch so richtige Einsicht in den prozeßartigen Charakter der gesellschaftlichen Phänomene, eine noch so richtige Enthüllung des Scheins ihrer starren Dinghaftigkeit die »Wirklichkeit« dieses Scheins in der kapitalistischen Gesellschaft nicht praktisch aufheben kann. Die Momente, wo diese Einsicht wirklich in Praxis umschlagen kann, sind eben von dem gesellschaftlichen Entwicklungsprozeß bestimmt. So ist das proletarische Denken vorerst bloß eine *Theorie der Praxis*, um erst allmählich (freilich oft sprungweise) sich in eine die Wirklichkeit umwälzende praktische Theorie zu verwandeln.[90]

So kehrt Lukács doch vom Sein zum Sollen, zur Trennung von Theorie und Praxis, zum unendlichen Progress des »Allmählich« und damit zum Anfang zurück. Daran kann auch der nochmalige Verweis auf den gesellschaftlichen Entwicklungsprozess nichts ändern. Er überantwortet seine Theorie demselben Verdikt, das er zuvor im Antinomien-Kapitel – dem zweiten Abschnitt des Verdinglichungsaufsatzes – über das »bürgerliche Denken« aussprach: dass er die Differenz von Subjekt und Objekt nicht zu überwinden vermag. Zwar war dies gewissermaßen von Anfang an klar, doch erst im Resultat zeigt sich die wahre Akzentuierung des Gegenstands von *Geschichte und Klassenbewusstsein*. Lukács ging es weniger um das empirische Proletariat und um eine am historischen Material zu leistende Ideologiekritik, sondern viel eher um eine nach idealistischem Vorbild konstruierte *Idee* des Proletariats,[91] die als die kommende Erlösung die Versöhnung des Kritikers mit einem Weltlauf stiften sollte, der die Einheit des Selbstbewusstseins zerrüttet. Gegen die von Lukács behauptete »allmähliche« Verwandlung der Differenz von Subjekt und Objekt der Geschichte in dessen »identisches Subjekt-Objekt«[92], die mehr Suggestion als begründetes Urteil ist, bleibt bestehen, dass die Revolution aus einer etwaigen Tendenz des Kapitals nicht zu begründen ist, weil die Tendenz des Kapitals in seinem autistischen Selbstbezug doch nur immer wieder das Kapital selbst sein kann. Praktisch zu *fordern*, eben nicht theoretisch zu begründen, wäre die Revolution allein *gegen* das Kapital und damit aber auch *gegen* die Immanenz des Geschichtsverlaufs und des empirischen Daseins der Menschen. Das macht sie nicht zu einer utopischen Gedankenspielerei, denn die Forderung ergibt sich aus der bestimmten Negation des Bestehenden. Erst durch Konfrontation des im Begriff der Autonomie gedachten Freiheitspotentials der Menschheit mit der im Kapital verwirklichten Freiheit in verkehrter Gestalt ist die Kapitalkritik begründet. Sie ist weder bloß immanent, denn sie setzt einen emphatischen Begriff von Freiheit voraus, noch rein transzendent, denn sie ist bezogen auf einen historisch entwickelten Stand systematischer Naturbeherrschung, durch den das Reich der Freiheit realisierbar geworden ist. Für sich genommen trifft der allerletzte Satz des Verdinglichungsaufsatzes, wonach die Verwandlung der Gesellschaft »nur die – freie – Tat des Proletariats selbst sein«[93] kann, tatsächlich den Punkt, wäre aber gegen die Revolutionstheorie zu wenden. Nicht dass der Proletarier Proletarier ist und tüchtig arbeiten kann, befähigt ihn zu dieser Tat, sondern dass er mehr ist als nur ein tüchtig arbeitender Proletarier. Oder in den Worten Peter Bulthaups:

> Paradox genug: Die materialistische Dialektik unterscheidet sich von der des objektiven Idealismus durch einen substanziellen Begriff der Freiheit der Menschen und nicht durch einen positiven Begriff der Materie. [...] Eben darin ist die »Kritik der politischen Ökonomie« revolutionär und bedarf darum nicht der Ergänzung durch eine Revolutionstheorie.[94]

## ANMERKUNGEN

1 GuK, S. 465 (307), S. 472 (312), passim. Die Zitation folgt der Sonderausgabe: Lukács, Georg, *Geschichte und Klassenbewusstsein* (GuK), Sammlung Luchterhand, Darmstadt/Neuwied 1971. Die einzelnen Aufsätze werden in der Zitation nicht gesondert erwähnt. In Klammern ist zum Abgleich jeweils die Paginierung der Erstausgabe im Malik Verlag, Berlin 1923, angegeben.

2 Ebd., S. 431 (283).

3 Ebd., S. 151 (80).

4 Ebd., S. 303 (190), S. 340 (217).

5 Ebd., S. 114 (53).

6 Exemplarisch sei der Sammelband Bitterolf, Markus / Maier, Denis (Hg.), *Verdinglichung, Marxismus, Geschichte. Von der Niederlage der Novemberrevolution zur kritischen Theorie*, Freiburg 2012, genannt.

7 GuK, S. 337 (215).

8 Ebd., S. 267 (165).

9 Ebd., S. 322 (204).

10 Zitiert nach ebd., S. 309 (194). Vgl. Marx, Karl, *Der Bürgerkrieg in Frankreich. Adresse des Generalrats der Internationalen Arbeiterassoziation*, in: *Marx-Engels-Werke*, Bd. 17, Berlin 1962, S. 313–365, hier S. 343.

11 Besonders prägnant formuliert Lukács im 1920 erschienenen Aufsatz »Der Freiheitskampf der Kolonien«: »Das Proletariat kann nur sich selbst befreien – obwohl der Gang der Weltgeschichte sich in Richtung seiner Befreiung bewegt.« (Lukács, Georg, *Der Freiheitskampf der Kolonien*, in: ders., *Revolution und Gegenrevolution. Politische Aufsätze II*, Darmstadt/Neuwied 1976, S. 38–41, hier S. 41).

12 Bensch, Hans-Georg, »Rezension von: A. Arndt »Karl Marx – Versuch über den Zusammenhang seiner Theorie«. 2. durchgesehene und um ein Nachwort ergänzte Auflage, Berlin 2012«, in: Quante, Michael / Sandkaulen, Birgit (Hg.), *Hegel-Studien 49*, Hamburg 2016, S. 279–283, hier S. 282.

13 GuK, S. 94 (39), vgl. auch S. 73 (24).

14 Ebd., S. 466 (308).

15 In der Rede von der »proletarischen Wissenschaft« ist die universelle Geltung von Erkenntnis ganz orthodox marxistisch durch den Standpunkt im Klassenkampf aufgelöst. Das wissenschaftliche Erkennen wird dergestalt zum bloßen Kampfmittel für partikulare Interessen erklärt. Es macht einen Unterschied ums Ganze, ob die Parteinahme für das Proletariat Resultat der *wissenschaftlichen* Kapitalkritik ist oder die Kapitalkritik Resultat der *proletarischen* Wissenschaft. Im ersten Fall ist die Einheit der Menschheit durch das universelle Urteil selbst noch im Antagonismus präsent, im zweiten Fall ist die Zerstörung der Einheit des Selbstbewusstseins im partikularen Kampf ums Dasein zweier unvereinbarer Klassen affirmiert. Vgl. dazu Ingo Elbe: »Da die originären Interessen und empirischen Vorstellungen des Proletariats keine spontane Quelle revolutionären Bewußtseins

sind, kann der ›wissenschaftliche Sozialismus‹ auch nicht als Ausformulierung eines *Klassen*bewußtseins oder als Rekonstruktion der Teilnehmerperspektive der Lohnabhängigen interpretiert werden.« (Elbe, Ingo, »›Umwälzungsmomente der alten Gesellschaft‹. Aspekte der Revolutionstheorie und ihrer Kritik bei Marx«, in: Kettner, Fabian / Mentz, Paul (Hg.), *Theorie als Kritik*, Freiburg 2008, S. 93–123, hier S. 105).

16 Ebd., S. 185 (105).

17 Ebd., S. 193 (111).

18 Ebd., S. 269 (165), vgl. ebenso S. 289 (180 f.), S. 298 (186 f.), S. 338 (216).

19 Ebd., S. 268 (165).

20 Ebd., S. 299 (187).

21 Ebd., S. 294 (184).

22 Ebd.

23 Ebd., S. 299 (188).

24 Ebd., S. 290 (181).

25 Ebd., S. 291 (182).

26 Ebd., S. 301 (189).

27 Ebd., S. 291 (181).

28 Ebd., S. 292 (182).

29 Ebd., S. 294 (184).

30 Ebd., S. 295 (185).

31 Ebd., S. 300 (188).

32 Ebd.

33 Ebd., S. 192 (110).

34 Ebd.

35 Eine weitere Variante: »Die ›Gesinnungslosigkeit‹ der Journalisten, die Prostitution ihrer Erlebnisse und Überzeugungen ist nur als Gipfelpunkt der kapitalistischen Verdinglichung begreifbar.« (Ebd., S. 194 (111)).

36 Ebd., S. 300 (188).

37 Engels, Friedrich / Marx, Karl, *Die deutsche Ideologie*, in: *Marx-Engels-Werke*, Bd. 3, Berlin 1978, S. 9–530, hier S. 39.

38 Wenn Lukács im ersten Abschnitt scheinbar wie selbstverständlich von der Möglichkeit Gebrauch macht, dass »das Treiben der modernen Wissenschaft für einen Augenblick von außen, d. h. nicht vom Standpunkt des verdinglichten Bewußtseins betrachtet wird« (GuK, S. 200 (115)), dann ist dies nur ein weiterer Ausdruck dieses unreflektierten Widerspruchs in seiner Darstellung. Lukács legt sich keine Rechenschaft darüber ab, was Bedingung der Möglichkeit dieses Blicks von außen wäre.

39 Anders noch in seinem Aufsatz *Der Bolschewismus als moralisches Problem*, den Lukács im Dezember 1918 kurz vor seinem Bekenntnis zum orthodoxen Marxismus und zur ›dialektischen Methode‹ veröffentlichte: Was in *Geschichte und Klassenbewusstsein* durch die »methodische Herrschaft der Totalität« (GuK, S. 70 (22)) gewaltsam zurechtgebogen wird, erscheint hier noch explizit als ein morali-

sches Dilemma: Wie kann das »welterlösende Programm des Sozialismus« (Lukács, Georg, *Der Bolschewismus als moralisches Problem*, in: ders., *Taktik und Ethik. Politische Aufsätze I*, Darmstadt/Neuwied 1975. S. 27–33, hier S. 30) Wirklichkeit werden, wenn die Entwicklung des Klassenbewusstseins des Proletariats an den Verhältnissen scheitert? Auf den parlamentarisch-demokratischen Weg zu setzen, bedeutete die Gefahr der Integration auch des gerade erst entstehenden russischen Proletariats in das kapitalistische Herrschaftssystem: »Dann kann es aber geschehen, daß die Mehrheit der Menschen diese neue Welt noch nicht will, und wir müssen, da wir gegen ihren Willen nicht über sie herrschen wollen, so lange warten, bis die Menschheit von sich aus das zustandebringt.« (ebd., S. 31). Nicht gegen ihren Willen über die Menschen herrschen zu wollen, sie also gerade nicht als »Menschenmaterial« (GuK, S. 507 (337)) zu instrumentalisieren, setzt einen emphatischen Begriff vom Selbstzweckcharakter in der Person eines jeden Einzelnen voraus, den Lukács zu diesem Zeitpunkt noch zum Maßstab der Kritik macht. Da gegen alle Erfahrung auf den revolutionären Weg zu setzen die Gefahr der Aufopferung des Einzelnen für den Glauben implizierte, bezeichnet Lukács die bolschewistische Annahme, »daß aus dem Schlechten Gutes stammen kann«, als ein »unlösbares moralisches Problem« (Lukács, Georg, *Der Bolschewismus als moralisches Problem*, S. 33), als das »wahre ›credo quia absurdum est‹« (ebd., S. 32). Die Aporie der Revolution dermaßen schroff und unverblümt auszusprechen und stehen zu lassen, war mit dem zur Tat drängenden politischen Aktivismus kurz darauf nicht mehr vermittelbar.

40 GuK, S. 328 (208).

41 Ebd.

42 Marx, Karl, *Das Kapital. Kritik der politischen Ökonomie. Erster Band. Der Produktionsprozeß des Kapitals*, in: *Marx-Engels-Werke*, Bd. 23, Berlin 2008, S. 618.

43 GuK, S. 302 (190).

44 Ebd., S. 303 (190).

45 Ebd., S. 126 f. (62).

46 Ebd., S. 302 f. (190).

47 Ebd., S. 158 (85).

48 Vgl. ebd., S. 127 f. (63 f.).

49 Ebd., S. 158 (85).

50 Ebd.

51 Ebd., S. 114 (53).

52 Kant, Immanuel, *Die Religion innerhalb der Grenzen der bloßen Vernunft*, Hamburg 2017, B 288.

53 Hans-Jürgen Krahl kommt deshalb zu dem Urteil, Lukács versuche sich in *Geschichte und Klassenbewusstsein* an »einer spekulativen Begründung des Satzes ›Die Partei hat immer recht‹.« (Krahl, Hans-Jürgen, *Konstitution und Klassenkampf. Zur historischen Dialektik von bürgerlicher Emanzipation und proletarischer Revolution*, Frankfurt a. M. 1971, S. 293)

54 GuK, S. 158 (85).

55 Die Halbheit des historischen Materialismus bestünde aus Hegel'scher Sicht freilich darin, dass sich hinter seiner Rede von der geschichtlichen Berufung doch nur wieder unbegriffen die Vorstellung von einer Welt, wie sie sein soll, verbirgt. Der historische Materialismus wäre so töricht zu wähnen, er gehe über die gegenwärtige Welt hinaus. (Vgl. Hegel, Georg Wilhelm Friedrich, *Grundlinien der Philosophie des Rechts*, in: ders., *Werke*, Bd. 7, Frankfurt a. M. 1986, S. 26).

56 GuK, S. 116 (54).

57 Lukács, Georg, *Klassenbewusstsein*, in: ders., *Taktik und Ethik. Politische Aufsätze I*, Darmstadt/Neuwied 1975, S. 202–218, hier S. 205. Das Zitat entstammt einer vorveröffentlichten Fassung des Aufsatzes *Klassenbewusstsein*, entspricht aber der Argumentation der in *Geschichte und Klassenbewusstsein* enthaltenen und erweiterten Version. Auch hier schreibt Lukács, dass das Klassenbewusstsein »nicht das psychologische Bewußtsein einzelner Proletarier oder das massenpsychologische Bewußtsein ihrer Gesamtheit« (GuK, S. 159 (S. 86)) sei.

58 Scheit, Gerhard, »Die Verdinglichung und das Bewußtsein des Antisemiten«, in: Bitterolf, Markus / Maier, Denis (Hg.), *Verdinglichung, Marxismus, Geschichte. Von der Niederlage der Novemberrevolution zur kritischen Theorie*, Freiburg 2012, S. 459–476, hier S. 465.

59 Ebd., S. 466. Scheit erwähnt ferner, dass Lukács für die ›bürgerliche Wissenschaft‹ Freuds nur Spott und Verachtung übriggehabt hätte, wie seine für die *Rote Fahne* geschriebene Rezension von *Massenpsychologie und Ich-Analyse* (1921) zeige. Diese Abwehrreaktion sollte nicht überraschen, denn würde Lukács die Freud'schen Erkenntnisse ernstnehmen, könnte er nicht so ohne Weiteres auf die irrationale Bindung der Massen an die Partei setzen.

60 GuK, S. 60 (14 f.).

61 Marx, *Das Kapital. Erster Band*, S. 188.

62 Ebd., S. 189.

63 Ebd., S. 189 f.

64 Vgl. ebd., S. 181 f.

65 Scheit, *Die Verdinglichung und das Bewußtsein des Antisemiten*, S. 463.

66 GuK, S. 291 (181).

67 Ebd., S. 292 (182).

68 Ebd., S. 294 (184).

69 Ebd., S. 298 (186).

70 Ebd., S. 170 (94).

71 In diese Richtung vgl. Scheit, Gerhard, *Quälbarer Leib. Kritik der Gesellschaft nach Adorno*, Freiburg 2016, S. 42: »›Selbsterkenntnis des Arbeiters als Ware‹ heißt, sich mit Haut und Haar dem Kollektiv verschreiben, ganz so wie der Arbeiter unterm Kapitalverhältnis aufgegangen sei in der Ware Arbeitskraft. Es darf nicht zum Bewusstsein seiner Individuiertheit kommen. Darin liegt der stalinistische Impetus dieser Schrift.« Dagegen interpretiert Ulrich Ruschig die gleiche Textpassage wohlwollend als eine Schilderung, wie sich der Arbeiter der Kausalität aus Freiheit, also seines Potentials zur Selbstbestimmung bewusstwerde (vgl.

Ruschig, Ulrich, »Zur Aktualität von ›Geschichte und Klassenbewußtsein‹«, in: Meints-Stender, Waltraud / Daxner, Michael / Kraiker, Gerhard (Hg.), *Raum der Freiheit. Reflexionen über Idee und Wirklichkeit*, Bielefeld 2009, S. 151–171, hier S. 159 ff.). Er blendet dabei aus, worauf die Argumentation zuläuft und wovon sie entscheidend absieht. Die »Selbsterkenntnis des Arbeiters als Ware« soll die Vergesellschaftung der Produktivkraft der Arbeit zum Resultat haben. Mit keinem Wort erwähnt Lukács, dass es für den emanzipierten Arbeiter darum ginge, über den Zweck der Produktion (mit) zu entscheiden und am gesellschaftlichen Reichtum und der Möglichkeit zu hochentfalteter Bedürfnisbefriedigung zu partizipieren. So bemerkt auch Ruschig: »Lukács rückt das Subjekt zwar ins Zentrum seiner Theorie der Revolution, doch in diesem Zentrum kommt die materiell-empirische Dimension des Subjekts nicht mehr vor – das Herausfallen des Besonderen, Materiellen, Empirischen ist ein Wesensmerkmal der kapitalistischen Gesellschaft und der Herrschaft der geronnenen abstrakten Arbeit.« (Ebd., S. 170).

72 Marx, *Das Kapital. Erster Band*, S. 56.

73 GuK, S. 296 (185).

74 Lukács' vergleichsweise wenig rezipiertes, 1400 Seiten umfassendes Spätwerk *Zur Ontologie des gesellschaftlichen Seins* (posthum 1984 veröffentlicht) verdiente in diesem Zusammenhang eine nähere Betrachtung. Zumeist werden die Differenzen zu *Geschichte und Klassenbewusstsein*, etwa die Rehabilitierung der Naturdialektik Engels', herausgestellt. Doch gerade mit dem dritten Abschnitt des Verdinglichungsaufsatzes und den hier zitierten Passagen ließen sich durchaus Kontinuitäten aufzeigen.

75 Marx, *Das Kapital. Erster Band*, S. 538.

76 Für eine detaillierte Darstellung der hier bloß angerissenen Zusammenhänge siehe Bensch, Hans-Georg, *Vom Reichtum der Gesellschaften. Mehrprodukt und Reproduktion als Freiheit und Notwendigkeit in der Kritik der politischen Ökonomie*, Lüneburg 1995, S. 18 ff.

77 GuK, S. 300 (188).

78 Ebd., S. 296 f. (186).

79 Ebd., S. 328 (208).

80 Ebd.

81 Eine erstmals von Peter Bulthaup (vgl. u. a. Bulthaup, Peter, »Parusie. Zur Geschichtstheorie Walter Benjamins«, in: Bensch, Hans-Georg / Kuhne, Frank (Hg.), *Das Gesetz der Befreiung. Und andere Texte*, Lüneburg 1998, S. 215–243, hier S. 231) präzisierte Formulierung zur Bestimmung der Selbstverwertung des Werts, von der nur die Rede sein kann, wenn ein Teil des gesamtgesellschaftlich produzierten Mehrwerts sich in Kapital rückverwandeln lässt, also Akkumulation stattfindet. Hierzu ist eine bestimmte stoffliche Gestalt des produzierten Mehrwerts erforderlich, denn mit rein individuell konsumierbaren Waren lässt sich nicht akkumulieren. Vgl. auch Bensch, *Vom Reichtum der Gesellschaften*, S. 51 ff.

82 Bulthaup, Peter, »Zum Problem des Übergangs vom Feudalismus zum Kapitalismus«, in: ders., *Zur gesellschaftlichen Funktion der Naturwissenschaften*, Lüneburg 1996, S. 49–57, hier S. 57.

83 Zur parteikommunistischen Denunziation des »Idealisten« Lukács siehe die Hinweise in Ruschig, *Zur Aktualität von »Geschichte und Klassenbewußtsein«*.

84 GuK, S. 313 (197 f.).

85 Vgl. Bensch, *Vom Reichtum der Gesellschaften*, S. 33 f.

86 Haag, Karl Heinz, *Der Fortschritt in der Philosophie*, Frankfurt a. M. 1985, S. 198. Vgl. Adorno, Theodor W., *Negative Dialektik*, in: ders. *Gesammelte Schriften*, Bd. 6, Frankfurt a. M. 1970, S. 7–412, hier S. 367: »Die Verflüssigung alles Dinghaften ohne Rest regredierte auf den Subjektivismus des reinen Aktes, hypostasierte die Vermittlung als Unmittelbarkeit. Reine Unmittelbarkeit und Fetischismus sind gleich unwahr.«

87 GuK, S. 308 (194).

88 Ebd., S. 309 (194).

89 Ebd., S. 354 (227).

90 Ebd., S. 350 f. (224 f.).

91 So die Formulierung in Blumentritt, Martin, *Geschichte und Klassenbewusstsein. Das Problem der Verdinglichung*. www.glasnost.de/autoren/blumen/lukacs.html [letzter Zugriff: 14.05.2022].

92 GuK, S. 339 (216), S. 341 (217).

93 Ebd., S. 355 (228).

94 Bulthaup, Peter, *Grund und Begründung. Vorlesung SS 1980*, in: Peter Bulthaup Archiv, Gottfried Wilhelm Leibniz Bibliothek Hannover, Signatur Noviss. 455, VNS-003 1980, S. 78.http://digitale-sammlungen.gwlb.de/resolve?id=00066146 [letzter Zugriff: 14.05.2022].

Carolyn Iselt

# KRITIK ODER DESTRUKTION?

## Das Subjekt bei Butler, Derrida und Foucault

Was ist das *Subjekt*? Lautete die Antwort auf diese Frage, dass es sich dabei um einen einzelnen Menschen handelt, muss zugleich bedacht werden, dass der Begriff »Subjekt« eine Abstraktion darstellt. Mittels dieser Abstraktion ist jeder einzelne Mensch zu bezeichnen ungeachtet irgendeiner Besonderheit.[1] Mit dieser höchst allgemeinen Bezeichnung ließen sich die Subjekte nicht voneinander unterscheiden, zum Subjekt bildete lediglich das Objekt eine Differenz. Objekt ist für das Subjekt alles das, worauf es sich bezieht: Insofern sind auch andere Subjekte für es Objekt, es ist sich sogar selbst Objekt, wenn es sich auf sich bezieht. Das Subjekt ist daher nicht nur eine abstrakte Bezeichnung für den einzelnen Menschen, sondern mit ihm einher geht die Beziehung zu einem anderen, einem Objekt.[2]

Stellt man indes die substantivierten Adjektive »das Subjektive« und »das Objektive« gegenüber, zielt man mit ersterem, mit dem Subjektiven, auf die Perspektive eines einzelnen Menschen. In diesem Fall wird im alltäglichen Sprachgebrauch eine individuelle Sicht angesprochen und nicht von der besonderen Einzelheit abstrahiert. Mit dem Objektiven wird hingegen auf Allgemeinheit abgehoben.[3] Wird jedoch das Subjektive vom abstrakten Subjekt aus bestimmt, ist damit eine allen Subjekten gleichartige Beziehung auf das, was Objekt ist, herzuleiten. Damit wäre aber auch das Allgemeine, das Objektive in das Subjekt verlagert worden: Zusammengefasst und auf die Spitze getrieben resultiert diese Überlegung darin, dass Subjektivität Objektivität begründet.[4]

Bevor dieser Gedanke fortgeführt wird, ist der Frage nachzugehen, ob sich nicht auch umgekehrt vom Subjektiven im Sinne des Individuellen aus die mit dem Subjekt einhergehende Beziehung zum Objekt bestimmen ließe. Das bedeutete, dass für jedes einzelne Subjekt dessen Beziehung zu einem anderen, zu irgendeinem Objekt auf individuelle Weise erfolgte. Jegliche Form von Allgemeinheit wäre damit obsolet. Gleichfalls stellt sich jedoch die Frage, ob nicht mit der ins Subjekt verlagerten Objektivität jegliche Besonderheit der Subjekte getilgt ist.

Abzuleiten ist aus diesen Überlegungen die große philosophische Aufgabe, eine Vermittlung zwischen den beiden Seiten, des subjektiv Besonderen und des subjektiv Allgemeinen, herzustellen.[5]

Eine wesentliche Gemeinsamkeit der Subjektkonzeption bei Butler, Foucault und Derrida bildet die Opposition zu einer bestimmten Form der Wissensbegründung, die ein unerschütterliches Fundament allen Wissens im denkenden Ich – im »Erkenntnissubjekt«[6], wie es bei Foucault in der deutschen Übersetzung heißt – aufsucht. Der Beginn dieser Art der Wissensbegründung setzt mit dem Denken René Descartes' in der Frühen Neuzeit, im 17. Jahrhundert, ein und markiert einen Wendepunkt in der Geschichte der Philosophie, der wie alle epochalen Bestimmungen umstritten ist. Ein weiterer Wendepunkt oder eine Radikalisierung der cartesischen Tradition am Ende des 18. Jahrhunderts stellt die Transzendentalphilosophie Immanuel Kants dar, der den von Descartes ins Zentrum gestellten Gedanken des »Ich denke«[7] einer umfassenden Begründung zu unterziehen sucht.

Der Anspruch der kantischen Begründung ist als erstes zu erläutern, da zum einen die anzustellenden Überlegungen keine bloße Rekonstruktion des Subjekts, wie es von Butler, Derrida und Foucault bestimmt wird, zum Ziel haben. Es soll vor allem nach den Konsequenzen von deren Subjektkonzeption gefragt werden. Deutlich wird die Problematik der Konsequenzen aber erst durch die Differenz zum kantischen Anspruch der Begründung von Wissenschaft, die auf dem »Ich denke«, auf dem »transsscendentale[n] Subject«[8], basiert. Zum anderen wäre nicht einmal eine adäquate Rekonstruktion zu leisten, wenn nicht die Opposition zur cartesischen Tradition, die durch Kant eine wesentliche Rechtfertigung und Festigung erfahren hat, herausgestellt wird.[9]

Der Grund dafür, auf die kantische Erkenntniskritik und nicht weiter auf Descartes' methodischen Zweifel an sinnlich vermittelter empirischer Erkenntnis einzugehen, ist zudem folgender: Zwar erkennt Descartes in dem Gedanken, dass »ich denke«[10], ein gesichertes Wissen, ein *unbezweifelbares Fundament*[11] für alles weitere »klar[e] und deutlich[e]«[12] Erkennen. Aber schließlich kommt er nicht ohne Gottesbeweis aus, um sowohl mathematische als auch sichere, durch die Sinne vermittelte empirische Erkenntnis zu begründen.[13] Zuallererst sieht sich Descartes dazu genötigt, den Verdacht aus dem Weg zu räumen, dass mathematische Erkenntnis eine bloß vermeintlich evidente darstellt, die ein trügerischer und »böser Geist«, ein *genius malignus*, uns nur als eine solche vorgaukelt.[14] Dagegen zeichnet sich Kants Erkenntnistheorie dadurch aus, ohne Gottesbeweis auszukommen.[15] Gott bildet für Kant keinen Gegenstand der Erkenntnis und begründet diese auch nicht.[16] Vielmehr ist Gott – für Kant – eine für die »praktische Vernunft«, d. h. für die Moralität, »konstitutive[]« »Idee«, was an dieser Stelle indes nicht ausgeführt werden kann.[17] Der Rückgriff auf Kant für die Bestimmung des Subjekts bei Butler, Derrida und Foucault ist entscheidend, weil Kant »Notwendigkeit« und »Allgemeinheit« der empirischen Erkenntnis durch das »Ich«, das transzendentale Subjekt, zu rechtfertigen sucht, und gerade dagegen wenden sich die drei, wenn bei ihnen vom Subjekt die Rede ist.[18]

Auszugehen ist von Kants Begründung von Erkenntnis, um insbesondere im Vergleich mit Derrida einen Differenzpunkt zwischen einer bewusstseinstheoretischen und sprachphilosophischen Bestimmung des Denkens zu markieren. Die sprachliche Konstituierung des Subjekts bei Derrida erhält durch Foucault eine – dessen Anspruch nach – politische und juridische Begründung. Erst daraufhin ist auf Butler einzugehen, die explizit eine Subjektkonzeption entwickelt, die sowohl auf den beiden Denkern aufbaut als auch teilweise in kritischer Distanz zu ihnen steht. Aber nicht nur ist Butlers Subjektkonzeption explizit, auch deren Widersprüchlichkeit ist offenkundig.

## 1. Bewusstsein und Sprache - Kant und Derrida

»Gedanken ohne Inhalt sind leer, Anschauungen ohne Begriffe sind blind«[19], so lautet ein wesentlicher Satz in Kants *Kritik der reinen Vernunft*. Dass Begriffe ohne Anschauung leer sind, lässt sich zunächst einfach nachvollziehen: denn ohne sinnlichen Inhalt sind Begriffe bloße Form.[20] Aber wofür bedürfen die Anschauungen der Begriffe? Können wir uns nicht etwas sinnlich vorstellen ohne Bezugnahme auf irgendeinen Begriff? Hier ist auf die anfängliche Überlegung zurückzukommen, dass sich das Subjekt nicht nur vom Objekt unterscheidet, sondern eine Beziehung zum Objekt herstellt. Angesichts des sinnlichen Vorstellens wäre indes zu entgegnen, dass doch das Objekt durch Affizierung eine Beziehung zum Subjekt hervorruft. Dem würde Kant zustimmen, aber sobald eine Affizierung stattgefunden hat, richtet sich das Subjekt darauf, und zwar auf *seine* Weise.[21] So sind das räumliche Nebeneinander und das zeitliche Nacheinander die Art und Weise, wie das Subjekt Vorstellungen bildet. »Raum und Zeit« sind für Kant »reine Form der Sinnlichkeit[,] *reine Anschauung*«; sie sind zwar nicht begrifflich, aber deren *Bedingung der Möglichkeit* ist es.[22] Damit überhaupt ein Nebeneinander und ein Nacheinander im Vorstellen erfolgen kann, ist ein Bezug auf Einheit im Vorstellen vorausgesetzt, andernfalls könnte es zu überhaupt keiner Anordnung kommen.[23] Die Einheit, auf die das Nebeneinander und Nacheinander als *Bedingung ihrer Möglichkeit* bezogen sind, bestimmt Kant weiter durch Begriffe, die er »Kategorien« nennt.[24] Im Vorstellen besteht also keine *bloße* Einheit, sondern diese Einheit entsteht auf bestimmte Weise. Kant geht also von Verstandesbegriffen aus, die die Art und Weise festlegen, wie wir Gegenständliches vorstellen und sie liegen auch den Formen der Urteile zugrunde, mit denen wir empirische Begriffe bilden.[25]

Bereits diese Skizze der Erkenntnisbegründung Kants lässt erkennen, dass er das Subjekt nicht als bloße Abstraktion von allen einzelnen Menschen denkt, sondern als eine zwar allgemeine, aber bestimmte Struktur, die unsere Bezugnahme auf alles, was uns Objekt ist, formal bestimmt. Mit dieser durch das Subjekt gestifteten Objektivität bezweckt Kant nicht, das subjektiv Individuelle zu bestreiten. Vielmehr umgekehrt sucht Kant nach einer objektiven Basis in den einzelnen besonderen empirischen Subjekten, damit diese sich nicht bloß auf ihre jeweilige Weise etwas zum Objekt machen. Die Wirklichkeit von Mathematik und Naturwissenschaft steht Kant vor Augen, sein Ziel ist es aber, deren Möglichkeit zu begründen, um dadurch auch die Möglichkeit von Metaphysik als Wissenschaft zu rechtfertigen.[26] Diejenige Erkenntnis, die die »Bedingungen der Möglichkeit der Gegenstände der Erfahrung«, also die »Erkenntnisart« bestimmt, heißt laut Kant »*transzendental*«.[27] Mit der begrifflichen Bestimmung des Subjekts bestimmt Kant nicht nur die *Bedingung der Möglichkeit* von Wissenschaft, sondern begründet auch, wie es dazu kommt, dass wir zusammenhängende Erfahrungen machen, wenngleich der bestimmte inhaltliche Zusammenhang unserer Erkenntnis nur durch die Empirie hindurch entsteht. Kant strebt also die anfangs angemahnte Verbindung zwischen Allgemeinheit und Besonderheit an. Freilich ist infrage zu stellen, dass ihm das erschöpfend gelungen ist. In diesem Rahmen kann nur auf zwei prominente Kritikpunkte hingewiesen werden. Kant zählt zwar die einzelnen Kategorien auf und unternimmt den Versuch, zu begründen, weshalb es der Verstandesbegriffe *überhaupt* bedarf.[28] Er begründet aber nicht die einzelnen Kategorien, z. B. das Verhältnis von Ursache und Wirkung, in ihrer Bestimmtheit, die er vielmehr aus der philosophischen Tradition übernimmt.[29] Des Weiteren beansprucht Kant zu zeigen, *dass* die Kategorien selbst für die Wahrnehmung konstitutiv sind.[30] Aber »*wie*«[31] es dazu kommt, *dass* sich das sinnlich Mannigfaltige den Anschauungsformen und Verstandesbegriffen fügt, bleibt für Kant unergründlich.[32] Er erwägt mithin keine Eigenbestimmtheit des sinnlichen Materials, die den Formen des Erkenntnisapparats entgegenkäme.

Über diese zwei Problematisierungen hinausgehend ist eine Schwierigkeit zu benennen, die bereits auf die Infragestellung des transzendentalen Subjekts hindeutet, worauf die noch zu betrachtenden Bestimmungen des Subjekts abzielen: Offen bleibt bei Kant, wie sich das transzendentale und das empirische Subjekt im wirklichen Erkennen zueinander verhalten. Inwiefern und inwieweit bestimmt nicht doch die individuelle Eigenheit das Erkennen? Und inwiefern und inwieweit bestimmen die sozialen Verhältnisse die Erkenntnisweise des empirischen Subjekts?

Aus vielen ungelösten Problemen Kants folgt jedoch nicht, dass sein Begründungsversuch ausgehend vom transzendentalen Subjekt in Gänze abstrakt zu negieren ist. Im Folgenden ist zu untersuchen, wie sich die zu betrachtenden Subjektkonzeptionen zum transzendentalen Subjekt Kants verhalten, ob sie durch Kritik einen Fortschritt erzielen oder durch Destruktion hinter seine Konzeption zurückfallen.

Anstatt mit fürs Denken und Vorstellen konstitutiven Begriffen verbindet Derrida das »Subjekt« mit »Sprache«[33]. Daher ist für Derrida das Subjekt nicht a priori, d. h. erfahrungsunabhängig, bereits allgemein-begrifflich konstituiert, sondern es konstituiert sich erst durch Sprache:

> [G]ewiß – das Subjekt wird nur *sprechend*, wenn es Umgang mit dem System von linguistischen Verschiedenheiten hat; das Subjekt wird nur *bedeutend* (generell durch Sprechen oder andere Zeichen), wenn es sich in das System von Differenzen einschreibt. In diesem Sinne wäre das sprechende oder bedeutende Subjekt ohne das Spiel der linguistischen oder semiologischen *différance* sich selbst, als Sprechendem oder Bedeutendem, nicht gegenwärtig. Aber kann man sich nicht eine Gegenwart und Selbst-Gegenwart des Subjekts vor seinem Sprechen oder seinem Zeichen, eine Selbst-Gegenwart des Subjekts in einem schweigenden und intuitiven Bewußtsein denken?
>
> Eine solche Frage setzt voraus, daß vor dem Zeichen und außer ihm unter Ausschluß jeglicher Spur und jeglicher *différance*, so etwas wie Bewußtsein möglich ist.[34]

Da Derrida bereits von der »Gegenwart und Selbst-Gegenwart des Subjekts« ausgeht, bezieht er sich offenkundig auf das empirische, nicht auf das transzendentale Subjekt. Zwar spricht er dem Subjekt – zumindest in einer (knappen) Auseinandersetzung mit Edmund Husserl – »die Fähigkeit zur Synthese« zu. Derrida kommt es dabei aber auf die »Synthese« an, die die »›lebendige Gegenwart‹« des Subjekts bildet. Auf eine »transzendentale Synthesis« a priori verweist er freilich nicht. Daher zielt er mit diesem Hinweis auf die »Fähigkeit zur Synthese« auf keine Begründung von Objektivität ab. Vielmehr ergänzt er diese Fähigkeit der Synthesis durch diejenige »zum unaufhörlichen Sammeln von Spuren«[35]. In diesem für Derrida programmatischen Text, *Die différance*, wie auch in seinen anderen Texten folgt er hauptsächlich der ständigen

Veränderung, die sich in »Sprache« und »Schrift« seines Erachtens vollzieht, und zwar aufgrund der Sprache und Schrift von sich aus zukommenden »Verschiedenheit« bzw. »*différance*«.[36] Dies führt auch dazu, die zuvor mit dem Subjekt verbundene »Selbst-Gegenwart« zu hinterfragen:

> Doch was ist Bewußtsein? Was bedeutet »Bewußtsein«? Meist gerade in der Form des »Meinens« läßt es sich, mit allen seinen Modifikationen nur als Selbst-Gegenwart, als Selbst-Wahrnehmung oder Gegenwart denken. Und was für das Bewußtsein gilt, gilt hier für die sogenannte subjektive Existenz. Wie die Kategorie des Subjekts ohne Bezug auf die Gegenwart als *hypokeimenon* oder als *ousia* und so weiter nicht gedacht werden kann und niemals gedacht werden konnte, ebenso hat das Subjekt als Bewußtsein sich nie anders denn als Selbst-Gegenwart ankündigen können [...].
>
> Man kann eine solche Schließung nur dadurch entgrenzen, daß man heute jenen Wert von Gegenwart erschüttert, den Heidegger als onto-theologische Bestimmung des Seins aufgezeigt hat [...].
>
> Es kommt also dazu, daß die Gegenwart – und besonders das Bewußtsein, das Beisichsein des Bewußtseins – nicht mehr als die absolute Matrixform des Seins, sondern als eine »Bestimmung« und ein »Effekt« gesetzt wird. Bestimmung oder Effekt innerhalb eines Systems, das nicht dasjenige der Gegenwart, sondern das der *différance* ist [...].[37]

Mit der Auffassung, Gegenwart und damit einhergehend das Bewusstsein seien ein »Effekt« der »différance«, hat Derrida die Spontaneität des Denkens kassiert und zudem das transzendentale Subjekt durch die »différance« ersetzt. Dadurch, dass für Derrida Verschiedenheit allein – statt eines wesentlichen Verhältnisses aus Einheit und Mannigfaltigkeit – das oberste Prinzip des Denkens darstellt, raubt er seiner eigenen theoretischen Arbeit deren *Bedingung der Möglichkeit.* Dies sei schon hier kritisch angemerkt, wenngleich die Position Derridas noch weiter erläutert werden muss. Konsequent ist wegen der grundlegenden Bedeutung der »différance« Derridas Anschließen an Saussure, der behauptet habe, »[d]aß ›das Sprachsystem (das also nur aus Differenzen besteht) nicht eine Funktion des sprechenden Subjekts ist‹.« Und Derrida fährt selbst fort:

> Dies impliziert, daß das Subjekt (Selbstidentität oder eventuell Bewußtsein der Selbstidentität, Selbstbewußtsein) in das Sprachsystem eingeschrieben, eine »Funktion« des Sprachsystems ist, nur zum *sprechenden* Subjekt wird, wenn es sein Sprechen, selbst in der sogenannten »Schöpfung«, selbst in der sogenannten »Überschreitung«, an das Vorschriftssystem der Sprache als System von Differenzen oder zumindest an das allgemeine Gesetz der *différance* angleicht [...].[38]

Wenn Derrida in seinem Aufsatz *SIGNATUR EREIGNIS KONTEXT* die »Erfahrung *reiner* Anwesenheit« zurückweist und dagegen »Ketten von differentiellen Zeichen (marques)« hervorhebt, kommt dem Zeichen zwar die Funktion zu, Bedeutung anzunehmen, aber nie auf einheitliche Weise.[39] Für Derrida ist einerseits die »Wiederholbarkeit«, die »Iterierbarkeit«, der Zeichen entscheidend, andererseits erfolgt dieses von ihm sogenannte »Zitat« nie auf dieselbe Art, wodurch mit jeder Wiederholung eine Bedeutungsverschiebung einhergeht.[40] Dennoch soll in der Wiederholung der Zeichen dieses funktionieren, d. h. Kommunikation ermöglichen.

Worin liegt dies nun begründet? Laut Derrida keineswegs im sprechenden Subjekt, sondern in der »Verschiedenheit der Sprache«, durch die das Subjekt zwar »Selbst-Gegenwart« erlangt, aber über die es nicht selbstbewusst verfügt. »Übernimmt man die Vorstellung von Schrift in ihrer gängigen – was nicht heißen soll, ihrer harmlosen, einfachen oder natürlichen – Bedeutung, so muß man sie als Kommunikationsmittel betrachten [...].«[41] Offenkundig ist Derrida nicht gewillt, diese Vorstellung zu übernehmen, insofern ist folgende Anmerkung kritisch zu verstehen:

> Die Geschichte der Schrift wird sich nach einem Gesetz mechanischer Ökonomie richten: so viel Raum und Zeit wie möglich durch die bequemste Abkürzung zu gewinnen; sie wird niemals auch nur im mindesten auf die Struktur und den Inhalt des Sinns (der Ideen), die sie zu befördern hat, einwirken. Der gleiche Inhalt, der zuvor durch Gebärden und Laute mitgeteilt wurde, wird fortan durch die Schrift, und zwar nacheinander durch verschiedene Arten der Aufzeichnung von der Bilderschrift [...] bis zur alphabetischen Schrift übermittelt.[42]

Freilich hinterfragt Derrida diese ideale Vorstellung von Kommunikation. Sein Insistieren auf der Veränderung der Bedeutung der Zeichen ist zunächst auch nachvollziehbar. Doch fraglich bleibt, weshalb und wie er die Veränderung der Bedeutung allein aus der der Sprache bzw. Schrift innewohnenden Verschiedenheit, *différance*, erklären möchte bzw. kann. Offenbar will Derrida darauf hinaus – das lässt sich *ex negativo* dem Zitat entnehmen –, dass die Schrift »auf die Struktur und den Inhalt des Sinns (der Ideen), die sie zu befördern hat, einwirk[t]«.

Bevor der Versuch fortgeführt wird, die von Derrida behauptete schöpferische Kraft der Sprache und Schrift in seinem Sinne zu erläutern, ist auf die Relevanz des »Subjekts« zurückzukommen. Das heißt: Es ist vielmehr auf die Irrelevanz zurückzukommen, denn zur »Kerneigenschaft«, wie Derrida es formuliert, der Schrift gehört die ihr »wesentliche Führungslosigkeit«, der »Tod des Empfängers« und letztlich auch des Senders.[43] Entscheidend ist für Derrida, dass die Zeichen funktionieren, nicht dass sie auf etwas referieren und einem Objekt entsprechen oder etwas vom Subjekt Intendiertes mitteilen: »Und diese Abwesenheit [des Empfängers; Anm. C. I.] ist keine kontinuierliche Modifikation der Anwesenheit, sie ist eine Unterbrechung der Anwesenheit, der ›Tod‹ oder die Möglichkeit des ›Todes‹ des Empfängers, eingeschrieben in die Struktur der Zeichen (*marque*) […].«[44]

Nun ist die Vorstellung der eigenen Veränderbarkeit oder Verschiedenheit der Schrift und Sprache, deren eigener Handlungsfähigkeit, weiter zu explizieren. Wesentlich für Derridas Theorie der Schrift und Sprache ist John L. Austins »Sprechakttheorie«[45], vor allem der Gedanke des Performativen, dass mittels bestimmter Sprechakte nicht hauptsächlich kommuniziert, sondern durch sie gehandelt, etwas in der Welt verändert wird:

> Es [das *performative*] beschreibt nicht etwas, das außerhalb der Sprache und vor ihr existiert. Es produziert oder verwandelt eine Situation, es wirkt; und wenn man auch sagen kann, daß eine konstative Aussage ebenfalls etwas bewirkt und immer eine Situation verwandelt, so kann man doch nicht sagen, daß dies ihre interne Struktur, ihre manifeste Funktion oder Bestimmung konstituiert, wie in dem Fall des *performative*.[46]

Bemerkenswert ist Derridas Kritik an Austins vermeintlich unkritischem Anknüpfen an die philosophische Tradition:

> Eines dieser wesentlichen Elemente[47] – und nicht eines unter anderen – bleibt in klassischer Weise das Bewußtsein, die bewußte Anwesenheit der Intention des sprechenden Subjekts in der Totalität seines Sprechakts. Dadurch wird die performative Kommunikation wieder zur Kommunikation eines intentionalen Sinns.[48]

Allerdings weiß Austin um die vielen Voraussetzungen für das Gelingen des Handelns durch Sprache. Nicht die Sprache allein aus sich heraus handelt, sondern sie ist dafür auf Konventionen angewiesen: Denn nicht jeder darf eine Eheschließung vornehmen, ein gerichtliches Urteil sprechen usf. Angesichts der Möglichkeit des Scheiterns des Sprechakts stellt sich Derrida »folgende Frage«:

> [I]st diese allgemeine Möglichkeit notgedrungen diejenige eines Mißlingens oder einer Falle, in welche die Sprache *fallen* oder sich wie in einem Abgrund verlieren kann, der außerhalb ihrer selbst oder vor ihr liegt? [...] Mit anderen Worten, *umgibt* die Allgemeingültigkeit der von Austin anerkannten Gefahr die Sprache wie eine Art *Graben*, ein äußerer Ort des Verderbens, aus dem der Sprechakt (*locution*) nie herauskäme, den er vermeiden könnte, wenn er bei sich selbst, in sich bliebe, im Schutze seines Wesens oder seines Telos? Oder ist diese Gefahr im Gegenteil seine innere und positive Möglichkeitsbedingung? Dieses Äußere sein Inneres?[49]

Trotz der »Gefahr«, nicht das Intendierte zu kommunizieren, trotz des »Mißlingens« gesteht Derrida zu, dass »die Kategorie der Intention nicht verschwinden [wird], sie wird ihren Platz haben, aber«, so schränkt Derrida die Möglichkeit der Intention gleich wieder ein, »von diesem Platz aus wird sie nicht mehr den ganzen Schauplatz und das ganze System der Äußerung beherrschen können.«[50]

Einerseits hält Derrida hier eine Banalität fest, denn wer würde schon behaupten wollen, dass eine völlige Beherrschung über das, was geäußert wird, besessen werde. Andererseits muss gefragt werden, auf welche Gründe Derrida die Nichtbeherrschbarkeit der Sprache zurückführt. Anstatt wie Derrida davon auszugehen, dass die Schrift und die Sprache aus sich heraus die Subjekte beherrschen, müsste untersucht werden, inwiefern sich in der Sprache Herrschaftsstrukturen manifestieren und durch sie transportiert und reproduziert werden. Allerdings wäre eine solche Sprachkritik nur der Anfang. Kritisiert und bestenfalls verändert werden müssten dann die gesellschaftlichen Strukturen, die sich durch Sprache lediglich zusätzlich verfestigen und verbreiten. Die Änderung der Sprache allein reichte nicht aus.

Die Auseinandersetzung mit Derrida ist zu beschließen mit einem Zitat, mit dem er selbst »sehr trocken abzuschließen« bezweckte:

> Als Schrift ist die Kommunikation [...] nicht das Beförderungsmittel von Sinn, der Austausch von Intention und Meinen, der Diskurs und die »Kommunikation des Bewußtseins«. Wir wohnen [...] der immer mächtigeren historischen Erfahrung einer allgemeinen Schrift [bei], deren System des Sprechakts, des Bewußtseins, des Sinns der Anwesenheit, der Wahrheit und so weiter, nur ein Effekt ist und als solcher analysiert werden muss.[51]

Derrida wendet sich damit gegen die philosophische Tradition. Dementsprechend bezweckt er in seiner dekonstruierenden Auseinandersetzung mit Autoren, diesen nachzuweisen, inwiefern sie im Fahrwasser der Tradition schwimmen. Zwar mag der Gedanke der Einheit die philosophische Tradition dominieren. Allerdings entkommt auch Derrida ontologischen bzw. metaphysischen Festsetzungen nicht, indem er anstatt Einheit Verschiedenheit, *différance*, setzt. Sei es, dass Derrida darum weiß und nur auf die Dekonstruktion seiner metaphysischen Setzungen – somit auch der Dekonstruktion selbst – *wartet*,[52] ist dafür allerdings auf Hegels Logik *zurück*zuverweisen. Dort führt dieser nicht die Dekonstruktion der bloßen Andersheit durch, sondern geht deren eigener dialektischen Bewegung nach: denn »das sich Verändernde ist auf keine verschiedene Weise, sondern auf dieselbe, ein Anderes zu seyn, bestimmt, es *geht* daher in demselben *nur mit sich selbst zusammen*«[53]. Bloße Andersheit schlägt in abstrakte Einfachheit und Einheit um.

Für die »*différance*«, die Verschiedenheit, die Derrida in der Sprache und in der Schrift selbst verortet und die das Bewusstsein der einzelnen Subjekte bestimmt, ohne dass diese sich dazu selbstbewusst verhalten können, findet sich bei Foucault eine Rückführung zwar auch auf Sprachliches, nämlich auf den Diskurs, aber ebenso auf gesellschaftliche Prozesse.

## 2. Foucault und Butler - Subjektivierung durch Macht und Identität

Die »Selbst-Gegenwart«, das »Bewusstsein«, die bzw. das das Subjekt nur durch Sprache gewinnt, worauf Derrida hinweist, ist ebenfalls erhellend für Foucault, der ebenfalls von einer bestimmten empirischen Konstituierung des Subjekts ausgeht:

> Diese Macht/Wissen-Beziehungen sind darum nicht von einem Erkenntnissubjekt aus zu analysieren, das gegenüber dem Machtsystem frei oder unfrei ist. Vielmehr ist in Betracht zu ziehen, daß das erkennende Subjekt, das zu erkennende Objekt und die Erkenntnisweisen jeweils Effekte jener fundamentalen Macht/Wissen-Komplexe und ihrer historischen Transformation bilden.
>
> Die[] wirkliche und unkörperliche Seele [...] ist das Element, in welchem sich die Wirkungen einer bestimmten Macht und der Gegenstandsbezug eines Wissens miteinander verschränken; sie ist das Zahnradgetriebe, mittels dessen die Machtbeziehungen ein Wissen ermöglichen und das Wissen die Machtwirkungen erneuert und verstärkt. Über dieser Verzahnung von Machtwirklichkeit und Wissensgegenstand hat man verschiedene Begriffe und Untersuchungsbereiche konstruiert: Psyche, Subjektivität, Persönlichkeit, Bewußtsein, Gewissen usw.; man hat darauf wissenschaftliche Techniken und Diskurse erbaut; man hat darauf die moralischen Ansprüche des Humanismus gegründet. Doch täusche man sich nicht: man hat an die Stelle der Seele, der Illusion der Theologen, nicht einen wirklichen Menschen, einen Gegenstand des Wissens, der philosophischen Reflexion oder technischen Intervention, gesetzt. Der Mensch, von dem man uns spricht und zu dessen Befreiung man einlädt, ist bereits in sich das Resultat einer Unterwerfung, die viel tiefer ist als er. Eine »Seele« wohnt in ihm und schafft ihm eine Existenz, die selbst ein Stück der Herrschaft ist, welche die Macht über den Körper ausübt. Die Seele: Effekt und Instrument einer politischen Anatomie. Die Seele: Gefängnis des Körpers.[54]

Eine ähnliche Bedeutung, die Derrida der Sprache und Schrift zumisst, deren Verschiedenheit das Bewusstsein des Subjekts unterliegt, spricht Foucault der »Macht« zu. Die »Seele« ist erstens nicht unabhängig von der »Macht« und zweitens eng mit der Bestimmtheit des Körpers verknüpft:

> Man sage nicht, die Seele sei eine Illusion oder ein ideologischer Begriff. Sie existiert, sie hat eine Wirklichkeit, sie wird ständig produziert – um den Körper, am Körper, im Körper – durch Machtausübung an jenen, die man überwacht, dressiert und korrigiert, an den Wahnsinnigen, den Kindern, den Schülern, den Kolonisierten, an denen, die man an einen Produktionsapparat bindet und ein Leben lang kontrolliert.[55]

An dieser Stelle erwähnt Foucault den »Produktionsapparat« als eine Form der Macht unter vielen. In seinen Vorträgen *Die Wahrheit und die juridischen Formen* rückt er die Bedeutung des Produktionsapparats im 19. Jahrhundert, also die kapitalistische Produktionsweise, für die anderen Machtformen in den Vordergrund. Insgesamt sieht er die Institutionen, sei es die Schule, die Psychiatrie, das Gefängnis usf., dem Zweck untergeordnet, dass die Menschen dem Produktionsprozess entsprechend *unterworfen*, d. h. diesem gemäß als Subjekte konstituiert werden.[56] Es ist Butler, die in Reaktion auf Foucault auf die Doppeldeutigkeit des Worts »subjection« hinweist, das Unterwerfung bedeutet, aber auch Subjektivierung meinen kann. Diese Ambiguität macht sie auch für das französische Wort für Unterwerfung, »assujettissement«, geltend: Auch in »assujettissement« sei die Subjektivierung enthalten.[57] Auf die Gewalt, die der Subjektivierung und jeglichem Wissen eingeschrieben ist, macht Foucault umfassend aufmerksam und teilweise sogar auf deren gesellschaftlichen Ursprung, auf die Verfügbarkeit der Subjekte für die kapitalistische Produktion. Allerdings bildet die Verfügung über die Subjekte, über deren Zeit, im Zuge der Produktion für Foucault eine Form der Macht, deren Grund er nicht analysiert. Obgleich in diesen Vorträgen von 1973 eine erstaunlich *implizite* Annäherung an Marx – bei gleichzeitiger *expliziter* Kritik – festzustellen ist, geht Foucault nicht so weit, sich auf die Marx'sche Analyse der kapitalistischen Produktionsweise einzulassen.[58]

Foucaults Bezugnahme auf Marx ist sprechend: Er kritisiert Marx dafür, dass dieser das Wesen des Menschen in der Arbeit zu erkennen meine. Zwar räumt er in Rekurs auf Althusser ein, dass dies lediglich eine Annahme des jungen Marx gewesen sei, aber dies ist für Foucault nicht von Interesse.[59] Interessieren sollte ihn aber, dass Marx trotz des Unterworfenseins unter die kapitalistischen Macht- oder vielmehr Herrschaftsverhältnisse dazu in der Lage war, diese zu analysieren.

Zwar weist Foucault berechtigterweise darauf hin, dass erstens Wissen nicht herrschaftsfrei gebildet wird, und dass zweitens die individuelle »Seele« keine verfestigte allgemeine Substanz darstellt, sondern durch die bestehenden Verhältnisse bestimmt wird. Aber dabei unterläuft es Foucault, Macht zu verallgemeinern und zu ontologisieren, sodass keine Möglichkeit für die Subjekte bleibt, sich zumindest theoretisch darüber zu erheben:

> Man muß wohl auch einer Denktradition entsagen, die von der Vorstellung geleitet ist, daß es Wissen nur dort geben kann, wo die Machtverhältnisse suspendiert sind, daß das Wissen sich nur außerhalb der Befehle, Anforderungen, Interessen der Macht entfalten kann. Vielleicht muß man dem Glauben entsagen, daß die Macht wahnsinnig macht und daß man nur unter Verzicht auf die Macht ein Wissender werden kann. Eher ist wohl anzunehmen, daß die Macht Wissen hervorbringt (und nicht bloß fördert, anwendet, ausnutzt); daß Macht und Wissen einander unmittelbar einschließen; daß es keine Machtbeziehung gibt, ohne daß sich ein entsprechendes Wissensfeld konstituiert.[60]

Wenngleich Kant dagegen nicht auf die historische und gesellschaftliche Bestimmung des Denkens des empirischen Subjekts reflektiert, was ihm vorzuwerfen ist, weiß er um die Differenz zwischen dem empirischen und dem dessen Denken zugrunde liegenden transzendentalen Subjekt. Ferner weist die Identität, die Kant für das transzendentale Selbstbewusstsein veranschlagt, um Objektivität zu begründen, auf keine bestimmte Identität – z. B. die soziale Geschlechteridentität – des empirischen Subjekts hin. Die dem Begriff des transzendentalen Subjekts wesentliche Identität, die dem bestimmten empirischen Subjekt vorhergeht, überträgt Butler auf die Bestimmung des empirischen Subjekts, freilich um diese bestimmte Identität infrage zu stellen.

Einerseits übt Butler Kritik an Identität, andererseits bleibt Identität für sie konstitutiv für die Subjektivierung. Hinsichtlich der Macht wurde bei Foucault eine von ihm nicht intendierte ontologische oder metaphysische Fixierung festgestellt; auch an der Verschiedenheit, der *différance*, bei Derrida war dies auszumachen. Die Kritik daran beruht nicht per se darauf, dass eine metaphysische Bestimmung erfolgt ist, sondern dass gerade im Ankämpfen gegen metaphysische Bestimmungen unreflektiert solche selbst aufgestellt werden. Dies wiederholt sich angesichts der Identität bei Butler. Analog dem Vorgehen Derridas und Foucaults geht Butler von einem empirischen Subjektivierungsprozess aus, in dem bestimmten Identitäten eine konstitutive Funktion zukommt. Sprachlich, in Diskursen, liegen bestimmte Identitäten vor, die die Bildung des Subjekts bestimmen, indem sie dessen Handeln und Sprechen determinieren.[61] Butler sieht aber nicht nur das Bewusstsein der Subjekte in Diskursen aufgehen, sondern diese bringen auch erst den Körper des Subjekts hervor: Vor der Bestimmung durch eine bestimmte Identität existiert weder das Subjekt noch dessen Körper.[62] An der Materialisierung der im Diskurs vorzufindenden Identität treten die Widersprüche Butlers deutlich zu Tage. Zunächst wendet sie sich damit gegen die von Simone de Beauvoir vertretene Differenz zwischen biologischem und gesellschaftlichem Geschlecht, zwischen *sex* und *gender*.[63] Da der Diskurs die Materialität des Körpers bestimme, könne es kein natürliches Geschlecht geben. Butler radikalisiert das Denken Foucaults, der den Körper vermittelt über die Seele der diskursiven Macht unterworfen sieht. Aber bei Foucault zeigt sich dennoch eine übrig gebliebene Eigenbestimmtheit des Körpers, und zwar in der Möglichkeit eines Begehrens, das nicht auf ein bestimmtes Geschlecht zurückführt und nicht durch bestimmte gesellschaftliche Zwänge dressiert ist. Dass Foucault eine solche körperliche Eigenbestimmtheit beibehält, die sich in einem Begehren Bahn bricht, das keiner im Diskurs vorfindlichen Identität folgt, führt bei Butler zu einer kritischen Distanznahme.

Um aber der Widersprüchlichkeit in Butlers Denken weiter auf den Grund zu gehen, ist das Erbe Derridas in ihrer Theorie zu beleuchten. Die Subjektivierung ist für Butler kein abgeschlossener Prozess, sondern die Identitäten werden – wie bei Derrida die Zeichen – zitiert. Angeblich werden diese Identitäten dadurch verändert: Aber ebenso wie bei Derrida stellt sich die Frage nach dem Grund der Veränderung. Für Butler ist klar, dass die Identitäten, wie die Geschlechteridentitäten weiblich – männlich bzw. Frau – Mann, »Ideale« darstellen, die im Zitat, in der Subjektwerdung nur verfehlt werden können.[64] Aber woraus resultiert das Verfehlen? Wenn einzelne Menschen über keine Bestimmtheit verfügen, die sie nicht durch den Diskurs hindurch erhalten und materialisiert haben, was führt dann zum Scheitern des Zitats?

Individualität und Natürlichkeit lassen sich im Rahmen von Butlers Konzeption offenkundig nicht denken. In ihrer Distanznahme von Foucault verweist sie zwar kritisch auf dessen Deutung der Tagebücher eines Hermaphroditen, allerdings stellt sie den Hermaphroditismus dabei nicht infrage:[65] Wie soll sich aber ein hermaphroditer Körper materialisiert haben in einer herrschenden heterosexuellen Matrix? Im Rahmen von Butlers Identitätsdenken und der völligen Bestimmung durch den Diskurs ist dies verunmöglicht. Die bei Derrida auftretende Schwierigkeit, wie sich die durch Sprache selbst begründete Verschiedenheit denken lässt, setzt sich bei Butler fort.

Gesteht man nun zu, dass sich im Diskurs Identitäten sprachlich verändern, bleibt aber Butlers Optimismus für die bloße Veränderlichkeit fraglich. Butlers Kritik an Identitäten gründet nicht in deren Bestimmtheit, sondern in deren Verfestigung.[66] Aus diesem Grund schließt sich Butler Chantal Mouffe und Ernesto Laclau an, die einen Antagonismus um des Antagonismus' willen als politisches Modell vorschlagen: Butler erhofft sich vom Antagonismus, dass dieser den Verfestigungen entgegenwirkt. Der Widerspruch Butlers basiert nicht nur auf der mangelnden Begründung für die bloße Veränderlichkeit der Identitäten, sondern auch darauf, dass sie für den Antagonismus doch normative Maßstäbe wünscht.

> Selbst dann, wenn jede diskursive Formation durch Ausschluß erzeugt wird, heißt das nicht zu behaupten, daß alle Ausschlüsse gleichwertig sind: Wir brauchen eine Methode, politisch beurteilen zu können, wie die Herstellung von kultureller Nicht-Intelligibilität unterschiedlich mobilisiert wird, um das politische Feld zu regulieren – wer wird also als »Subjekt« gelten, und von wem wird abverlangt werden, nicht als »Subjekt« zu sein?[67]

Ihre Absage an eine über dem Diskurs stehende Allgemeinheit lässt eine solche Begründung von moralischen Maßstäben, »um das politische Feld zu regulieren«, aber keineswegs zu. Besonders problematisch an der bloßen Veränderlichkeit ist nicht nur der dafür geforderte Antagonismus. Fraglich bleibt auch, wie dieser geführt werden soll: denn in den Streit können keine selbstbestimmten Ziele mitaufgenommen werden. Der Streit ist lediglich Motor für Veränderungen. Die Veränderungen aber können nur durch das Scheitern in der Realisierung von idealen Identitäten hervorgebracht werden und keineswegs willentlich. Und bereits diese Möglichkeit der Veränderung ist in dem diskursiven Rahmen Butlers abgeschnitten: Denn wie soll eine durch das Scheitern hervorgebrachte Bestimmtheit bewusstwerden, wenn sie nicht im Diskurs vertreten ist? Und wie kann sie überhaupt entstehen, wenn es nichts – zeitlich wie systematisch – vor dem Diskurs gibt? Es wird deutlich: In der Auseinandersetzung mit Butler dreht man sich im Kreis...

## 3. Und nun?

Foucaults historische Untersuchungen von Machtstrukturen bieten die Möglichkeit, das Denken empirischer Subjekte zu erklären, womit die rein transzendentale Begründung von Wissenschaft Kants konfrontiert werden müsste. Aber indem Foucault nur die Diskurse analysiert und nicht nach der Möglichkeit fragt, wie Subjekte sich über diese erheben und kritisch hinterfragen können, unterliegt er wie Kant einer Einseitigkeit, die aber in ein anderes Extrem führt.[68] Dessen konsequent unkritische und widersprüchliche Durchführung ist bei Butler zu beobachten. Sowohl für die Aufrechterhaltung von Wissenschaft als auch für die politische Selbstbestimmung muss an Spontaneität und Allgemeinheit des Erkenntnissubjekts festgehalten werden.[69] Denn in ihr liegt die über Kant hinausgehende *Bedingung der Möglichkeit*, die sehr ernst zu nehmenden empirischen Determinationen psychischer und sozialer Art vernünftig zu durchdringen.[70]

## ANMERKUNGEN

1 »Zuallererst ist von Subjekten im Plural zu reden, besser noch von Menschen. Da aber Philosophie ihre Gegenstände durch begriffliche Abstraktion erst gewinnt, und da Abstrakta singulär sind, war die Rede vom Subjekt durchaus konsequent«, Städtler, Michael, *Kant und die Aporetik moderner Subjektivität*, Berlin 2011, S. 14.

2 Vgl. ebd., S. 16 f.

3 Zu betonen ist, dass »Objektivität« nicht nur »Allgemeinheit« und »Notwendigkeit« bedeutet, sondern auch auf »Gegenständliches«, auf die »Sachhaltigkeit von Erfahrung« zielt: »Ist also von Objekten und Objektivität die Rede, [...] wird [...] angezeigt, daß *von etwas* die Rede ist und daß der Maßstab der Beurteilung einer Rede auch in ihrem wie immer beschaffenen Gegenstand gründet, der zwar erst im logischen Zusammenhang zum Maßstab wird, aber nicht auf diesen zu reduzieren ist.« (Ebd., S. 15 f.).

4 Zur Bestimmung von »Objektivität«, die sich nicht in »Subjektivität« erschöpft, vgl. die vorige Anm. Bezüglich der Bestimmung von »Subjektivität« ist »die Bestimmung dessen, wodurch Menschen Subjekte sind: ihre Subjektivität mit den beiden zentralen Momenten theoretischer Selbstbestimmung oder Selbstbewußtsein und praktischer Selbstbestimmung oder Autonomie«, hervorzuheben (ebd., S. 14).

5 Für eine der Komplexität des Gegenstandes, der »Subjektivität«, entsprechende Reflexion ist insgesamt auf die bereits zitierte Arbeit *Kant und die Aporetik moderner Subjektivität* von Michael Städtler zu verweisen.

6 Foucault, Michel, *Überwachen und Strafen. Die Geburt des Gefängnisses*, Frankfurt a. M. 1977, S. 39.

7 Kant, Immanuel, *Kritik der reinen Vernunft (1787)*, in: ders., *Akademieausgabe*, Bd. III, Berlin 1911, S. 108, B 131 – im Folgenden zitiere ich nur nach der Seitenangabe der Originalauflage der zweiten, der sogenannten B-Ausgabe von 1787.

8 Kant, Immanuel, *Kritik der reinen Vernunft (1781)*, in: ders., *Akademieausgabe*, Bd. IV, Berlin 1911, S. 108, A 355 – im Folgenden zitiere ich nur nach der Seitenangabe der Originalauflage der ersten, der sogenannten A-Ausgabe von 1781.

9 Vgl. Lorey, Isabell, *Immer Ärger mit dem Subjekt. Theoretische und politische Konsequenzen eines juridischen Machtmodells: Judith Butler*, Tübingen 1996, S. 12. Vgl. die Debatte zwischen Foucault und Derrida, die sich aufgrund ihrer unterschiedlichen Rezeption der Philosophie Descartes' entbrannt hat: Derrida reagiert kritisch mit seinem Aufsatz »Cogito und die Geschichte des Wahnsinns«, in: *Die Schrift und die Differenz*, Frankfurt a. M. 1976 auf Foucaults Schrift *Wahnsinn und Gesellschaft. Eine Geschichte des Wahns im Zeitalter der Vernunft*, Frankfurt a. M. 1969. Erwiderungen Foucaults finden sich in den beiden Aufsätzen: »Mon corps, ce papier, ce feu« [Mein Körper, dieses Papier, dieses Feuer; Anm. C. I.], in: ders., *Dits et Écrits. 1954–1988*, Bd. II, Paris 1994, S. 245–268 und ders., »Michel Foucault Derrida e no kaino (›Réponse à Derrida‹)« [Erwiderung auf Derrida; Anm. C. I.], in: ders., *Dits et Écrits. 1954–1988*, Bd. II, Paris 1994, S. 281–296.

10 Descartes, René, *Meditationen über die Grundlagen der Philosophie (1641)*, Hamburg 1992, S. 43.
11 Vgl. ebd., S. 31, S. 45; vgl. auch die Formulierung im originalen, in Latein verfassten Text, ebd., S. 30.
12 Ebd., S. 63; vgl. auch ebd., S. 61.
13 Vgl. die dritte Meditation, ebd., S. 60–97.
14 Ebd., S. 39; vgl. auch ebd., S. 63, S. 65.
15 Vgl. allerdings dazu Städtler (*Kant und die Aporetik moderner Subjektivität*, S. 589), der darauf hinweist, dass letztlich auch Kant »in der Linie des Descartes'schen Programms« stehend auf einen Gottesbeweis angewiesen ist, damit die »Gesetzmäßigkeit« des Verstandes mit dem dem Verstand äußerlichen Sinnlichen konform geht.
16 Vgl. vorige Anm.
17 Kant, *Kritik der reinen Vernunft*, B 608, 672, 717–730, 836 ff.; Kant, Immanuel, *Kritik der praktischen Vernunft (1788)*, in: ders., *Akademieausgabe*, Bd. V, Berlin 1913, S. 124–132.
18 Kant, *Kritik der reinen Vernunft*, B 4, 95, 106, 129–169.
19 Ebd., B 75.
20 Vgl. ebd., B 148 f.
21 Vgl. ebd., B 33–36.
22 Vgl. ebd.
23 Vgl. ebd., B 143–156.
24 Vgl. ebd., B 143–146.
25 Vgl. ebd.
26 Vgl. ebd., B X–XIX, B 20–24.
27 Vgl. ebd., A 111, B 25.
28 Vgl. ebd., B 116 ff.
29 Vgl. ebd., B 106–108, 146.
30 Vgl. ebd., B 159.
31 Ebd., B 145 f.; Herv. C. I.
32 Vgl. Fn. 15.
33 Derrida, Jacques, »Die différance«, in: ders., *Randgänge der Philosophie*, Wien 1999, S. 31–56, hier S. 44 f.
34 Ebd., S. 45.
35 Ebd.
36 Ebd., S. 44.
37 Ebd., S. 45 f.
38 Ebd., S. 44.
39 Derrida, Jacques, »Signatur Ereignis Kontext«, in: ders., *Randgänge der Philosophie*, Wien 1999, S. 325–351, hier S. 337.
40 Ebd., S. 333–339.
41 Ebd., S. 327 f.
42 Ebd., S. 329.

43 Vgl. ebd., S. 334.
44 Ebd., S. 333–335.
45 Austin, John L., *Zur Theorie der Sprechakte*, Ditzingen 2014.
46 Derrida, »Signatur Ereignis Kontext«, S. 340.
47 Derrida verweist mit »diese[n] wesentliche[n] Elemente[n]« zunächst allgemein auf Elemente, die ihm zufolge für Austin zum »totalen Kontext« gehören, der wiederum in Austins Theorie konstitutiv für das Gelingen eines Sprechakts ist (vgl. ebd., S. 341).
48 Ebd., S. 341.
49 Ebd., S. 345.
50 Ebd., S. 346.
51 Ebd., S. 349.
52 Vgl. Engelmann, Peter, »Einleitung«, in: Derrida, Jacques, *Die différance. Ausgewählte Texte*, Stuttgart 2004, S. 7–30, hier S. 19–30, vor allem ebd., S. 29: »Es geht [...] nicht um ein Sittenbild der Philosophie, sondern darum, zu zeigen, dass die metaphysikkritische Arbeit Derridas von Anfang an belgeitet war von dem Wissen um seine notwendige Erfolglosigkeit im Sinne einer möglichen Überwindung der Metaphysik. [...] So wie Derrida Nietzsche, Freud oder Heidegger dekonstruieren kann und ihnen ihre Befangenheit in der Metaphysik nachweist, wird natürlich auch sein Werk dekonstruiert und es wird der Nachweis geführt werden können über Derridas Befangenheit in der Metaphysik.«
53 Hegel, Georg Wilhelm Friedrich, *Wissenschaft der Logik*, in: ders., *Gesammelte Werke*, Bd. 21, Hamburg 1984, S. 106. Dieser Gedanke ist platonischen Ursprungs und auch von substantieller Bedeutung für den Neuplatonismus. Auf »τὸ ἕτερον [to héteron, Anm. d. Hg.] des Plato« verweist Hegel selbst (ebd.). (Vgl. Platon, *Parmenides*, in: ders., *Werke*, Bd. 5, Darmstadt 1981, 143b, aber auch Plotin, *Die beiden Materien*, in: *Plotins Schriften*, Bd. 1, Hamburg 1956, S. 244–277, hier S. 251).
54 Foucault, *Überwachen und Strafen*, S. 39–42.
55 Ebd., S. 41.
56 Vgl. Foucault, Michel, »La vérité et les formes juridiques«, in: ders., *Dits et Écrits. 1954–1988*, Bd. II, Paris 1994, S. 538–646, hier S. 616–623.
57 Vgl. Butler, Judith, *Kritik der ethischen Gewalt. Adorno-Vorlesungen 2002*, Frankfurt a. M. 2003, S. 32 und Anm. 16; dies., *Körper von Gewicht*, Frankfurt a. M. 1997, Anm. 33, s. S. 345 f.: »[D]er ›*Sex*‹ wie auch ›die Seele‹ werden so verstanden, daß sie den Körper unterjochen und subjektivieren, sozusagen eine Versklavung erzeugen, als das eigentliche Prinzip der kulturellen Formierung des Körpers. In diesem Sinn kann Materialisierung als die sedimentierende Wirkung einer regulierten Wiederholbarkeit beschrieben werden.«
58 Vgl. Foucault, *La vérité et les formes juridiques*, S. 616 f., 621 f.
59 Vgl. ebd., S. 621 f.
60 Foucault, *Überwachen und Strafen*, S. 39.
61 Vgl. Butler, *Körper von Gewicht*, S. 27.
62 Vgl. ebd., S. 29.

63 Vgl. ebd., S. 27.

64 Vgl. ebd., S. 21.

65 Vgl. Butler, Judith, *Das Unbehagen der Geschlechter*, Frankfurt a. M. 1991, S. 142–165.

66 Vgl. dazu auch Lorey, *Immer Ärger mit dem Subjekt*, S. 18.

67 Butler, *Körper von Gewicht*, S. 284.

68 In seinen letzten Vorlesungen am Collège de France zu Beginn der 1980er-Jahre widmet sich Foucault ausführlich dem »Subjekt«, das nach »Diskurs«, »Macht« etc. ein zentraler Gegenstand seiner Überlegungen wird, worin aber in der Foucault-Forschung eine wesentliche Wende gegenüber vormaligen Änderungen in der Begrifflichkeit erkannt wird (vgl. Foucault, Michel, *Hermeneutik des Subjekts*, Frankfurt a. M. 2009, S. 627). Zeugnis dessen sei laut Frédéric Gros Foucaults Vorlesung *Hermeneutik des Subjekts* von 1982. Gros, der Herausgeber der Vorlesungen, sucht diese Wende in seiner »Situierung der Vorlesungen« nachzuvollziehen und nachzuzeichnen (vgl. ebd., S. 616–668). Butler, die diesen Wandel ebenfalls bemerkt, steht Foucaults später Auffassung vom Subjekt deutlich kritisch gegenüber (vgl. Butler, *Kritik der ethischen Gewalt*, S. 118, S. 120 f.). Gros wie Butler meinen, eine Differenz in Foucaults Subjektkonzeption insofern zu erkennen, als das Subjekt nicht mehr bloßer Effekt der Macht, sondern »selbst konstituiert« sei (Foucault, *Hermeneutik des Subjekts*, S. 624). Foucault selbst sieht dagegen rückblickend in seinem gedanklichen Werdegang eine Kontinuität, die gerade auf dem »Subjekt«, das durchgängig thematisch gewesen sei, beruhe (vgl. ebd., S. 623, S. 627). Butler fasst dies als eine Missdeutung seiner selbst und über Foucault hinausgehend als Beleg dafür auf, dass keine durchgängige personale Identität besteht (vgl. Butler, *Kritik der ethischen Gewalt*, S. 124, S. 130, S. 134). Letzterem ist zunächst entgegenzuhalten, dass in Foucaults Bewusstsein zumindest so viel Identität und Einheit besteht, dass er sich auf sein Werk zurückbeziehen kann, selbst wenn er sich im Nachhinein selbst missverstünde oder sein Denken einheitlicher darstellte, als es sich tatsächlich in seinen Schriften zeigt. Ohne hier abschließend entscheiden zu wollen, ob Foucaults Selbstdarstellung richtig oder falsch sei, ist auf den Widerspruch in Gros' Interpretation hinzuweisen. Einerseits hebt er die Produktivität der Macht in Foucaults Konzeption hervor, die die ihr Unterworfenen nicht zur Passivität verdamme, sondern die Subjekte unterliegen der Macht gerade in ihrer Aktivität (vgl. Foucault, *Hermeneutik des Subjekts*, S. 622). Andererseits, um die Wende des späten Foucault herauszustellen, erachtet Gros die durch die Macht hervorgebrachten Subjekte doch als Unterdrückte, doch als »passive Produkte« (ebd., S. 623, S. 641). Erst der späte Foucault denke eine *Selbst*konstituierung des Subjekts als auf die Antike zurückgehende »›Sorge um sich selbst‹« (ebd., S. 637). Allerdings betont Gros gleichfalls, dass freilich auch diese Selbstkonstitution von Foucault als eine unter Herrschaft stehende erachtet wird (vgl. ebd., S. 641). Es gilt also – an anderer Stelle –, weiter zu untersuchen, ob nicht Foucault in seiner Selbstinterpretation insoweit Recht behält, als er auch in der Subjektkonstituierung als »Sorge um sich selbst« weiterhin nicht von den Wirkungen der Macht absieht.

69 Vgl. Polcik, Thassilo, *Bildung und Heteronomie. Grundlegung einer kritischen Theorie des Subjekts wider seine Pragmatisierung*, Münster / New York 2020, S. 13: »Weder ließe sich bloß über Philosophie im engeren Sinn verstehen, was Subjektivität sei, noch wäre von ihr abzusehen, indem Subjektivität als gesellschaftlich konstituiert gefasst […] würde.« »Was Subjektivität sei«, bestimmt Polcik, indem er sich an der Kritischen Theorie Adornos »abarbeite[t]« (ebd.). Insbesondere im Vergleich zu dieser Studie tritt die einseitige und oberflächlich bleibende Auseinandersetzung Butlers mit Adornos Moralphilosophie zu Tage, denn sie geht aus von einem »Determinismus der ›Bedingungen‹, die für Adorno letztlich bestimmen, wer wir sind« (Butler, *Kritik der ethischen Gewalt*, S. 143). Polcik stellt hingegen heraus, dass für Adorno »das Ich als dialektisches konzipiert wird, das in seiner psychologischen Dimension nicht aufgeht. Neben dem Vermögen der Lust und Unlust kommt jedem Menschen sein Erkenntnisvermögen zu, dessen Realisierung – entgegen der notwendigen psychodynamischen Verarbeitung der Außenwelt – ein Akt aus Freiheit ist, was heißt, dass Erkenntnis angestrebt werden kann, aber nicht muss, weil zu ihr ein Entschluss notwendig ist« (Polcik, *Bildung und Heteronomie*, S. 20).

70 »Die Rückführung des Selbstbewusstseins auf eine Gesellschaftsform gäbe seine Allgemeinheit und damit seinen vernünftigen – die Kontingenz der Herrschaft transzendierenden – Charakter auf, damit aber auch das, wodurch Kritische Theorie ihren Anspruch auf Emanzipation, Freiheit und Versöhnung überhaupt begründen könnte. Das Selbstbewusstsein wäre immer nur bloßer Ausdruck des Bewusstseins bestimmter gesellschaftlicher Verhältnisse.« (Polcik, *Bildung und Heteronomie*, S. 13).

Jan Rickermann

# GESCHICHTLICHKEIT UND REVOLUTION

## Herbert Marcuses Kritik des Politischen Existentialismus

Die Texte *Beiträge zu einer Phänomenologie des Historischen Materialismus* von 1928 und *Über konkrete Philosophie* von 1929 gehören zu jenen frühen Werken Herbert Marcuses, die unter den Begriff »Heidegger-Marxismus«[1] subsumiert werden. In diesen beanspruchte Marcuse durch eine Synthese der Philosophie von Martin Heideggers *Sein und Zeit* mit der frühen Marx'schen Kritik dem von ihm vorgefundenen Marxismus ein neues Fundament zu liefern. Marcuses anfängliche Begeisterung für die Lehre Heideggers führte Theodor W. Adorno in einem Brief an Max Horkheimer zu der Formulierung, er halte Marcuse für »einen durch Judentum verhinderten Faszisten«[2]. Als eine »gefährliche Beziehung«[3], zu der der Philosoph Giorgio Agamben[4] die Verbindung zwischen Walter Benjamin und Carl Schmitt erhöhte, soll Marcuses Verhältnis zu Heidegger nicht gedeutet werden. Stattdessen soll hier Marcuses Heidegger-Interpretation als eine verstellte, oder, um Adornos Wort aufzugreifen, »verhinderte« begriffen werden. Denn ein überzeugter Heideggerianer, so Richard Wolin, war Marcuse nie.[5] Doch Marcuse war nicht nur kein überzeugter Heideggerianer, er lieferte auch eine der ersten Kritiken Heideggers, in der er dessen politisches Engagement für die Nationalsozialisten direkt mit seiner Philosophie in Verbindung bringt. Um Marcuses eigene Kritik des Politischen Existentialismus – die neben dem Wirken von Carl Schmitt auch die Politisierung der Existentialontologie Heideggers kritisiert – verstehen zu können, ist auf die Faszination einzugehen, die Heideggers Werk für Marcuse bereithielt. Hierbei ist nicht unbedeutend, dass sich Marcuse bei seiner Kritik des Politischen Existentialismus, die er 1934 im Text *Der Kampf gegen den Liberalismus in der totalitären Staatsauffassung*[6] formulierte, mit eben jenem konfrontiert sieht, was er zunächst von der Philosophie Heideggers eingefordert hatte: der Politisierung der zunächst scheinbar unpolitischen Existentialphilosophie.

Marcuse schrieb rückblickend über den Einschlag, den Heideggers Schrift auch bei ihm bewirkte:

> »Sein und Zeit« erschien in der Niedergangsphase der Weimarer Republik: die Nähe des Naziregimes, die kommende Katastrophe war überall spürbar. Aber der Hauptstrom der Philosophie damals reflektierte in keiner Weise die Situation. Heideggers Werk schien mir und meinen Freunden ein Neu-Beginn.[7]

Dieser vermeintliche Neubeginn schien auch wichtige Impulse für den Marxismus bereitzuhalten, der sich nach dem Ersten Weltkrieg damit konfrontiert sah, dass die Proletarier sich nicht der Revolution, sondern dem Vaterland verschrieben hatten.

> Entscheidend war das Scheitern der deutschen Revolution, das meine Freunde und ich eigentlich schon 1921, wenn nicht sogar noch früher mit der Ermordung von Karl und Rosa erlebt haben. Es schien nichts da zu sein, womit man sich hätte identifizieren können. [...] Was geschieht nach dem Scheitern der Revolution? Eine Frage, die für uns ganz entscheidend war. Philosophie wurde damals durchaus gelehrt, die akademische Szene war beherrscht vom Neukantianismus, Neuhegelianismus und da plötzlich erschien *Sein und Zeit* als eine wirklich konkrete Philosophie. Da war die Rede vom »Dasein«, von »Existenz«, vom »Man«, vom »Tode«, von der »Sorge«. Das schien uns anzugehen.[8]

Diese von Marcuse beschriebene Stimmung, die eng mit Heideggers Philosophie[9] verwoben scheint, drückte auch Hannah Arendt in ihrer Apologie Heideggers aus:

> Das Gerücht, das sie [die Studenten; Anm. J. R.] nach Freiburg zu dem Privatdozenten und später auch nach Marburg lockte, besagte, daß es einen gibt, der die Sachen, die Husserl proklamiert hatte, wirklich erreicht, der

> weiß, daß sie keine akademische Angelegenheit sind, sondern das Anliegen von denkenden Menschen, und zwar nicht erst seit gestern und heute, sondern seit eh und je, und der, gerade weil ihm der Faden der Tradition gerissen ist, die Vergangenheit neu entdeckt.[10]

Der von Marcuse als Neubeginn interpretierte Bruch, den Heidegger gegenüber dem bisherigen Denken einnahm, wurde auch von Arendt wahrgenommen und als »das Rebellische in Heideggers Vorhaben« gesehen, in dem sich »etwas ursprünglich Philosophisches inmitten des akademischen Geredes *über* Philosophie«[11] artikulierte. Diese Rebellion gilt es jedoch im Weiteren näher zu betrachten, denn wie Rainer Rotermundt treffend anmerkt, ist Heideggers

> eigene Anstrengung nicht als kritische Auseinandersetzung mit irgendwelchen Vorläufern [zu verstehen], sondern als Fundamentalkritik an allen, an der gesamten abendländischen Philosophie seit Platon. Seine Revolution der Denkungsart befand sich in totaler Konfrontation zu allem bisher Gedachten, nicht in irgendeiner verbindlichen Vermittlung: Rebellion, nicht Revolution.[12]

Zu fragen ist daher, was sich Marcuse von dem rebellischen Denken Heideggers erhoffte, und warum er erwartete, mit diesem eine Antwort auf jene Situation zu finden, die mit der Erfahrung vom Scheitern der Revolution verknüpft ist. Wenn Marcuse meint, bei Heidegger plötzlich wieder eine Philosophie vorzufinden, die entgegen der des Neukantianismus und Neuhegelianismus den Menschen wieder »etwas angehe«, oder mit Arendt gesprochen: etwas »ursprünglich Philosophisches« anzeige, wird damit auch die Krise der Philosophie zum Thema, der gegenüber Heideggers Denken eine Art (regressive) Krisenlösung darstellt. Während die Geschichtsphilosophie Immanuel Kants noch als Entfaltung der bürgerlichen Versprechen gelten darf, die sich zumindest auf einen realen gesellschaftlichen Schein berufen konnte, so schwindet später jener Fortschrittsglaube aus der Philosophie, oder diese bleibt, um ihren Wahrheitsanspruch nicht zu gefährden, notwendig abstrakt. Hiervon zeugt auch der von Marcuse angeführte Neukantianismus, der sich notwendig der Reflexion der gesellschaftlichen Krisen verschließen musste.

> Da der neukantianische Versuch, Philosophie und Wissenschaft wieder zusammenzuführen, sich auf die Methodik stützte, die den wissenschaftlichen und industriellen Fortschritt ausgelöst und getragen hatte, musste er angesichts der sich beschleunigenden Industrialisierung und der damit verbundenen immer ausgeprägteren sozialen Ungleichheit zunehmend als mitverantwortlich für diese Entwicklung und daher als lebensferner, ja lebensfeindlicher Konstruktivismus gesehen werden. Die vermeintliche Wissenschaftshörigkeit galt umso mehr als Stigma, je spürbarer die Widersprüche des Kapitalismus in der Zeit der Hochindustrialisierung und der Kette der Wirtschaftskrisen wurden.[13]

Damit ging weiter einher, dass von der Philosophie »der Erste Weltkrieg als Zäsur, den ›Untergang der Kultur‹ markierend, gar nicht thematisiert wird, ja nicht einmal registriert wird.«[14] Der Erfahrung der Geschichte gegenüber ebenso verschlossen erschien der Marxismus. Während das Marx'sche *Kapital* noch vom »*inwendigen Zusammenhang* zwischen Marx' Perspektive auf eine kommunistische, revolutionäre Umwälzung, d. h. der praktischen Verwirklichung einer vernünftigen Gesellschaft, und seiner wissenschaftlichen Kritik der kapitalistischen Gesellschaft«[15] zeugte, ist diese Verbindung spätestens nach der Erfahrung des Ersten Weltkriegs und der Integration des Proletariats[16] nicht mehr aufrechtzuhalten. Revolutionstheorie und die begriffliche Kritik der Gesellschaft sind in zwei disparate Teile zerfallen. Um weiter revolutionär auftreten zu können, musste der Marxismus die Erfahrung der Entmachtung des Subjekts verdrängen, oder besser die Revolution als Resultat der Geschichte setzen, um diese vom Willen und Handeln des Subjekts abzulösen. Kurz, der Marxismus musste dogmatisch werden.[17]

Was Marcuse sich dagegen aus der Synthese von Marx und Heidegger erhofft, ist nicht weniger als eine philosophische Korrektur des dogmatisch gewordenen Marxismus, um diesen wieder als »unzerreißbare[] Einheit von Theorie und Praxis, Wissenschaft und Tat«[18] freizulegen. Sein Versuch, dem Marxismus wieder eine philosophische Grundlage zu geben, lässt sich mit den Vorhaben von Georg Lukács (*Geschichte und Klassenbewusstsein*) oder Karl Korsch (*Marxismus und Philosophie*) vergleichen. Statt als eine von revolutionären Bestrebungen getrennte wissenschaftliche Kritik der bürgerlichen Wirtschaftsordnung sollte der Marxismus bereits bei Korsch wieder als »Theorie der sozialen Revolution«[19] begriffen und der Blick von einer ökonomistisch-evolutionistischen Reduktion befreit werden, um wieder auf das Handeln und Bewusstsein des Subjekts zu fallen. Die Fokussierung auf das Handeln und Denken war umso wichtiger, als Marcuse angesichts der »verpfuschten revolutionären Situationen«[20] erkannte, dass die Revolution nicht durch einen Determinismus verbürgt, sondern von den Entscheidungen der Subjekte abhängig ist. Interessant ist nun, dass Marcuse für seinen Entwurf einer philosophischen Korrektur des Marxismus entgegen Korsch und Lukács auf Heidegger zurückgreift. Der Grund hierfür wird in Marcuses Kritik an Lukács' Begriff des richtigen Klassenbewusstseins angedeutet:

> Dieser Begriff ist (wie schon die Konzeption des Klassenbewusstseins überhaupt) eine Durchbrechung der Dimension der Geschichtlichkeit, eine Fixierung »außerhalb« des Geschehens, von wo aus erst eine künstlich-abstrakte Verbindung mit der Geschichte hergestellt werden muß.[21]

Gegen diese der Geschichte und dem Subjekt äußerliche Bestimmung, die Marcuse sich nur als Verfall der einstmaligen Impulse der Marx'schen Kritik erklären konnte, sollte mit Heidegger der ursprüngliche Gehalt der Dialektik[22] freigelegt werden. Denn

> was bei Marx Sinn und Wesen der geschichtlichen Bewegung selbst war, wird jetzt zu ihrer Fessel: durch eine schlechte Dialektik läßt sich jeder Rückschritt rechtfertigen, als notwendiges Glied der dialektischen Bewegung behaupten, so daß am Ende dasselbe herauskommt wie bei der bürgerlichen Philosophie: Vermeidung von Entscheidungen. Demgegenüber ist es Pflicht, entweder alles Reden von Dialektik aufzugeben, oder sich wieder um eine ursprüngliche Aneignung der Dialektik zu bemühen.[23]

Um zur ursprünglichen Aneignung der Dialektik oder der Marx'schen Theorie im Ganzen zu gelangen, scheint Marcuse der Destruktion Heideggers folgen zu können, die in § 6 von *Sein und Zeit* eingeführt wird. Hierbei geht es Heidegger um die Freilegung der »ursprünglichen Erfahrungen«, die durch die Verfallenheit des Daseins an die Tradition der Philosophie überdeckt werde. Dafür bedürfe es der »Auflockerung der verhärteten Tradition und der Ablösung der durch sie gezeitigten Verdeckungen«[24]. Mit Heideggers Philosophie, so schien es, waren die Probleme der Philosophie nicht abstrakt, sondern aufs Engste mit der Erfahrung des konkreten Daseins verknüpft, die es gegenüber den abstrakt gewordenen Lehren wieder freizulegen galt. So verstanden, ist Philosophie nicht Philosophie eines Bewusstseins, sondern die Tätigkeit des praktischen und besorgenden Daseins und damit nicht abstrakt und zeitlos, sondern selbst geschichtlich. Die damit angedeutete Überwindung der Trennung von Erkenntnis und Handlung durch das tätige Dasein harmonierte nur zu gut mit Marcuses Auffassung vom wieder freizulegenden Marxismus, dessen Wahrheiten »keine Wahrheit des Erkennens, sondern des Geschehens« sein sollten. Was Marcuse mit Heidegger wieder beleben wollte, war der Marxismus »als Theorie des gesellschaftlichen Handelns, der geschichtlichen Tat«[25]. Diese radikale Tat wird von Marcuse als die »entscheidende Realisierung des menschlichen Wesens begriffen«[26], die im Bestehenden unmöglich ist und daher mit der Veränderung der Verhältnisse, der Revolution, zusammenfällt.

Auffällig ist hier, dass Marcuse in der Philosophie Heideggers wichtige Impulse zur Korrektur des Marxismus vorzufinden glaubt, die sowohl die neukantianische als auch marxistische Abwendung von den konkreten geschichtlichen Menschen zurücknimmt. Dies ist umso interessanter, da Marcuse, der in einem späteren Text die »Entfernung zwischen Faktizität und Idee«[27] in der idealistischen Philosophie als Resultat des »Sich-Abfindens mit dem Bestehenden«[28] betrachtet, hier etwas vorfindet, was gerade diese Entfernung zurückzunehmen scheint. Die Philosophie Heideggers bedeute entsprechend gar den Wendepunkt in der Geschichte der Philosophie, »den Punkt, wo die bürgerliche Philosophie sich von innen her selbst auflöst und den Weg freimacht zu einer neuen ›konkreten‹ Wissenschaft«[29]. Heideggers Philosophie stelle durch den Satz, nach dem »die ›Substanz‹ des Menschen [...] die *Existenz*«[30] sei, die Philosophie in den Dienst der Existenz, und arbeite damit auf seine Wahrheit und Erfüllung hin. Für Marcuse, für den die Wahrheit mit der Verwirklichung des Wesens der Menschen, folglich, angesichts der entfremdeten Verhältnisse, mit der Notwendigkeit einer Revolution einhergeht, musste Heideggers Rücknahme der philosophischen Abstraktion, seine Fokussierung auf die konkrete Existenz in letzter Konsequenz eben zu jenem Umwerfen der Verhältnisse führen. Wie sonst sollte, wenn sich die Philosophie wieder in den Dienst der Menschen stelle, diese wahrheitsfähig sein?

Doch wie glaubt Marcuse mit Heidegger den Marxismus wieder zu seinen anfänglichen Impulsen rückführen zu können? Zur Beantwortung dieser Frage wird im Folgenden zunächst Heideggers Unterfangen zusammengefasst.

## Heideggers Daseinsanalyse und der Begriff der Geschichtlichkeit

In *Sein und Zeit* geht es Heidegger um die Frage »nach dem Sinn von Sein«[31]. Diese sei in der bisherigen Philosophie jedoch verfehlt worden, da diese das Sein nicht als Sein, sondern als Seiendes begreife. Dieser Auffassung der bisherigen Seinslehre, der Ontologie, tritt Heidegger entgegen. Das Sein, welches zunächst als der allgemeinste Begriff gefasst werden kann, zeigt sich so verstanden als »der dunkelste«[32]. Er ist laut Heidegger, was seiner Abhandlung aber nicht im Weg steht, undefinierbar: »Die Undefinierbarkeit des Seins dispensiert nicht von der Frage nach seinem Sinn, sondern fordert dazu gerade auf.«[33] Den Weg, den Heidegger zur Beantwortung der Frage nach dem Sein antritt, führt ihn zur Analyse des Daseins[34]. Denn das Dasein, also das »Seiende, das wir selbst je sind«[35], verfügt bereits über ein durchschnittliches und vages Seinsverständnis. Das Dasein ist dadurch ausgezeichnet, dass es »diesem Seienden in seinem Sein *um* dieses Sein selbst geht«. Das Dasein hat damit ein Verhältnis zu seinem Sein, der Existenz. Diese kann jedoch ergriffen oder versäumt werden: »Das Dasein versteht sich selbst immer aus seiner Existenz, einer Möglichkeit seiner selbst, es selbst oder nicht selbst zu sein.« Marcuse konnte hier durchaus eine Emphase auf die Praxis wahrnehmen, denn die »Frage nach der Existenz ist immer nur durch das Existieren selbst ins Reine zu bringen«[36]. Zur Beantwortung der Frage nach dem Sein geht Heidegger zur Analytik des Daseins über, welches einen »ontisch-ontologischen Vorrang«[37] habe, wobei er auch auf jene »wesenhafte[n] Strukturen«[38] eingeht, in denen sich die Existenz verhält, ihre

»Seinscharaktere«, die er »Existentialien«[39] nennt. Heideggers Versuch, der Seinsfrage nachzugehen, zeigt sich hierbei keineswegs als Gegenentwurf zum alltäglichen Dasein, sondern *als* »nichts anderes als die Radikalisierung einer zum Dasein selbst gehörigen wesenhaften Seinstendenz, des vorontologischen Seinsverständnisses«. Zur Klärung von Heideggers Frage bedarf es dieser Radikalisierung, da das Dasein zwar das ontisch nächste – »wir *sind* es sogar je selbst« –, ontologisch jedoch das Fernste sei. Auch wenn das Dasein bereits über eine bestimmte Auslegung seines Seins verfügt, kann es dieses, wie oben angedeutet, verfehlen. Denn das Dasein hat die »Tendenz, das eigene Sein aus *dem* Seienden her zu verstehen, zu dem es sich wesenhaft ständig und zunächst verhält, aus der ›Welt‹«[40]. Mit anderen Worten kann Heidegger der Frage nach dem Sein zwar mit der Analyse des Daseins nachgehen und hier sogar auf die alltägliche, vorontologische Auslegung des Seins vertrauen, dennoch muss diese erschüttert[41] werden, um von der vorläufigen zur eigentlichen Auslegung zu gelangen. Da das Dasein nicht statisch, sondern zeitlich ist, ist auch »das, von wo aus Dasein überhaupt so etwas wie Sein ausdrücklich versteht und auslegt, *die Zeit*«[42]. Die auch von Marcuse aufgegriffene Geschichtlichkeit des Daseins ist in dessen Zeitlichkeit begründet. Das Dasein versteht sich zunächst aus der »überkommene[n] Daseinsauslegung«. So verstanden ist die Vergangenheit nichts Zurückliegendes, sondern bereitet den zukünftigen Weg, sie »geht ihm je schon vorweg«[43]. Damit ist die Tradition gleichsam etwas Abstraktes, das die eigentliche Geschichtlichkeit des Daseins verdeckt. So stellt Heidegger fest:

> [D]as Dasein hat nicht nur die Geneigtheit, an seine Welt, in der es ist, zu verfallen und reluzent aus ihr her sich auszulegen, Dasein verfällt in eins damit auch seiner mehr oder minder ausdrücklich ergriffenen Tradition. Diese nimmt ihm die eigene Führung, das Fragen und Wählen ab. Das gilt nicht zuletzt von *dem* Verständnis und seiner Ausbildbarkeit, das im eigensten Sein des Daseins verwurzelt ist, dem ontologischen.[44]

Es ist ausgerechnet die einfach übernommene Tradition, die hier die Geschichtlichkeit »entwurzelt« und den »Zugang zu den ursprünglichen ›Quellen‹« verlegt, aus »denen die überlieferten Kategorien und Begriffe z. T. in echter Weise geschöpft wurden«. Die Tradition versperrt die Notwendigkeit des von Heidegger anvisierten Rückgangs und verhüllt stattdessen die »eigene Bodenlosigkeit«[45]. Einen Beleg dafür, wie auch für die Auslegung des Daseins aus der Welt, findet Heidegger in der Verwendung der Begriffe der griechischen Ontologie, die auch heute noch die Begriffe der Philosophie bestimme. Die Begriffe seien der Tradition verfallen und als Selbstverständlichkeit zum bloßen Material geworden. Über die mittelalterliche Scholastik sei die griechische Ontologie, als entwurzelte, in die Metaphysik der Neuzeit übergegangen. Entsprechend richtet sich Heidegger auch vornehmlich gegen Descartes' *cogito sum* und den damit verbundenen Versuch, »der Philosophie einen neuen und sicheren Boden beizustellen«[46]. Doch Descartes verdecke mit seiner Begründung der Subjektivität durch das Denken nicht nur die Frage nach dem *sum*, welches dann immer schon durch das Denken gegeben ist, sondern fasse die *res cogitans* durch die Übertragung der mittelalterlichen Ontologie, vor allem jene von Francisco Suárez, als *ens* und damit als hergestellte: »Die scheinbar neuzeitliche Subjektivität sei also in Wirklichkeit eine Übertragung des Vorhandenheitsdenkens auf einen bestimmten Bereich der Wirklichkeit [...] [,] nämlich auf das Bewusstsein.«[47] Heideggers Kritik an Descartes, die sich gegen jede Idee des Subjekts richtet, verabschiedet zugleich den Versuch, Verdinglichung durch die bewusste Tat des Subjekts zu bekämpfen, als lediglich ontische Maßnahme und grenzt sich, wenn auch nur durch den Verweis auf den Begriff der Verdinglichung des Bewusstseins, deutlich von Lukács wie auch jeder das Subjekt nicht verabschiedenden revolutionären Bestrebung ab:

> Jede Idee von »Subjekt« macht noch – falls sie nicht durch eine vorgängige ontologische Grundbestimmung geläutert ist – den Ansatz des subjektum (ὑποκείμενον [hypokeímenon; Anm. d. Hg.]) *ontologisch* mit, so lebhaft man sich auch ontisch gegen die »Seelensubstanz« oder die »Verdinglichung des Bewußtseins« zur Wehr setzen mag.[48]

Gegen den als verdinglicht verworfenen Subjektbegriff soll das eigentlich geschichtliche Dasein freigelegt werden. Wenn Heidegger nun sagt, das »›Wesen‹ des Daseins liegt in seiner Existenz«, so ist dies gegen die Auffassung der bisherigen Ontologie gerichtet. Geht es Heidegger darum, das »Was-sein (essentia)« des Seienden »aus seinem Sein (existentia)« zu begreifen, so muss die Bedeutung der *existentia*, die in der bisherigen Ontologie als bloß Vorhandenes gefasst werde, überwunden werden. Die bloße Vorhandenheit, die den Dingen vorbehalten sei, soll so vom Dasein geschieden werden, welches nicht vorhanden ist, sondern über eine Existenz verfüge. Entsprechend habe das Dasein auch keine vorhandenen Eigenschaften, »sondern je ihm mögliche Weisen zu sein und nur das«. Da das Dasein weiter kein »Fall oder Exemplar einer Gattung von Seiendem als Vorhandenem« sei, sondern je mein »in dieser oder jener Weise zu sein«, sei es immer »je seine Möglichkeit«[49]. Dies bedeute jedoch keineswegs, dass das Dasein hinter ein mögliches Ideal zurückfalle, denn das Dasein sei nicht »aus einer konkreten möglichen Idee von Existenz [zu] konstruieren«[50]. Stattdessen gehe es hier um die Frage, ob das Sein des Daseins ergriffen oder verfehlt wird, ob das Dasein eigentlich oder uneigentlich existiert:

> Und weil Dasein wesenhaft je seine Möglichkeit ist, *kann* dieses Seiende in seinem Sein sich selbst »wählen«, gewinnen, es kann sich verlieren, bzw. nie und nur »scheinbar« gewinnen. Verloren haben kann es sich nur und noch nicht sich gewonnen haben kann es nur, sofern es seinem Wesen nach mögliches *eigentliches*, das heißt sich zueigen ist.[51]

Da die Auslegung des Seins des Daseins über die alltägliche Grundverfassung des Daseins erfolgt, legt es sich aus der Welt aus seinem In-der-Welt-sein[52] aus. Die Uneigentlichkeit, der Verlust des Eigenen ist hierbei der Struktur der Auslegung des Daseins selbst geschuldet.

> Allein dieses »in gewisser Weise Sehen und doch zumeist Mißdeuten« gründet selbst in nichts anderem als in dieser Seinsverfassung des Daseins selbst, gemäß derer es sich selbst – und d. h. auch sein In-der-Welt-sein – ontologisch zunächst von *dem* Seienden und dessen Sein her versteht, das es selbst *nicht* ist, das ihm aber »innerhalb« seiner Welt begegnet.[53]

Hierbei ist für Heidegger wesentlich, dass das Dasein nicht als Subjekt mit Objekten[54] konfrontiert ist, sondern als Dasein im »*Umgang in* der

Welt und *mit* innerweltlichen Seienden«[55] auf Dinge trifft, die über den Gebrauch, den sorgenden Umgang, als Zeug zuhanden sind:

> In solchem gebrauchenden Umgang unterstellt sich das Besorgen dem für das jeweilige Zeug konstitutive Um-zu; je weniger das Hammerding nur begafft wird, je zugreifender es gebraucht wird, umso ursprünglicher wird das Verhältnis zu ihm, umso unverhüllter begegnet es als das, was es ist, als Zeug.[56]

Doch das Dasein ist bei seinem In-der-Welt-Sein nicht als einzelnes mit dem Zeug oder Zeugganzen konfrontiert, sondern findet im Mitsein statt, welches »gleich ursprünglich«[57] ist. »Die Welt des Daseins ist *Mitwelt.* Das In-Sein ist *Mitsein* mit Anderen.«[58] Eben dies bedingt die Uneigentlichkeit, die Daseinsauslegung aus dem anderen Seienden, aus seiner Mit- und Umwelt und eben nicht aus dem Sein des Seienden. »Das Dasein ist im Aufgehen in der besorgten Welt, das heißt zugleich im Mitsein zu den Anderen, nicht es selbst.« Das Dasein hat so kein eigenes Sein, vielmehr wird hier »das Sein als alltägliches Miteinandersein übernommen«[59]. Hierfür nutzt Heidegger den Begriff des *Man.* Das Seinsverständnis wird von der Mitwelt übernommen und das eigene Sein durch die »unversehens schon übernommene Herrschaft der Anderen« abgenommen. »In dieser Unauffälligkeit und Nichtfeststellbarkeit entfaltet das Man seine eigentliche Diktatur.«[60] Das Dasein existiert, wie Heidegger sagt, im Modus des Man. Das kennt man entsprechend aus der Rede: »Nicht ich habe etwas getan, sondern das macht man ja so«.

> Wir genießen und vergnügen uns, wie *man* genießt; wir lesen, sehen und urteilen über Literatur und Kunst, wie *man* sieht und urteilt; wir ziehen uns aber auch von »großen Haufen« zurück, wie *man* sich zurückzieht; wir finden »empörend«, was *man* empörend findet. Das Man, das kein bestimmtes ist und das Alle, obzwar nicht als Summe, sind, schreibt die Seinsart der Alltäglichkeit vor.[61]

Heidegger zeichnet hier zweifellos ein Bild des Einzelnen in der Masse, die diesen auf die bloße Durchschnittlichkeit festlegt.

> Abständigkeit, Durchschnittlichkeit, Einebnung konstituieren als Seinsweisen des Man das, was wir als »die Öffentlichkeit« kennen. Sie regelt zunächst alle Welt- und Daseinsauslegung und behält in allem Recht. [...] Die Öffentlichkeit verdunkelt alles und gibt so das Verdeckte als das Bekannte und jedem Zugängliche aus.[62]

Hier gewinnt das Dasein aus der Öffentlichkeit folglich nicht nur eine falsche Auslegung von sich als Man anstelle des von Heidegger geforderten Selbst; mit dem Man verbunden ist auch eine Einschränkung der individuellen Möglichkeiten, da diese mit den Werten der Öffentlichkeit kompatibel sein müssen: »Jeder Vorrang wird geräuschlos niedergehalten. Alles Ursprüngliche ist über Nacht als längst bekannt geglättet. Alles Erkämpfte wird handlich. Jedes Geheimnis verliert seine Kraft.«[63] Neben der Einebnung des Daseins auf den Regelkatalog der Durchschnittlichkeit beklagt Heidegger zudem die Abnahme der Entscheidung durch das Man:

> Das Man ist überall dabei, doch so daß es sich auch schon immer davongeschlichen hat, wo das Dasein auf Entscheidung drängt. Weil das Man jedoch alles Urteilen und Entscheiden vorgibt, nimmt es dem jeweiligen Dasein die Verantwortlichkeit ab. [...] Das Man »war« es immer und doch kann gesagt werden, »keiner« ist es gewesen.[64]

Das Man hat damit eine entlastende Funktion: »Das Man *entlastet* so das jeweilige Dasein in seiner Alltäglichkeit.«[65] Die Herrschaft des Man wird durch den entlastenden Charakter, durch die in ihm liegende »Tendenz zum Leichtnehmen und Leichtmachen«[66] befestigt.

> Das »Man« entlastet das Dasein besonders dadurch, daß es dieses in seinem Sein verständig auslegt, indem es dieses in »natürlicher« Weise als in der Welt »Vorhandenes« begreift, statt umgekehrt die Welt als einen Seinscharakter des Daseins zu erkennen, indem es also das Dasein einfach als »wirklich« nimmt und die Beunruhigung der *Möglichkeit* des Seinkönnens umgeht.[67]

Das Dasein ist zunächst im »Man *zerstreut* und muß sich erst finden«[68]. Als Man ist es nicht es selbst, sondern »in der Weise der Unselbstständigkeit und Uneigentlichkeit«[69]. Es gelte, das »Wegräumen der Verdeckungen und Verdunkelungen, als Zerbrechen der Vorstellungen, mit denen sich das Dasein gegen es selbst abriegelt«[70] zu unternehmen, um das eigentliche Selbst, das Sein des Daseins, ausfindig zu machen. Die Eigentlichkeit ist, wie bereits angeführt, die Radikalisierung der alltäglichen Daseinsauslegung, eine »radikale Einstellungsänderung«[71], der »Ausbruch aus der Uneigentlichkeit des ›Man‹, also den Maßstäben, Regeln, Normen, die uns gesellschaftlich vorgegeben werden.«[72] »Das *eigentliche Selbstsein* beruht nicht auf einem vom Man abgelösten Ausnahmezustand des Subjekts, sondern *ist eine existenzielle Modifikation des Man als eines wesenhaften Existentials*«[73].

Gegen die Uneigentlichkeit, gegen das Man wird zunächst die Angst angeführt. In ihr »liegt die Möglichkeit eines ausgezeichneten Erschließens, weil sie vereinzelt. Diese Vereinzelung holt das Dasein aus seinem Verfallen zurück und macht ihm Eigentlichkeit und Uneigentlichkeit als Möglichkeiten seines Seins offenbar.«[74] Die Angst kann das Dasein jedoch kaum aus der Uneigentlichkeit befreien, da sie »überfällt und entschwindet«[75]. Von größerer Dauer und selbst Teil des Daseins ist der Tod, welcher dem Dasein von keinem Man abgenommen werden kann. Die »Beruhigung muß an der Endlichkeit, an der Möglichkeit des Todes zerschellen«[76]. Durch das gedankliche Vorlaufen in den eigenen Tod kann das Dasein seine Verfallenheit dem Man gegenüber aufkündigen, sich von »*den Illusionen des Man*«[77] lösen. »*Eigentliches* Sein zum Tode kann vor der eigensten, unbezüglichen Möglichkeit nicht *ausweichen* und in dieser Flucht sie *verdecken* und für die Verständigkeit des Man *umdeuten.*«[78] Der Tod »vereinzelt das Dasein auf es selbst«[79]: Es wird ein eigentliches Dasein.

Heideggers Vorstoß, zum eigentlichen Dasein über die eigene Endlichkeit zu gelangen, wurde, wie Sidonie Kellerer anführt, fälschlicherweise von den meisten Lesern »als sinnvolles Versprechen individueller Verantwortung und Freiheit gelesen«[80]. Dem liegt jedoch das Missverständnis zugrunde, mit dem *Sein und Zeit* als existenzphilosophische Anleitung zur autonomen Handlung des Einzelnen interpretiert wird. Entsprechend bemerkte Hassan Givsan: »Es ist erstaunlich, wie viele Heidegger-Leser, irregeführt durch das Wort ›Existenz‹, Heideggers Daseinsontologie hermeneutisch-unschuldig als existenziellen Individualismus mißverstehen wollen, dieselben übrigens, die bei dem Heidegger von 1933 entsetzt tun.«[81]

Vielmehr ist die durch das gedankliche Vorlaufen in den eigenen Tod gewonnene Vereinzelung aus dem Man nur die Bedingung für die Bindung des Daseins an sein Volk. »Die Vereinzelung qua Sein-zum-Tode ist also in diesem Prozess lediglich eine Etappe.«[82] Blickt man auf den weiteren Verlauf von Heideggers Argumentation, wird die Rolle der Geschichtlichkeit für seine Konzeption deutlich, denn laut Heidegger sei ohne diese »das Ganze des Daseins hinsichtlich seines eigentlichen *Ganzseins*«[83] noch nicht ausreichend analysiert. Mit der Einführung der Geschichtlichkeit verdeutlicht Heidegger, dass das »Sein-zum-Tode nur Bedingung und nicht Möglichkeit eigentlichen Handelns sei«[84]. Wie Emmanuel Faye verdeutlicht, stellt der § 74 den »Höhepunkt der Ausführungen über die Geschichtlichkeit des Daseins und damit zugleich Gipfel des gesamten Werks, insofern alles auf die Paragraphen zur Geschichtlichkeit hinausläuft«[85], dar. Geschichtlichkeit ist bei Heidegger von der Historie zu unterscheiden, da in dieser die Geschichte bloßes Objekt sei. Stattdessen ist, Heideggers Daseinsanalyse folgend, die Geschichtlichkeit in der Sorge des Daseins verwurzelt. Das Alltägliche wird hierbei als uneigentliche Geschichtlichkeit des Daseins erkennbar, während dem eigentlichen Dasein die »Erschließung und Erfassung von Geschichte«[86] obliegt. Mit dem Vorlaufen in den eigenen Tod habe das Dasein bisher nur seine Eigentlichkeit und damit die Möglichkeit gewonnen, entschlossen zu Handeln. Doch erst durch die Geschichtlichkeit, durch das Erschließen »*aus dem Erbe*«[87], werden die faktischen Möglichkeiten eigentlichen Existierens gewonnen. Das Freisein für den Tod befreit damit nicht nur aus dem Man, sondern »bringt das Dasein in die Einfachheit seines Schicksals«. Wurde das Dasein folglich zunächst aus der Masse der Anderen durch die Angst vor dem Tod vereinzelt, so ist das vereinzelte Dasein als Eigentliches nun frei, sich an sein Schicksal zu binden. Das von all den gesellschaftlichen Konventionen oder auch Formen bürgerlicher Vermittlung befreite Dasein findet sein Schicksal in der Volksgemeinschaft, die seine Vereinzelung wieder aufhebt. »Wenn aber das schicksalhafte Dasein als In-der-Welt-sein wesenhaft im Mitsein mit Anderen existiert, ist sein Geschehen ein Mitgeschehen und bestimmt als *Geschick*. Damit bezeichnen wir das Geschehen der Gemeinschaft, des Volkes.«[88] Das eigentlich geschichtliche Dasein erwidert die gewesenen Existenzmöglichkeiten. »Die Erwiderung der Möglichkeit im Entschluß ist aber zugleich als *augenblickliche* der *Widerruf* dessen, was im Heute sich als ›Vergangenheit‹ auswirkt.«[89] Diese zunächst kryptische Bedeutung von Wiederholung und Widerruf stellte Johannes Fritsche heraus:

> In Paragraf 74 stellt sich heraus, dass es Geschick ist, was sie [die eigentlichen Daseine; Anm. J. R.] zurückruft, und Geschick ist die Volksgemeinschaft. Die Volksgemeinschaft ruft Dasein zurück in sein Schicksal, und eigentliches Dasein hört auf diesen Ruf und erwidert ihn, wogegen andere Daseine, die uneigentlichen, versuchen, ihn zu ignorieren und nicht zu erwidern. Das Schicksal des Daseins ist, Gesellschaft zu widerrufen und Gemeinschaft wiederzuverwirklichen. Dieses Programm geht gegen Liberale und Linke, gegen all diejenigen, die behaupten, dass die kapitalistische Gesellschaft mit ihrem Parlamentarismus und Gewerkschaften Fortschritt repräsentiert.[90]

## Marcuses immanente Kritik an Heidegger

Wie im Folgenden gezeigt wird, missversteht Marcuse, der die Frage nach dem Sein des Daseins als Frage nach der Verwirklichung des Daseins begreift, Heideggers Ansatz und Einsatz. Dieses Missverstehen ist jedoch konstitutiv, um die Fundamentalontologie überhaupt mit dem Marxismus verbinden zu können. In Heideggers zur Klärung der Seinsfrage herangezogenen Analyse des Daseins erkennt Marcuse in den verschiedenen Etappen der Ausführung eine Rückbindung der oft nur abstrakt verhandelten philosophischen Probleme an die menschliche Praxis. Statt eines abstrakten und transzendenten Subjekts der Philosophie findet Marcuse hier das *Dasein* vor, welches die sich ihm vorfindbare Welt erschließe und verändere. Eine ähnliche Rückbindung entnimmt Marcuse den Schriften von Marx und Engels, die er sich hier »im Horizont von Heideggers *Sein und Zeit* aneignet«[91]. Deutlich wird hierbei Marcuses Fokus auf die geschichtliche Dynamik, die er gegen Verdinglichung und Abstraktion in Stellung bringt. Der eigentliche methodische Sinn der marxistischen Dialektik sei demnach »die zur starren Eindeutigkeit abstrahierten geschichtlichen Kategorien« aufzulösen und diese »wieder in ihren einmaligen lebendig-konkreten Boden«[92] zurückzuführen. Durch das Heranziehen der frühen Arbeiten von Marx und Engels gelingt es Marcuse, wie Alfred Schmidt herausstellt, »streckenweise über die Abgründe hinwegzuleiten, die sich zwischen den Intentionen Heideggers und denen von Marx und Engels auftun«[93]. Liefert die Rücknahme der Abstraktion bei Heidegger die scheinbare Möglichkeit einer konkreten Philosophie, so ist es Heideggers Kritik des Man, die gleichzeitig zur Theorie der Revolution erweitert werden soll. Marx und Heidegger werden folglich nicht nur zusammengeführt, sondern sollen sich auch wechselseitig korrigieren. Die Marx'sche Dialektik könne zwar die Gegebenheiten auf eine geschichtliche Situation zurückführen, doch »[w]enn alle Tatsachen in ihrer geschichtlichen Notwendigkeit begriffen sind, werden damit nicht alle Tatsachen bejaht?«[94] Während Marx und Engels in der *Deutschen Ideologie* mit ihrer Rückführung des menschlichen Wesens auf seine geschichtlichen Existenzverhältnisse in einer doppelten Frontstellung gegen »die ideologische Geistgläubigkeit der Linkshegelianer und Feuerbachs sensualistischen Anthropologismus«[95] kämpften, ist Marcuses Kampf anders zu fassen. Die Revolution, die noch bei Marx durch das kämpfende Proletariat verbürgt schien, hat nun an Absicherung verloren, und die Einspruchsinstanz gegen die Verdinglichung scheint selbst total verdinglicht und in den Staat integriert zu sein. Gegen die vermeintliche Gleichwertigkeit führt Marcuse daher die Möglichkeit an, zwischen eigentlicher und uneigentlicher Existenz unterscheiden zu können. »Der eigentlich existenziale Wert ist die Wahrheit der Existenz als Angemessenheit des Existierens an seine eigentliche Möglichkeit.«[96] Heideggers Kritik des Man, die Suche nach der Eigentlichkeit des Daseins wird dabei zur Korrektur der Dialektik und Schablone der Entfremdungskritik. Auch in der größten Entfremdung ist noch ein Erkennen der Verdinglichung möglich, die unter der Anleitung durch Marcuses konkrete Philosophie zur revolutionären Tat führen soll:

> In all dieser Verfallenheit bleibt aber auf dem Grunde des Daseins ein – wenn auch noch so verdecktes – Verstehen seiner Eigentlichkeit. Immer doch geht es dem Dasein um sein eigenes Sein, und diese existenzial gefaßte »Sorge« wird als das eigentliche Sein des Daseins angesprochen.[97]

Entscheidend ist, dass Marcuse die Bedeutung von Heideggers Sein zum Tode an dieser Stelle übergeht, und stattdessen nur die Sorge anführt. Diese begreift Marcuse jedoch im Gegensatz zu Heidegger materialistisch: »Die primäre Sorge des Daseins aber geht um es selbst, um seine Produktion und Reproduktion.«[98] Heideggers Seinsfrage wie auch dem Dasein, welchem es »in seinem Sein *um* dieses Sein selbst geht«[99], wird Marcuse damit kaum gerecht.

Da Marcuse nur allzu schnell versucht, die Philosophie Heideggers mit den Begriffen von Marx kurzzuschließen oder mit Inhalten des Marxismus zu füllen, stellt für ihn ausgerechnet Heideggers Konzeption der Geschichtlichkeit den »entscheidende[n] Punkt«[100] der Heidegger'schen Philosophie dar. Völlig richtig erkennt Marcuse hierbei, dass Heideggers Daseinsanalyse in Vorstellungen von Schicksal, Erbe und Volk mündet und sich hier »vollendet«[101]. Entweder übernimmt das *Dasein* sein Handeln aus vorgefundenen Verhaltensweisen in Form des *Man*, oder es gelangt zur *Eigentlichkeit* »in der totbereiten Übernahme des Erbes, im selbstgewählten Vollzug der Notwendigkeit«, wie Marcuse ohne Bedenken zusammenfasst. Entsprechend greift auch Marcuse Heideggers Verhältnis von Wiederholung und Widerruf auf. Das Dasein »bringt sich aus der Verfallenheit uneigentlichen Existierens in die eigentliche Existenz, indem es *geschichtlich* wird: seine überlieferte geschichtlich bestimmte Möglichkeit selbst wählt und aus ihr heraus seine Existenz ›wiederholt‹.«[102] Heideggers völkische Konzeption des Erbes bleibt Marcuse, der dies nur im Sinne des historischen Materialismus als Produktionsverhältnis deutet, verschlossen: »So muß die neue Generation das ihr überkommene Erbe entwickeln, modifizieren oder – vernichten, wenn es den ›veränderten Umständen‹ nicht mehr entspricht.«[103] Damit einhergehend verspricht sich Marcuse von Heideggers These, dass die Geschichte nur als *Widerruf* angeeignet werden kann, eine Absage an jeden Reformismus.

Dass mit Heidegger der von Marcuse hervorgehobene *Widerruf* in eine Vorstellung von Gemeinschaft und Volk, von Sein zum Tode und Schicksal verwoben ist, scheint Marcuse zunächst nicht weiter zu irritieren. Ihm geht es schlicht um die neu aufgemachte Perspektive der Möglichkeit und vor allem Notwendigkeit der Verwirklichung der Vernunft in der Geschichte, die für ihn nur durch das Proletariat vollzogen werden kann. Entsprechend interpretiert Marcuse Heideggers Werk als einen nach »langen Abirrungen«[104] der Philosophie wieder aufgenommenen Ansatz, Wahrheit und Erfüllung der Existenz abermals in den Blick zu nehmen. Dass Heidegger das Geschehen des Daseins in §74 in das Geschick, »das Geschehen der Gemeinschaft, des Volkes«[105] verlegt, interpretiert Marcuse damit nicht als völkische Eingemeindung des durch Todesangst vereinzelten Massenmenschen, sondern als schlichten Verweis darauf, dass Geschichte nicht von Einzelnen gemacht werde. Ausgerechnet Heideggers Konzeption der Geschichtlichkeit, die bereits in *Sein und Zeit* die Nähe zum späteren NS-Engagement ankündigt, wird Marcuse zum Ausgangspunkt seiner Revolutionsontologie:

> Indem Heidegger hierbei die geschichtliche Geworfenheit des Daseins und seine geschichtliche Bestimmtheit und Verwurzelung im »Geschick« der Gemeinschaft erkennt, hat er sein radikales Forschen zu dem äußersten Punkt vorgetrieben, zu dem die bürgerliche Philosophie bisher gelangte und – überhaupt gelangen kann.[106]

Da Marcuse annimmt, dass Heideggers Philosophie weiter in der Tradition der idealistischen Philosophie stehe, dass es ihm mit dem Begriff des *eigentlichen* Daseins um ein Subjekt gehe, welches seine Möglichkeiten jedoch auch real entfalten solle, muss es Marcuse so erscheinen, als habe er es hier tatsächlich mit der letzten Stufe der Philosophie zu tun, die um praktisch, d.h. zur Revolutionstheorie zu werden, lediglich immanent kritisiert werden müsse. Marcuses Argumentation ist hier bemerkenswert: Heideggers Philosophie werde »ihrem eigenen (geschichtlichen) Sinn«[107] nicht gerecht, da diese, wie Marcuse kritisiert, beim abstrakten Dasein stehen bleibe, die Frage nach konkreter Existenz »für das ›Dasein überhaupt‹«[108] stelle. Heidegger wird hier fälschlicherweise als zu abstrakt, zu universalistisch und zu bürgerlich interpretiert, als dass er auf die Klassenunterschiede wie auch auf die gesellschaftlichen Verhältnisse rekurrieren könnte, die die Verdinglichung ausmachen. »Gerade in dem existential wesentlichen Verhalten gibt es z. B. kein Verstehen zwischen der Welt des modernen Bürgers des Hochkapitalismus und der des Kleinbauern oder Proletariers.«[109] Die Grenze von Heideggers Philosophie deutet Marcuse entsprechend als Resultat ihres noch bürgerlichen Charakters. Vor der damit verbundenen Erkenntnisgrenze bleibe die Analyse der Geschichtlichkeit stehen. Heidegger

> hat dem bürgerlichen Freiheitsbegriff und dem bürgerlichen Determinismus das Freisein als das Wählenkönnen der Notwendigkeit, als das echte Ergreifen-können der vorgeschriebenen Möglichkeiten gegenübergestellt, und er hat in dieser »Treue zur eigenen Existenz« die Geschichte als einzige Autorität aufgerichtet. Aber hiermit hat der radikale Anstoß sein Ende erreicht.[110]

Heidegger verbleibe damit bei der »letzten Abstraktion«[111]. Er weise zwar auf die Geschichtlichkeit des Daseins hin, ziehe hier jedoch nicht die notwendige, von Marcuse anvisierte Konsequenz. Denn die Problematik der geschichtlichen Existenz, so nimmt Marcuse an, führe »von selbst auf den materialen Bestand der Geschichtlichkeit«[112]. Dementsprechend wäre auch Heideggers Widerruf, »im marxistischen Durchbruch zur praktischen Konkretion, die Theorie der Revolution«[113]. Was Marcuse Heidegger damit vorwirft, ist, dass dieser aus seiner eigenen Theorie der Geschichtlichkeit nicht die ihr immanente Konsequenz zieht und politisch, d. h. revolutionär wird: »So steht notwendig am Ende jeder echten konkreten Philosophie die öffentliche Tat. Anklage und Verteidigung des Sokrates und sein Tod im Gefängnis; Platos politisches Wirken in Syrakus; Kierkegaards Kampf mit der Staatskirche.«[114]

Marcuse, der hier noch nicht mit Heideggers eigens gezogener politischer Konsequenz konfrontiert ist, die später mit eben jenem angeführten Platon in Syrakus entschuldigt wurde, erklärt Heideggers mangelndes politisches Engagement durch seine letztlich doch philosophische Abstraktheit: »Heideggers Versuch, die entscheidende Entschlossenheit gerade an dieser Stelle auf das einsame Dasein zurückzuverweisen, anstatt sie zur Entschlossenheit der Tat vorzutreiben, muß widersprochen werden.«[115] Auffällig ist hier, dass Marcuse, der bereits herausgestellt hatte, dass die Analyse des Daseins in der Aufweisung der Geschichtlichkeit und damit im Geschick der Gemeinschaft des Volkes mündet, hier von Heideggers einsamen Dasein spricht. Heidegger müsse folglich, weil er nicht politisch sei, hinter seine eigene Konzeption von Geschichtlichkeit zurückfallen. Dass er dies gerade nicht tat, bewies Heidegger, wie Marcuse noch feststellen sollte, 1933. Was Marcuse hier nicht sah, ist, dass die mit dem Sein zum Tode verknüpfte Vereinzelung des Daseins aus der Masse den Einzelnen erst befähigt, Teil der für Heidegger einzig geschichtlichen Volksgemeinschaft zu werden. Bei Marcuse hingegen muss sich das Dasein nicht aus seiner gesellschaftlichen Vermittlung befreien, sondern durch die Anleitung der konkreten Philosophie von der Klasse an sich zur Klasse für sich werden. Das geschichtliche Dasein, materialistisch als Proletariat gefasst, sei demnach auch nicht an ein »selbst wieder daseinsmäßiges«[116] *Man* gebunden, sondern von seiner konkret-geschichtlichen Mit- und Umwelt bestimmt, was Marcuse den »materialen Bestand von Geschichtlichkeit«[117] nennt. Die Marx'sche Dialektik von Produktivkräften und Produktionsverhältnissen überführt Marcuse daher in einen Konflikt zwischen Existenzformen und Produktionsweise. Der Blick wird damit von einem im Marxismus der Zweiten Internationalen als rein ökonomisch verhandelten Konflikt auf die der menschlichen Existenz zufallenden Möglichkeiten und ihre Verhinderung durch geschichtlich obsolete, da einschränkende Verhältnisse gelegt. Die Krisis des Kapitalismus wird zur »Krisis der Existenz«[118]. Damit kommt Marcuse jedoch dem Marx'schen Verständnis der Produktivkräfte sehr nahe, nach dem »die Geschichte der *Industrie* und das gewordene *gegenständliche* Dasein der Industrie das *aufgeschlagene* Buch der *menschlichen Wesenskräfte*«[119] ist. Marcuses Versuch einer Synthese von Heidegger und Marx zeigt, dass es ihm nicht mehr um eine ökonomische Zusammenbruchs- und Verelendungstheorie geht, sondern um die »Erkenntnis der geschichtlichen Möglichkeiten des gegenwärtigen Daseins«[120].

Zweifellos passt Marcuse die Revolutionstheorie damit einer Zeit an, in der die ökonomische Krise nicht zur Revolution, sondern zur staatlichen Krisenlösung führt, unter die auch die Reformbestrebungen der

Sozialdemokratie zu subsumieren sind. Mit der Entdeckung der *Pariser Manuskripte* wird jedoch Marcuses Versuch, ausgerechnet mit Heidegger das in Marx aufgehobene Erbe des Idealismus zurückzugewinnen, überflüssig. Mit den *Manuskripten* findet Marcuse eben jenen Ansatz bereits bei Marx, den er erst durch eine mit Heidegger vorgenommene Korrektur freilegen wollte:

> Hier war in einem gewissen Sinne ein neuer Marx, der wirklich konkret war und gleichzeitig über den erstarrten praktischen und theoretischen Marxismus der Parteien hinausging. Und von da ab war das Problem Heidegger versus Marx für mich eigentlich kein Problem mehr.[121]

## Das Problem Heidegger

Stellte damit das Problem Heidegger versus Marx für Marcuse kein Problem mehr da, so doch das Problem Heidegger für den Materialismus im Allgemeinen. Heidegger gilt es folglich nicht immanent zu kritisieren, sondern ausgehend von der eigens vollzogenen Politisierung des Existentialismus materialistisch zu dechiffrieren. Dementsprechend ist Marcuses Auseinandersetzung mit dem Politischen Existentialismus auch eine Reflexion auf die Differenz zwischen seiner Hoffnung auf eine politische Existenzphilosophie und deren trauriger Wirklichkeit.

Die Notwendigkeit, auf Heidegger zurückzugreifen, lag für Marcuse in der Abstraktheit der von ihm vorgefundenen Philosophie begründet. Der Idealismus habe »die menschliche Praxis um ihren Sinn, die Tat um ihre Entscheidung gebracht, indem er die menschliche Erkenntnis in die a priori im Bewußtsein konstituierte Erscheinungswelt einschloß und dies [sic!] apriorische Konstitution jeder konkreten Existenz vorangab.«[122]

Dass diese Einschränkung gerade für die bürgerliche Philosophie notwendig war, da sie sonst entweder revolutionär werden oder ihren Wahrheitsanspruch aufgeben müsste, hat Marcuse erkannt. Was ihm jedoch zunächst verborgen blieb, war, warum Heideggers Philosophie diese Abstraktheit scheinbar zurücknehmen konnte, ohne darum revolutionär zu werden. Dass die Heidegger'sche Philosophie sich nur auf das konkrete

Dasein beziehen konnte, weil sie die bürgerliche Philosophie gerade nicht aufheben, sondern destruieren wollte, sah Marcuse hier noch nicht.

War Marcuses Kritik an Heidegger in seinen frühen Schriften noch auf die mangelnde politische Konsequenz ausgerichtet, so positioniert er sich im 1934 erschienenen Text *Der Kampf gegen den Liberalismus in der totalitären Staatsauffassung* gegen eben die tatsächlich von Heidegger gezogene politische Konsequenz. Marcuses frühe Hoffnungen, die er in die Philosophie Heideggers setzte, wurden durch Heideggers Aufruf an die deutschen Studenten endgültig enttäuscht: »Nicht Lehrsätze und ›Ideen‹ seien die Regeln Eures Seins. Der Führer selbst und allein ist die heutige und künftige deutsche Wirklichkeit und ihr Gesetz.«[123] Es ist jedoch wohl Marcuses noch mit revolutionstheoretischen Hoffnungen verknüpfter Beschäftigung mit Heideggers Philosophie zu verdanken, dass er in diesem Aufsatz auf die existentialistischen Momente der nationalsozialistischen Bewegung aufmerksam wird. Die Abstraktheit der Heidegger'schen Philosophie, das Ausblenden der materiellen Grundlage der Gesellschaft, die für Marcuse zunächst als Mangel erscheinen musste, zeigt sich nun als ihr Vorteil und erfüllt gar eine gesellschaftliche Funktion. Sie zeigt sich als Teil einer »anti-rationalistischen und anti-materialistischen Geschichtsauffassung«[124], als Teil einer aus mehreren Elementen bestehenden politischen Weltanschauung: des heroisch-völkischen Realismus. Dieser gehe der Konstituierung des total-autoritären Staates voraus:

> Wenn Marcuse Heideggers Philosophie als den Punkt bezeichnete, wo die bürgerliche Philosophie sich von innen her selbst auflöst und den Weg frei macht zu einer neuen konkreten Wissenschaft, so ist das von einer ironischen Wahrheit, im Sinne der später von ihm entfalteten Kritik an der immanenten Selbstauflösung des Liberalismus zur totalitären Staatsauffassung.[125]

Rückblickend zeigt sich, dass das scheinbar plötzliche aktivistische Moment der vermeintlich bürgerlichen Philosophie ihre Antibürgerlichkeit ankündigt. Der Weg der Philosophie zum konkreten Dasein ist auf dem Boden der Verhältnisse, auf dem sie notwendig verbleibt, nur durch die Aushöhlung ihres Vernunft- und Freiheitsanspruchs möglich. Marcuse, der zunächst die Politisierung des scheinbar im bürgerlichen verbleibenden und daher unpolitischen Existentialismus nur in Richtung einer proletarischen Revolution denken konnte, wurde hier schmerzlich korrigiert. Die Enttäuschung über den Charakter von Heideggers Philosophie ließ jedoch nicht nur die Differenz zwischen dieser und der in sie gesetzten Hoffnungen erkennen, sondern ermöglicht auch die Einsicht in das Wesen einer neuen Geisteshaltung, die den Untergang der liberalen Phase des Kapitalismus begleitete. Auch ausgehend von der Auseinandersetzung mit Heidegger bemerkt Marcuse, dass der proklamierte Kampf gegen den Liberalismus, der die verschiedenen, unter dem Begriff des heroisch-völkischen Realismus gefassten Strömungen eint, den Liberalismus nicht in seiner Totalität fasst. Marcuse bemerkt, dass der Angriff auf den Liberalismus seine ökonomische und soziale Struktur ausblende. Was Marcuse bereits an Heidegger kritisierte und als eine dem bürgerlichen Charakter seiner Philosophie geschuldete Erkenntnisgrenze begriff, scheint in diesem Denken insgesamt auf. Er blieb vor der Erkenntnis der ökonomischen und sozialen Struktur stehen. Schließlich erkennt Marcuse jedoch die soziale Funktion, die in der abstrakten und ungeschichtlichen Auffassung besteht: Durch Verdeckung der ökonomisch-sozialen Verhältnisse wird der Kampf gegen den Liberalismus auf eine »›vage‹ Weltanschauung« verschoben. Die Angriffe gegen den Liberalismus richten sich daher vornehmlich gegen die Ideen von 1789, während man mit seiner Grundlage, der »freie[n] Verfügung des individuellen Wirtschaftssubjekts über das Privateigentum und d[er] staatlich-rechtlich[] garantierte[n] Sicherheit dieser Verfügung«[126] »weitgehend einverstanden«[127] ist. Marcuse entwickelt hier bereits ein erstes Verständnis von der fetischistischen bürgerlichen Selbstkritik, wenn er feststellt, dass die »Ausfälle gegen den kapitalistischen Ungeist« sich nur gegen eine bestimmte Gestalt des Bürgers wie auch eine bestimmte Gestalt des Kapitalismus richten, die des »Typus der freien Konkurrenz selbstständiger Einzelkapitalisten«. Damit wird folglich eine geschichtlich überholte Form, nicht aber die »ökonomische Funktion«[128] des Bürgers bekämpft. Bei genauer Betrachtung wird das Kapital gegen seine mit ihm historisch entstandenen bürgerlichen Verkehrsformen gerettet. Der Angriff auf den Liberalismus tritt damit, wie Marcuse an anderer Stelle formulierte, an, das Kapital von der »unnötige[n] Vermittlung durch die politischen Formen, die zumindest ein Minimum an Rechtsgleichheit und Sicherheit garantieren«[129], zu befreien. Vor diesem Hintergrund wäre auf jene Passage von Marx zu verweisen, bei der er unter dem Aspekt der Aktiengesellschaft eine geschichtliche Tendenz beschreibt, die er als die »Aufhebung der kapitalistischen Produktionsweise innerhalb der kapitalistischen Produktionsweise«[130] fasst. Der Kapitalist sei hier zu »eine[m] bloßen Dirigenten, Verwalter fremden Kapitals«[131] geworden. Während Marx diese Tendenz, vermutlich durch die Hoffnung auf ein revoltierendes Proletariat bedingt, noch als eine »Übergangsform zu einer neuen Produktionsweise«[132] begreifen konnte, zeigt sich nun, dass die Entmachtung des Bürgers nicht den Kommunismus, sondern nur die Emanzipation der bürgerlichen Produktionsweise vom Bürgertum ankündigt. Was Marx noch spottend über Friedrich List verkündete, dass »das Bewußtsein vom Tod des Bürgertums selbst schon in das Bewußtsein des deutschen Bourgeois gedrungen ist«, dieser jedoch »naiv genug« sei, »diese ›Traurigkeit selbst zu gestehen‹«[133], bekommt so einen neuen erschreckenden Charakter.

Was Marcuse in dem *Liberalismus*-Aufsatz erkennt, ist ein Umschlag des Bewusstseins, der mit den »veränderten ökonomisch-sozialen Verhältnissen«[134] korrespondiert und Gehalte aus der liberalen Ideologie herausgreift und in gesellschaftlich geforderter Weise umdeutet. Das heißt, dass der Liberalismus, den Marx bei seinen Repräsentanten – wie Adam Smith – vorfand, und durch ihren Vernunftanspruch immanent kritisieren konnte, im Auflösen begriffen ist. Auch wenn dieser Liberalismus seine Grenze darin findet, dass er Gesellschaftliches zur Natur erklärt, vertritt dieser noch »liberalistische Naturalismus«[135] einen rationalen Anspruch. Der Liberalismus wie auch seine philosophische Reflexion im Idealismus ist wesentlich kritisch und beansprucht das Ganze unter den »Richtspruch der Ratio«[136] zu stellen. Die liberalistische Rationalität, die in der Rationalisierung des Rechts und in der Rationalisierung des Betriebs ein großes Maß an Verwirklichung findet, ist jedoch wesentlich eine *private*. Durch diese Beschränkung, die das Zusammenspiel von Allgemeinem und Privatinteressen der Kritik enthebt, öffnet sich dem Irrationalismus ein Einfallstor, was gerade in der Krise problematisch wird, wenn genau die allgemeine Harmonie des Liberalismus immer unwahrscheinlicher wird.

Der von Marcuse problematisierte Irrationalismus der »neue[n] Weltanschauung«[137] hingegen begrenzt die Autonomie der Vernunft durch Begriffe, die der Vernunft vorgeordnet sind, wie »Natur«, »Blut und Boden«, »Volkstum«. Während folglich der noch kritisch-rationalistische Liberalismus durch irratonale Verklärungen »den vernunftgemäßen Aufbau der Gesellschaft um sein zielgebendes Ende«[138] bringt, entzieht seine spätbürgerliche irrationalistische Form bereits den Aufbau der Gesellschaft der Kritik. Dies zeigt sich insbesondere am Universalismus der »neuen Weltanschauung«.

Ist der Begriff des Allgemeinen der philosophischen Spekulation ein Einspruch gegen die antagonistische Allgemeinheit der bürgerlichen Gesellschaft, so ist er hier den Verhältnissen übergeordnet. Die Herstellung einer wirklichen Allgemeinheit, die, wie Marcuse herausstellt, »die Beseitigung der Wirtschaftsordnung, die der Grund der Klassen und Klassenkämpfe ist«[139], soll gerade dadurch verhindert werden, dass die Einheit in einer der Ökonomie vorgeordneten Urgegebenheit gesucht wird: im Volk. Heideggers vermeintliche Abstraktion, die die Geschichtlichkeit als die des Volkes ausweist, zeigt hier seine Fortschrittlichkeit, ist doch diese Abstraktion vom Ökonomischen wesentlich das Ziel der Volksgemeinschaft als »klassenlose Gesellschaft auf Basis und im Rahmen – der bestehenden Klassengesellschaft«[140].

Genau in dieser Naturalisierung des Volks, in der Auffassung einer geschichtlichen »Schicksalsgemeinschaft«, zeigt sich, dass Geschichte als solche, die die menschliche Möglichkeit ihrer Veränderung impliziert, gerade nicht ernst genommen werden soll. Wie Marcuse einwirft, geschehen die »natürlichen Ordnungen und Gegebenheiten [...] als ökonomisch-gesellschaftliche Verhältnisse (so daß z. B. der bäuerliche Boden nicht so sehr als Scholle in der Heimat wie als Parzelle im Hypothekengrundbuch liegt).«[141]

Was Marcuse hier vorfindet, ist eine neue Qualität der Naturalisierung. Damit ist die ideologische Verklärung gesellschaftlicher Verhältnisse jedoch verschoben. In der irrationalistischen Lehre wird neben der für den Liberalismus typischen Naturalisierung der Ökonomie auch noch das von der Wirtschaft verursachte Massenelend verklärt. Damit schlägt die »illusionierende Funktion der Ideologie in eine desillusionierende«[142]

um. Hier wird selbst noch das Versprechen der Ideologie einkassiert. Sowohl der Materialismus, der gegen den sinkenden Lebensstandard rebellieren würde, als auch der Idealismus, der an der Autonomie der Vernunft festhalten würde, müssen von der neuen Ordnung bekämpft werden. Entgegen der liberalen Ideologie zeigt die der »neuen Weltanschauung« »unmittelbar das was ist, aber mit einer radikalen Umwertung der Werte; Unglück wird zur Gnade, Not zum Segen, Elend zum Schicksal; und umgekehrt wird Streben nach Glück, nach materieller Besserung zu Sünde und Unrecht«[143].

Die Rechtfertigung der Gesellschaft, die nicht mehr transzendental noch materialistisch erfolgen kann, kann so nur durch etwas erfolgen, was selber der *ratio* und damit jeder Kritik enthoben ist. Was bleibt, ist der Existentialismus und mit ihm die »Rechtfertigung durch die bloße Existenz«[144]. Wollte Marcuse zunächst durch seine immanente Kritik Heideggers dessen Existentialismus mit Marx politisieren, zeigt sich die eigens gezogene Konsequenz und damit der Existentialismus in seiner politischen Form als »die Theorie von der (negativen) Rechtfertigung des nicht mehr zu Rechtfertigenden«[145]. Beispielhaft kann hier Carl Schmitts Rechtfertigung des Politischen angeführt werden. Gegen jede normative Begründung des Krieges führt er an: »Es gibt keinen rationalen Zweck, keine noch so richtige Norm, kein noch so vorbildliches Programm, kein noch so schönes soziales Ideal, keine Legitimität oder Legalität, die es rechtfertigen könnte, daß Menschen sich gegenseitig töten.«[146]

Was hier als Kritik der Kriegsführung liberaler Gesellschaften verstanden werden könnte, ist jedoch nur eine Kritik liberaler Begründungsversuche des Krieges. Für Schmitt, für den die Todesbereitschaft konstitutiv für das Politische ist, welches gerade gegen den Marxismus verewigt werden soll, geht es hier um die Setzung einer nicht mehr hinterfragbaren, da existentiellen Rechtfertigung. Das der Vernunft entzogene Urteil wird durch die »Entscheidung des existentiellen Theoretikers« geliefert, sie kann nur durch »das existentielle Teilhaben und Teilnehmen gegeben«[147] werden. Dieser Widerspruch zum abstrakt-allgemeinen Recht zeigt sich auch in Schmitts Begriff des Ausnahmezustands: »In der Ausnahme durchbricht die Kraft des wirklichen Lebens die Kruste einer in Wiederholung erstarrten Mechanik.«[148] Was Schmitt hier fasst, ist, dass das liberale Recht den Einzelnen nur als Rechtsperson behandeln kann. Genau dieser liberale Charakter, der sich in der von Marx beschriebenen Widersprüchlichkeit zwischen altruistischem Staatsbürger (*citoyen*) und egoistischem Wirtschaftssubjekt (*bourgeois*) artikuliert, wird von Schmitt jedoch angegriffen. Wenn folglich der Politische Existentialismus die »*politische[n]* Sachverhalte und Beziehungen«[149] zu existentiellen erklärt, zeigt sich, dass der Einzelne nicht mehr abstrakt angesprochen, sondern konkret ergriffen werden soll.

Der von Marcuse anfänglich begrüßte Versuch des Existentialismus gegenüber dem Idealismus, »die volle Konkretion des geschichtlichen Subjekts wiederzugewinnen«, wird hier zur Grundlage einer neuen Anthropologie, die gegen die Autonomie des Denkens die »totale Aktivierung, Konkretisierung und Politisierung aller Dimensionen des Daseins«[150] fordert. An Schmitts Freund-Feind-Unterscheidung wird dies noch einmal deutlich. Nach Schmitt kann jede gesellschaftliche Beziehung, sei sie ökonomisch, sozial, religiös oder kulturell, in eine politische Beziehung schlechthin, in die Freund-Feind-Beziehung umschlagen. Das Kriterium des Politischen ist damit der Intensitätsgrad jeder Beziehung[151]. Mit diesem Begriff des Politischen ist gleichsam die Überwindung der liberalen Trennung von privatem und öffentlichem Dasein zugunsten der totalen Politisierung vorbereitet. Jeder Sachbereich kann jetzt politisch werden. Die Existentialisierung von politischen Beziehungen führt dazu, dass die hemmenden Instanzen des Liberalismus, wie Recht oder Rationalität, sich der totalen Politisierung nicht widersetzen können.

> An diesem Punkte vollzieht sich die Entfesselung vorwärtstreibender Kräfte [...]. Die totale Aktivierung und Politisierung entreißt breite Schichten ihrer hemmenden Neutralität und schafft auf einer an Länge und Dichte bisher nicht erreichten Front neue Formen des politischen Kampfes und neue Methoden der politischen Organisation.[152]

Das aktivierende Moment, das Marcuse anfänglich noch materialistisch erweitern wollte, zeigt nun seine Funktion für die Stabilität einer Ordnung, die, wie Marcuse feststellt, »nur noch auf eine Weise möglich [ist], die zugleich [die] vorwärtstreibende[n] Kräfte der Entwicklung befreit«[153]. Marcuse, der bisher davon ausgehen konnte, dass die Philosophie durch ihren bürgerlichen Charakter zur Passivität und Legitimation verurteilt war, sah sich nun mit einer neuen philosophischen und gesellschaftlichen Dynamik konfrontiert. Die Ideologie, die Marcuse vorfand,

> traut es bürgerlicher Gesellschaft nicht mehr zu, im »freien Spiel der Kräfte« weiterzufunktionieren; sie appelliert an die Fähigkeit der Individuen, ihre gesellschaftlichen Verhältnisse selbst in die Hand zu nehmen (ohne sich natürlich deren grundsätzliche Veränderung vorstellen zu können)[154].

Weil die bürgerliche Gesellschaft die mit ihr einhergehenden Versprechen des Liberalismus nur durch die revolutionäre Kritik an den bürgerlichen Verhältnissen einlösen könnte, muss der liberale Anspruch selbst aktiv abgeschafft werden. Oder wie es Rotermundt formulierte:

> Je weniger das Kapital die von ihm gebotene Zukunft als vernünftig ausweisen kann, desto mehr muß sie als natürlich erklärt [werden] und desto mehr muß *folglich* menschliches Reflexionsvermögen dafür herhalten, dies zu begründen. Ratio wird zum Instrument, den Mythos des Natürlichen zu entfalten. Zur Abschaffung des Argumentierens wird argumentiert[155].

Die damit verbundene und von Marcuse auf den Begriff gebrachte bürgerliche Kritik bürgerlicher Verhältnisse zeigt sich als »Verteidigung bürgerlicher Verhältnisse gegen qualitativ über sie hinausgehende gesellschaftliche Ansprüche.«[156]

Damit begreift Marcuse Heideggers Philosophie nicht mehr als letzte Form der durch den Materialismus aufzuhebenden Philosophie, sondern als ihre Destruktion.

> Nicht mit Hegels Tode, sondern jetzt erst geschieht der Titanensturz der deutschen Philosophie. Damals wurden ihre entscheidenden Errungenschaften in die wissenschaftliche Theorie der Gesellschaft, in die Kritik der politischen Ökonomie hinübergerettet. Heute liegt das Schicksal der Arbeiterbewegung, bei der das Erbe dieser Philosophie aufgehoben war, im ungewissen.[157]

## Weitermachen, aber wie?

Die Enttäuschung durch Heidegger führt Marcuse zu vor allem terminologischen Korrekturen seiner Revolutionstheorie. Nicht mehr Heideggers Begriff der Eigentlichkeit wird Antrieb der gesellschaftlichen Praxis, sondern der des Wesens, der vollen Entfaltung der geschichtlichen Möglichkeiten. Marcuse geht es nun um die »Spannung zwischen dem Seinkönnenden und dem Daseiendem«, also nicht mehr um »eine unveränderliche ontologische Differenz, sondern [um] ein geschichtliches Verhältnis, das auf dieser Erde und von diesen Menschen aufzuheben ist: ein Stachel für die Erkenntnis, zum Moment der verändernden Praxis zu werden«[158]. Damit übernimmt Hegel die Rolle, die Marcuse zunächst Heidegger zuwies. Der Materialismus soll erneut die Philosophie aufheben, dieses Mal aber in ihrer tatsächlich höchsten Gestalt. Marcuses Buch über Hegel, *Vernunft und Revolution*, liest sich wie eine angesichts des politischen Existentialismus vorgenommene Korrektur seiner früheren Revolutionstheorie. Statt um abstrakte Aktivierung geht es um die Verwirklichung der Vernunft, also dessen, was Hegel zum Feindbild des Nationalsozialismus machte. Dementsprechend betont Marcuse die »antideutsche Orientierung in Hegels Philosophie«: Sie liege »in ihrer Betonung des Denkens« sowie »in ihrem Angriff auf die Aktion um der Aktion willen«[159].

Konnte sich die auf Heidegger abgestellte Revolutionstheorie noch auf falsch interpretierte, aber gegenwärtige Tendenzen beziehen; stellte Heideggers Hauptwerk *Sein und Zeit* tatsächlich einen, wenn auch zunächst völlig falsch interpretierten, Wendepunkt dar, so ist die mit Hegel reformulierte Revolutionstheorie von Anfang an veraltet. Dies klingt insbesondere in dem 1954 angefügten Nachwort an, in welchem reflektiert wird, dass die Niederlage des Nationalsozialismus keineswegs die bürgerlich-liberale Gesellschaft wiederhergestellt habe.

> Die Niederlage von Faschismus und Nationalsozialismus hat die Tendenz zum Totalitarismus nicht stillgelegt. Die Freiheit befindet sich auf dem Rückzug, sowohl auf dem Gebiet des Denkens als auch auf dem der Gesellschaft. Weder die Hegelsche noch die Marxsche Idee der Vernunft ist einer

> Verwirklichung nähergekommen; weder die Entwicklung des Geistes noch die der Revolution nahm die von der dialektischen Theorie ins Auge gefaßte Form an. Jedoch waren die Abweichungen der Struktur immanent, die von dieser Theorie enthüllt worden war. Sie kamen nicht von außen; sie waren nicht unerwartet.[160]

Insbesondere die Vernunft sei kaum noch eine Einspruchsinstanz gegen die Verhältnisse. In ihrer gesellschaftlichen Form hat der »Niedergang der Macht der Negativität«[161] den Fortschritt der spätindustriellen Zivilisation begleitet. Die Widersprüche des Kapitals treten immer weniger offen zu Tage, sondern werden in der eindimensionalen Gesellschaft verwaltet.

> Die Idee einer anderen Form von Vernunft und Freiheit, wie sie sowohl vom dialektischen Idealismus als auch vom Materialismus in Betracht gezogen wurde, erscheint wieder als Utopie. Aber der Triumph der regressiven und hemmenden Kräfte beeinträchtigt nicht die Wahrheit dieser Utopie.[162]

Was damit bleibt, ist die Hoffnung, dass die politische Bekämpfung der Befreiung die objektive Möglichkeit nicht mindert, sondern unterstreicht. »Die totale Mobilisierung der Gesellschaft gegen die endgültige Befreiung des Individuums, die den historischen Inhalt der gegenwärtigen Periode ausmacht, zeigt an, wie real die Möglichkeit dieser Befreiung ist.«[163]

Dass Marcuse hier von der totalen Mobilisierung spricht, und damit einen Begriff von Ernst Jünger übernimmt, der neben Heidegger und Schmitt ebenfalls zu den Protagonisten des Politischen Existentialismus gehört, ist bezeichnend. Während durch die Reinstallation demokratischer Vermittlungsinstanzen ein großes Maß an Freiheit wiederhergestellt wurde, so zeigt sich dennoch, dass sich die eindimensionale Gesellschaft keineswegs abstrakt auf ihr altes Niveau zurückentwickelte. Die gesellschaftliche Funktion, die der Politische Existentialismus einnahm, eine aktivistische Krisenlösung zu bieten sowie die Geschichte gegen ihre Möglichkeiten abzudichten, findet Marcuse in anderer Form in der eindimensionalen Gesellschaft vor.

> Der totalitäre Staat ist nur eine der Formen – vielleicht eine schon veraltete Form –, in denen sich der Kampf gegen die geschichtliche Möglichkeit der Befreiung abspielt. Die andere, die demokratische Form verwirft den Terror, weil sie stark und reich genug ist, sich ohne ihn zu retten und reproduzieren: die meisten Individuen haben es in der Tat besser in ihr.[164]

Damit kommt Marcuse zu einem ähnlichen Befund wie der marxistische Theoretiker Johannes Agnoli, demzufolge der »Faschismus im Sinne des offenen terroristischen Systems«[165] durch die spezifische politökonomische Organisation der Gesellschaft überflüssig gemacht werden kann. Marcuse, der weiter nach Möglichkeiten der Befreiung innerhalb der Verhältnisse sucht, führt seine Suche nach Auswegen auf die Triebnatur des Menschen, auf das Bedürfnis nach Befreiung, auf den »Zwang zu protestieren«[166].

Dieser war jedoch nie losgelöst von, sondern vermittelt mit dem angestrengten Versuch, am Begriff einer universellen Befreiungsperspektive und damit an der Verwirklichung der Vernunft festzuhalten. Hierbei war sich Marcuse, wie die letzten Sätze seiner Schrift *Der eindimensionale Mensch* zeigen, der prekären und anachronistischen Situation bewusst:

> Die Kritische Theorie der Gesellschaft besitzt keine Begriffe, die die Kluft zwischen dem Gegenwärtigen und seiner Zukunft überbrücken könnten; indem sie nichts verspricht und keinen Erfolg zeigt, bleibt sie negativ. Damit will sie jenen die Treue halten, die ohne Hoffnung ihr Leben der Großen Weigerung hingegeben haben und hingeben.[167]

Gegen die entfremdeten Verhältnisse jedoch blind anzurennen und die theoretische wie praktische Krise im Handstreich lösen zu wollen, um so, statt einer vernünftigen Befreiung, bloß die Befreiung von Vernunft selbst voranzutreiben, führt indes viel tiefer in die Entfremdung hinein. So bemerkte Marcuse bereits die Antibürgerlichkeit vieler Protestierender. Ihr Bruch mit der theoretischen Kritik wie auch der philosophischen Tradition wurde von Marcuse deutlich kritisiert: »Wenn die Linke gegen theoretische Betrachtungen allergisch wird, dann stimmt mit der Linken irgendetwas nicht.«[168]

## ANMERKUNGEN

1 Schmidt, Alfred, »Heidegger und die Frankfurter Schule. Herbert Marcuses Heidegger-Marxismus«, in: Kemper, Peter (Hg.), *Martin Heidegger – Faszination und Erschrecken. Die politische Dimension einer Philosophie*, Frankfurt a. M. / New York 1990, S. 153–177, hier S. 172.

2 Horkheimer, Max, *Gesammelte Schriften*, Bd. 15, Frankfurt a. M. 1995, S. 347.

3 Heil, Susanne, *»Gefährliche Beziehungen«. Walter Benjamin und Carl Schmitt*, Stuttgart/Weimar 1996, S. 4.

4 Vgl. Agamben, Giorgio, *Ausnahmezustand*, Frankfurt a. M. 2014, S. 64–77.

5 Wolin, Richard, *Heidegger's Children. Hannah Arendt, Karl Löwith, Hans Jonas, and Herbert Marcuse*, Princeton/Oxford 2001, S. 135.

6 Marcuse, Herbert, *Der Kampf gegen den Liberalismus in der totalitären Staatsauffassung*, in: ders., *Schriften*, Bd. 3, Springe 2004, S. 7–44.

7 Marcuse, Herbert, »Enttäuschung«, in: Neske, Günther (Hg.), *Erinnerung an Martin Heidegger*, Pfullingen 1977, S. 162–163, hier S. 162.

8 Marcuse, Herbert, »Theorie und Politik«, in: Habermas, Jürgen / Bovenschen, Silvia u. a. (Hg.), *Gespräche mit Herbert Marcuse*, Frankfurt a. M. 1978, S. 9–62, hier S. 10.

9 »Stimmung und Befindlichkeit sind Grundworte der Heideggerschen Daseinsontologie, und was den Wahrheitsanspruch des philosophischen Denkens angeht, so ist auch darauf zu verweisen, daß Heidegger die Aufgabe der Philosophie in der Weckung einer Grundstimmung sieht.« (Givsan, Hassan, *Zu Heidegger. Ein Nachtrag zu »Heidegger – das Denken der Inhumanität«*, Würzburg 2011, S. 21).

10 Arendt, Hannah, »Martin Heidegger ist achtzig Jahre alt«, in: *Merkur. Deutsche Zeitschrift für europäisches Denken* 23 (1969), H. 258, S. 893–902, hier S. 894.

11 Ebd.

12 Rotermundt, Rainer, *Konfrontationen. Hegel, Heidegger, Levinas*, Würzburg 2006, S. 80.

13 Kellerer, Sidonie, *Zerrissene Moderne. Descartes bei den Neukantianern, Husserl und Heidegger*, Konstanz 2013, S. 260 f.

14 Givsan, *Zu Heidegger*, S. 7.

15 Spekker, Matthias, »›ihrem Wesen nach kritisch und revolutionär‹. Wahrheit in Marx' wissenschaftlicher Gesellschaftskritik«, in: Bohlender, Matthias / Schönfelder, Anna-Sophie / Spekker, Matthias (Hg.), *Wahrheit und Revolution. Studien zur Grundproblematik der Marx'schen Gesellschaftskritik*, Bielefeld 2020, S. 25–75, hier S. 31.

16 Vgl. hierzu: Rotermundt, Rainer, *Verkehrte Utopien. Nationalsozialismus, Neonazismus, Neue Barbarei*, Frankfurt a. M. 1980, S. 24.

17 Vgl. Stapelfeldt, Gerhard, *Der Geist des Widerspruchs. Studien zur Dialektik*, Bd. III.2, Freiburg 2021, S. 37 ff.

18 Marcuse, Herbert, *Beiträge zu einer Phänomenologie des Historischen Materialismus*, in: ders., *Schriften*, Bd. 1, Springe 2004, S. 347–384, hier S. 347.

19 Korsch, Karl, *Marxismus und Philosophie*, Frankfurt a. M. / Wien 1966, S. 128.

20 Marcuse, *Beiträge*, S. 357.

21 Marcuse, Herbert, *Zum Problem der Dialektik I*, in: ders., *Schriften*, Bd. 1, Springe 2004, S. 407–423, hier S. 421.

22 Dass sich Marcuse hier keineswegs auf Heidegger berufen kann, wird hingegen in *Sein und Zeit* deutlich. Dort gilt Heidegger die Dialektik als etwas, was »zu Hilfe gerufen« (Heidegger, Martin, *Sein und Zeit*, Tübingen 2001, S. 22) wird, um sich der Seinsfrage nicht stellen zu müssen. Selbst die Dialektik Platons, »die eine echte philosophische Verlegenheit war, wird überflüssig« (ebd., S. 25) durch Aristoteles' radikale Fassung des Seinsproblems. Marcuse kritisiert Dialektik jedoch nicht als Verdeckung, sondern betrachtet lediglich die zur Legitimationsideologie gewordene Dialektik des Marxismus als Verfallsform jener Dialektik, die er wieder freilegen möchte.

23 Marcuse, *Dialektik I*, S. 409 f.

24 Heidegger, *Sein und Zeit*, S. 22.

25 Marcuse, *Beiträge*, S. 347.

26 Ebd., S. 350.

27 Marcuse, Herbert, *Über den affirmativen Charakter der Kultur*, in: ders., *Schriften*, Bd. 3, Springe 2004, S. 186–226, hier S. 190.

28 Ebd.

29 Marcuse, *Beiträge*, S. 358.

30 Heidegger, *Sein und Zeit*, S. 117.

31 Ebd., S. 2.

32 Ebd., S. 3.

33 Ebd., S. 4.

34 »Das unvollendet gebliebene Werk *Sein und Zeit* besteht aus einem ersten Teil, der die sogenannte ›Daseinsanalytik‹ vollzieht als eine erste Etappe auf dem Weg hin zu dem faktisch nie erreichten Ziel der Antwort auf die eigentliche, nämlich ontologische Frage: was ist Sein?« (Kellerer, Sidonie, »Sein und Zeit: Ein Buch für alle und Jeden? Zu Heideggers Daseinsbegriff«, in: Heinz, Marion / Bender, Tobias (Hg.), *»Sein und Zeit« neu verhandelt. Untersuchungen zu Heideggers Hauptwerk*, Hamburg 2019, S. 113–60, hier S. 120).

35 Heidegger, *Sein und Zeit*, S. 7.

36 Ebd., S. 12.

37 Ebd., S. 14.

38 Ebd., S. 17.

39 Ebd., S. 44.

40 Ebd., S. 15.

41 »Wir müssen erst wieder rufen nach dem, der unserem Dasein einen Schrecken einzujagen vermag.« (Heidegger, Martin, *Die Grundbegriffe der Metaphysik. Welt – Endlichkeit – Einsamkeit*, in: ders., *Gesamtausgabe*, Bd. 29/30, Frankfurt a. M. 1992, S. 255).

42 Heidegger, *Sein und Zeit*, S. 17.

43 Ebd., S. 20.
44 Ebd., S. 21.
45 EBd.
46 Ebd., S. 24.
47 Kellerer, *Zerrissene Moderne*, S. 185.
48 Heidegger, *Sein und Zeit*, S. 46.
49 Ebd.
50 Ebd., S. 43.
51 Ebd., S. 42.
52 Durch das In-Sein möchte Heidegger das Dasein nicht als bloß vorhandenes, sondern als ein in ihr Wohnendes begreifen: »Der Ausdruck ›bin‹ hängt zusammen mit ›bei‹; ›ich bin‹ besagt wiederum: ich wohne, halte mich auf bei …, vertraut sein mit … *In-Sein ist demnach der formale existenziale Ausdruck des Seins des Daseins, das die wesenhafte Verfassung des In-der-Welt-seins hat.*« (Ebd., S. 54).
53 Ebd., S. 58.
54 »Sobald aber das ›Phänomen des Welterkennens‹ selbst erfaßt wurde, geriet es auch schon in eine ›äußerliche‹, formale Auslegung. Der Index dafür ist die heute noch übliche Ansetzung von Erkennen als einer ›Beziehung zwischen Subjekt und Objekt‹, die so viel ›Wahrheit‹ als Leerheit in sich birgt. Subjekt und Objekt decken sich aber nicht etwa mit Dasein und Welt.« (Ebd., S. 60).
55 Ebd., S. 66.
56 Ebd., S. 69.
57 Ebd., S. 114.
58 Ebd., S. 118.
59 Ebd., S. 125.
60 Ebd., S. 126.
61 Ebd., S. 127.
62 EBd.
63 EBd.
64 EBd.
65 Ebd.
66 Ebd., S. 128.
67 Krockow, Christian Graf von, *Die Entscheidung. Eine Untersuchung über Ernst Jünger, Carl Schmitt, Martin Heidegger*, Frankfurt a. M. / New York 1990, S. 72.
68 Heidegger, *Sein und Zeit*, S. 129.
69 Ebd., S. 128.
70 Ebd., S. 129.
71 Kellerer, *Zerrissene Moderne*, S. 188.
72 Ebd., S. 189.
73 Heidegger, *Sein und Zeit*, S. 130.
74 Ebd., S. 191.
75 Givsan, *Zu Heidegger*, S. 37.
76 Krockow, *Entscheidung*, S. 73.

77 Heidegger, *Sein und Zeit*, S. 266.
78 Ebd., S. 260.
79 Ebd., S. 263.
80 Kellerer, *Zerrissene Moderne*, S. 189.
81 Givsan, *Zu Heidegger*, S. 32.
82 Kellerer, *Sein und Zeit*, S. 137.
83 Heidegger, *Sein und Zeit*, S. 372.
84 Kellerer, *Zerrissene Moderne*, S. 192.
85 Faye, Emmanuel, *Heidegger. Die Einführung des Nationalsozialismus in die Philosophie*, Berlin 2009, S. 33.
86 Heidegger, *Sein und Zeit*, S. 376.
87 Ebd., S. 383.
88 Ebd., S. 384.
89 Ebd., S. 386.
90 Fritsche, Johannes, *Geschichtlichkeit und Nationalsozialismus in Heideggers Sein und Zeit*, Berlin 2014, S. 211.
91 Schmidt, Alfred, »Existential-Ontologie und historischer Materialismus bei Herbert Marcuse«, in: Marcuse, Herbert / Schmidt, Alfred (Hg.), *Existenzialistische Marx-Interpretation*, Frankfurt a. M. 1973, S. 111–142, hier S. 113.
92 Ebd.
93 Ebd., S. 119.
94 Marcuse, *Beiträge*, S. 371.
95 Schmidt, *Heidegger und die Frankfurter Schule*, S. 167.
96 Marcuse, *Beiträge*, S. 371.
97 Ebd., S. 360.
98 Ebd., S. 374.
99 Heidegger, *Sein und Zeit*, S. 12.
100 Marcuse, *Beiträge*, S. 361.
101 Ebd., S. 362.
102 Ebd., S. 361.
103 Ebd., S. 355.
104 Ebd., S. 362.
105 Heidegger, *Sein und Zeit*, S. 384.
106 Marcuse, *Beiträge*, S. 363.
107 Ebd.
108 Ebd., S. 364.
109 Ebd., S. 365.
110 Ebd., S. 363.
111 Ebd., S. 374.
112 Ebd., S. 365.
113 Ebd., S. 367.
114 Marcuse, Herbert, *Über konkrete Philosophie*, in: ders., *Schriften*, Bd. 1, Springe 2004, S. 385–406, hier S. 405.

115 Marcuse, *Beiträge*, S. 364.
116 Ebd., S. 374.
117 Ebd., S. 365.
118 Marcuse, *Über konkrete Philosophie*, S. 395.
119 Marx, Karl, *Ökonomisch-philosophische Manuskripte*, in: *Marx-Engels-Werke*, Bd. 40, Berlin 2012, S. 465–588, hier S. 542.
120 Marcuse, *Über konkrete Philosophie*, S. 397.
121 Marcuse, *Theorie und Politik*, S. 11.
122 Marcuse, *Beiträge*, S. 384.
123 Heidegger, Martin, zit. n. Schneeberger, Guido, *Nachlese zu Heidegger. Dokumente zu seinem Leben und Denken*, Bern 1962, S. 135 f.
124 Marcuse, *Der Kampf gegen den Liberalismus*, S. 8.
125 Krahl, Hans-Jürgen, *Konstitution und Klassenkampf. Zur historischen Dialektik von bürgerlicher Emanzipation und proletarischer Revolution*, Frankfurt a. M. 1977, S. 106.
126 Marcuse, *Der Kampf gegen den Liberalismus*, S. 12.
127 Ebd., S. 13.
128 Ebd., S. 15.
129 Marcuse, Herbert, *Vernunft und Revolution. Hegel und die Entstehung der Gesellschaftstheorie*, in: ders., *Schriften*, Bd. 4, Springe 2004, S. 362.
130 Marx, Karl, *Das Kapital. Kritik der politischen Ökonomie. Dritter Band*, in: *Marx-Engels-Werke*, Bd. 25, Berlin 1971, S. 454.
131 Ebd., S. 452.
132 Ebd., S. 457.
133 Marx, Karl / Engels, Friedrich, *Kritik der bürgerlichen Ökonomie. Neues Manuskript von Marx und Rede von Engels über F. List*, Berlin 1972, S. 7.
134 Marcuse, *Der Kampf gegen den Liberalismus*, S. 15.
135 Ebd., S. 17.
136 Ebd., S. 18.
137 Ebd., S. 7.
138 Ebd., S. 21.
139 Ebd., S. 25.
140 Ebd., S. 24.
141 Ebd., S. 28.
142 Ebd., S. 29.
143 Ebd., S. 32.
144 Ebd., S. 33.
145 Ebd.
146 Schmitt, Carl, *Der Begriff des Politischen. Text von 1932 mit einem Vorwort und drei Corollarien*, Berlin 2009, S. 46.
147 Ebd., S. 26.
148 Schmitt, Carl, *Politische Theologie. Vier Kapitel zur Lehre von der Souveränität*, Berlin 2009, S. 21.

149 Marcuse, *Der Kampf gegen den Liberalismus*, S. 34.
150 Ebd., S. 35.
151 Vgl. Schmitt, *Der Begriff des Politischen*, S. 25–28.
152 Marcuse, *Der Kampf gegen den Liberalismus*, S. 38.
153 Ebd., S. 36.
154 Rotermundt, *Verkehrte Utopien*, S. 21.
155 Ebd., S. 45.
156 Ebd.
157 Marcuse, *Der Kampf gegen den Liberalismus*, S. 44.
158 Marcuse, Herbert, *Zum Begriff des Wesens*, in: ders., *Schriften*, Bd. 3, Springe 2014, S. 45–85, hier S. 68 f.
159 Marcuse, *Vernunft und Revolution*, S. 366.
160 Ebd., S. 369.
161 Ebd., S. 370.
162 Ebd., S. 374.
163 EBd.
164 Marcuse, Herbert, *Psychoanalyse und Politik*, Frankfurt a. M./Wien 1968, S. 7.
165 Agnoli, Johannes, »Autoritärer Staat und Faschismus«, in: ders., *1968 und die Folgen*, Freiburg 1998, S. 13–30, hier S. 23.
166 Marcuse, Herbert, *Zum Begriff der Negation in der Dialektik*, in: ders., *Schriften*, Bd. 8, Springe 2014, 194–199, hier S. 199.
167 Marcuse, Herbert, *Der eindimensionale Mensch. Studien zur Ideologie der fortgeschrittenen Industriegesellschaft*, in: ders., *Schriften*, Bd. 7, Springe 2014, S. 268.
168 Marcuse, Herbert, *Die Unterschiede zwischen alter und neuer Linker*, in: ders., *Nachgelassene Schriften*, Bd. 4, Springe 2004, S. 103–111, hier S. 105.

Johannes Bruns

# BEDINGUNGEN DER UNBEDINGTHEIT

## Bestimmungen zur Genese der Subjektivität in der »Dialektik der Aufklärung«

Die Hoffnung auf das agitatorische Moment der Wahrheit, dass das Bewusstsein des Mangels der Gesellschaft vor dem Anspruch auf Autonomie und Selbstbestimmung der Subjekte, die die bürgerlichen Freiheiten gegen die gesellschaftliche Wirklichkeit versprachen, einmal eine Massenbasis erreichen könnte, damit die Theorie nicht im ewigen Wartestand auf ihre Einlösung verharre, ist spätestens mit dem Ersten Weltkrieg historisch enttäuscht, indem die Proletarier aller Länder es vorzogen, sich gegenseitig abzuschlachten, anstatt sich anhand eines gemeinsamen Klassenbewusstseins zu vereinen, um die sie unterdrückenden Verhältnisse umzustürzen. Hat das kritische Bewusstsein der Verhältnisse keine Massenbasis und ergibt sich sein materielles Korrelat einer vernünftigen Gesellschaft nicht abseits der Subjekte aus der automatischen Bewegung der Gesellschaft, dann ist es, will es sich nicht aufgeben, auf den Wartestand zurückgeworfen, sich durch die Durchdringung seiner Tradition zu erhalten.

Das Bewusstsein, das versucht, seine eigene Geschichte zu begreifen und sich in dieser nicht wiedererkennt, muss zugleich einsehen, dass die Möglichkeit der Erkenntnis der Trennung zwischen sich und seiner Genese in dieser Genese ihren Ort haben muss, soll das Wissen den Denkenden nicht als Offenbarung eingehaucht worden sein. »Die Geschichte als faktischer Prozess muß dann die Ideen hervorbringen, vor der die geschichtlichen Fakten nicht bestehen können.«[1] Erkennbar ist demnach sowohl die Geschichte als auch ihre Trennung vom in ihr stehenden Subjekt der Erkenntnis, das nach seinen Vorstellungen die Geschichte zu beurteilen vermag. Die Geschichte wie die Möglichkeit ihrer

Beurteilung wird historisch wirklich durch die Herrschaft, durch die die Unterscheidung zur Natur erst gesetzt und Subjektivität, der logische Ort der Urteile über die Geschichte, wirklich werden konnte:

> Die Distanz des Subjekts zum Objekt, Voraussetzung der Abstraktion, gründet in der Distanz zur Sache, die der Herr durch den Beherrschten gewinnt. Die Gesänge Homers und die Hymnen des Rigveda stammen aus der Zeit der Grundherrschaft und der festen Plätze, in der ein kriegerisches Herrenvolk über der Masse besiegter Autochtonen sich sesshaft macht.[2]

Die kohärente Produktion von Mehrprodukt als der Objektivierung des Vermögens der Freiheit, durch die gegenständliche Arbeit mehr zu produzieren als das Individuum für seine Reproduktion verbraucht, hat sich in der Geschichte stets unter Herrschaftsbedingungen vollzogen – sie ist den Produzenten abgezwungen zum Profit der Herrschenden, die so von der Reproduktionsarbeit freigestellt waren. Es aktualisierte sich unter der Androhung von Gewalt als Substanz der Herrschaft von Menschen über Menschen. Instrumentelle Vernunft, die in technisch-praktischer Absicht auf einen heteronomen Arbeitsgegenstand bezogen wird, ermöglicht Kooperation ebenso wie Herrschaft, denn auch die den Beherrschten heteronomen Zwecke der Herrschenden sind durch das in ihnen individuierte allgemeine Vermögen realisierbar. Durch das partikular auftretende Gattungsvermögen können die zur Mehrarbeit Unterworfenen auch die Zwecke verfolgen, die ihnen aufgezwungen wurden. Damit hat die Herrschaft je schon die Freiheit der Zwecksetzung zur Voraussetzung, sie ist unverständlich ohne den Bezug auf den Begriff technisch-praktischer Vernunft und so auch der durch sie verwirklichten Freiheit. Doch erst im Rückblick ist die Herrschaft zu erkennen als Freiheit in verkehrter Gestalt.

> Die Instrumente der Herrschaft, die alle erfassen sollen, Sprache, Waffen, schließlich Maschinen, müssen sich von allen erfahren lassen. So setzt sich in der Herrschaft das Moment der Rationalität als ein von ihr auch verschiedenes durch. Die Gegenständlichkeit des Mittels, die es universal verfügbar macht, seine »Objektivität« für alle, impliziert bereits die Kritik von Herrschaft, als deren Mittel Denken erwuchs.[3]

Arbeit als zweckgerichtete gegenständliche Tätigkeit ist stets Ausdruck menschlicher Freiheit. Als Aneignung und Konsumtion der äußeren Natur ist sie zwar ebenso »ewige Naturbedingung des menschlichen Lebens«[4], doch als auch durch Freiheit gewirkte Handlung ist sie wesentlich vom Verhalten anderer Lebewesen in der Natur unterschieden. Der bloße Stoffwechsel mit der Natur hat noch nichts spezifisch Menschliches, sondern ist Kennzeichen aller Lebewesen, die als endliche ihre organische Einheit durch ihnen Äußerliches erhalten müssen. Virtuell liegt die Freiheit in der Antizipation, in der geistig planerischen Vorwegnahme dessen, was als Wirkung der Auseinandersetzung mit den Gegenständen erst erscheinen soll. Die technisch-praktische Vernunft durchbricht über die Antizipation die bloße Abfolge von Kausalität qua Ursache und Wirkung insofern, als sie in der Vorstellung das zeitlich Spätere vorwegnimmt und so die Wirkung zu ihrer eigenen Ursache bestimmt: Die Vorstellung vom Ziel der Handlung ist die Ursache der Wirklichkeit dieses Ziels, sie setzt den Unterschied von Sein und Sollen im Sinne eines hypothetischen Imperativs.

> Eine jede Handlung hat also ihren Zweck und, da niemand einen Zweck haben kann, ohne sich den Gegenstand seiner Willkür selbst zum Zweck zu machen, so ist es ein Akt der Freiheit des handelnden Subjekts, nicht eine Wirkung der Natur, irgend einen Zweck der Handlungen zu haben.[5]

Das Produkt gelingender gegenständlicher Auseinandersetzung mit der Natur ist die Verwirklichung oder Entäußerung der Virtualität der Freiheit und damit die Einheit von Zweck und Material. Im Arbeitsprozess werden die Eigenschaften der Gegenstände gerade in der Verfolgung des Zwecks ausgewählt und anhand der in ihrer Materialität spezifizierten Kausalität und Wechselwirkung zueinander manipuliert. Diese Manipulation hat die Bestimmtheit der Gegenstände zur notwendigen Bedingung, diese kann nicht aus jener folgen. Der Umstand, dass, »[z]ieht man die Gesammtsumme aller verschiedenen nützlichen Arbeiten ab, die in Rock, Leinwand usw. stecken, [...] stets ein materielles Substrat zurück[bleibt], das ohne Zutun des Menschen von Natur vorhanden ist«[6], übersteigt damit die reine Fungibilität des Arbeitsgegenstandes im

Arbeitsprozess. Die konkrete Materialität der Gegenstände der Arbeit ist stets vorausgesetzt, der Arbeitsprozess kann diese nicht ändern, sondern nur ihre Form. Diese Änderung findet zugleich immer nur unter Anwendung der konkreten Naturbestimmtheit aller eingesetzten Stoffe statt. Beide Momente des Arbeitsprozesses drücken sich nicht nur darin aus, dass der tätige Mensch als Naturgegenstand auf Naturgegenstände wirken muss, also Körper auf Körper, sondern ebenso darin, dass der Gegenstand der Tätigkeit das tätige Subjekt bestimmt, als die Arbeit sich nicht in nichts realisieren kann, also die Auswahl des Materials und die Tätigkeit daran auf den eigentlichen Zweck abgestimmt sein muss. Im Verhältnis von Bestimmtheit und Bestimmbarkeit stimmen Subjekt und Gegenstand der Arbeit damit formell überein.[7] Anhand des Zwecks und dessen Verwirklichung geht der Mensch jedoch über seine Bestimmtheit in und durch die Natur hinaus. Er ist schöpferisch tätig, er schafft sich die Mittel seiner Arbeit selbst. Die Wirklichkeit der zweckmäßigen Auseinandersetzung des Menschen mit seiner Umwelt verdankt sich also einem technischen Verhältnis zur Natur.[8] Dies Verhältnis gewinnt im Laufe der Zeit und durch intensiviertere Kooperation zwischen den Menschen mehr und mehr die Seite der Vermittlung zur Natur, die Arbeitsgegenstände entstammen ihr nicht mehr unmittelbar, sondern stehen schon ihrer Form nach unter menschlichen Zwecken. Die auch heute noch populären Versuche, den Unterschied von menschlichen Handlungen und tierischem Verhalten mit Blick auf die Genese menschlichen Daseins zu einem graduellen zu machen, können den Umstand, der »den schlechtesten Baumeister vor der besten Biene auszeichnet«[9], nicht erklären.

Noch in der Darstellung des entwickelten Arbeitsbegriffs von Marx im *Kapital* lassen sich Bestimmungen finden, die eine naturalistische, genetisch-evolutionäre Entwicklung von tierischer Reproduktion zu menschlicher Reproduktion nahelegen und damit seinen eigenen Bestimmungen zum Arbeitsprozess widersprechen. Sie bestimmen sich aus den Gedanken, die ihre Formulierung in seinen früheren Texten, wie der *Deutschen Ideologie*, gefunden haben und sich vermeintlich folgerichtig aus dem dort behaupteten »rein empirische[n] Wege«[10] der Argumentation ergeben: »Das Bewußtsein kann nie etwas anderes sein als das bewußte Sein, und das Sein der Menschen ist ihr wirklicher Lebensprozeß.«[11] Ist aber das Denken des Menschen, mithin auch dessen Tätigkeit, durch das *Sein* wesentlich bestimmt, fällt der Unterschied von Natur und Kultur und das *Sein*, was in der *Deutschen Ideologie* noch wesentlich durch die Produktionsverhältnisse, also aus der über Arbeit vermittelten Auseinandersetzung mit der Natur bestimmt sein sollte, kann nicht wesentlich von den Naturprozessen als Agens menschlicher Entwicklung unterschieden werden.

> Arbeit zuerst, nach und dann mit ihr die Sprache – das sind die beiden wesentlichsten Antriebe, unter deren Einfluß das Gehirn eines Affen in das bei aller Ähnlichkeit weit größere und vollkommnere eines Menschen allmählich übergegangen ist. Mit der Fortbildung des Gehirns aber ging Hand in Hand die Fortbildung seiner nächsten Werkzeuge, der Sinnesorgane.[12]

Arbeit ist hier nicht Ausdruck reflexiver Tätigkeit, sondern nur Movens eines evolutionär graduellen Unterschieds in der Menschwerdung des Affen und insofern wäre die Menschheit als Gattung nur die weiter entwickelte Spezies zu allen vorhergehenden Gattungen. Engels projiziert das Moment des Unbedingten menschlicher Tätigkeit in den Begriff der Arbeit selbst, sie setzt sich eigens ihre Voraussetzung: »So ist die Hand nicht nur das Organ der Arbeit, sie ist *auch ihr Produkt.*«[13] Einerseits sei die durch den evolutionären Prozess freigewordene Hand die Voraussetzung für die Möglichkeit der Arbeit, andererseits sei die Hand durch die Arbeit erst entwickelt worden. Solche Versuche, die Arbeit aus des Menschen Naturbestimmtheit genetisch zu erklären, haben ihr Recht in der tatsächlichen Deszendenz der Spezies aus Naturprozessen. Verfällt die Theorie jedoch einem vermeintlich kritischen Materialismus, der ihren Anspruch auf Geltung auch abseits und gegen die historischen Fakten als »Schein der Selbstständigkeit«[14] abqualifiziert, dann müsste dieser Anspruch letztlich selbst zum irrelevanten Reflex der jeweiligen Lebensverhältnisse geraten. Über die Wahrheit der behaupteten Thesen ließe sich von diesem Standpunkt aus kein Kriterium angeben, denn ein solches Bewusstsein »könnte nicht begründen, daß der Reflex der objektiven Entwicklung diese notwendig richtig erfasse.«[15]

Versuche, die »Urgeschichte des Subjekts«[16] zu bestimmen, nötigen Horkheimer und Adorno in der *Dialektik der Aufklärung* dazu, den Ursprung desselben anzugeben, das Prinzip seiner Genese. Es soll in seinem Ursprung schon den Kern des Verlaufs der Geschichte hin auf das Unheil tragen, das die Gegenwart der Autoren bestimmte. »Seit je hat Aufklärung im umfassendsten Sinn fortschreitenden Denkens das Ziel verfolgt, von den Menschen die Furcht zu nehmen und sie als Herren einzusetzen. Aber die vollends aufgeklärte Erde strahlt im Zeichen triumphalen Unheils.«[17] Die Furcht der Menschen ist bestimmt durch die Angst vor unwirtlicher, unkontrollierter Natur, auf deren Güter sie jedoch in ihrer Selbsterhaltung angewiesen sind. Zu Herren sollen die Menschen durch die Aufklärung werden, die, angetrieben durch die Furcht vor der ihnen noch unbekannten Natur, das Denken als ihr »ideelle[s] Werkzeug«[18] zur Erlangung von Kontrolle über sie entdecken: »Die Verdoppelung der Natur in Schein und Wesen, Wirkung und Kraft, die den Mythos sowohl wie die Wissenschaft erst möglich macht, stammt aus der Angst des Menschen, deren Ausdruck zur Erklärung wird.«[19] Richtig ist, dass sich in der Vorstellung von der Abhängigkeit von den Göttern der Stand der Produktivkraft Ausdruck verleiht, d. h. ein noch wenig entwickelter Grad an technisch vermittelter Naturkontrolle zur Reproduktion. Angeführt werden jedoch spekulative Begriffe der Naturphilosophie und späteren Einzelwissenschaften, die nicht Ausdruck von Angst sein können, sollen sie mehr als bloße Projektionen sein. Die durch die noch nicht systematisierte Auseinandersetzung mit den eigenen Reproduktionsbedingungen in der Natur verursachte Angst der Menschen hätte die begrifflichen Grundlagen der auf Prinzipien basierenden Kenntnis von den Naturgegenständen zu ihrem Resultat, ist doch der Unterschied von Schein und Wesen reflexive Voraussetzung jeder Wissenschaft. Wirkung und Kraft sind gerade dem Unterschied von Wesen und Erscheinung folgende, durch spekulative Urteile konstituierte Begriffe über Ursache-Wirkungs-Verhältnisse von gegenständlichen Zusammenhängen in der Natur. Sie verdanken sich keinen empirisch-sensualistischen Beobachtungen, keinem unmittelbaren Zugang zu ihrem Gegenstand, sondern dem die Unmittelbarkeit transzendierenden Schluss auf den Unterschied von Wesen und Erscheinung des Verhältnisses von Gegenständen in der Natur. Als verängstigte, in die unmittelbaren Naturverhältnisse versunkene und gegen diese machtlose Lebewesen sind die Menschen aber gerade nicht in der Lage, sich durch den Schluss auf die Ursachen und Prinzipien aus dem unmittelbaren Naturzusammenhang zu lösen.

Die Bestimmung des Denkens als Erscheinung der Selbsterhaltung oder des Menschen als besonders geschickt vorgehenden Naturwesens, das sich anhand seiner Abstraktionsfähigkeit einen Vorteil im *struggle for life* verschaffen kann, legt an den Ursprung der Aufklärung, mithin hier des Denkens, die nominalistische oder empiristische Vorstellung von der Funktionsbestimmung menschlicher Vernunft als effektives Werkzeug zur Operationalisierung von Naturzwecken. »Das System, das der Aufklärung im Sinne liegt, ist die Gestalt der Erkenntnis, die mit den Tatsachen am besten fertig wird, das Subjekt am wirksamsten bei der Naturbeherrschung unterstützt. Seine Prinzipien sind die der Selbsterhaltung.«[20] Selbsterhaltung ist hier der Leitstern der Aufklärung, die sich über die Kontrolle der Natur realisiert, was damit stets fortgesetzte Naturversunkenheit bedeute, da ihr keine Transzendenz der Naturbedingtheit inhäriert. Die Selbsterhaltung kann kein ursprüngliches Motiv für die fortschreitende Kontrolle von Naturerscheinungen sein, keine Ursache für die systematische Einrichtung der Natur nach Zwecken menschlicher Beherrschung. Aus dem bloßen Prinzip der Selbsterhaltung folgt nur das Dasein der Naturwesen, Reproduktion in Exemplar und Gattung, die stets innerhalb der Natur verbleibt. Wird dieses Überschreiten der bloßen Naturzwecke zur Erfüllung derselben erklärt, gerät die Fähigkeit des Menschen, Mehrprodukt zu gewinnen, zur von Marx kritisierten »okkulten Qualität«[21].

Die Vorstellung von der Angst des Rückfalls in gänzliche Naturverfangenheit kann nicht aus der Naturverfangenheit selbst hervorgehen. Sie setzt bereits das von der Natur getrennte Subjekt voraus, das sich, wie auch immer mythisch vermittelt, eine Vorstellung von der drohenden Naturbestimmtheit macht. Einzig vom Standpunkt der Zivilisation, die auf tradierter Herrschaft materiell basiert, vom Standpunkt der Selbstständigkeit der Subjektivität kann auf die vormalige Naturversunkenheit geschlossen werden. Die Rückprojektion drückt sich in lauter Negationen der erlebten Trennung von Subjekt und Objekt aus:

> Auf der magischen Stufe galten Traum und Bild nicht als bloßes Zeichen der Sache, sondern als mit dieser durch Ähnlichkeit oder durch den Namen verbunden. Die Beziehung ist nicht die der Intention, sondern der Verwandtschaft. Die Zauberei ist wie die Wissenschaft auf Zwecke aus, aber sie verfolgt sie durch Mimesis, nicht in fortschreitender Distanz zum Objekt. Sie gründet keineswegs in der »Allmacht der Gedanken« [...].[22]

Die Trennung dessen, was vorher ungeschieden gewesen sei, geht dem Urteil, das die Ungeschiedenheit behauptet, jedoch logisch voraus. Die Mimesis kann nur zum Zweck der Beschwörung der Natur ausgeführte Angleichung sein, wenn es zwei Relata gibt, die sich angleichen können: »Aber das geht nur, wenn die von Menschen vollzogene Mimesis nicht ein und dasselbe wie die bewusstlose Mimikry des Chamäleons ist.«[23] Die Angst muss einen Gegenstand haben, eine Vorstellung, mag diese Vorstellung auch undeutlich sein. Diese Vorstellung ist nicht das Gefühl der Angst selbst, das sich beim Tier in Panik und Flucht Ausdruck verschaffen mag. Die Angst kann nicht der Grund der Vorstellungen sein, mag sie diese auch evoziert haben. Deutlich wird das an den schwankenden Formulierungen im Text: »Sie [die Identität der Natur] so wenig wie die Einheit des Subjekts war von der magischen Beschwörung vorausgesetzt.«[24] Wenige Seiten später: »Die Spaltung von Belebtem und Unbelebtem, die Besetzung bestimmter Orte mit Dämonen und Gottheiten, entspringt erst aus diesem Präanimismus. In ihm ist selbst die Trennung von Subjekt und Objekt schon angelegt.«[25]

Die Einheit von Natur und Subjekt, die ihre Trennung bestimmen würde, ist einerseits noch nicht gegeben und doch schon angelegt im Beschwörungsvorgang. Diese Uneindeutigkeit spricht für die Unableitbarkeit der Trennung, die sich logisch auch gar nicht darstellen ließe, setzt doch das Urteil über frühere Ungetrenntheit die Trennung stets voraus: *A war noch A*. Die Behauptung des im Text nahegelegten Selbstwiderspruchs der Aufklärung, nämlich, dass sie einerseits das Ziel verfolge, dem Menschen die Furcht zu nehmen und diese andererseits zugleich auch ihr unerkannter Ur- und Bewegungsgrund sei, ist falsch. Die Aufklärung kann sich nicht aus der Furcht entfalten, wenn damit gemeint ist, dass sie selbst die »radikal gewordene, mythische Angst«[26] sei. Doch der Text verrät sich selbst, die Angst wäre sich selbst Ursache und Wirkung. Sie stößt ihre eigene Verdopplung in anderer Gestalt an, denn die *Verdopplung der Natur* stammt aus der Angst und ist selbst nichts anderes als ihr Ausdruck. Bezieht die Angst sich auf sich selbst als Ursache und Wirkung, ist sie analog zum Subjekt und dessen Freiheit bestimmt, wird jedoch hier als Argument für ihr Gegenteil angeführt, nämlich der Genesis des Subjekts aus und als Funktion von Heteronomie. Die Herleitung des Subjekts aus etwas ihm Heterogenem setzt, was sie erschließen will, dem Schluss selbst voraus, sie ist eine *petitio principii*. Subjektivität ist nicht anders zu begreifen als durch die Annahme eines Vermögens, das den Menschen die Durchtrennung der Reiz-Reaktions-Immanenz erlaubt. Obgleich eindeutig, dass Horkheimer und Adorno keine Vertreter einer naturdeterministischen Vorstellung von Anthropologie sind, sind diese Formulierungen Modell für den Nachweis, dass der Versuch der Darstellung der ursprünglichen Genese von Subjektivität notwendig scheitern muss bzw. dazu übergeht, ihr Moment von Unbedingtheit zu verschleiern.

Das Prinzip der Entwicklung von Subjektivität ist an anderer Stelle bei Horkheimer und Adorno variiert: »Das Erwachen des Subjekts wird erkauft durch die Anerkennung der Macht als des Prinzips aller Beziehungen.«[27] In den Vorstellungen des Götterglaubens spiegele sich der Anspruch des Geistes zur völligen Naturkontrolle, der Status als Ebenbild Gottes sei zugleich die Fortsetzung der Unterwerfung: Gott herrscht über das Subjekt, dies herrscht über das Dasein. Die moderne Variante des Positivismus, die die metaphysischen Restbestände aus Erkenntnistheorie und Einzelwissenschaft austreibt, habe ihren Beginn bereits bei der frühen Kritik des Xenophanes am seinerzeit herrschenden Polytheismus: »Xenophanes höhnt die vielen Götter, weil sie den Menschen, ihren Erzeugern, mit allem Zufälligen und Schlechten gleichen, und die jüngste Logik denunziert die geprägten Worte der Sprache als falsche Münzen, die man besser durch neutrale Spielmarken ersetzt.«[28] Xenophanes hatte die Vielheit der Götter als Projektionsleistungen der Menschen denunziert, als aus ihrem eigenen endlichen Dasein entnommen. »Alles haben den Göttern Homer und Hesiod angehängt, was nur bei Menschen Schimpf und Tadel ist: Stehlen und Ehebrechen und einander Betrügen.«[29] Darin lässt sich die Kritik des Widerspruchs erkennen, dass die Götter des Olymps einerseits heilig sind und andererseits zugleich endlichen Gelüsten unterliegen. Sie sind Spiegel der irdischen Antagonismen, die sich im Gegensatz von Herrschenden und Beherrschten, aber auch innerhalb der Herrscherkaste, in den gewaltsamen Wechseln der Macht selbst ausdrücken. Ihre Willen sind partikular bestimmt. Gegen die bloße Reproduktion der kontingenten Herrschaft in der Götterwelt reflektiert sich bei Xenophanes der universelle Anspruch der Einheit des Denkens, das sich von der endlichen Herrschaft löst und diese kritisiert. Die Einheit ist jedoch zweifach bestimmt, nämlich auch in der universellen Übermacht, die neben sich keine Konkurrenz zulässt, die die Einheit gefährdete. Das gibt dem Umstand Ausdruck, dass das unstete Prinzip der Sicherung der materiellen Grundlage des Denkens, die Herrschaft, seinem Geltungsanspruch nicht genügt, weder dem des Denkens gegenüber der Herrschaft noch dem der Herrschaft von sich selbst: »Ein einziger Gott, unter Göttern und Menschen am größten, weder an Gestalt den Sterblichen ähnlich noch an Gedanken.«[30]

In der göttlichen Einheit sind die Grenzen möglicher Erfahrung transzendiert, Sinnbild des spekulativen Übertritts des sinnlich Einzelnen im Denken. »Gott ist ganz Auge, ganz Geist, ganz Ohr.«[31] Diese transzendente Einheit entspringt der Reflexion *auf* und ist zugleich Kritik *an* der negativen Einheit der Kontrahenten im Antagonismus. Die Klage über Stehlen, Ehebrechen und Betrügen setzt eine Vorstellung von Wahrheit und Recht voraus, die in der Einheit der transzendenten Sphäre ihren von irdischen Antagonismen befreiten Ausdruck findet. Sie formuliert einen externalisierten Maßstab der Kritik der Herrschaft und damit der Schlichtung des Streits außerhalb der bloßen Anwendung des Rechts des Stärkeren. Voraussetzung dafür ist die notwendige Bedingung der Möglichkeit von Kritik, die so auch die des Mythos umfasst: dass das vernünftige Denken als selbstständig gegenüber dem empirischen Dasein erkannt wird.

Horkheimer und Adorno übergehen jedoch den gedanklichen Fortschritt, der sich im von ihnen zitierten Material ausdrückt und ebnen ihn in der auch theologischen Bestimmung von Polytheismus, Pantheismus und Monotheismus zum gleichen Zeichen des Anspruchs des Subjekts auf Herrschaft ein:

> Sein zerfällt von nun an in den Logos, der sich mit dem Fortschritt der Philosophie zur Monade, zum bloßen Bezugspunkt zusammenzieht, und in die Masse aller Dinge und Kreaturen draußen. [...] Ohne Rücksicht auf die Unterschiede wird die Welt dem Menschen untertan.[32]

Erst daraus lässt sich die Behauptung formulieren, dass der Auftritt der Subjektivität sich der *Anerkennung der Macht* verdankt und damit wesentlich Ausdruck des subjektiven Anspruchs der Herrschaft über die Materie zur Selbsterhaltung ist, der das Subjekt nicht anders als durch Unterwerfung unters Göttliche habhaft werden zu können scheint.

In der *Dialektik der Aufklärung* droht das Faktum, dass sich das Selbstbewusstsein in der Geschichte stets unter Bedingungen materieller Abhängigkeit von der Herrschaft, in der nur ihre privilegierten Mitglieder die intellektuelle Entwicklung vorantreiben konnten, bestimmte, zum Schluss auf die allgemeine Ungeschiedenenheit von Denken und Herrschaft herzuhalten. Die Formulierungen zur Herrschaft in der Darstellung der Genese von Subjektivität und deren Fortschritt machen die notwendige Bedingung zum zureichenden Grund.

> Die Allgemeinheit der Gedanken, wie die diskursive Logik sie entwickelt, die Herrschaft in der Sphäre des Begriffs, erhebt sich auf dem Fundament der Herrschaft in der Wirklichkeit. In der Ablösung des magischen Erbes, der alten diffusen Vorstellungen, durch die begriffliche Einheit drückt sich die durch Befehl gegliederte, von den Freien bestimmte Verfassung des Lebens aus. Das Selbst, das die Ordnung und Unterordnung an der Unterwerfung der Welt lernte, hat bald Wahrheit überhaupt mit dem disponierenden Denken ineinsgesetzt, ohne dessen feste Unterscheidungen sie nicht bestehen kann.[33]

Der intellektuelle Zwang, der in folgerichtiger Argumentation erfahrbar ist, erscheint hier so, als sei er analog zum Befehl zu verstehen, der durch Gewaltandrohung noch gegen die triftigste Argumentation sich Geltung verschafft. Einsicht und Erkenntnis lassen sich nicht erzwingen, sie setzen eine Tätigkeit im erkennenden Subjekt voraus, die sich nicht dem äußeren Zugriff verdankt. Schwerlich lässt sich der Eindruck abschütteln, es sei hier angedeutet, dass die Logik letztlich Spiegel der Herrschaft in der

Wirklichkeit und so dessen fortgesetztes Instrument, internalisierte Unterwerfung ist. Die Kritik, die für sich allgemeine Verständlichkeit beansprucht, ruinierte damit ihr eigenes intellektuelles Mittel, das die Möglichkeit der friedlichen Einheit der Menschheit in der Erkenntnis bereithielte. Festzuhalten daran ist, dass sich die Möglichkeit des Gedankens der friedlichen Einheit nur durch den kohärenten Bestand der Herrschaft sichern konnte. Insofern alle Zivilisation und Kultur auf dem Antagonismus von Herrschenden und Beherrschten beruht und dieser sich in der kapitalistischen Moderne verselbstständigte, geht die Möglichkeit der Einheit der Menschheit von der Gewaltherrschaft aus.

Die überlieferten Anfänge oder Reformen schriftlicher Gesetzgebung zur Eindämmung von bloßer Herrschaft haben historisch ökonomische wie politische Konflikte innerhalb der Sphäre der Bürger und des archaischen griechischen Adels zu ihrem Ausgangspunkt. Die Befriedung der ausartenden Kämpfe unter den Machthabern war nötig, sollte die Stabilität der Herrschaft und damit des Standes der Zivilisation ihren Nutznießern selbst gesichert bleiben. Die Notwendigkeit der Stabilität der Herrschaft betrifft nicht nur die Reproduktion der Polis, sondern auch die Verteidigung gegen äußere Feinde, deren Scheitern die Sklavenhalter nicht selten selbst zu Sklaven machte. Diese politökonomische Notwendigkeit erzwang jedoch keinesfalls ebenso notwendig die Konzeptionalisierung und die Einführung eines Rechts, kann aber als eine Reaktion auf eine soziale Krise verstanden werden, die dagegen ebenso gut in einer weiteren Tyrannis oder in Regression oder Untergang der jeweiligen Polis enden konnte. Weder können Fortschritte im Recht als Momente des für sich autonomen geistigen Gebiets der Rechtswissenschaft noch als bloße Konsequenz gesellschaftlicher Umstände bzw. schlichter Selbsterhaltung der Herrschaft verstanden werden. Da das Gesetz der Polis aber wesentlich die Freien betraf, genießen die beginnende Zivilisierung der unmittelbaren, willkürlichen Gewaltausübung in gesetzmäßige Verlaufsformen zunächst ebenso nur die von der Herrschaft Profitierenden, deren gesellschaftlicher Stand ihnen also nicht nur Muße, sondern auch die Erfahrung fortschrittlicherer Vergesellschaftung verschaffte, die Bedingung der Möglichkeit, wenn auch nicht zureichender Grund dafür war, Teil des Prozesses sich selbst erkennender Subjektivität sein zu können. Im archaischen Recht drückte sich immer noch Herrschaft, aber in veränderter, fortschrittlicher Weise aus, indem Konflikte unter den Freien vermehrt, wenn auch rudimentär, innerhalb eines verschriftlichten Rechts gelöst werden konnten und sich so eine frühe, langsam dem Mythos entwindende Form von menschlicher Gesetzgebung etablierte.[34]

Die in der Antike verwendeten Termini der Philosophie, die sich vor allem zeitgenössischer Umgangssprache und Begriffen aus der Rechtssphäre verdanken, sind somit zwar stets mit den sie umgebenden Herrschaftsverhältnissen vermittelt, emanzipieren sich jedoch gegenüber diesen in der Bedeutungsverschiebung zu ihren genuinen Inhalten, was ihr

> die Untersuchung metaphysisch-logischer Verhältnisse unabhängig vom unmittelbaren Rekurs auf politisch-juridische Modelle gestattet. Zentrale spekulative Prinzipien tragen zwar Namen, die bereits vor ihrer philosophischen Verwendung juridische oder politische Sachverhalte bezeichnen, aber jene Bestimmungen sind ihrerseits der Sache nach erfaßt, bevor sie eine spezifische Bezeichnung aus der Rechtssphäre erhalten.[35]

Die metaphysisch-ontologischen Prinzipien der frühesten Philosophie bis zu den antimetaphysischen der Neuzeit sollen in der *Dialektik der Aufklärung* jedoch ihrer gesellschaftlichen Gewordenheit und damit ihres fehlgängigen Anspruchs auf voraussetzungslose, überzeitliche und ortlose Geltung überführt werden. Wesentlich seien sie vor allem in ihrer Funktion zur Spiegelung und zugleich Legitimation zeitgenössischer Herrschaftsverhältnisse: Sie stammen

> vom Marktplatz von Athen [...]. Die Sprache selbst verlieh dem Gesagten, den Verhältnissen der Herrschaft, jene Allgemeinheit, die sie als Verkehrsmittel einer bürgerlichen Gesellschaft angenommen hatte. Der metaphysische Nachdruck, die Sanktion durch Ideen und Normen, war nichts als die Hypostasierung der Härte und Ausschließlichkeit, welche die Begriffe überall dort annehmen mußten, wo die Sprache die Gemeinschaft der Herrschenden zur Ausübung des Kommandos zusammenschloß. Als solche Bekräftigung der gesellschaftlichen Macht der Sprache wurden die Ideen um so überflüssiger, je mehr die Macht anwuchs, und die Sprache der Wissenschaft hat ihnen das Ende bereitet.[36]

Das richtige Urteil der materiellen Abhängigkeit der Entfaltung der Rationalität von der Herrschaft, die dazu führte, dass diese Entwicklung also stets den Hang zur Sanktion der sie umgebenden Herrschaft in sich trug, gerät auch hier zum Fehlschluss von der Wirklichkeit zur Notwendigkeit. So entlarvt sich die Darstellung der *Urgeschichte des Subjekts* in der *Dialektik der Aufklärung* als idealistische, wenn auch mit negativem Vorzeichen.

Bei Hegel folgte aus der Notwendigkeit der Urteile des Selbstbewusstseins die Notwendigkeit seiner Genese und so geriet die notwendige Voraussetzung der Herrschaft für das Selbstbewusstsein zur hinreichenden und damit die Selbstentfaltung der Bestimmungen der Entwicklung der verschiedenen Gestalten des Geistes mit seinem Endpunkt des absoluten Wissens. Die *Dialektik der Aufklärung* kritisiert Hegels Anspruch an das Selbstbewusstsein und dessen Geschichte, »die aus dem Begriffe seiner Freyheit nothwendige Entwickelung der Momente der Vernunft und damit seines Selbstbewußtseyns und seiner Freyheit, – die Auslegung und Verwirklichung des allgemeinen Geistes«[37] zu sein. Die Ausführung von Horkheimer und Adorno gibt sich einerseits den Anspruch, gegen diese Notwendigkeit das Nichtidentische der Entwicklung bürgerlichen Selbstverständnisses zu betonen, indem sie etwa auf Furcht, Qual und Elend als Momente der Geschichte des Denkens und damit auf die nicht wieder allein begrifflich einzuholende, naturbestimmte Körperlichkeit der Menschen als Subjekte dieses Verlaufs verweisen. Doch nach den Autoren ist andererseits »[d]as Wesen der Aufklärung [...] die Alternative, deren Unausweichlichkeit die der Herrschaft ist. Die Menschen hatten immer zu wählen zwischen ihrer Unterwerfung unter Natur oder der Natur unter das Selbst.«[38] Die zwei Seiten der Unterwerfung haben aber dieselbe falsche Konsequenz, führt doch die fortgesetzte, entwickelte Naturbeherrschung stets zugleich in die Natur zurück. Gilt das Urteil streng, führt auch aus der durch die Herrschaft ermöglichten Trennung von Subjekt und Objekt kein Weg aus der Naturbeherrschung heraus und der Anspruch des Selbstbewusstseins ist wesentlich Anmaßung eines bloß »selbstherrlichen Intellekt[s]«[39]. So geraten dann auch die Erscheinungen des Geistes, die Hegel noch als Wegmarken des Gangs des Bewusstseins zu sich selbst bezeichnet hatte, in ihr absolutes Gegenteil, stets nur Ausdruck von bloßer (Natur-)Herrschaft zu sein. Die kontingenten Momente im Verhältnis von Herrschaft und Knechtschaft als Bedingungen, aber eben durch diese Kontingenz nicht hinreichende Bedingungen der Entwicklung des Denkens, gehen an den Stellen des Textes, an denen so argumentiert wird, als wären Denken und Herrschaft in Übereinstimmung, unter. Die eigentliche Intention des Werkes wendet sich gegen es selbst, die Notwendigkeit der Darstellung lässt die nicht-notwendigen Momente des Dargestellten verschwinden. »Wahr an der ›Dialektik der Aufklärung‹ ist, daß die Fähigkeit zur Reflexion historisch sich im Windschatten der Herrschaft [...] entwickelte; falsch ist, daß die Aktualisierung der Fähigkeit zur Reflexion nur ein Reflex der Herrschaft gewesen sei.«[40] Das philosophische Denken entwickelte sich mit und durch die Termini der damaligen Rechtssphäre in einer von dieser und den sozialen Verhältnissen auch emanzipierten Begrifflichkeit, da mit

> dem Recht [...] überdies ein reales gesellschaftliches Modell für eine *Notwendigkeit* [existierte], die nicht auf unmittelbarer Gewalt beruht, die aber gleichwohl über die jeweiligen zufälligen Konstellationen und Kräfteverhältnisse wirksam bleibt. Das Recht geht mit dem Anspruch auf unbedingte Geltung für einen jeden einher. Dieser Anspruch wird eingelöst vom Staat, offensichtlich ohne daß Götter unmittelbar etwas damit zu schaffen hätten.[41]

Lösen sich in der Philosophie jedoch, ausgehend von der gesellschaftlichen Erfahrung gesetzmäßig geregelter politischer Wirklichkeit, die rechtlichen Termini von ihren ursprünglichen Inhalten, dann löst sich dadurch die Reflexion aus ihrem Zusammenhang mit den unmittelbar politischen Verhältnissen, aus denen sie ermöglicht ist. Das lässt das Nachdenken über und damit die Kritik an diesen Verhältnissen selbst zu. Bei Heraklit findet sich in den Fragmenten die explizite Verbindung von rechtlicher und logischer Geltung:

> Wenn man mit Verstand reden will, muß man sich stark machen mit dem allen Gemeinsamen (*d. h. dem Verstand* ξὺν νῷι ξυνῷι [xyn nôi xynôi; Anm. d. Hg.]), wie eine Stadt aus dem Gesetz und noch viel stärker. Nähren sich doch alle menschlichen Gesetze von dem einen, göttlichen; denn dieses gebietet, soweit es nur will, und reicht aus für alle (und alles) und ist sogar noch darüber.[42]

Die in der Transzendenz festgemachte, über der Willkür und Herrschaftsausübung unter den Menschen stehende Geltung der Gesetze des Verstandes geht denen der Polis logisch voraus. Dem formulierten Anspruch, dass sich die politischen Gesetze am universalen göttlichen Gesetz zu nähren haben, steht der bloßen Tradierung oder willkürlichen Verkündung von Recht entgegen.[43]

Die Formulierungen in der *Dialektik der Aufklärung* vermitteln jedoch den Eindruck, als verwechselten sie Wort und Sachgehalt: Die Abstammung der antiken philosophischen Termini aus den frühen Rechtskategorien und solcher der Bezeichnung von Herrschaftsausübung lässt nicht den Schluss zu, dass sie sich in diesen erschöpften. Sie verselbstständigten sich dagegen aus ihrer ursprünglichen Verschränkung mit der Herrschaft in solche logisch-metaphysischer Spekulation. Modell für die Darstellung, wie das Denken sich von der Herrschaft emanzipiert und damit die Bedingungen der Möglichkeit der Kritik zu Bewusstsein bringt, sind die Philosopheme selbst. Aristoteles hatte in den *Kategorien* reflexiv die Substanz von den Akzidentien unterschieden. Die Akzidenzkategorie der Relation hatte er dabei am Beispiel des Verhältnisses von Herr und Sklave dargestellt. Mit bloßer Bezugnahme auf die Relation ist der Sklave immer gegen seinen Herrn und dieser umgekehrt bestimmt, denn die Relation gilt wechselseitig. Doch die Relation hängt an einer Substanzkategorie, die Relation besteht nur durch ihre Relata, die selbst nicht aus der Relation hervorgehen. »Man beziehe Sklave auf Mensch [...] und schalte bei Mensch das Moment Herr aus, so kann man von Sklave nicht mehr mit Bezug auf Mensch sprechen. Denn wenn kein Herr ist, ist auch kein Sklave.«[44] Ist der Substanzkategorie Menschheit das Herr-Sklave-Verhältnis zufällig oder zumindest nicht notwendig, tangiert das die Rechtfertigung der Sklavenhaltergesellschaft, deren Anspruch zu Zeiten Aristoteles schon nicht mehr der unmittelbarer Gewaltherrschaft war, sondern der einer in Recht und Sittlichkeit geordneten Gemeinschaft der Freien, die für den Unterschied zu den unfreien Sklaven der Erklärung bedurfte. Aus der Kategorienlehre des Aristoteles geht damit eine Möglichkeit der Kritik an der Kontingenz des Herrschaftsverhältnisses der Sklavenhalter hervor. Dass aus dieser Möglichkeit nicht die Wirklichkeit der Kritik folgte, sondern stattdessen Aristoteles der Sklaverei die metaphysische Weihe verlieh, zeigt zum einen, dass das Ziehen des richtigen Schlusses nicht schon in den richtigen Prämissen liegt, die Folgerung sich nicht selbst hervorzwingt und zugleich, dass es auch bestimmt ist durch Verhältnisse, die diesen Schluss nahelegen.

> Denn was von Natur dank seinem Verstande vorzusehen vermag, ist ein von Natur Herrschendes und von Natur Gebietendes, was dagegen mit den Kräften seines Leibes das so Vorgesehene auszuführen im Stande ist, das ist ein Beherrschtes und von Natur Sklavisches, weshalb sich denn die Interessen des Herrn und des Sklaven begegnen.[45]

Ebenso verhält es sich mit dem aristotelischen Gedanken, dass, »wenn so die Weberschiffchen von allein die Webfäden durchteilen und die Schlagplättchen Kithara spielten, dann brauchten die Meister keine Gehilfen und die Herren keine Sklaven«[46]. Den naheliegenden Schluss auf die mit der Produktivkraftsteigerung einhergehende reale Möglichkeit von fortgesetzter Befreiung von der notwendigen Reproduktionsarbeit in der Natur für alle Menschen zieht Aristoteles nicht, es bleibt trotz dieses Einwurfs bei der Naturalisierung der Herrschaft durch die angebliche Affinität der Beherrschten zur Unterwerfung. An der Erfahrung des gegenüber der Archaik real zwar schon entwickelteren, für Aristoteles aber nicht ohne Sklaverei denkbaren Stands der Produktivkraft der Arbeit provoziert sich ein Widerspruch in seiner Philosophie, die das reale Gewaltverhältnis nicht nur in der Substantialisierung akzidentieller Bestimmungen verschleiert, sondern auch die formulierte Vorstellung allseitiger Befreiung zum träumerischen Wunschdenken abqualifiziert. Nach Aristoteles geschieht die Unterwerfung im besten Sinne der Sklaven.

Insofern Subjektivität sich in Verrechtlichung verwirklicht und die Philosophie erst als Reflexion auf diese Verwirklichung sich entfaltet, steht auch die Bestimmung erster abstrakt logischer Formbestimmungen in philosophischen Argumentationen, die dann im *Organon* des Aristoteles eine erste systematische Gestalt findet, in enger Verbindung zur ihr vorausgehenden Erfahrung des neuartigen unpersönlichen Zwangs unter den Vollbürgern der Polis. So bestimmt spiegelt sich die deduktive Form in Hierarchie und Zwang. Jedoch gerade nicht in der Form einer

»undurchdringlichen Einheit«[47], denn die Geltung der logischen Gesetze lässt sich nicht dekretieren wie die der politischen Sphäre. Sie entstammen einer sich von ihrer Verwicklung in Natur- und Herrschaftsverhältnissen emanzipierenden Subjektivität, die sich in der Geltung von Logik und Mathematik autonom erkennt und bestimmt.

Die eigene Selbstständigkeit und Selbstbestimmtheit erscheinen dem Subjekt wesentlich in den Gegenständen der Natur, als ihm gegenüberstehende objektive Sachverhalte. Weil in der *Dialektik der Aufklärung* jedoch die Spontaneität und Kontingenz im Arbeits- und Erkenntnisprozess nicht thematisiert wird, erscheint dort auch die (Natur-)Wissenschaft als bloße Manifestation intensivierter gesellschaftlicher Herrschaft über die innere und äußere Natur zum Zweck der Selbsterhaltung. »Der Mann der Wissenschaft kennt die Dinge, insofern er sie machen kann. Dadurch wird ihr An sich Für ihn. In der Verwandlung enthüllt sich das Wesen der Dinge immer als je dasselbe, als Substrat von Herrschaft. Diese Identität konstituiert die Einheit der Natur.«[48] Der Versuch, die Eigenständigkeit des Naturverhältnisses gegen den selbstherrlichen Zugriff einer durch Machtstreben motivierten menschlichen Wissenschaft hervorzuheben, scheitert, da Natur gerade gegen gedankliche Bestimmungen selbst bestimmt sein soll. Wird die Trennung in Subjekt und Objekt, die Emanzipation des Menschen aus der Naturversunkenheit, schon als Anfang des Martyriums menschlicher Herrschaftsausübung über die Natur gedacht, indem dieser durch sein begriffliches Instrumentarium sie in seine Kategorien zwängt,

> so hat die Natur kein Wesen an sich, ihre Einheit ist nur eine herrschaftliche Projektion auf ein disparates Material. Das Netz, das der Natur von der Wissenschaft übergeworfen wird, ist hiernach als Organ menschlicher Selbsterhaltung im Verlaufe der geschichtlichen Entwicklung so dicht geworden, daß es mit dem Gegenstande koinzidiert.[49]

Jede Vorstellung einer qualitativ von den Bestimmungen des Denkens unterschiedenen Naturbestimmtheit gerät in den Widerspruch, dass noch der Begriff des qualitativen oder eminenten Unterschieds sich des Denkens verdankt. Einerseits soll die Natur sich als bloßer Stoff reiner

Fungibilität menschlicher Herrschaftszwecke eignen, andererseits besitze sie eine eigentümliche Bestimmtheit, die durch diesen Zugriff ruiniert würde. Mit der Behauptung, dass die Natur entqualifiziert zum »chaotischen Stoff«[50] heruntergebracht sei, nivellieren die Autoren den Unterschied von Naturwissenschaft und den philosophischen Versuchen, diese begrifflich zu erfassen. Wie die handwerkliche Auseinandersetzung ist die Wissenschaft auf die Ansichbestimmtheit ihrer Gegenstände verwiesen, die nicht in der Erkenntnistätigkeit oder dem Zweck, der ihr vorausgeht, aufgehen kann. Ihre taxonomischen Bestimmungen, die Kategorisierungen und Klassifizierungen wären sonst in eine letztlich strukturlose Materie projiziert.[51] In den im Text angesprochenen frühen Versuchen, durch Schamanismus und Magie Kontrolle über die begehrten Naturgegenstände zu gewinnen, manifestierte sich weniger die idyllische Vorstellung sinnlich beschwörender Anschmiegung und Mimesis, sondern das Fehlen der geistigen und materiellen Mittel, mit den Untersuchungen Erfolg zu haben. Insofern der archaische Magier sich durch Unkenntnis der Mittel zur Verfolgung seiner Intentionen auszeichnet, lassen sich solch unfruchtbare Versuche eher noch als Erscheinungen von durch Herrschaft bestimmtem Denken verstehen, da sie das Selbstverständnis des Herrn zu Befehl und Erfüllung seiner Zwecke spiegelt, die er dem Anschein nach durch das bloße Wort verwirklicht. Durch den gewaltförmigen Zwang kann der Herr durch den Willen des Unterworfenen die Zwecke seiner Herrschaft realisieren. Dieser Wille des Arbeitenden ist insofern für die Herrschaft reines, strukturloses Substrat, als dass ihm seine Eigenständigkeit durch den Zwang genommen und so zum bloß bestimmbaren Material des Herren wird, das zur Bestimmbarkeit nur des Befehls bedarf, worin dessen Zweck scheinbar nicht körperlich, sondern bereits durch das gesprochene Wort Wirklichkeit verschafft wird. Die Natur soll dem Befehl Folge leisten, den sonst die Beherrschten exekutieren.

Die Aufklärung der Aufklärung sehen Horkheimer und Adorno so nur durch »das Eingedenken der Natur im Subjekt«[52] möglich, denn

> Aufklärung ist mehr als Aufklärung, Natur, die in ihrer Entfremdung vernehmbar wird. In der Selbsterkenntnis des Geistes als mit sich entzweiter Natur ruft wie in der Vorzeit Natur sich selber an, aber nicht mehr unmittel-

> bar mit ihrem vermeintlichen Namen, der die Allmacht bedeutet, als Mana, sondern als Blindes, Verstümmeltes. Naturverfallenheit besteht in der Naturbeherrschung, ohne die Geist nicht existiert. Durch die Bescheidung, in der dieser als Herrschaft sich bekennt und in Natur zurücknimmt, zergeht ihm der herrschaftliche Anspruch, der ihn gerade der Natur versklavt. Vermag die Menschheit in der Flucht vor der Notwendigkeit, in Fortschritt und Zivilisation, auch nicht innezuhalten, ohne Erkenntnis selbst preiszugeben, so verkennt sie die Wälle, die sie gegen die Notwendigkeit aufführt, die Institutionen, die Praktiken der Beherrschung, die von der Unterjochung der Natur auf die Gesellschaft seit je zurückgeschlagen haben, wenigstens nicht mehr als Garanten der kommenden Freiheit.[53]

Solche Formulierungen sind leicht zu affirmieren, sollen sie auf die endlichen empirischen Subjekte verweisen, die, ebenso wie die Natur als Grundlage ihres Überlebens, unter kapitalistischer Produktion zerrieben werden, weil die in ihr wirkliche gesellschaftliche Kooperation basierend auf dem Gattungswissen der Naturwissenschaften bis heute nie mit Selbstbewusstsein ausgeführt wurde. Doch sie verweisen durch Bestimmungen wie diejenige, dass der Geist *mit sich entzweite Natur* sei, auf eine Naturdialektik, die den Begriff des kritisierten Geistes, der aus sich heraus die Bestimmtheit der Natur setzen will, durch den der Natur ersetzt, die den Geist aus sich hervorbringt.

Entsprechend solcher Passagen wendet sich die Argumentation in der *Dialektik der Aufklärung* auch gegen die Marx'sche Utopie von dem Reich der Freiheit, das auf dem Reich der Notwendigkeit aufbauen soll.

> Die Herrschaft bis ins Denken selbst hinein als unversöhnte Natur zu erkennen aber vermöchte jene Notwendigkeit zu lockern, welcher als Zugeständnis an den reaktionären common sense der Sozialismus selbst vorschnell die Ewigkeit bestätigte. Indem er für alle Zukunft die Notwendigkeit zur Basis erhob und den Geist auf gut idealistisch zur höchsten Spitze depravierte, hielt er das Erbe der bürgerlichen Philosophie allzu krampfhaft fest. So bliebe das Verhältnis der Notwendigkeit zum Reich der Freiheit bloß quantitativ, mechanisch, und Natur, als ganz fremd gesetzt, wie in der ersten Mythologie, würde totalitär und absorbierte die Freiheit samt dem Sozialismus.[54]

Nach Marx beginnt das Reich der Freiheit

> in der Tat erst da, wo das Arbeiten, das durch Not und äußere Zweckmäßigkeit bestimmt ist, aufhört; es liegt also der Natur der Sache nach jenseits der Sphäre der eigentlichen materiellen Produktion. [...] Die Freiheit in diesem Gebiet kann nur darin bestehn, daß der vergesellschaftete Mensch, die assoziierten Produzenten, diesen ihren Stoffwechsel mit der Natur rationell regeln, unter ihre gemeinschaftliche Kontrolle bringen, statt von ihm als von einer blinden Macht beherrscht zu werden; ihn mit dem geringsten Kraftaufwand und unter den ihrer menschlichen Natur würdigsten und adäquatesten Bedingungen vollziehn. Aber es bleibt dies immer ein Reich der Notwendigkeit. Jenseits desselben beginnt die menschliche Kraftentwicklung, die sich als Selbstzweck gilt, das wahre Reich der Freiheit, das aber nur auf jenem Reich der Notwendigkeit als seiner Basis aufblühn kann. Die Verkürzung des Arbeitstags ist die Grundbedingung.[55]

Im Reich der Notwendigkeit wird die notwendige Arbeit zur Reproduktion der befreiten Gesellschaft gedacht und damit eben jene Naturbestimmtheit, deren *Eingedenken im Subjekt* Horkheimer und Adorno für eine aufgeklärte Aufklärung fordern. Marx erkennt jedoch in diesem Reich die Freiheit, die sich in den gegenständlichen Tätigkeiten in Auseinandersetzung mit der Natur ausdrückt. Sie sind rationell organisiert, denn sie können nicht aus menschlicher Freiheit gesetzt, aber durch diese systematisch bestimmt werden. Im Begriff des Selbstzwecks ist dann ein Begriff eingeführt, der eine Tätigkeit bestimmt, die Ausdruck der Autonomie des Menschen ist. Die Behauptung von Adorno und Horkheimer, Marx habe hier einen bloß quantitativen Unterschied von Freiheit und Notwendigkeit gesetzt, ist falsch, denn so ließe sich der Unterschied zwischen *relativer* Freiheit im Reich der Notwendigkeit und eines Reichs *wahrer* Freiheit gar nicht begründen.[56] Die Natur ist nicht als *ganz fremd gesetzt*, weil die Unterscheidung die Subjekte gerade als endliche, bedürftige erkennt und die vormalige Naturbeherrschung erst hier die Möglichkeit erhielte, als Naturkontrolle auch die Natur, als Grundlage menschlicher Selbsterhaltung, aber auch als Sphäre, die zwar nur durch menschliche Erkenntnistätigkeit zu erschließen ist, aber von dieser als für sich bestimmt erkannt wird, ebenso rationell zu erhalten. Weil aber Horkheimer und Adorno immer wieder vom Zweck des Anspruchs auf Autonomie abstrahieren, der sich hier als Selbstzweck ausweist, wird er beständig wieder Ausdruck von gleichgültiger Herrschaft.

Die absolute Einheit der Utopie bleibt unerreichbar, aber nicht, wie bei Marx, weil das Reich der Notwendigkeit nur rationell zu organisieren ist, sondern weil die Subjekte stets auf das Denken angewiesen bleiben, das der Natur Schaden durch begriffliche Diskriminierung zufügt.

> Gleich dem Ding, dem materiellen Werkzeug, das in verschiedenen Situationen als dasselbe festgehalten wird und so die Welt als das Chaotische, Vielseitige, Disparate vom Bekannten, Einen, Identischen scheidet, ist der Begriff das ideelle Werkzeug, das in die Stelle an allen Dingen paßt, wo man sie packen kann. Denken wird denn auch illusionär, wann immer es die trennende Funktion, Distanzierung und Vergegenständlichung verleugnen will. Indem aber Aufklärung gegen jede Hypostasierung der Utopie recht behält und die Herrschaft als Entzweiung ungerührt verkündet, wird der Bruch von Subjekt und Objekt, den sie zu überdecken verwehrt, zum Index der Unwahrheit seiner selbst und der Wahrheit.[57]

Mit solchen Formulierungen geraten die Autoren an einen nominalistischen Begriff der Natur, den sie der kritisierten Aufklärung unterstellt hatten.[58] Der Unterschied ist nur, dass die Trennungen und Partikularisierungen, die der wehrlosen Natur aufgezwungen werden, nicht mehr mit der Utopie menschlicher Emanzipation verbunden werden können, sondern selbst in der Vorstellung von Befreiung betrauert werden müssen, weil die Einheit mit der Natur verloren gegangen ist. Die Aporie der Aufklärung ist dann, dass ihre emanzipatorischen Errungenschaften notwendig mit Herrschaft verbunden sind und bleiben müssen. Sie mag durchs *Bescheiden,* durch das *Eingedenken* die Notwendigkeit *lockern* können, sie kann sie jedoch nicht abstreifen. Mit solchen Passagen unterscheidet sich die *Dialektik der Aufklärung* kaum mehr von der postmodernen Theorie, deren Traditionsfixpunkt besonders Adorno mit seinen Texten zu Husserl und Heidegger kritisierte. Dagegen stehen aber ebenso Formulierungen, die sich den hier bemerkten Problemen nicht fügen wollen:

> Nicht die materiellen Voraussetzungen der Erfüllung, die losgelassene Technik als solche, stellen die Erfüllung in Frage. Das behaupten die Soziologen, die nun wieder auf ein Gegenmittel sinnen, und sei es kollektivistischen Schlages, um des Gegenmittels Herr zu werden.[59]

Zur Zeit der Entstehung der *Dialektik der Aufklärung* tobte bereits der Zweite Weltkrieg, vor dem sich die Hoffnung sozialistischer Geschichtsphilosophie auf die Befreiung von der Herrschaft abermals nicht erfüllte. Die wirksame »revolutionäre« Bestrebung in Deutschland war der Nationalsozialismus, der die Befreiung von den Widersprüchen bürgerlicher Gesellschaft versprach und zu dieser Emanzipation deren Vermittlungsformen in unmittelbare Herrschaftsausübung zu überführen suchte. Der antagonistische Klassengegensatz, der an den Eigentumsverhältnissen mit der Kapitalbewegung sich ständig von neuem setzt, sollte in der Volksgemeinschaft aufgehoben werden, ohne die Eigentumsverhältnisse und Produktionsweise anzutasten. Die Volksgemeinschaft war die

> Aufhebung der Klassengesellschaft auf Basis der Klassengesellschaft, klassenlose Gesellschaft ohne Aufhebung des Kapitalverhältnisses. Damit nimmt der Nationalsozialismus die von der Arbeiterbewegung entwickelte Zukunftsvorstellung des Sozialismus als einer klassenlosen Gesellschaft auf *und* pervertiert sie gleichzeitig [...]: Aufhebung von Herrschaft durch Erneuerung von Herrschaft, Aufhebung der Entfremdung *in* der Entfremdung. Es handelt sich gleichsam um die kapitalistische Gestalt des Antikapitalismus [...].[60]

Die empirischen Subjekte, die in den realisierten Gestalten ihrer allgemeinen Subjektivität sich nicht erkennen konnten, weil ihnen gesellschaftlich stets das Gegenteil entgegenschien, exekutierten unter Zuhilfenahme derselben Subjektivität ihre Gattungsgenossen auf den Schlachtfeldern, die die Welt umspannten.[61] In den Kriegshandlungen, im Zwangsarbeitersystem wie auch in den Vernichtungsaktionen gegen die als das abstrakte Prinzip aller gesellschaftlichen Widersprüche verfolgten Juden trat jene Freiheit und Einbildungskraft in Funktion, mithilfe derer so das Gegenteil ihres eigenen Telos als Gattungsvermögen einer geeinten Menschheit resultierte. Die Versuche Horkheimers und Adornos, die historische Entwicklung als folgerichtig zu begreifen und so noch vor dem entfesselten Schrecken des nationalsozialistischen Faschismus die Einheit des urteilenden Bewusstseins zu erhalten, enthalten die Abwehr der Behauptung, es handele sich bei den Geschehnissen um Ereignisse, die etwa als *Zivilisationsbruch* außerhalb der historischen Entwicklung hin zu einer zivilisierten Welt stünden und damit bloß Erscheinungen zufälliger Natur wären. Doch so wie die optimistische, eher bürgerlich-liberale Geschichtsphilosophie den Zweck der Produktion nicht erkennt, vor dem ihre Hoffnung zuschanden wird, so erkennt die fatalistische ihn nicht als bestimmend in den Erscheinungen, die ihm als Ausweis der Notwendigkeit der Katastrophen gelten. Die Versuche des affirmativ bürgerlichen Bewusstseins, die Erkenntnis abzuwehren, dass in ihm die Bedingungen der Möglichkeit zur Wiederholung dessen liegen, was es meint, als Gegenteil von sich weisen zu können, war stets eine Intention der Arbeiten Horkheimers und Adornos:

> Daß der Faschismus nachlebt; daß die vielzitierte Aufarbeitung der Vergangenheit bis heute nicht gelang und zu ihrem Zerrbild, dem leeren und kalten Vergessen ausartete, rührt daher, daß die objektiven gesellschaftlichen Voraussetzungen fortbestehen, die den Faschismus zeitigten. Er kann nicht wesentlich aus subjektiven Dispositionen abgeleitet werden.[62]

Die Kritik an den Erscheinungen der Wirklichkeit von Subjektivität, in der Logik, im Recht, in Ästhetik, in Wissenschaft und Philosophie, hat immer ihr Recht vor dem Hintergrund der tatsächlichen Verhältnisse, unter denen sie als abscheulich den empirischen Subjekten entgegengesetzt erscheinen oder jene bereits zur geistigen Selbstaufgabe beglückwünschen, wie es im Wissenschaftsbetrieb gerne propagiert wird. Die Invektiven gegen Wahrheit, Subsumtionslogik, Naturerkenntnis usw. als Gewaltherrschaft, deren Verfolgung am besten gänzlich aufzugeben wäre, ist heute entgegen dem Selbstverständnis ihrer sich als Kritiker des Geistes wähnenden Vertreter längst hegemoniale Schule. Weil die eigene Subjektivität selbst nur noch als fremde erscheint, ziehen sich die Individuen auf ihr vermeintliches Selbst zurück, das sich bei näherem Hinsehen immer schon als das gesellschaftlich Allgemeine erweist. Sind

Objekt und Subjekt auf Nichts reduziert, dann tendiert die Philosophie, die so notwendig bei sich selbst bleiben muss, zum Wahnsystem, denn sie hat sich schon selbst an ihre herrschaftlich-materiellen Grundlagen überantwortet.

## ANMERKUNGEN

1 Bulthaup, Peter, »Parusie. Zur Geschichtstheorie Walter Benjamins«, in: ders., *Das Gesetz der Befreiung. Und andere Texte*, Lüneburg 1998, S. 215–243, hier S. 218.
2 Horkheimer, Max / Adorno, Theodor W., *Dialektik der Aufklärung*, in: Horkheimer, Max, *Gesammelte Schriften*, Bd. 5, Frankfurt a. M. 1987, S. 36.
3 Ebd., S. 60.
4 Marx, Karl, *Das Kapital. Kritik der politischen Ökonomie. Erster Band. Der Produktionsprozeß des Kapitals*, in: *Marx-Engels-Werke*, Bd. 23, Berlin 2008, S. 198.
5 Kant, Immanuel, *Die Metaphysik der Sitten*, in: ders., *Werkausgabe*, Bd. VIII, Frankfurt a. M. 1977, S. 514 [A 12].
6 Marx, *Das Kapital. Erster Band*, S. 57.
7 Vgl. Bulthaup, Peter, »Idealistische und materialistische Dialektik«, in: ders., *Das Gesetz der Befreiung. Und andere Texte*, Lüneburg 1998, S. 142 f.
8 Vgl. Städtler, Michael, »Selbstbestimmung zwischen Natur und Technik«, in: *Deutsche Zeitschrift für Philosophie* 58(2) (2010), S. 257–271, hier S. 258.
9 Ebd., S. 193.
10 Engels, Friedrich / Marx, Karl, *Die deutsche Ideologie*, in: *Marx-Engels-Werke*, Bd. 3, Berlin 1978, S. 20.
11 Ebd., S. 26.
12 Engels, Friedrich, *Anteil der Arbeit an der Menschwerdung des Affen*, in: *Marx-Engels-Werke*, Bd. 20, Berlin 1975, S. 444–454, hier S. 447.
13 Ebd., S. 445.
14 Engels/Marx, *Die deutsche Ideologie*, S. 27.
15 Bulthaup, Peter, *Zur gesellschaftlichen Funktion der Naturwissenschaften*, Lüneburg 1996, S. 49.
16 Horkheimer/Adorno, *Dialektik der Aufklärung*, S. 186.
17 Ebd., S. 25.
18 Ebd., S. 63.
19 Ebd., S. 37.
20 Ebd., S. 106.
21 Marx, *Das Kapital. Erster Band*, S. 538.
22 Horkheimer/Adorno, *Dialektik der Aufklärung*, S. 33.
23 Mensching, Günther, »›Urgeschichte des Subjekts‹. Variationen über ein Thema von Adorno«, in: Geyer, Paul / Schmitz-Emans, Monika (Hg.), *Proteus im Spiegel. Kritische Theorie des Subjekts im 20. Jahrhundert*, Würzburg 2003, S. 261–272, hier S. 266.
24 Horkheimer/Adorno, *Dialektik der Aufklärung*, S. 31.
25 Ebd., S. 37.
26 Ebd., S. 38.
27 Ebd., S. 31.
28 Ebd., S. 27.

29 Xenophanes, »Fragment 11«, in: Kranz, Walther (Hg.), *Die Fragmente der Vorsokratiker*, Berlin 1960, S. 113–139, hier S. 132.
30 Xenophanes, »Fragment 23«, in: ebd., S. 135.
31 Xenophanes, »Fragment 24«, in: ebd.
32 Horkheimer/Adorno, *Dialektik der Aufklärung*, S. 30.
33 Ebd., S. 37.
34 Vgl. Reichardt, Tobias, *Recht und Rationalität im frühen Griechenland*, Würzburg 2003, S. 138 ff.
35 Schmidt, Karl Winfried, *Logik und Polis. Zum Verhältnis von Vernunft, Recht und Herrschaft in der griechischen Antike*, Hannover 1982, S. 60 f.
36 Horkheimer/Adorno, *Dialektik der Aufklärung*, S. 45.
37 Hegel, Georg Wilhelm Friedrich, *Grundlinien der Philosophie des Rechts*, in: ders., *Hauptwerke in sechs Bänden*, Bd. 5, Hamburg 2015, S. 274 [§342].
38 Horkheimer/Adorno, *Dialektik der Aufklärung*, S. 55.
39 Ebd., S. 59.
40 Bulthaup, Peter, »›*... ich glaubte ... es käme nichts mehr ...‹ (Hanno Buddenbrook). Zum Ende der Philosophie*«, in: Städtler, Michael / Berger, Maxi (Hg.), *Kontingenz und Begriff. Über das Denken von Geschichte und die Geschichtlichkeit des Denkens*, Lüneburg 2019, S. 128–141, hier S. 133.
41 Reichardt, *Recht und Rationalität im frühen Griechenland*, S. 154.
42 Heraklit, »Fragment 114«, in: Kranz, Walther (Hg.), *Die Fragmente der Vorsokratiker*, Berlin 1960, S. 176.
43 Vgl. Reichardt, *Recht und Rationalität im frühen Griechenland*, S. 168 f.
44 Aristoteles, *Kategorien. Lehre vom Satz. Organon I/II*, Hamburg 1974, S. 59 f. [7b].
45 Aristoteles, *Politik*, Hamburg 1958, S. 2 [1252 a].
46 Ebd., S. 9 [1253b].
47 Horkheimer/Adorno, *Dialektik der Aufklärung*, S. 44.
48 Ebd., S. 31.
49 Mensching, Günther, »Zu den historischen Voraussetzungen der ›Dialektik der Aufklärung‹«, in: Löbig, Michael / Schweppenhäuser, Gerhard (Hg.), *Hamburger Adorno Symposion*, Lüneburg 1984, S. 25–46, hier S. 26 f.
50 Horkheimer/Adorno, *Dialektik der Aufklärung*, S. 32.
51 Vgl. Mensching, *Zu den historischen Voraussetzungen der »Dialektik der Aufklärung«*, S. 27 f.
52 Horkheimer/Adorno, *Dialektik der Aufklärung*, S. 64.
53 Ebd., S. 63.
54 Ebd., S. 64.
55 Marx, Karl, *Das Kapital. Kritik der politischen Ökonomie. Dritter Band. Der Gesamtprozess der kapitalistischen Produktion*, in: *Marx-Engels-Werke*, Bd. 25, Berlin 1983, S. 828.
56 Vgl. Kuhne, Frank, »Arbeit, Freiheit, Selbstverwirklichung. Über einige Selbstmissverständnisse der ›materialistischen‹ Wissenschaft«, in: *Zeitschrift für kritische Sozialtheorie und Philosophie* 4 (2017), S. 152–176, hier S. 162 f.

57 Horkheimer/Adorno, *Dialektik der Aufklärung*, S. 63.
58 Mensching, *Zu den historischen Voraussetzungen der »Dialektik der Aufklärung«*, S. 26 f.
59 Horkheimer/Adorno, *Dialektik der Aufklärung*, S. 65.
60 Rotermundt, Rainer, *Verkehrte Utopien. Nationalsozialismus. Neonazismus. Neue Barbarei. Argumente und Materialien*, Frankfurt a. M. 1985, S. 15 f.
61 »Die antisemitische Verhaltensweise wird in den Situationen ausgelöst, in denen verblendete, der Subjektivität beraubte Menschen als Subjekte losgelassen werden.« (Horkheimer/Adorno, *Dialektik der Aufklärung*, S. 200.)
62 Adorno, Theodor W., *Was bedeutet: Aufarbeitung der Vergangenheit*, in: ders., *Gesammelte Schriften*, Bd. 10, Frankfurt a. M. 2018, S. 555–572, hier S. 566 f.

Lea Fink

# 1923 – KRITIK DES MARXISMUS

## Geschichte, Utopie und Metaphysik bei Walter Benjamin, Ernst Bloch und Georg Lukács

### 1923

Die historische Erfahrung zu Beginn des 20. Jahrhunderts war für Georg Lukács, Ernst Bloch und Walter Benjamin Anlass, mit ihren jeweiligen philosophischen Schulen und mit dem traditionellen Marxismus zu brechen. Theoretisch galt es darauf zu reagieren, dass die marxistische Verelendungstheorie und Eschatologie historisch gescheitert waren, die dem Proletariat die Rolle des Heilsbringers nicht nur anträgt, sondern dieses geschichtsphilosophisch zum Garanten der gesellschaftlichen Emanzipation erklärt: Bei ausreichender Entwicklung der Produktivkräfte war die Weltrevolution ausgeblieben, und stattdessen griffen in Europa Militarismus, Nationalismus und Antisemitismus um sich. Hatte zwar die Oktoberrevolution 1917 bei linken Intellektuellen in Deutschland noch Hoffnungen geweckt, dass der Sozialismus den Kapitalismus und Imperialismus doch noch besiegen könne, so ließ sich schon 1923 erkennen, was Stalin im Frühjahr 1924 besiegeln würde: die Abwendung vom universalistischen Anspruch auf eine globale kommunistische Revolution hin zur Propaganda der »Revolution in einem Lande«[1], die in den Folgejahren »die Errichtung des Sozialismus [in einem Land, also der Sowjetrepublik; Anm. L. F.] mit den Kräften unseres Landes für möglich und notwendig hält«[2] und als *Nation Building* mit sozialistischem Gründungsmythos vorantreiben sollte.

Angesichts der historischen Erfahrung 1923 – von Imperialismus, vom Ausbleiben der kommunistischen Revolution, von Militarismus wie Nationalismus des industrialisierten Ersten Weltkriegs – bemühten sich gerade undogmatische gesellschaftskritische Intellektuelle in Deutschland um eine Revision des Marxismus, der gesellschaftliches Bewusstsein, Kultur, Kunst nicht ableiten, sondern eingehender reflektieren sollte und dabei Erkenntnisse und Methoden der Psychoanalyse einzubeziehen hätte. Die Gegenwartsdiagnosen von Lukács, Bloch und Benjamin entsprachen einem solchen Zeitgeist, der fortschrittsoptimistische Geschichtsschreibung angesichts der Zerrüttungserfahrungen der 1910er- und 1920er-Jahre infrage stellte: Hatte Benjamin schon 1914 in seiner Frühschrift *Metaphysik der Jugend* seinen philosophischen Ausgangspunkt als »Grauen vor den geistigen Massen der Trümmerfelder«[3] beschrieben, so attestierte Lukács 1916 in der *Theorie des Romans* nicht nur den künstlerischen Ausdrucksformen des Bürgertums angesichts der historischen Erfahrungen »transzendentale [...] Obdachlosigkeit«[4], sondern beharrte auch darauf, dass Geschichte nur mit Einbezug der Ästhetik begriffen werden könne. *Geschichte und Klassenbewußtsein* veröffentlichte er, wie er zu Weihnachten 1922 schrieb, angesichts der Erfahrung von »Krieg, Krise und Revolution«[5]; diese Erfahrung führte bei Lukács dazu, die Marx'sche Kritik des Warenfetischs so ernst zu nehmen, wie es der Marxismus bisher nicht getan habe. Bloch wiederum sah die Gesellschaft der ersten Jahrzehnte des 20. Jahrhunderts als »Zuchthaus, Irrenhaus, Leichenhaus«[6].

Zu den großen Entwicklungslinien des frühen 20. Jahrhunderts (neben den schon erwähnten auch die soziale Neuzusammensetzung der Gesellschaft mit Etablierung der Massenkultur und der Institutionalisierung der Angestellten) traten 1923 in Deutschland viele einschneidende Ereignisse[7]: vom Höhepunkt der Hyperinflation über den von Moskau inspirierten kommunistischen Aufstandsversuch und dessen Niederschlagung bis hin zum Hitler-Ludendorff-Putsch in Bayern und dem von Friedrich Ebert verhängten Ausnahmezustand. Die Sowjetunion hoffte 1923, dass die Industrie des kommenden Sowjetdeutschlands die agrarische Produktionsweise der Sowjetländer unterstützen könne, richtete sich aber nationaler bzw. regionaler aus. Zwei Jahre nach der Niederschlagung des Kronstädter Matrosenaufstandes wurde eine gesamt-sowjetische Verfassung erarbeitet, während Lenin im Sterben lag und die Kämpfe zwischen dem stalinistischen und dem trotzkistischen Lager ausbrachen.[8]

Zeitgleich erstarkte europaweit der Antisemitismus und mit ihm die noch junge nationalsozialistische Ideologie, die gerade Bloch schon früh – beispielsweise in seinem Artikel *Hitlers Gewalt* von 1924 – kritisierte.[9] Derart mit eigenständigen und dynamischen ideologischen Entwicklungen konfrontiert, musste sich der Marxismus undogmatischer Marxisten wie Lukács, Bloch und Benjamin neu orientieren. Dies bedeutete angesichts von schmerzlicher historischer Enttäuschung und zunehmender Bedrohung, auch das geläufige Basis-Überbau-Schema kritisch zu hinterfragen.

Das Jahr 1923 lässt sich demnach als ein Einschnitt in der Geschichte des Marxismus verstehen, der zugleich eines der Initialmomente der Entstehung der Kritischen Theorie darstellt. In diesem Jahr erschienen drei wegweisende Werke: neben Korschs *Marxismus und Philosophie* vor allem Lukács' *Geschichte und Klassenbewußtsein* und Blochs zweite Fassung des *Geists der Utopie*.[10] Alle drei Werke entspringen, wie Gerhard Stapelfeldt betont, einer allgemeinen Krisenhaftigkeit und bilden den Anfang der Kritischen Theorie, der in einem Zustand, in dem »[a]lle Utopie [...] verloren« schien, die Aufgabe zufiel, die »Epoche des Imperialismus in der Phase ihrer zusammenfassenden Krisis [...] doch noch dialektisch über sich selbst« aufzuklären, die unvernünftige (oder unvernünftig gewordene) Vernunft durch »eine utopisch gerichtete, auf revolutionäre Praxis zielende Erinnerung« doch noch zu retten.[11]

Lukács' Hinwendung zur Marx'schen Kritik des Fetischcharakters der Ware resultiert – ebenso wie Blochs Insistenz auf Utopie – aus der Unzulänglichkeit des orthodoxen Marxismus, mit der Krise »des irrational-rationalen Imperialismus das Gesellschaftlich-Unbewußte des Werts und der Wertform«[12] zu thematisieren.

## Konstellation Lukács-Bloch-Benjamin

Bloch und Lukács lernten sich in Georg Simmels Kolloquium kennen. Im ersten Brief (April 1910) bat Bloch um weitere Ausführungen von Lukács »über das ästhetisch eingesponnene Subjekt und seine Ausbrüche und Befreiungen in der künstlerischen oder theoretischen Objektivität«[13]. Es entwickelte sich eine enge persönliche und intellektuelle Freundschaft, die in der Heidelberger Zeit ihren Höhepunkt fand und sich in einem intensiven Briefwechsel bis 1917 niederschlug. Doch schon früh kündigten sich inhaltliche Differenzen an, und die Kriegsjahre brachten Zerwürfnisse zwischen beiden hervor. Zu Verstimmungen führten etwa Lukács' systematischere, anfangs akademischere Ausrichtung und seine in den Heidelberger Ästhetiken formulierte Kritik an lebensphilosophisch geprägten Utopie-Begriffen, die zwar nicht gegen Bloch gemünzt waren, ihn aber dennoch treffen mussten. Bloch seinerseits bemängelte, dass sich Lukács' Denken zunehmend entpoetisiere. Auch bezüglich der Religion kam es zu Auseinandersetzungen, so kritisierte Lukács, der sich von seinen eigenen anfänglich religiösen Interessen freisagte, Blochs vermeintliche Vertiefung des Marxismus als Verflachung und distanzierte sich von Blochs *Münzer-Buch*.[14] Das verstimmte Bloch aber nicht weiter – so schrieb er 1924 im *Neuen Merkur* in einer Rezension von *Geschichte und Klassenbewußtsein*: »Georg Lukács hat als Einziger fast das Niveau der fälligen, gültigen Sache selbst betreten. Der Augenblick, allen anderen eine begriffliche Verlegenheit, ist hier zum Moment der Entscheidung, des Durchblicks in Totalität erhöht.«[15]

Sowohl Lukács als auch Bloch waren begeisterte Verfechter Lenins (auch wenn dies bei Bloch durch eine Affinität zu Rosa Luxemburg gebrochen war), dennoch versuchten beide, eine undogmatische, marxistische Philosophie jenseits der Zurichtungen durch die Zweite Internationale zu entwickeln. Trotz dieser teils fast dissidentischen Abweichungen darf nicht außer Acht gelassen werden, dass sich Bloch und Lukács für den Stalinismus instrumentalisieren ließen, beziehungsweise ihre Schriften – teils durch Selbstzensur, teils durch Revision – selbst in dessen Dienst stellten.

Trotz seiner teils von Moskau abweichenden Positionen und obwohl er dem Großen Terror nur knapp entkam, war Lukács 1936 sogar selbst an stalinistischen »Säuberungen« beteiligt und Bloch verteidigte beispielsweise die Moskauer Prozesse 1936–1938.[16] Selbstzensur spielte auch für die spätere Entwicklung der Theorien beider Denker eine große Rolle, wobei der ungarische Aufstand 1956 für beide eine Erschütterung ihres realsozialistischen Konformismus darstellte.[17]

In der Konstellation Benjamin, Bloch, Lukács war letzterer sowohl praktisch als auch inhaltlich der Moskau-treueste Denker: 1918 in die Kommunistische Partei Ungarn eingetreten, als Polit-Kommissar an der Ungarischen Räterepublik 1919 beteiligt, floh er anschließend nach Moskau.[18] Bloch war der KPD gegenüber distanzierter und kritisierte die deutsche Linke der Weimarer Republik einerseits wegen ihres Mangels an utopischer »Phantasie, die sozialistisch so lange unterernährt worden war«, und andererseits wegen ihrer Unfähigkeit, den Nationalsozialismus zu verhindern.[19]

Biografisch wie auch theoretisch stellt Bloch das Bindeglied zwischen Lukács und Benjamin dar.[20] Benjamin war im Vergleich zu den beiden anderen vielleicht der am wenigsten dogmatische Denker, der sich trotz seiner Liebäugelei mit Moskau 1926/27 nie auf Parteilinie bringen ließ. Teilten Bloch und Lukács vor allem in ihrer mittleren Schaffensphase einen Konformismus gegenüber dem Stalinismus und dem Realsozialismus, so verband Bloch und Benjamin schon früh der Pazifismus: Beide waren während des Ersten Weltkriegs in die Schweiz gegangen, auch um nicht als Soldaten eingezogen zu werden. Dort lernten sie sich über Hugo Ball kennen.[21] Sowohl Bloch als auch Benjamin gaben in ihren theoretischen Werdegängen die Theologie trotz marxistischer Kritik nicht auf, sondern schmolzen sie um oder verbanden sie mit dialektischem Materialismus.[22]

Bloch war es wiederum, der Lukács und Benjamin Anfang der 1920er-Jahre zusammenführte. Benjamin fungierte auf Blochs Geheiß 1921 in Wien als Mittelsmann zwischen Bloch und Lukács, da Letzterer als führendes Mitglied der exilierten Ungarischen Kommunistischen Partei im Untergrund lebte.[23] Zunächst blieb es bei dieser Begegnung, was daran liegen könnte, dass Benjamin noch recht unbekannt war, während Lukács schon *Die Seele und die Formen* sowie die *Theorie des Romans* veröffentlicht hatte. Bloch legte Benjamin wahrscheinlich das zwei Jahre später erschienene *Geschichte und Klassenbewußtsein* ans Herz, dessen Tragweite Benjamin als einer der Ersten erkannte und das für seine Philosophie zur, wie Bernd Witte betont, entscheidenden Beeinflussung in Richtung Marxismus wurde.[24]

Benjamin war ein linker Außenseiter, der schon Ende der 1920er-Jahre seinen Dissens zum offiziellen Marxismus mit Blick auf Lukács anzeigte. 1929 äußerte Benjamin seine Bewunderung für *Geschichte und Klassenbewußtsein*, während sich Lukács selbst zu diesem Zeitpunkt von der Schrift unter Druck Moskaus distanziert und diese zurückgerufen hatte.[25] Benjamin war auch mit den Vorwürfen der Komintern von 1924, Lukács habe sich mit diesem Werk des Revisionismus schuldig gemacht, vertraut und missbilligte sie:[26] »Geschichte und Klassenbewußtsein« sei das »geschlossenste philosophische Werk der marxistischen Literatur«, welches als einziges »in der kritischen Situation der Philosophie die kritische Situation des Klassenkampfes und in der fälligen konkreten Revolution die absolute Voraussetzung, ja den absoluten Vollzug und das letzte Wort der theoretischen Erkenntnis erfaßt hat«; die polemische Abwehr des Buchs durch die Kommunistische Partei unter Führung Abram Deborins bestätige nur »auf ihre Art dessen Tragweite«[27].

## Benjamin – Historische Erfahrung und Profanisierung der Religion

Geprägt unter anderem von Max Webers und Georg Simmels Zeitdiagnosen, bemühten sich Lukács, Bloch und Benjamin um eine Kritik der zum kriegerischen Irrenhaus gewordenen kapitalistischen Gesellschaft und ihrer Perzeptions- und Bewusstseinsformen.[28] Während Bloch 1923 die überarbeitete Version von *Geist der Utopie* veröffentlichte und Lukács mit der Publikation von *Geschichte und Klassenbewußtsein* den Marxismus in neue Bahnen lenkte, hatte Benjamin 1923 den Druck seiner Baudelaire-Übersetzungen vorzuweisen. Außerdem wurde die Aussicht auf seine Habilitation fraglicher. Er arbeitete weiter am *Trauerspiel*-Buch.[29] Er versuchte, die Zeitschrift Angelus Novus zu gründen, und lernte in Frankfurt Theodor W. Adorno und Siegfried Kracauer kennen. Wiederum spielte Benjamin angesichts seiner finanziell prekären Lage und der Krise der Weimarer Republik mit dem Gedanken, nach Palästina auszuwandern und begann, sich in ersten Entwürfen von Prosa-Stücken zur aktuellen politischen und sozialen Lage zu äußern.[30] Einen dieser Entwürfe, nämlich die *Reise durch die deutsche Inflation*, griff er in der *Einbahnstraße* wieder auf: Durch die aktuelle Krisen- und die noch unverarbeitete Kriegserfahrung gelangte er zu der Einsicht, dass es »schon vor dem Kriege [...] Schichten [gab], für welche die stabilisierten Verhältnisse das stabilisierte Elend waren«[31]. Außerdem lehrte ihn diese Erfahrung, dass ein krisenhafter Ausnahmezustand zumindest für die Mehrheit ein Normalzustand sei, in dem sich die Bevölkerungen Mitteleuropas »wie Einwohner einer rings umzingelten Stadt [fühlen], denen Lebensmittel und Pulver ausgehen und für die Rettung menschlichem Ermessen nach kaum zu erwarten« sei.[32] Die naive Erwartung, dass »es nicht mehr so weitergehen könne«, finde ihr Korrektiv in der »Vernichtung«, die alleine »das Leiden des einzelnen wie der Gemeinschaften« begrenze; und Rettung sei in der aktuellen Krise nur als Wunder möglich, welches durch einen »Zustand angespanntester klagloser Aufmerksamkeit [...], da wir in einem geheimnisvollen Kontakt mit den uns belagernden Gewalten stehen«, hergestellt werden könnte.[33]

Doch schon in den 1910er-Jahren hatte Benjamin die Vorstellung von einer kommenden Religion entwickelt, die der Bloch'schen ähnelt und sich ebenfalls aus der politischen Krisenerfahrung, die auch Bloch und Lukács beschrieben, speist. Schon 1914 entwarf Benjamin die Vorstellung einer kommenden »Religion, die noch nicht ist«[34]: Religion müsse sich dadurch verwirklichen, dass die Jugend »Gott erstehen« lasse und »das Heilige in seiner Gestalt sich [durch soziale Kämpfe etwa] offenbare[n]« müsse.[35] 1918 verknüpfte er Krisenerfahrung mit Heilserwartung und erklärte dies zur »zentrale[n] Aufgabe der kommenden Philosophie[,] die tiefsten Ahnungen[,] die sie aus der Zeit und dem Vorgefühle einer großen Zukunft schöpft[,] durch die Beziehung auf das Kantische System zu Erkenntnis werden zu lassen«[36]. Die Aufgabe von Benjamins Generation sei es nun, mit Rückgriff auf Kant eine neue Philosophie zu entwickeln, die den historischen Erfahrungen Rechnung trägt: Es gelte, die »Prolegomena einer künftigen Metaphysik auf Grund der Kantischen

Typik zu gewinnen und dabei diese künftige Metaphysik, diese höhere Erfahrung ins Auge zu fassen«[37].

Im *Theologisch-Politischen Fragment*, an dem Benjamin 1920 bis 1922 arbeitete, verhandelte er das Verhältnis von Messianismus und Geschichte, die er zunächst gegeneinander abgrenzte, um dann in einem dialektischen Schritt die Profanisierung des kommenden »messianischen Reiches« zur Aufgabe der Philosophie und der »Weltpolitik« zu erklären:[38] Die profane Welt habe sich – das leitete er aus dem »größte[n] Verdienst von Blochs ›Geist der Utopie‹« ab – am Glücksversprechen zu orientieren, während Geschichtsphilosophie die profane Welt »auf das Messianische« beziehe;[39] gesellschaftliche Emanzipation strebe in die entgegengesetzte Richtung des Messianismus, »aber wie eine Kraft durch ihren Weg eine andere auf entgegengesetzt gerichtetem Wege zu befördern vermag, so auch die profane Ordnung des Profanen das Kommen des messianischen Reiches«[40]. So wird die Geschichtlichkeit zur zentralen, wenn auch gegenläufigen Figur der theologischen Heilserwartung, weshalb die Philosophie die historischen Erfahrungen in sich aufnehmen und die Profanisierung von Religion, Theologie und Philosophie als Kategorie des »leisesten Nahens« des kommenden messianischen Reichs verstanden werden müsse.[41]

Die Profanisierung trieb Benjamin in seinem Fragment *Kapitalismus als Religion* von 1921 noch weiter, indem er aus der Religiosität der Gesellschaft die inhärent religiösen Motive des Kapitalismus herausarbeitete. Doch er blieb bei der Aussage, dass die Religion gesellschaftlich ist, wenn die Gesellschaft religiös ist, nicht stehen, sondern analysierte seine Gegenwart mithilfe »dieser religiösen Struktur des Kapitalismus«[42]: Die utilitaristische »Kultreligion«[43] kenne keine verbindliche normative Referenz. Der Kapitalismus zelebriere sich unablässig, die »permanente Dauer« lasse keinen immanenten Ausweg, nicht mal kurzfristiges Atemschöpfen zu, denn jeder Tag sei »Festtag« – also Arbeitstag.[44] Zudem sei der Kapitalismus als Religion »verschuldend«, könne das »Schuldbewußtsein« nicht sühnen, sondern nur verallgemeinern, sodass letztlich sogar Gott selbst »in diese Schuld« einbegriffen sei und »Religion nicht mehr Reform des Seins sondern dessen Zertrümmerung ist«[45]. In dieser »Ausweitung der Verzweiflung zum religiösen Weltzustand« erkannte

Benjamin, dass »Gottes Transzendenz [...] gefallen [sei]. Aber er ist nicht tot, er ist ins Menschenschicksal einbezogen.«[46]

Im *Ursprung des deutschen Trauerspiels*, das Benjamin schon 1916 skizzierte, aber hauptsächlich in den Jahren 1923 bis 1925 ausarbeitete, widmete er sich wiederum der Konstellation von Geschichte, Vergängnis, Natur und Erlösung – bezogen auf das Barock. Offenbare das Symbol in der Romantik flüchtig »das transfigurierte Antlitz der Natur im Lichte der Erlösung«, so liege »in der Allegorie die *facies hippocratica* der Geschichte als erstarrte Urlandschaft dem Betrachter vor Augen«[47]. Die Geschichte als Unzeitige, Leidvolle, Verfehlte versteinere in der Natur; damit ist sie nicht als »Prozeß eines ewigen Lebens, vielmehr als Vorgang unaufhaltsamen Verfalls« zu verstehen.[48] Der Kern von Benjamins Betrachtung des Barocks liegt in der »weltlichen Exposition der Geschichte als Leidensgeschichte der Welt; bedeutend ist sie nur in den Stationen ihres Verfalls«[49]. Mit dem Trauerspiel wanderte »die Geschichte in den Schauplatz hinein«, dies geschehe »als Schrift. Auf dem Antlitz der Natur steht ›Geschichte‹ in der Zeichenschrift der Vergängnis«[50]. Die »Physiognomie der Natur-Geschichte« werde ästhetisch im Trauerspiel ausgedrückt und manifestiere sich »wirklich gegenwärtig als Ruine«, mit welcher »sinnlich die Geschichte in den Schauplatz sich verzogen« habe.[51]

Benjamins profanierte Theologie, deren göttliche Transzendenz in der diesseitigen Welt untergegangen ist und die das Messianische nur in der Vergängnis der Natur ausmachen konnte, ist nicht nur auf die Auseinandersetzung mit Blochs Theorien zurückzuführen, sondern bildet auch Benjamins frühen Beitrag zur Umschmelzung der marxistischen Gesellschaftstheorie, an der auch Bloch durch seinen Fokus auf Religion, Psychoanalyse und Utopie partizipierte und an der sich auch Lukács durch seine Reflexion auf die Ausweitung des Warenfetischs wie durch seinen Einbezug der Ästhetik beteiligte.[52]

## Bloch – Utopisch-metaphysische »Durchdenkung« des Marxismus

Blochs Anteil an der Entstehung einer undogmatischen, an Marx angelehnten Philosophie liegt zugleich in der Profanisierung der Metaphysik und in der »Hervorstellung und Vergrößerung des Ontologie- und Utopieaspekts im Marxismus«[53]. Blochs Suche nach einer kommenden »Ethik und Metaphysik der Innerlichkeit, der brüderlichen Inwendigkeit« resultierte – ähnlich wie Benjamins und Lukács' frühe Bestrebungen – aus der Erfahrung, dass seine Gegenwart die »grauenhafte Verödung eines *völligen* Automatismus der Welt«, die Vollendung der Verdinglichung und die Zurichtung der Perzeptionsfähigkeiten aller bedeute.[54] Im Zeitalter des technischen Fortschritts von Giftgas schien Bloch alle Fantasie und Utopie verloren, doch genau von dieser apokalyptischen Krisensituation erhoffte er sich einen eschatologischen Umschlag: Erst in einem solchen Moment erwache die religiöse und gleichermaßen musikalische Sehnsucht des Subjekts, die sich nicht aus der Geschichte oder aus dem Unbewussten schöpfe, sondern aus der Hoffnung auf Kommendes.[55]

Der Musik schrieb Bloch eine transitorische Funktion zu: In ihr werde etwas Zukünftiges versprochen, das seine reale Einlösung, sowohl seinen geistigen Ausdruck als auch seine Verwirklichung in der dinglichen Welt, noch einfordere.[56] Als Ankündigung einer verwirklichten Versöhnung der Menschen untereinander und mit der Natur dränge sie danach, in eine utopische Philosophie überzugehen, die wiederum der politischen Praxis bedürfe.[57] Die Musikgeschichte verstand Bloch als widerspenstige, ketzerische Geschichte, die bei Theologie und Metaphysik eine Wendung ins Profane bewirken könne, denn in vollendeter Musik »erlangen sich [ihre] Existenz wie [ihr] Begriff [...] nur noch gemeinsam mit der neuen Gegenstandslehre, mit der *Metaphysik von Ahnung und Utopie*«.[58] Musik, begriffen in einem ontologischen Status der Möglichkeit, werde erst von einer visionären, revolutionären Handlung abgeschlossen.[59]

Musik und Metaphysik scheinen Bloch wahlverwandt, da er auch die Metaphysik einem profanierenden Verfahren unterzieht, welches sie zu einem transitorischen, ausstehenden »Noch-Nicht« erklärt. Während die Musik geschichtlich werde und von aller inhumanen, absolut vom

Diesseits geschiedenen Transzendenz befreie, teile die Metaphysik mit ihr den Wunsch, das verschwiegene Geheimnis, das unnennbare Detail, das Unsagbare auszudrücken.[60] Sowohl die Metaphysik als auch die Musik verstand Bloch als Wunsch- oder Wachtraum, welchen er aus der Geschichte des instrumentellen Fortschritts ausklammerte. Dementsprechend ließ er die sozioökonomische und historische Dimension des gesellschaftlichen Traumbewusstseins außen vor.[61]

Die Verwirklichung, auf welche die Musik und die Metaphysik zielen, überließ Bloch wie Marx und der klassische Marxismus dem Proletariat. Dieses habe die historische Mission der Hellwerdung der Naturgeschichte als Emanzipation in der menschlichen Geschichte fortzusetzen. Obwohl Bloch die Marx'sche Theorie in der Umarbeitung von 1923 zum Maßstab seiner eigenen Philosophie erklärte, grenzte er sich doch – mitunter polemisch – von ihm ab: Marx habe den religiösen Traum der Befreiung vergessen, er interessiere sich wegen seines Schwerpunkts auf Ökonomie nicht für Kunst, Kultur und Erlösung. Dagegen setzte Bloch auf die Gründung einer sozialistischen, »neuem Offenbarungsgehalt zugewandten Kirche«, die sich der »von Marx versäumten metaphysischen Durchdenkung« der materiellen Geschichte widmen sollte.[62] Blochs Aufgabe sei es nun, kantisch die *praktische Vernunft* des Marxismus zu kritisieren und »die genaueste wirtschaftstheoretische Ordnung und Nüchternheit mit der politischen Mystik«[63] zu verbinden: Nun liege es am Proletariat, als handelndes Subjekt sich an die Stelle Gottes zu setzen und eine neue Welt zu erschaffen.[64]

## Lukács - Kritik des Utopismus

Weitaus nüchterner als Bloch beschäftigte sich Lukács' *Geschichte und Klassenbewußtsein* mit gesellschaftlichem Bewusstsein, Verdinglichung und Geschichtsphilosophie.[65] Lukács wendete sich gegen einen Dualismus, welcher dem »seiende[n] Mensch« die humanistische Verwirklichung desselben »– gleichviel, ob in der Vergangenheit, in der Zukunft oder als Sollen – [...] unvermittelt oder, was aufs gleiche [sic!] hinausläuft, metaphysisch-mythologisch vermittelt gegenübergestellt«[66]. Humanistische Kritik der bestehenden Gesellschaft kranke am »Dilemma von Empirismus und Utopismus, von Voluntarismus und Fatalismus« und bleibe »bestenfalls einerseits in einer kruden Faktizität stecken«, oder stelle andererseits »der geschichtlichen Entwicklung ihrem immanenten Gange fremde und darum bloß subjektive und willkürliche Forderungen gegenüber«[67]. Dies treffe auch auf die utopische »Doppeltheit« des Christentums zu, die die »empirische Wirklichkeit [...] in ihrem (gesellschaftlichen) Dasein und Sosein unberührt« lasse und die Herrschaft mit der korrelierenden »utopischen Auffassung von dem Menschen als ›Heiligem‹, der die innere Überwindung der auf diese Weise unaufhebbaren äußeren Wirklichkeit vollziehen soll«, befestige.[68]

Auch revolutionärer Utopismus verläuft, folgt man Lukács, dualistisch: Er lasse »einerseits das vorgefundene empirische Dasein des Menschen in seiner gegenständlichen Struktur unangetastet«[69], erwarte aber andererseits

> die von ihnen geforderte Verwandlung der Wirklichkeit von dem Erwachen einer Innerlichkeit des Menschen, die von seinem konkret-geschichtlichen Sein unabhängig, von Ewigkeit her fertig vorhanden war und nur — eventuell durch transzendentes Eingreifen der Gottheit — zum Leben erweckt werden muß.[70]

Als Beispiel wählte Lukács Thomas Müntzer, dessen revolutionäre Taten von einer »unüberbrückbare[n] Zweiheit und unverbundene[n] Mischung von Empirismus und Utopismus« geprägt gewesen seien, da er mit einer »subjektive[n] und darum undialektische[n] Utopie unmittelbar an die geschichtliche Wirklichkeit [getreten sei], mit der Absicht, auf diese einzuwirken, sie zu verändern«[71]. Daraus folgerte Lukács mit direktem Seitenhieb gegen Bloch, dass die »wirklichen Handlungen [...] in ihrem objektiv-revolutionären Sinn« vollkommen »unabhängig von der religiösen Utopie« auftreten, denn diese könne sie aufgrund ihrer Abstraktheit »weder real [...] leiten noch ihnen konkrete Ziele oder konkrete Mittel der Verwirklichung« liefern.[72] Blochs Fehler in der Studie zu Müntzer und im *Geist der Utopie* bestehe darin, dass er in der »Verbundenheit des Religiösen mit dem sozial-ökonomisch Revolutionären einen Weg zur Vertiefung des ›bloß ökonomischen‹ historischen Materialismus« ausfindig mache, während es sich aber um eine Verflachung handele.[73] Damit verkenne Bloch die wirkliche »Tiefe des historischen Materialismus«, die darin bestehe, dass in der Objektivität des Ökonomischen selbst »das Seelische, die Innerlichkeit« stecke.[74]

Nicht mit unmittelbarem Bezug auf Bloch, aber doch auf ihn applizierbar, kritisierte Lukács an der Sozialdemokratie das »Zerfallen der dialektisch-praktischen Einheit in ein unorganisches Nebeneinander von Empirismus und Utopismus«, welches nur die schlechte Alternative vom »Kleben an den ›Tatsachen‹ (in ihrer unaufgehobenen Unmittelbarkeit) und von gegenwarts- und geschichtsfremdem leeren Illusionismus« eröffne.[75] Utopistische Ethik bleibe individualistisch und sei bloß die verschleierte, aber »vollständige Kapitulation vor der Bourgeoisie«, deren Interessen es entspräche, »die einzelnen Sphären des gesellschaftlichen Daseins getrennt nebeneinander stehen zu lassen und die Menschen ihrer genauen Trennung entsprechend zu zerstückeln«[76]. Lukács setzte auf »Erkenntnisse des geschichtlichen Prozesses«, nicht auf »geschichtsfremde Utopien« von »weltfremde[n] Narren«[77]. Überträgt man diese Kritik auf Blochs Frühwerk, so warnte Lukács vor einer leeren Utopie, welche die »Kraft, die die Notwendigkeit noch besitzt«, verkenne.[78] Im schlimmsten Fall könne dies zu einem Vertrauen auf die »Naturgesetzlichkeit der ökonomischen Entwicklung« führen, die naturgemäß in den Sozialismus münden würde; dahingegen warnte Lukács, dass der Kapitalismus zwar naturgeschichtlich in eine letzte Krise treibe, »am Ende seines Weges würde aber die Vernichtung aller Zivilisation, eine neue Barbarei stehen«[79]. Lukács verteidigte Marx gegen den Marxismus und verstand die Marx'sche Gesellschaftskritik nicht als »utopisch, weil sie von dem tatsächlich sich abspielenden Prozeß ausgeht und ihm gegenüber keine ›Ideale‹ verwirklichen, sondern nur seinen eingeborenen Sinn aufdecken will«[80].

## Utopie als objektive Möglichkeit

Lassen sich Benjamins, Blochs und Lukács' Frühwerke über den Stellenwert, welchen sie innerhalb des Marxismus für die Psychoanalyse, die Kunst und die Kultur, aber auch für das gesellschaftliche Bewusstsein wie die Perzeptionsfähigkeiten der Individuen einfordern, verbinden, so weisen sie doch einige Unterschiede auf: Lukács benutzte den Metaphysik-Begriff um 1923 selten deskriptiv, meist pejorativ, während er für Benjamin und Bloch zu diesem Zeitpunkt einen utopisch besetzten Grenz- und Zielbegriff darstellte. Lukács und Benjamin setzten den Begriff der Utopie keineswegs so zentral wie Bloch. Obwohl Benjamins frühes Denken sicherlich utopischen Gehalt aufweist, verwendete er den Utopie-Begriff recht sparsam und zumeist nur historisch beschreibend, nicht affirmativ.[81] Lukács hingegen griff Blochs Werk sogar für dessen Utopismus, den er als Dualismus und Eskapismus einschätzte, an. Blochs und Benjamins Theorien finden ihre Entsprechungen um 1923 hauptsächlich in ihren Vorstellungen der Naturgeschichte und des Überschusses, den beide der Theologie zuschrieben. Benjamin und Lukács teilten, dass beide der Ästhetik und der Analyse sozialer Bewusstseinsformen und Perzeptionsfähigkeiten einen hohen Stellenwert zuwiesen und dass beide – im Gegensatz zu Bloch – keinen eigenständigen Utopie-Begriff entwickelten.

Trotz Lukács' Kritik an Blochs Utopie-Begriff lässt sich eine Überschneidung zwischen seinem Begriff der objektiven Möglichkeit und der Bloch'schen Definition der konkreten Utopie als objektive Fantasie feststellen. Wie Frank Engster zeigt, ist die Utopie als zeitlich begriffener Nicht-Ort auch für Lukács »die kommende, die kommunistische Gesellschaft«[82]. Die Utopie müsse durch einen »Rückzug in die Geschichte« aufgespürt werden, der dann aber offenlegt, dass »die Geschichte *keinen Sinn* hat«[83]. Außerdem formulierte Lukács den Einbezug der Geschichte in die Philosophie und die politische Kritik an Hegels Geschichtsphilosophie mit Rekurs auf Bloch: Das »konkrete Hier und Jetzt« sei »kein durchlaufender, unfaßbarer Augenblick mehr, die enthuschende Unmittelbarkeit«, sondern das »Moment der tiefsten und weitestverzweigten Vermittlung, das Moment der Entscheidung, das Moment der Geburt des Neuen«[84]. Lukács ging nicht nur davon aus, dass utopisches Bewusstsein im (seiner Ansicht nach dadurch dann als rückständig gekennzeichneten) Proletariat noch nicht überwunden war, sondern formulierte selbst auch Eingrenzungen seiner eigenen anti-utopistischen Argumentation:[85] Gesellschaftskritik müsse die Gesellschaft nicht nur erfassen, sondern »zugleich über dies tatsächlich Gegebene hinausgehen«[86]. Lukács polemisierte zwar gegen »utopische[s] Halbdunkel«[87], das die Klassenunterschiede bis ins Jenseits verewige und die »Anpassung an die jeweilig bestehende Gesellschaft« befördere.[88] Dennoch geht auch er – ähnlich wie Bloch – davon aus, dass Revolution deshalb möglich sei, weil »ihre ökonomischen Voraussetzungen und Vorbedingungen [...] bereits im Schöße der kapitalistischen Gesellschaft von der Entwicklung der kapitalistischen Produktion produziert« wurden.[89] So bedeutete die »Ablehnung von utopistischen Hoffnungen oder Illusionen« für Lukács keineswegs, dass »man bei der Anerkennung dieses Tatbestandes fatalistisch stehen bleiben dürfte«[90]. Erwartung und Utopie alleine schlagen, laut Lukács, ideologisch ins Gegenteil um, wenn sie nicht mit »organisatorische[n] Vorkehrungen und Garantien« verbunden werden, die »geeignet sind, den verderbnisbringenden Folgen dieser Sachlage entgegenzuarbeiten, ihr unvermeidliches Auftreten sofort zu korrigieren« und so die innere »Umwandlung der Menschen« bewirken und diese gegen verdinglichtes Bewusstsein, ideologische »Erstarrungserscheinungen« wie Dogmatismus wappnen.[91]

Im Begriff der objektiven Möglichkeit ließe sich nicht nur utopischer Gehalt im anti-utopistischen Werk Lukács' finden, sondern auch eine Verwandtschaft zu Blochs Bemühungen, die Utopie konkret, historisch und objektiv zurückzubinden: Die noch nicht abgeschlossene objektive Geschichte besäße selbst – so führte Bloch aus – einen objektiven Überschuss in der »Phantasie«; diese »objektiv-reale Möglichkeit«[92] trete nicht von außen an die Geschichte heran, sondern sei ihr immanent (wie die Musik, die Bloch aber im Frühwerk inkonsequent aus der Geschichte der instrumentellen Vernunft ausklammerte).

Durch die Entstehung des Proletariats, die für Lukács eine »Umformung des Subjekts und Objekts der Erkenntnis der gesellschaftlichen Wirklichkeit« bedeutete, sei »die formale objektive Möglichkeit des historischen Materialismus als Erkenntnis überhaupt entstanden«: Geschichte müsse nicht mehr als »transzendente, mythologisierende oder ethische Sinngebung« verstanden werden, sondern könne als wirklicher Prozess begriffen und durch die »Klasse ›für sich selbst‹« verändert werden.[93] Dementsprechend muss nicht nur – wie Lukács schrieb – die »utopistische Anschauung von der Funktion der Politik [...] auf die Anschauungen über die wirtschaftliche Entwicklung, insbesondere auf die Anschauungen über das Ganze der Wirtschaft dialektisch zurückwirken«[94], sondern anders herum muss sich – wie Benjamin und Bloch es forderten – auch der Marxismus seinen eigenen religiösen, theologischen und utopischen Motiven stellen.

Mit ihren Schriften partizipierten Benjamin, Bloch und Lukács um 1923 an einer Metamorphose des Marxismus. Sie nahmen vom Materialismus zuvor Vernachlässigtes in dessen Dienst: Die Begriffe von Religion, Musik, Kunst und Utopie halfen ihnen einerseits, das Überbau-Basis-Schema zu dynamisieren und die Marx'sche Warenfetisch-Kritik fürs 20. Jahrhundert zu aktualisieren. Dem orthodoxen Marxismus mitsamt seiner verdinglichten, fortschrittsoptimistischen und positivistischen Entwicklungen traten sie entgegen, indem sie die polit-ökonomische Analyse durch eine kritische Theorie gesellschaftlichen Bewusstseins ergänzten, welche das Verhältnis von Transzendenz und Immanenz neu verhandelte.

## ANMERKUNGEN

1 Stalin, Josef, *Die Theorie*, in: ders., *Werke*, Bd. 6, Berlin 1952, S. 39–101, hier S. 58.

2 Stalin, Josef, *Die Frage des Sieges des Sozialismus in einem Lande*, in: ders., *Werke*, Bd. 8, Berlin 1952, S. 37–44, hier S. 38.

3 Benjamin, Walter, *Metaphysik der Jugend*, in: ders., *Gesammelte Schriften*, Bd. II.1, Frankfurt a. M. 1991, S. 89–104, hier S. 91.

4 Lukács, Georg, *Theorie des Romans. Ein geschichtsphilosophischer Versuch über die Formen der großen Epik*, Berlin 1920, S. 23 f.

5 Lukács, Georg, *Geschichte und Klassenbewußtsein. Studien über marxistische Dialektik*, Berlin 1923, S. 30.

6 Bloch, Ernst, *Geist der Utopie*, Frankfurt a. M. 1973, S. 278.

7 Ein eindrückliches Panorama des Krisenjahrs 1923 liefert der Historiker Mark Jones. (Vgl. Jones, Mark, *1923 – Ein deutsches Trauma*, Berlin 2022).

8 Im Jahr 1923 lebte Lukács in Wien, er ging erst Ende der 1920er nach Moskau. Die Sowjetunion wird in diesem Panorama des Jahres 1923 ins Verhältnis zu Deutschland 1923 gestellt, weil sie für alle drei Denker zu diesem Zeitpunkt einen politischen Referenzrahmen darstellte: Benjamin sollte drei Jahre später nach Moskau reisen, Bloch schwärmte zu diesem Zeitpunkt nur von der Sowjetunion und sollte später aus dem US-amerikanischen Exil in die DDR ziehen. Zu Blochs intellektuellem Werdegang (vgl. Münster, Arno, *Ernst Bloch. Eine politische Biographie*, Hamburg 2012).

9 Vgl. Bloch, Ernst, *Erbschaft dieser Zeit*, in: ders., *Gesamtausgabe*, Bd. 4, Frankfurt a. M. 2016, S. 160–164.

10 Außerdem besuchte Lukács im Mai 1923 die wegweisende marxistische Arbeitswoche in Geraberg. (Vgl. Buckmiller, Michael, »Die ›Marxistische Arbeitswoche‹ 1923 und die Gründung des ›Instituts für Sozialforschung‹«, in: Schmid Noerr, Gunzelin / van Reijen, Willem (Hg.), *Grand Hotel Abgrund. Eine Photobiographie der Kritischen Theorie*, Hamburg 1988, S. 141–173).

11 Stapelfeldt, Gerhard, *Der Geist des Widerspruchs. Studien zur Dialektik*, Bd. II, Freiburg 2013, S. 303. Im vorliegenden Aufsatz klammere ich Korschs Einfluss auf die weitere Entwicklung eines undogmatischen Marxismus aus, obwohl er insbesondere hinsichtlich materialistischer Geschichtsphilosophie bedeutsam war. Bezüglich des Verhältnisses von Dialektik und Metaphysik bieten seine Schriften allerdings wenig Ansatzpunkte, da er weder zur Formulierung eines kritischen Metaphysik-Begriffs beitrug noch in so unmittelbarem Austausch mit Bloch oder Benjamin stand. Stapelfeldt versteht das Jahr 1923 wegen der Veröffentlichungen der Schriften von Korsch, Lukács und Bloch als Beginn der Kritischen Theorie und verfolgt die hier beginnende negative Geschichtsphilosophie bis zu Theodor W. Adornos und Max Horkheimers *Dialektik der Aufklärung* und zur *Kritik der instrumentellen Vernunft* Horkheimers. Für meine Fragestellung ist hier relevanter, dass Bloch schon 1918 und 1923 eine »metaphysische [...] Durchdenkung« (Bloch, *Utopie*, S. 301) der Dialektik einforderte, und so die später weiterentwickelte

»Ontologie des Noch-Nicht-Seins« vorbereitete, die »auf dem Niveau der alten Metaphysik, mit völlig verändertem Gebäude« steht, von der es in den 1960er-Jahren heißen wird, dass »neue Metaphysik und konkrete Utopie [...] Synonyme [sind], geeint im Transzendieren ohne Transzendenz«. (Bloch, Ernst, *Tübinger Einleitung in die Philosophie*, in: ders., *Gesamtausgabe*, Bd. 13, Frankfurt a. M. 1985, S. 356. Vgl. auch: Stapelfeldt, *Widerspruch*, S. 302–327).

12 Ebd., S. 303.

13 Ernst Blochs Brief an Georg Lukács vom 22. April 1910, in: Georg-Lukács-Archiv (Hg.), *Ernst Bloch und Georg Lukács. Dokumente. Zum 100. Geburtstag*, Budapest 1984, S. 3.

14 Vgl. Dannemann, Rüdiger, »Georg Lukács und Ernst Bloch. Freundschaft und Rivalität«, in: ders. / Küpper, Martin u. a. (Hg.), *Die Russische Revolution als philosophisches Schlüsselereignis. Georg Lukács' und Ernst Blochs politisch-philosophische Antworten auf Lenin(ismus) und die Oktoberrevolution (Konferenzbeiträge – Teil 1)*, Berlin 2018, S. 5–21.

15 Bloch, Ernst, »Aktualität und Utopie (1924)«, in: Cerutti, Furio / Claussen, Detlev u. a. (Hg.), *Geschichte und Klassenbewusstsein heute. Diskussion und Dokumentation*, Amsterdam 1971, S. 164. Diese Rezension war die einzige Schrift Blochs, der Benjamin mit »[u]ngeschmälte[r] Begeisterung« begegnete, trotz ihrer Freundschaft und der gemeinsamen intellektuellen Entwicklung reagierte Benjamin bei allen anderen ihm zugänglichen Schriften Blochs mit »Ambivalenz« oder gar »direkter Ablehnung«. (Eiland, Howard / Jennings, Michael W., *Walter Benjamin. Eine Biographie*, Frankfurt a. M. 2020, S. 212).

16 Vgl. Lukács, Georg / Becher, Johannes R. u. a., *Die Säuberung – Moskau 1936. Stenogramm einer geschlossenen Parteiversammlung*, Reinbek 1991.

17 Vgl. Bollinger, Stefan, *Lenin, Lukács und der unverzichtbare Sozialismus*, in: Bollinger, Stefan / Russell, Eric-John u. a., *Die Russische Revolution als philosophisches Schlüsselereignis. Georg Lukács und Ernst Blochs politisch-philosophische Antworten auf Lenin(ismus) und die Oktoberrevolution (Konferenzbeiträge – Teil 2)*, Berlin 2018, S. 5–12. Vgl. außerdem als Zeitdokument zum Umgang der DDR mit Ernst Bloch: Parteigruppe des Präsidialrates des Kulturbundes, »Ein Tribunal gegen Ernst Bloch. Protokolle. Sitzung der Parteigruppe des Präsidialrates des Kulturbundes 12. Dezember 1957 im Gästehaus der Regierung«, in: *UTOPIE kreativ* 15 (1991), S. 60–78.

18 Zu Lukács' Leben und intellektuellem Werdegang können wir uns auf die »intellektuelle Biographie« von Patrick Eiden-Offe freuen. (Vgl. Eiden-Offe, Patrick, »Lebensform Revolution. Zum Projekt einer neuen Lukács-Biographie«, in: Dannemann, Rüdiger (Hg.), *Lukács 2019/2020. Jahrbuch der Internationalen Georg-Lukács-Gesellschaft*, Bielefeld 2021, S. 215–227.

19 Bloch, Ernst, »Kritik der Propaganda«, in: ders., *Vom Hasard zur Katastrophe. Politische Aufsätze 1934–1939*, Frankfurt a. M. 1972, S. 195–206, hier S. 197. Vgl. außerdem Bloch, *Erbschaft*.

20 Wie Miklós Mesterházi ausführt, ist die Freundschaft zwischen Lukács und Bloch

hinsichtlich ihrer intellektuellen Bedeutsamkeit nur mit den Beziehungen Lukács' mit Leó Popper und Michail Lifschitz und mit Blochs Freundschaft mit Benjamin vergleichbar. (Vgl. Mesterházi, Miklós, »Vorwort«, in: Georg-Lukács-Archiv (Hg.), *Ernst Bloch und Georg Lukács. Dokumente. Zum 100. Geburtstag*, Budapest 1984, S. I–XXXIX, hier S. II).

21 Vgl. Eiland/Jennings, *Benjamin*, S. 147–149.

22 Dies bedeutet aber nicht, dass die beiden Philosophen mit der jeweiligen theologischen Ausrichtung des anderen Denkers einverstanden waren. Benjamin kritisierte etwa während der Arbeit an seiner verschollenen Rezension zu Blochs *Geist der Utopie* Anfang 1920 in einem Brief an Gershom Scholem, dass er seine »radikale Ablehnung dieser Gedanken auf die höflichste Weise« ausdrücken wolle und kritisierte die Erkenntnistheorie mitsamt Blochs »undiscutierbare[r] Christologie«; Benjamins Philosophie habe mit diesem »schnellfertige[n]« und »überfertige[n]« Denken »nichts gemein« und die Auseinandersetzung lohne sich nur »um einer Hoffnung willen«, die Benjamin auf Blochs Entwicklung setzte, da er in den Diskussionen in Interlaken »soviel Wärme, soviel Möglichkeit [s]ich auszusprechen, verständlich zu machen, verstanden zu werden,« gefunden hatte, dass er bereit war, »das Opfer dieser Kritik [s]einer Hoffnung« darzubringen. (*Walter Benjamins Brief an Gershom Scholem vom 13. Februar 1920*, in: Benjamin, Walter, *Gesammelte Briefe. 1919–1924*, Bd. 2, Frankfurt a. M. 1996, S. 75).

23 Vgl. Witte, Bernd, »Benjamin and Lukács. Historical Notes on the Relationship between Their Political and Aesthetic Theories«, in: *New German Critique* 5 (1975), S. 3–26, insbesondere S. 4 f.

24 Vgl. ebd., S. 5. Für Benjamins Weg zum Kommunismus waren die privaten Auseinandersetzungen mit Asja Lăcis, Bertolt Brecht und Bloch ebenso wegweisend wie Lukács' *Geschichte und Klassenbewußtsein*.

25 Vgl. ebd.

26 Vgl. ebd., S. 7 f.

27 Benjamin, Walter, *Bücher, die lebendig geblieben sind*, in: ders., *Gesammelte Schriften*, Bd. 3, Frankfurt a. M. 1991, S. 169–171, hier S. 171.

28 Vgl. Bloch, *Utopie*, S. 278.

29 Vgl. Menke, Bettine, *Das Trauerspiel-Buch. Der Souverän – das Trauerspiel – Konstellationen – Ruinen*, Bielefeld 2010, S. 7–11.

30 Vgl. Eiland/Jennings, *Benjamin*, S. 245–262.

31 Benjamin, Walter, *Einbahnstraße*, in: ders.: *Gesammelte Schriften*, Bd. 4.1, Frankfurt a. M. 1991, S. 81–148, hier S. 94 f.

32 Ebd., S. 95.

33 EBd. Diese religiös anmutende Heilserwartung, dass durch Kontemplation ein befreiendes Wunder geschehen könne, formulierte Benjamin an dieser Stelle wenig gesellschaftlich, auch wenn er schon 1921 in seiner Schrift *Zur Kritik der Gewalt* Religion und Klassenkampf in der Hinsicht verknüpft hatte, dass ein Ausdruck der göttlichen Gewalt der revolutionäre Generalstreik sein könne. Durch sein ganzes Werk zieht sich diese Vorstellung einer invers gewendeten Theologie, die für

ihn ein Movens der Revolution darstellt. (Vgl. Benjamin, Walter, *Zur Kritik der Gewalt*, in: ders., *Gesammelte Schriften*, Bd. II.1, Frankfurt a. M. 1991, S. 179–203).

34 Benjamin, Walter, *Die religiöse Stellung der neuen Jugend*, in: ders., *Gesammelte Schriften*, Bd. II.1, Frankfurt a. M. 1991, S. 72–74, hier S. 73.

35 Ebd., S. 74.

36 Benjamin, Walter, *Über das Programm der kommenden Philosophie*, in: ders., *Gesammelte Schriften*, Bd. II.1, Frankfurt a. M. 1991, S. 157–171, hier S. 157.

37 Ebd., S. 159.

38 Benjamin, Walter, *Theologisch-politisches Fragment*, in: ders., *Gesammelte Schriften*, Bd. II.1, S. 203–204, hier S. 204.

39 Ebd., S. 203.

40 Ebd., S. 204.

41 Vgl. ebd.

42 Benjamin, Walter, *Kapitalismus als Religion*, in: ders., *Gesammelte Schriften*, Bd. 6, Frankfurt a. M. 1991, S. 100–103, hier S. 100.

43 Ebd.

44 Ebd.

45 EBd. und ebd., S. 101.

46 Ebd.

47 Benjamin, Walter, *Ursprung des deutschen Trauerspiels*, in: ders., *Gesammelte Schriften*, Bd. I.1, Frankfurt a. M. 1974, S. 203–430, hier S. 343.

48 Ebd., S. 353.

49 Ebd.

50 Ebd.

51 Ebd.

52 Letztere hat, wie Adorno in seiner kritischen Auseinandersetzung mit Lukács betonte, »einen Maßstab philosophischer Ästhetik aufgerichtet«, hinter den die Kritische Theorie nicht zurückfallen durfte. Außerdem habe Lukács in seinen frühen Schriften »als dialektischer Materialist die Kategorie der Verdinglichung erstmals auf die philosophische Problematik prinzipiell« angewendet. Trotz Adornos Kritik an Lukács' realsozialistischem Konformismus und seinen Simplifizierungen gesteht er ihm zu, dass er auch hinsichtlich einer ästhetischen Theorie darum bemüht war, »den Widerspruch zwischen Marxischer Theorie und approbiertem Marxismus zu eskamotieren«. Mit Lukács gegen Lukács bestand Adorno auf dem Anspruch, »radikal historisch zu denken«. (Adorno, Theodor W., »Erpreßte Versöhnung. Zu Georg Lukács: ›Wider den mißverstandenen Realismus‹«, in: ders., *Gesammelte Schriften*, Bd. 11, Frankfurt a. M. 1981, S. 251–280, hier S. 251, 257 und 260).

53 Münster, Arno, *Utopie, Messianismus und Apokalypse im Frühwerk von Ernst Bloch*, Frankfurt a. M. 1982, S. 15. Werkgenetisch eingebettet und weiter ausgeführt habe ich den frühen Metaphysik-Begriff bei Bloch in: Fink, Lea, »Von abstrakter Utopie zum Transzendieren ohne Transzendenz. Blochs früher Metaphysikbegriff zwischen Religion und Materialismus«, in: Martins, Ansgar u. a. (Hg.), *Ultima*

*Philosophia. Zur Transformation von Metaphysik nach Adorno*, Berlin 2020, S. 59–78. Die Überlegungen zu Bloch im Unterkapitel des vorliegenden Aufsatzes basieren auf dieser Vorarbeit.

54 Bloch, *Utopie*, S. 205, S. 22.

55 Vgl. Stapelfeldt, *Widerspruch*, S. 302–327 und vgl. Bloch, *Utopie*, S. 199.

56 Vgl. ebd., S. 49–208.

57 Vgl. ebd., S. 155.

58 Ebd., S. 199.

59 Vgl. ebd., S. 200 f.

60 Vgl. ebd., S. 205, S. 244.

61 Vgl. Stapelfeldt, *Widerspruch*, S. 325 f.

62 Bloch, *Utopie*, S. 306, 301.

63 Ebd., S. 306. Zum Kantianismus bei Bloch vgl. Schiller, Hans-Ernst, *Bloch-Konstellationen. Utopien der Philosophie*, Lüneburg 1991.

64 Vgl. Bloch, *Utopie*, S. 233.

65 Der Sammelband von Plass, Hanno (Hg.), *Klasse – Geschichte – Bewusstsein. Was bleibt von Georg Lukács' Theorie?*, Berlin 2015 bettet Lukács' Essay-Band nicht nur historisch ein, sondern erörtert die Aktualität etwa des Geschichtsbegriffs und der Ideologiekritik.

66 Lukács, *Geschichte und Klassenbewußtsein*, S. 177.

67 Ebd.

68 EBd. und S. 177 f.

69 Ebd., S. 178.

70 Ebd.

71 Ebd.

72 Ebd., S. 179.

73 Ebd.

74 Ebd.

75 Ebd., S. 181.

76 Ebd.

77 EBd. Dementsprechend verstand Lukács die Sowjets als Vorschein einer neuen Gesellschaft, nicht als »leer in der Luft hängende Utopie, sondern im Gegenteil [als] das einzige Mittel, das geeignet ist, diese vorweggenommene Lage jemals wirklich ins Leben zu rufen« (ebd., S. 236).

78 Ebd., S. 213.

79 Ebd., S. 236.

80 Ebd., S. 219.

81 Für Benjamin waren in diesem Kontext Rettung und Erlösung gewichtigere Kategorien.

82 Engster, Frank, »Lukács und der Nicht-Ort des Kapitals«, in: Dannemann, Rüdiger (Hg.), *Lukács 2014/2015. Jahrbuch der Internationalen Georg-Lukács-Gesellschaft*, Bielefeld 2015, S. 257–276, hier S. 265.

83 Ebd.

84 Lukács, *Geschichte und Klassenbewußtsein*, S. 187. Hierbei verwies Lukács sowohl auf Hegels *Phänomenologie* als auch auf Blochs Theorie des »Dunkels des gelebten Augenblicks« und des »noch-nicht-bewussten Wissens« vom Gewesenen.

85 Vgl. ebd., S. 93.

86 Ebd., S. 219. Anschließend rekurrierte Lukács auf das auch bei Bloch und Benjamin beliebte Zitat von Marx über den immanenten Traum der Welt.

87 Ebd., S. 246.

88 Ebd., S. 178.

89 Ebd., S. 236. Naiv sei es aber anzunehmen, dass der Kapitalismus in Sozialismus umschlagen könne, dass »innerhalb des Kapitalismus etwas anderes in der Richtung auf den Sozialismus entstehen könne, als einerseits die objektiv-ökonomischen Voraussetzungen seiner Möglichkeit, die aber erst nach dem Sturz, infolge des Sturzes des Kapitalismus zu wirklichen Elementen der sozialistischen Produktionsweise umgewandelt werden können, andererseits die Entwicklung des Proletariats als Klasse«, dies käme gar einer »phantastische[n] Utopie« gleich (Ebd.).

90 Ebd., S. 272.

91 Ebd.

92 Vgl. Bloch, Ernst, *Das Materialismusproblem, seine Geschichte und Substanz*, Frankfurt a. M. 1972, S. 478.

93 Lukács, *Geschichte und Klassenbewußtsein*, S. 51.

94 Ebd., S. 93.

Ulrich Mathias Gerr

# SUBVERSION UND PHANTASMAGORIE

## Walter Benjamins Bucklicht Männlein

Das Bucklicht Männlein ist eines der zentralen allegorischen Motive im Werk Walter Benjamins.[1] Es ist als Bild, wie es bei den meisten zentralen Konzepten und Motiven Benjamins der Fall ist, aufgrund seiner idiosynkratischen, konstellativen Methode weit verstreut durch das Werk aufzufinden. Das Motiv ist als Allegorie – dies die Leitkategorie vor allem der geplanten Habilitationsschrift *Ursprung des deutschen Trauerspiels* – nicht beliebig, sondern in ihr vermittelten sich wesentliche Erkenntnisgehalte einer historischen Erfahrung.

Im engen Sinne[2] ist die Textgrundlage zum einen der letzte Abschnitt in der *Berliner Kindheit um neunzehnhundert*[3] (ab 1932/1933) und zum anderen ein Kapitel in Benjamins großem *Kafka-Aufsatz*[4] (1934). Die Methode Benjamins ist es, in einer verdichteten, mit vielen Bildern arbeitenden Sprache durch explizite und implizite Querverweise auf mannigfaltige andere Texte ein argumentatives Gesamtgefüge zu entwickeln, das sich nur wechselseitig erschließt. Durch dieses Ineinander der Ebenen problematisiert der Text auf formaler Ebene die Frage nach dem Verhältnis von literarischer Darstellung und philosophischem Gehalt. Diese Methode, als konstellative qualifiziert, wird gleichermaßen oft aufgegriffen, wie sie darin nicht selten leer bleibt.[5] Wenn man die Analyse am Material im engen Sinne ansetzt, dann geht es um den letzten Text der *Berliner Kindheit um neunzehnhundert*.[6] Dies ist eine Sammlung von etwas mehr als 30 kurzen Texten, in denen es um die bilderreiche Darstellung von Erfahrungen eines namenlosen Kindes im Berlin zum im Titel angesprochenen Jahrhundertwechsel geht. In einer der *Berliner Kindheit* vorhergehenden Textsammlung, der *Berliner Chronik*, ist die methodische

Selbstauskunft platziert, es gehe Benjamin in der Darstellung der erinnerten Zeit nicht um das, »was den stetigen Fluß des Lebens ausmacht«, sondern um einen »Raum[] von Augenblicken und vom Unstetigen«[7]. Der Versuch, eine bestimmte Erfahrung in der Vergangenheit zu vermitteln, ist, obgleich zumeist in erster Person Singular formuliert und mit zahlreichen tatsächlichen Korrespondenzen zu Benjamins eigener Kindheit, keine autobiografische Beschreibung. Im Vorwort des seit dem Erscheinen der historisch-kritischen Ausgabe der *Berliner Kindheit* nach dem Abfassungsort benannten *Pariser Typoskript* von 1938 präzisierte Benjamin noch einmal, es ginge ihm nicht um eine Einsicht in die »zufällige biographische, sondern in die notwendige gesellschaftliche Unwiederbringlichkeit des Vergangenen.«[8]

Der letzte Text dieser Sammlung steht unter der Überschrift *Das bucklichte Männlein*[9]. Es steht an dieser letzten Stelle nicht aus Zufall, insofern es in bündiger und stark kondensierter Form noch einmal zahlreiche Motive und Probleme versammelt, die in der *Berliner Kindheit* verhandelt werden. Diese sind zugleich Verweise auf philosophische Probleme, die sich durch das Werk Benjamins ziehen. Das mag zunächst überraschen, ist es doch, je nach Fassung, ein sehr kurzer Text mit einer Länge von einer bis anderthalb Seiten.

Die verschiedenen Darstellungsebenen von Konkretem und Abstraktem, durch die hier gesprungen wird, sind Versuche, bestimmte Momente des Erinnerns von Kindheit darzustellen. Der Text fängt an mit der Beschreibung der Erfahrung eines Kindes, sich durch die Berliner Großstadt um das Fin de Siècle zu bewegen. Über ein rätsel- und märchenhaftes Kinderlied stößt es auf die titelgebende Figur des Bucklicht Männlein, in dem all diese Erfahrungen kondensieren, und das so die vorherige phantasmatische Korrespondenz von Wirklichkeit und Fantasie personalisiert. Diese Übertragung ist durch die mütterliche Autorität scheinbar legitimiert, weil das Kind ihre vielfach wiederholten, aber nie erklärten Sprichworte wörtlich nimmt und ein Subjekt für die in diesen projizierte Figur sucht. Die fiktive Figur wird derart von allen zentralen Instanzen der kindlichen Wirklichkeitserfahrung – Beobachtungen im urbanen Alltag, nächtliche Träume, Rezeption von Büchern und Erzählungen, zuletzt auch Aussagen der Mutter – scheinbar als existent bestätigt. Derart ratifiziert kann die fiktive Figur nun Filter und Projektion kindlicher Leid- wie Schulderfahrung werden. Immer wieder wird dabei im Verlauf des kurzen Textes die Leiter der Abstraktion nach oben und unten bestiegen, von der naiv geschilderten Erfahrung zu einem reflektierenden Kommentar im sprachlichen Register eines Erwachsenen springend, dann sofort aber wieder auch zurück zur Konkretion des sprachlich an kindlicher Naivität Orientierten gewechselt. Diese Ebenen sind derart verschachtelt, dass sie sich einem ihr vollständig gerecht werdenden Referat entziehen. Statt um eine solche Rekonstruktion soll es in diesem Aufsatz darum gehen, das Vorgehen Benjamins als eines auszuweisen, das subversiv gegen bestimmte ideologische Verzerrungen angelegt ist. Der Fokus wird dabei auf drei zentralen Elementen dieses subversiven Vorgehens liegen: der Kindheit, dem Bezug auf Märchen und der Form der Erinnerung.

## Das Kind zwischen Naivität und Vernunft

Darstellung und Begriff der Kindheit sind schon im Titel der *Berliner Kindheit* in den Fokus gerückt. Die dargestellte Kindheit ist dabei zu unterscheiden von der autobiografischen Kindheit Benjamins, wenngleich er das Material aus der Erinnerung an diese beziehen mag. Ein solcher Begriff der Kindheit stellt gegenüber der bloß partikularen und darin zufälligen empirischen den Anspruch auf Allgemeinheit. Es gehört gleichzeitig zu diesem allgemeinen Begriff von Kindheit, dass diese nur qua konkreter Darstellung, nicht in Abstraktion vom Besonderen gelingen kann. Kindheit wird Benjamin auf diese Weise zu einer Reflexionsform philosophischer und materialistischer Probleme, die im Vollzug dieser Darstellung nicht gelöst werden können, aber trotz ihres aporetischen Charakters einen Erfahrungsgehalt zu vermitteln vermögen. Diese theoretische Stellung hat die Kindheit bei Benjamin nicht erst seit der *Berliner Kindheit*, sondern ließe sich schon frühen Texten Benjamins attestieren. Ein Wendepunkt in der formalen Darstellung dessen stellt das Buch *Einbahnstraße*[10] von 1928 dar, weil es die erste ausführliche Textsammlung jener kleinen Form war, für die sich auch der Gattungsname des Denkbildes etabliert hat.[11]

Das Kind ist bei Benjamin, wie es in *Das bucklichte Männlein* deutlich wird, keinesfalls als gesellschaftliche *tabula rasa* vorgestellt. Es ist nicht unschuldig, also nicht ausgenommen von dem von Benjamin attestierten allgemeinen – gesellschaftlich wie anthropologisch vorgestellten – Schuldzusammenhang.[12] Es ist »[e]ntmenscht[]«[13], ja, wie es an einer Stelle mit einer Entwendung[14] Freuds heißt, »menschenfresserisch«[15]. Für Benjamin war die Abgrenzung auch eine von der Reformpädagogik, der Benjamin als Schüler des Landschulheims von Gustav Wyneken sich auch selbst ausgesetzt sah. Die vielen Strömungen der der Reformpädagogik zugrundeliegenden Vorstellung einer kindlichen Unschuld sind das eine Extrem[16], gegen das sich Benjamins Philosophie der Kindheit wandte, das als solches Extrem gleichzeitig aber negativ konstituierend für seine eigene Konzeption von Kindheit ist. In einer Rezension über *Altes Spielzeug*, einen von Benjamin wiederholt aufgegriffenen Topos, wird die Abgrenzung deutlich:

> Während lammfromme Pädagogen immer noch Rousseauschen Träumen nachhängen, haben Schriftsteller wie Ringelnatz, Maler wie Klee das Despotische und Entmenschte an Kindern begriffen. Erdenfern und unverfroren sind Kinder.[17]

Das andere Extrem, gegen das sich Benjamin gleichermaßen negativ wendet, ist es, im Kind immer schon nichts anderes als den noch unfertigen Erwachsenen zu sehen. Diese Vorstellung bestimmt den aufgeklärten, mündigen Erwachsenen als das regulative Subjekt der Moderne. Das Zeitalter der modernen Aufklärung ist gleichzeitig das der viel zitierten »Erfindung der Kindheit«.[18] Das abstrakt als vollständig erwachsen vorgestellte Subjekt setzt das Kind als sein Anderes und bringt es damit als spezifisch wahrgenommene, kategorial unterschiedene Lebensphase erst hervor. Aufgrund der historischen Gleichzeitigkeit der Entfremdungserfahrung in der entfalteten kapitalistischen Moderne wird diese Kindheit als noch unberührt von der empfundenen Entfremdung verklärt. Der Erwachsene wird in der gleichen Bewegung das Andere des unschuldig gesetzten Kindes und bedarf des Kindes derart zur eigenen Konstitution.

Diese beiden Extreme – Kindheit als unschuldig, nicht entfremdet, unmittelbar einerseits und Kindheit als noch nicht aufgeklärt und daher zu überwindend andererseits – bilden die Extreme, gegen die sich Benjamin in seiner Darstellung und Reflexion von Kindheit wechselseitig abgrenzt. Diese idealtypischen Extreme spreizen sich in der bürgerlichen Gesellschaft zum Doublebind der kindlichen Subjektivität auf. Der Imperativ ist, dass das Kind ganz authentisch Kind sein soll, und zwar, das ist die andere Seite des Doublebinds, ganz *diszipliniert* authentisch Kind. Die dafür notwendige Selbstdisziplinierung dürfte gleichzeitig – nach den Maßstäben des Anspruchs selbst – erst dem Erwachsenen möglich sein. Das Kind ist derart vor die unmögliche Aufgabe gestellt, gleichzeitig *schon* vernünftig zu sein und *noch immer* naiv, also im Jenseits der mit instrumenteller Vernunft verbundenen Entfremdung zu verbleiben. Die gesellschaftliche Vermittlung der Kindheit fundiert Benjamin dabei materialistisch.

Ganz am Anfang des *bucklichten Männlein* steht hier ein Bild, das Benjamin später in der *Passagenarbeit* zu einer Art Urszene kapitalistischer Subjektivität erhob, nämlich die phantasmagorische Begegnung mit einer urbanen Schaufensterauslage. In diesem begegnet dem Kind allerdings, anders als in den *Passagen*, nicht vor allem die ästhetisierte Ware, die das Kind noch nicht sonderlich zu interessieren scheint. So wird in *Das bucklichte Männlein* zwar ein ähnlicher Schauplatz wie in der *Passagenarbeit* – der urbane Ort ästhetischer Präsentation von Waren – aufgerufen, aber der Fokus des Kindes liegt auf den für es unverständlich verbleibenden Gestalten unter dem Schaufenster. Es sind Bewohner von Souterrainwohnungen, die hier zur Allegorie gerinnen und zwar zu einer solchen, die im Untergrund des Schaufensters das unheimliche Reale des oberirdischen phantasmagorischen Warenfetisch[19] beschwört und in diesem Bild eine Begegnung des Kindes mit dem Kapitalismus gleichermaßen fundiert wie verzerrt.

In zahlreichen ähnlichen Stellen in der *Berliner Kindheit* begegnet dem bürgerlichen Kind Armut – in Gestalt von Bettlern, Prostituierten und mit Repräsentanten der für es fremden Arbeiterklasse. Diese üben auf das Kind offenbar eine verstörende Faszination aus. Die kindliche Neugier droht dabei stets, die beobachteten Menschen zu verdinglichen. Das Kind ahnt wenigstens, dass seinem Umgang mit der unverstandenen

Misere eine Form von Gewaltverhältnis zugrunde liegt. Es spießt die Menschen mit neugierigen Blicken förmlich auf und sieht, in der Eingangsszene des *bucklichten Männlein*, den menschlichen Bewohner der kleinen Wohnung wie den Kanarienvogel im Käfig neben diesem an.[20] Das Kind erfährt sich so als Subjekt einer Verdinglichung und macht dadurch gleichzeitig, wenn auch unverstanden, die Erfahrung, dass man überhaupt Subjekt – wie auch Objekt – einer Verdinglichung[21] sein kann. Dadurch begreift es sich als eine Person, die auch selbst einer solchen potenziell ausgeliefert sein könnte. Schon in dieser anfänglichen, stark kondensierten Darstellung des Kindes bricht Benjamin mit der Rousseau'schen Vorstellung von Kindheit als unschuldigem Refugium. Es ist, schon als Kind, verstrickt in den »Schuldzusammenhang des Lebendigen«[22] im Allgemeinen und, weil bürgerlich positioniert, Teil einer als anwachsend charakterisierten Fetischisierung im historisch besonderen Augenblick der entfalteten bürgerlichen Gesellschaft. Im nächtlichen Alptraum, der im Text auf die Eingangsszene folgt, ist diese unbewusst verschuldete Verdinglichung dem Kind bildhaft präsent, wenn sich »de[r] Spieß« umdreht und die imaginierten Bewohner der Kellerwohnung im Traum das am Kind vollziehen, was es zuvor an ihnen exerzierte: »im Traume zielten Blicke, die mich dingfest machten, aus solchen Kellerlöchern.«[23] Gegenstände wie versachlichte Personen werden dem kindlichen Projektionsmechanismus unterworfen. Grundlage der Projektion ist aber auch etwas, was man andersherum als spezifisches Vermögen des Kindes qualifizieren könnte, nämlich intensiv miteinander korrespondierende Ähnlichkeiten wahrzunehmen. So wird auch das mütterlich-mahnende Sprichwort »Ungeschickt lässt grüßen«[24], das stets geäußert wird, wenn das Kind etwas umstößt, von diesem wörtlich verstanden, mit den Träumen und Projektionen verbunden und diese Gestalten zur Ursache des in Wirklichkeit selbst Verschuldeten. Das Kind wird in dieser Darstellung nicht nur als Akteur der Freud'schen Fehlleistungen skizziert,[25] sondern nicht zuletzt zur Reflexionsfigur der mimetischen Sprachtheorie Benjamins, die im Begriff der »unsinnlichen Ähnlichkeit«[26] kulminiert.

In dem mit der *Berliner Kindheit* Anfang 1933 parallel formulierten Doppelaufsatz *Lehre vom Ähnlichen* und *Über das mimetische Vermögen* wird die Sprache als Kanon der »unsinnlichen Ähnlichkeit« zur spezifisch menschlichen Version des Nachahmens von Ähnlichkeiten, der Mimesis, entwickelt. Dieser theoretische Zugang wird in *Das bucklichte Männlein* in concreto dargestellt. Die spekulativ entwickelte Voraussetzung dafür sei die ontogenetische Rekapitulation der phylogenetisch ausgebildeten Wahrnehmung von Ähnlichkeiten: In der kindlichen Subjektwerdung wiederhole sich die evolutionäre und anthropologische Entwicklung der Gattung. Das produktive Missverstehen des Sprichworts als Teil des Vermögens der unsinnlichen Ähnlichkeit, der Aufgabe von Kindheit, wird dieser spekulativen Mimesistheorie zum Beweis. En passant ist die psychische Verarbeitung von Schuldabwehr thematisch, denn das Männlein wird Projektionsfläche von Missgeschicken des Kindes, die ihm als Schuld erscheinen und so von Eltern und Gesellschaft auch bewertet werden. Diese »Gabe«[27] kommt zwar, wie im *Mimesis-Aufsatz* entwickelt, jedem Menschen zu, aber – wie er dort die Rekapitulationstheorie ausweitet – deutlich mehr noch dem Kind als dem Erwachsenen. In diesem Fall erkennt das Kind die Ähnlichkeiten zwischen der Schaufensterbegegnung und den nächtlichen Alpträumen und dann mit den zahlreichen Märchengeschichten, die ihm tagsüber erzählt und vorgelesen werden. In dem Vermögen des Erschließens von Korrespondenzen, das in dieser Intensität dem Kind eigen ist, drückt sich für Benjamin emphatisch die genuin kindliche Praxis aus, eine »Erneuerung des Daseins« zu vollziehen, wie Benjamin sie im Aufsatz *Ich packe meine Bibliothek aus* anspricht.[28] Der Gehalt hier ist, dass das Kind in der Wirklichkeit die Gleichzeitigkeit disparater historischer Entwicklungsstufen vorfindet – Jahrhunderte alte Denkmäler und neuste Technik – ohne um deren historische Unterschiede zu wissen. Die kindliche Integration des historisch Unterschiedenen stellt neu entstehende Praktiken in ein Vermittlungsverhältnis zu Vergangenem, wie es gleichzeitig die Geschichte – in diesem Fall die der Großstadt – zu aktualisieren vermag. Das Neue wird durch die kindliche Praxis erst zum Gewohnten, und das muss es, damit dereinst überhaupt wiederum Neues sein könne. Das Vermögen ist ambivalent. Pejorativ ist es eine fetischistische Naturalisierung: Durch die Erneuerung wird das Vorhandene, und damit auch Armut und Ausbeutung, als immer schon vorhanden hypostasiert. Sie ist andererseits das genuine emanzipatorische Vermögen des Kindes und dadurch für

Benjamin dessen historische Aufgabe. Das Vermögen wäre wohl so zu verstehen, die je neue Technik und die historisch entstandenen, gesellschaftlichen Entwicklungen, für die Menschheit genau in dieser Art als ursprüngliche zu erschließen. Erst damit werden sie überhaupt wieder einer Bearbeitung zugänglich, um dadurch eine weitere Entwicklung einer je neuen Erneuerung zu ermöglichen.

In der *Passagenarbeit* heißt es in einer ähnlichen Bestimmung der historischen Aufgabe der Kindheit: »Jede Kindheit entdeckt diese neuen Bilder um sie dem Bilderschatz der Menschheit einzuverleiben.«[29] Dies ist Bedingung der Möglichkeit einer Potentialität, die bei Benjamin zur geschichtsphilosophisch spezifischen wird. Man muss sich die Möglichkeit als Rückprojektion vorstellen, als »Hoffnung im Vergangenen«[30], mit der Charakterisierung Benjamins durch Peter Szondi. Es ist kein engagiertes »Es kann jederzeit und voluntaristisch anders werden, packen wir es an«, sondern ein negativ utopisches »Es hätte auch anders kommen können, wir müssen in der Durchdringung auch unseres Alltags und einer Reflexion, wie wir von der Möglichkeit unserer Kindheit zum stahlharten Gehäuse unserer Gegenwart gekommen sind, verstehen, was die Bedingung des Scheiterns war«. Die subversive Potentialität des unerfahrenen, aber für Erfahrung offenen Kindes, ist es, derart die diachrone Geschichte einer historistischen Aufzählung von historischen Fakten zu unterlaufen. Das zeigt sich in der Stadt der *Berliner Kindheit*, die, in der Terminologie Benjamins, zum Bildraum stillgestellt und damit gegen den diachronen Verlauf (also auch Verfall) synchronisiert ist.[31] Das heißt, sie eröffnet damit den Raum, trotz des Alps der Geschichte und gegen die Bedrohung des Verlustes von Erfahrungsfähigkeit, doch noch Residuen zu erschließen, die Erfahrungen zu machen ermöglichen.

Die aus der Perspektive eines an historischen Fakten interessierten Historismus bloß als falsch qualifizierbare Eigenschaft kindlicher Erneuerung, die positivistisch also gar nicht begriffen werden kann, bildet den Rest der Möglichkeit historischer Erfahrung. Es ist sozusagen eine subversive Aufhebung der Phantasmagorie: Die kapitalistische Moderne bringt phantasmagorische, also ideologisch-fetischistische Reaktionen auf diese hervor, und enthält immanent – das ist wohl der begriffliche Unterschied von Phantasmagorie und Fetisch – eine Bedingung ihrer eigenen Überwindung. Diese ist aber nicht schon positiv ausgemalt, es sind nicht schon fertige Bilder der Überwindung, sondern nur, gewissermaßen wie in der Form eines Stencil für ein noch anzufertigendes Bild, negativ vorperforiert.

Sobald bei Benjamin das titelgebende Bucklicht Männlein schließlich zum Kollektivsingular all jener Märchenfiguren wird, kristallisiert sich in dieser Figur positiv das Vermögen, das der Kindheit eigen ist, wie auch negativ die Schuld, in die es bereits verstrickt ist. Die Verse des Märchenliedes werden dem Kind zur Kategorie, besser zum Filter, durch den das Kind alltägliche Erfahrungen macht, die sich als gerade darin undurchdringlich und erklärungsbedürftig erweisen.[32]

Das Männlein fungiert als unheimliches Alter Ego des Kindes, in das all jene Erlebnisse verlagert werden, die vom Subjekt nicht vollständig integriert werden können. Es verschränken sich im Folgenden Erlebnisse des Kindes mit der Darstellung der teils nicht möglichen Erinnerung an diese, die in der Reflexion dieser kindlichen Erlebnisse erst zur emphatischen Erfahrung werden. Die beiden Elemente fallen also »nur der Erinnerung des Mannes, nicht der Gegenwart des Wachsenden zu«[33], wie Benjamin in seinem Aufsatz zu André Gide formulierte. Einmal als Instanz etabliert, kann das Bucklicht Männlein für alles Mögliche schuldig erklärt werden. Ist das Bucklicht Männlein verantwortlich für all jene Handlungen tagtäglichen Ungeschicks, die die Mutterimago des Textes als Verkörperung des Realitätsprinzips der kindlichen Subjektivität oktroyiert, dann vermutlich auch für die Armut, über deren Erfahrung das Kind die Projektion allererst bezog.

Hier liegt der materialistische Anspruch dieser Verbindung von kondensierten Bildern und Subjektivität, in einer historischen Vermittlung mit einem bestimmten Zeitpunkt zu stehen und eine Erklärung über eine bestimmte Genese von einem vergangenen Moment für den gegenwärtigen zu liefern. Das wird in der *Passagenarbeit* präzisiert: »Die Tatsache, daß wir in dieser Zeit Kinder gewesen sind, gehört mit in ihr objektives Bild hinein. Sie mußte so sein, um diese Generation aus sich zu entlassen.«[34] Zur Erkenntnis dieser Umstände bedarf der Erwachsene notwendig die Reflexionsfigur des Kindes: Der Erwachsene wird im Medium der Kindheitserinnerung »wie jemand, der den Hintergrund, vor dem er steht, erst bei einem Blick in den Spiegel entdeckt«[35], wie es auf einem Zettel mit Notizen zur Berliner Kindheit bildlich gefasst wird. Die Kindheit ist ambivalent. Diese Ambivalenz wiederholt sich in einer ihrer ästhetischen Entäußerungen, nämlich in der Form des Märchens. In diesem materialisiert sich das Verhältnis von Subversivem und Phantasmagorie, wie es in Benjamins Kindheitskonzeption angelegt ist.

## Märchen für Dialektiker

Angesichts ihrer großen Verbreitung muss man attestieren, dass sich die Subjektivierung in der gleichzeitig sich durchsetzenden bürgerlichen Gesellschaft auch vor einer Folie der Rezeption der Märchenstoffe des 18. und 19. Jahrhunderts vollzog, wie auch andersherum in den Märchen bereits gesellschaftliche Imaginationen aufgehoben sind. Wenn sich in *Das bucklichte Männlein* verschiedene Elemente dieser Entwicklungen kristallisieren, dann korrespondiert Benjamins Versuch, verschüttete Erfahrungen zugänglich zu machen, mit dem Großprojekt in seinem Spätwerk. Es wäre also eine Gemeinsamkeit der *Berliner Kindheit* und der *Passagenarbeit*: eine spezifische Epochenerfahrung des 19. Jahrhunderts in einer Darstellung zu vermitteln, die die Genese der kapitalistischen Moderne in und durch ihren Verfallscharakter und ihrer Verbindung zu einer fetischistischen Warenstruktur und verklärenden Vorstellungen auf Seiten der Individuen zu erhellen versucht. Die Volksmärchen Grimms oder Johann Peter Hebels sowie die Kunstmärchen E. T. A. Hoffmanns wären so verstanden historische Vermittlungsformen einer spezifischen Erfahrung der Moderne insbesondere des 19. Jahrhunderts. Sie zeigen an einer konkreten, allegorischen Form ein Allgemeines auf und machen so erfahrbar, was nicht im bewussten Selbstverständnis der Zeit aufgeht. Eine der konkreten Erfahrungen, die das Märchen idiosynkratisch vermittelt, ist der Anspruch einer utopischen Hoffnung eines versöhnten Verhältnisses zwischen Mensch und Natur. Diese utopische Vorstellung drängte sich im Zeitalter einer dynamischen Entfremdung erst in dieser Intensität auf. Das ist, Benjamin zufolge, der Gehalt der sprechenden Tiere des Märchens und dessen anderer, zwischen Natur und Mensch stehenden,

Kreaturen. Aus der destruktiven Kontrolle des Menschen über die Natur – wie sie später auch in der *Dialektik der Aufklärung* zur Ausgangsdiagnose wird – wird negativ die Hoffnung auf einen versöhnten Zustand abgeleitet. An einer Stelle seines *Erzähleraufsatzes* von 1936, der eine Weiterentwicklung seiner Reflexionen über Märchen darstellte, und von Benjamin als sein entscheidender Beitrag zur Literaturtheorie betrachtet wurde, heißt es:

> Der befreiende Zauber, über den das Märchen verfügt, bringt nicht auf mythische Art die Natur ins Spiel, sondern ist die Hindeutung auf ihre Komplizität mit dem befreiten Menschen. Diese Komplizität empfindet der reife Mensch nur bisweilen, nämlich im Glück; dem Kind aber tritt sie zuerst im Märchen entgegen und stimmt es glücklich.[36]

Benjamin verfolgte, seit er in den Städtebildern Ende der 1920er-Jahre verstärkt Motive aus den Kunstmärchen des 19. Jahrhunderts in seine Texte integrierte, in den 1930er-Jahren längere Zeit den Plan, aus den verstreuten Texten eine umfassende Märchentheorie zu entwickeln.[37] Das Buch steht heute im umfangreichen Regal der von Benjamin geplanten, aber nie geschriebenen Texte. Der Anspruch, den Benjamin hier mit dem Märchen verband, ist der, dass es eine *archaische* Gattung sei, also dem antiken Mythos wesensverwandt. Dagegen wandte Adorno in der Briefkorrespondenz ein, dass die Märchen historisch weniger selbst archaisch in diesem Sinne seien, sondern vielmehr auf ein Bedürfnis nach Archaik verwiesen, das historisch in der voll entfalteten bürgerlichen Moderne und der romantischen Reaktion auf diese seinen Ursprung habe. Dieses Bedürfnis sei also erst eine Reaktion auf Formen der Entfremdung, wie sie etwa durch die gesteigerten Abstraktionsformen der Moderne evoziert werden. Märchen seien derart mit dieser spezifisch historischen Epochenerfahrung vermittelt. In dem Aufsatz *Charakteristik Walter Benjamins*, den Adorno anlässlich der Erstveröffentlichung der *Berliner Kindheit* Mitte der 1950er-Jahre schrieb, attestiert er: Was Benjamin sagte und schrieb, lautete, als nähme der Gedanke die Verheißungen der Märchen- und Kinderbücher, anstatt mit schmachvoller Reife sie von sich zu weisen, buchstäblich, dass die reale Erfüllung selber der Erkenntnis absehbar wird.[38] Hier klingt versöhnlicher an, was leidenschaftlicher Streitpunkt ihrer späten Briefkorrespondenz blieb, ein Streit, der in seiner Bedeutung auch davon geprägt war, dass die Funktion und der Status des Märchens eine Folge für die Anlage der *Passagenarbeit* haben würde, auf die Adorno und das *Institut für Sozialforschung* große Hoffnungen setzten. Diese trug in ihrer ersten Konzeption zunächst den Untertitel *Dialektische Feerie*, also gerade sinngemäß: dialektisches Märchen.[39] Für Benjamin stand das Märchen in einer engen Korrespondenz zum Mythos, dem er, wie Adorno und Horkheimer ihrerseits später, und zwar sicher schon informiert durch das Ergebnis dieser Debatte mit Benjamin, die Form einer Dialektik der Aufklärung zuschrieben. Die bekannte Dialektik dort lautet vereinfacht: Wie die Aufklärung die Tendenz zu einer Regression in einen pejorativ verstandenen Mythos besitzt, so besitzt dieser, dann affirmativ gewandte, antike Mythos bereits eine spezifische Logik aufklärerischer Rationalität. Ein ähnlich dialektisches Verhältnis würde Benjamin in bestimmten Märchen angelegt sehen. Das der vermeintlich ubiquitären Rationalität verschriebene Zeitalter der Aufklärung bringt eigentümliche Formen eines verklärenden Mythos hervor, andersherum ist die Stellung des Märchens in seiner ätiologischen, ästhetischen, sprachwissenschaftlichen und volksbildnerischen Dimension gerade auch ein Ergebnis der Aufklärung, speziell in Frankreich. Das ist für Benjamin der geschichtsphilosophische Ort des Märchens des 18. und 19. Jahrhunderts. In Frankreich übten die dortigen Vorgänger der Gebrüder Grimm, vor allem Charles Perrault und die Gräfin d'Aulnoy, einen nicht zu unterschätzenden Einfluss auf die aufklärerischen Philosophen aus. Es ging ihnen um die Darstellung rationaler Prinzipien im Gewand des Fantastischen, die vor allem auch eine aufklärerische Moral verbreiten sollten.[40] Diese französische Märchenerneuerung spielte für die Entwicklung in Deutschland eine prägende Rolle. Der aufklärerische Kontext geht in dem Vorurteil verloren, die Grimms hätten sich primär direkt auf oral überlieferte Volksstoffe in Deutschland bezogen, dem Volk gar nur wie einst Luther aufs Maul geschaut. Vielmehr sahen sich die Grimms als Volksaufklärer, nicht bloß als Archivare des Volkstümlichen, und, wie die französischen Vorbilder, als Moralerzieher.[41] Die Moralerziehung hat sich in einem der Gattungsmerkmale niedergeschlagen, namentlich dem abschließenden Prinzip des *Fabula Docet.* Richard Faber schreibt zu dieser angehängten moralischen Botschaft, dessen Tradition sei »nicht zuletzt talmudisch, doch eben auch aufklärerisch«[42].

Adorno aber wollte dem Märchen gerade diesen dialektischen Status nicht zugestehen und sah es kategorial vom Mythos, allemal dem antiken und homerischen, getrennt.

Kann für Adorno im ersten Exkurs der *Dialektik der Aufklärung* Odysseus schließlich als eine typologische Reflexionsform aufgeklärter Subjektivität gelten, so nicht der anhand des Bucklicht Männlein verhandelte Stoff: »Als ob die attischen Tragiker Märchendichter wären, was sie doch am letzten sind«[43], polemisiert er im sogenannten *Kafkabrief* 1934 an Benjamin, in dem es nicht zuletzt um das geht, was im Kapitel *Das bucklicht Männlein* des *Kafka-Aufsatzes* verhandelt wird. Sowohl Benjamin als auch bereits Kafka deuten das Sirenenkapitel der Odyssee, was abermals für einen großen Einfluss dieser Debatte auf die *Dialektik der Aufklärung* spricht. In Benjamins *Kafka-Aufsatz* steht Odysseus

> an der Schwelle, die Mythos und Märchen trennt. Vernunft und List hat Finten in den Mythos eingelegt, seine Gewalten hören auf, unbezwingbar zu sein. Das Märchen ist die Überlieferung vom Siege über sie. Und Märchen für Dialektiker schrieb auch Kafka, wenn er sich Sagen vornahm. Er setzte kleine Tricks in sie hinein; dann las er aus ihnen den Beweis davon, »daß auch unzulängliche, ja kindische Mittel zur Rettung dienen können«. Mit diesen Worten leitete er seine Erzählung von dem »Schweigen der Sirenen« ein.[44]

Im Märchen und dessen moderner Konzeption als Bezug auf Archaik findet für Adorno keine Darstellung einer Reflexion eines historischen Konflikts statt, sondern andersherum eine Regression. Die Stoffe der Märchen basierten nicht selten auf griechischen Mythen, auch die der Grimms, die die deutschen Volksmärchen in ihrer auch nationalistischen Programmatik zwar für über die griechische Mythologie erhaben hielten, aber nicht umhinkonnten, den Ursprung vieler der Märchen in der griechischen Mythologie zuzugestehen.[45]

Die geschichtsphilosophische Stellung trenne die Märchen dabei kategorial vom Mythos, denn während der antike Mythos tatsächlich den damalig avancierten Bewusstseinszustand reflektierte, habe das Märchen eine ambivalente Stellung. Ihr einer Pol ist Regression, etwa im Rückfall vom bürgerlichen Recht zum Prinzip des *Ius Talionis*, von dem die Gerechtigkeitsvorstellung vieler Märchen geprägt sind. Indem das Märchen den Mythos nachahmend erinnert, ist es allemal nicht mehr dieser.

Gleichzeitig verhandelt das Märchen, das ist der andere Pol, keinesfalls nur Regressives, wie es sich in der legitimen Hoffnung auf eine Aufhebung eines gesellschaftlichen Unbehagens in einer Vorstellung von Erlösung ausdrückt. Ein solches erlösendes Ende ist spezifisch für die Gattung des Märchens. Das »Und wenn sie nicht gestorben sind« ist, wie jeder weiß, eine zentrale Formel vieler Märchen. Ambivalent ist *Das bucklichte Männlein* hier auch an seinem Ende, und es ist wohl einer der Gründe dafür, warum Benjamin gerade dieser Stoff umtreibt. Die Wirkung der Debatte mit Adorno auf den Fortgang seiner Konzeption ist dabei uneindeutig. Einerseits scheint Benjamin am Anspruch des Märchens festzuhalten, wie es sich in Aufsätzen der 1930er Jahre wie vor allem in dem erwähnten *Erzähler-Aufsatz* zeigt, aber auch schlicht in den wiederholten Überarbeitungen der *Berliner Kindheit* ausdrückt. Andererseits löst er sich für die *Passagenarbeit* explizit von einer einstmals geplanten Konstruktion auf der Folie einer philosophischen Vermittlung des Märchens. Der ursprünglich geplante Untertitel »dialektische Feerie« fiel, die geplante Monografie über das Märchen wurde verworfen. Für das *Passagenprojekt* schien Benjamin der Bezug zum Märchen, ja der ganzen literarischen Darstellungsweise der *Berliner Kindheit* nicht mehr adäquat, es schien ihm für jenes Vorhaben »unerlaubt dichterisch«[46]. Aber das heißt noch nicht, dass er die Kritik einer schlichten Zurückweisung des philosophischen Potentials von Märchen aufgab, die er 1930 formulierte. Die Vorstellung, Märchen seien archaisch im Sinne eines schlicht Veralteten, bezeichnete er dort abfällig als Position einer »Kolonialpädagogik«[47].

Ein Zu-sich-Kommen des Märchens in der Moderne sah Benjamin bei Franz Kafka. Im *Kafka-Aufsatz* von 1934 widmet Benjamin ein Kapitel dem Bucklicht Männlein, auch wenn der Bezug zu dem, was er in der *Berliner Kindheit* unter der gleichen Überschrift entwickelte, sich nicht sofort aufdrängt. Der von den Brentanos kanonisierte Märchenstoff wurde von Kafka jedenfalls nie explizit aufgegriffen. Es wirkt vielmehr, als spräche Benjamin, wenn er über bestimmte Formelemente Kafkas schreibt, im Grunde auch über sein Bucklicht Männlein, und vice versa. Wie das Kind trotz der Erfahrung seiner Projektion auf das Bucklicht Männlein sich als schuldig empfindet, so verurteilt das Recht bei Kafka – im *Prozess* etwa oder der Erzählung *In der Strafkolonie* – »nicht zur Strafe, sondern zur Schuld«[48], wie es im frühen Aufsatz *Schicksal und Charakter* (1919) heißt. »Das Schicksal zeigt sich also in der Betrachtung eines Lebens als eines Verurteilten, im Grunde als eines, das erst verurteilt und darauf schuldig wurde.«[49] – Ein Satz, der auch auf die genannten Erzählungen Kafkas zutreffen würde, obwohl Benjamin damals Kafka noch gar nicht gekannt haben dürfte.[50] Sowohl Kafkas wie Benjamins Kreaturen sind ambivalent und subversiv, mit einem Anspruch auf Rettung und daher mit einem utopischen Vorzeichen versehen. Die gemeinten Charaktere sind dabei weniger die vermeintlichen Protagonisten der Erzählungen – also nicht K., nicht der Landvermesser, nicht der Landarzt – sondern randständige Kreaturen. Es sind die Gehilfen (*Das Schloss*) und nicht zuletzt die wiederholt aufgerufene enigmatische Figur des Odradek. Die Verbindung speziell von Odradek und dem Bucklicht Männlein ist in ihrem Lachen angelegt. Dieses Lachen ist wohl keines des Humors, sondern der Klage, und steht damit in einer Tradition von Motiven, die es bei Benjamin bereits seit dem frühen *Sprachaufsatz* von 1916 gibt. Die Klage der Kreatur, als Zwischenwesen zwischen Mensch und Natur, ist dort auch die der sprachlosen Natur: »Es ist eine metaphysische Wahrheit, daß alle Natur zu klagen begönne, wenn Sprache ihr verliehen würde.«[51] Die Versprachlichung des Sprachlosen, die dieser Klage gerecht zu werden trachtet, ist der spekulativen Sprachtheorie zufolge genuin menschliche Aufgabe. Auf diesen programmatischen Gehalt mit dem Ziel der Rettung ist in den Erzählungen des Bucklicht Männlein wie in denen Kafkas die Emphase zu legen: »Für sie und ihresgleichen, die Unfertigen und Ungeschickten, ist die Hoffnung da.«[52]

Der messianische Gehalt des Bucklicht Männlein wie der Figuren Kafkas wird realisiert durch die Verbindung von Mythologemen, die einerseits eine deutsche oder christliche und andererseits eine jüdische Prägung haben. Das betont Benjamin, wenn er formuliert, Kafka »berühre in seiner Tiefe« Anteile »des deutschen Volkstums so gut wie des jüdischen«[53]. Der messianische Anspruch Kafkas trifft sich in der Bestimmung des Märchens, das Benjamin im *Kafka-Aufsatz* beschrieb als eine der »Überlieferung vom Siege« über die »Gewalten des Mythos«[54]. Dem Urteil Irving Wohlfarths zur ersten These *Über den Begriff der Geschichte* hätte Benjamin wohl schon für das Bucklicht Männlein zugestimmt, es handele sich dabei um eine »theologische Inspiration, die dem historischen Materialismus nottut.«[55] Bei aller Kritik an einer Verklärung des Märchens bei Benjamin hielt Adorno den mit diesem verbundenen utopischen Anspruch hoch. Vor diesem Hintergrund wird auch erst der wiederholt von Adorno zitierte Satz Benjamins verständlich: »Solange es noch einen Bettler gibt, solange gibt es noch Mythos.«[56]

Zentrales Gegensatzpaar in Benjamins Kafkainterpretation wie in *Das bucklichte Männlein* ist dann das Verhältnis von Erinnern und Vergessen, in dem sich der subversive Charakter des Textes noch einmal manifestiert.

## Erinnern und Vergessen

Wie viele Texte der *Berliner Kindheit* ist auch *Das bucklichte Männlein* zugleich eine Darstellung von erinnerten Momenten und eine Reflexion des Vermögens der Erinnerung. Um zu vermitteln, was Erinnerung ist, *muss* sich eine Darstellungsform finden lassen, die dem adäquat ist; nur zum Preis eines leeren Formalismus könnte davon abstrahiert werden. Dieser Versuch, der Erinnerung in ihrer Komplexität gerecht zu werden, ist orientiert an Marcel Proust. Zusammen mit Franz Hessel übersetzte Benjamin Teile des in den 1920er-Jahren in Deutschland erschienenen Hauptwerks Prousts, *À la recherche du temps perdu*. Deren dreizehn Bände sind, stark vereinfacht gesagt, Zeugnis des Versuchs, durch literarisch dargestellte Erinnerung einzuholen, was im Leben des Erzählers geschah. Benjamin erkannte schnell, dass dieses Unterfangen, also die Erinnerung durch ein, wenn auch rhapsodisches, Nacherzählen zu erreichen, notwendig aporetisch ist, weil der Bezug des erinnerten und des erinnernden Ichs nicht so zu denken sei, dass es überhaupt um eine möglichst ausführliche Rekonstruktion des Geschehenen gehen könnte. Eine solche Aufzählung liefe auf einen infiniten Regress hinaus, denn man könnte sich stets wieder anderen vergangenen Daten widmen:

> Wer einmal den Fächer der Erinnerung aufzuklappen begonnen hat, der findet immer neue Glieder, neue Stäbe [...] und nun geht die Erinnerung vom Kleinen ins Kleinste, vom Kleinste ins Winzigste und immer gewaltiger wird, was ihr in diesen Mikrokosmen entgegentritt.[57]

In der *Berliner Chronik*, dem Vorgänger der *Berliner Kindheit*, wird die Erinnerung daher bestimmt als »das Vermögen endloser Interpolationen im Gewesenen«[58]. Statt um eine sowieso nicht herzustellende »Kontinuität« geht es Benjamin, wie im Vorwort der letzten Fassung der *Berliner Kindheit* entwickelt, um die »Tiefe der Erfahrung«[59]. Deren Form ist das sprachliche Bild, das eine bestimmte Erfahrung zu vermitteln geeignet ist, also nicht die Wiederaneignung des Vergangenen als eine Art Kopie anstrebt – dies ist vergeblich – sondern die Erkenntnis dessen, was an allgemeiner Erfahrung in der Erinnerung aufgehoben ist. Es ist eine bestimmte kondensierte Erfahrung in der Vergangenheit, wie sie für das Verständnis von gegenwärtiger Subjektivität Bedingung ist. Das Verhältnis ist so nicht eines der Identität, sondern der Korrespondenz. Die zweite Abgrenzung ist über den Zentralbegriff der Proust'schen Erinnerungstheorie gegeben, der *mémoire involontaire*. Für Proust gehört es zum prekären Wesen der Erinnerungsarbeit, dass man sich an vieles nicht intentional erinnern kann, sondern es zu einer unverfügbaren, unwillkürlichen Erinnerung kommt. Im Madeleine-Moment ist dieses in der wohl bekanntesten Stelle der *Recherche* beschrieben.

Benjamin ging also gegen Proust von einem anderen Charakter der Erinnerung aus: Diese wäre auch noch willkürlich herzustellen, wie er im Vorwort von 1938 impliziert, wenn er sein Vorgehen folgendermaßen charakterisiert: »[...] und rief die Bilder, die im Exil das Heimweh am stärksten zu wecken pflegen – die der Kindheit – mit Absicht in mir hervor.«[60] Ob Benjamin an ein solches willkürliches Aufrufen wirklich bruchlos glaubt, darf bezweifelt werden. Es geht ihm wiederholt, prominent im Text *Das bucklichte Männlein*, gerade um konstitutive Bedingungen, die dazu führen, dass Erinnerung *nicht* gelingt.

Das ist eine Erkenntnis, die die Benjamin'sche Erinnerungstheorie in ein Verhältnis zu seinen späten geschichtsphilosophischen Überlegungen setzt, nämlich zu seiner Kritik am Historismus, die Ähnliches für die Aufgabe der Geschichtswissenschaft konstatiert. So wie es geschichtsphilosophisch nicht darum gehen könne, darzustellen, »wie es eigentlich gewesen« ist (Leopold von Ranke), so wenig wäre dies, als historistische Sammlung vermeintlich objektiver Daten der eigenen Vergangenheit, eine sinnvolle Aufgabe der Erinnerung.[61] Prousts Herangehensweise – in der Darstellung des Erinnerten Bedingungen des Erinnerns und uneingelöste Versprechen der erinnerten Zeit darzustellen – wurde für Benjamin trotz aller Unterschiede zum Programm, gerade auch in *Das bucklichte Männlein.*

Im Versuch, mittels reproduktiver Einbildungskraft einen vergangenen Moment objektiv erinnernd einzuholen, stößt man auf Aporien. Eine der eigentümlichen Eigenschaften der Erinnerung ist die Perspektive, in der man sich an ein vergangenes Erlebnis erinnert. Man versucht sich zu erinnern, indem man versucht, sich den vergangenen Moment wieder zu vergegenwärtigen. Man erinnert sich durch mentale Bilder dieser Momente. Sehr wahrscheinlich sieht man sich im Aufrufen dieser Erinnerungsbilder selbst. Die Erinnerung besteht also aus einer bildhaften Vorstellung seiner eigenen körperlichen Erscheinung – man erinnert sich aus *dritter Perspektive* an sich, wie von außen. Funktionierte Erinnerung wie ein objektives Abbild, so müsste man sich eine »richtige« primäre Erinnerung demgegenüber so vorstellen, dass man genau das rekonstruiert, was man erfahren hat. Dann müsste man sich aber aus der originalen, subjektiven Perspektive, also sozusagen aus seinen eigenen Augen erinnern, wie in der First-Person-Perspektive eines Videospiels. Das ist aber in aller Regel nicht der Fall. Die Frage ist dann, wie genau diese Erinnerung zustande kommt. Man hat die dritte Perspektive der bildhaften Erinnerung an sich schließlich nie eingenommen. In dieser Reflexion der Erinnerung mittels ihrer aporetischen Darstellung in *Das bucklichte Männlein*[62] kommt Benjamin nun dazu, dieses Problem mit einer Art Projektion zu erklären. Das kindliche Subjekt spaltet sich auf, in einen beobachteten und einen beobachtenden Teil. Diese Aufspaltung wird vom Ich-Erzähler mit einer konkreten Figur verbunden und personalisiert. Das Bucklicht Männlein ist die Instanz, in der das erinnernde Subjekt die faktisch nie gemachte Perspektive verlagert, die als völlig phantasmatische Erklärung gleichzeitig eine Auflösung für ein Problem anbietet, das in der Wirklichkeit tatsächlich eine Eigenschaft aller Erinnerung ist.

In der Darstellung der Erinnerungen geht es Benjamin also in verschiedener Hinsicht nicht um eine Rekonstruktion dessen, »wie es eigentlich gewesen« ist, sondern um die Vermittlung einer spezifischen historischen Erfahrung.[63] Diese Erfahrung zu verstehen hat für Benjamin die konkrete Funktion, die Entwicklung einer bestimmten Form historischer Subjektivität zu erklären. Es ist eine Subjektivität generationeller Allgemeinheit, die mit einer Diagnose einhergeht, die Benjamin im Aufsatz *Erfahrung und Armut* formuliert, der im gleichen Jahr wie *Das bucklichte Männlein* entstanden ist, nämlich, dass es im emphatischen Sinne nicht möglich ist, eine Erfahrung der Gegenwart zu machen. Den Bedingungen der Genese der Subjektivität der Generation, die man die des Ersten Weltkriegs nennen könnte, trachtet Benjamin in der *Berliner Kindheit* nachzugehen:

> [D]ie Erfahrung ist im Kurse gefallen und das in einer Generation, die 1914–1918 eine der ungeheuersten Erfahrungen der Weltgeschichte gemacht hat. Vielleicht ist das nicht so merkwürdig wie das scheint. Konnte man damals nicht die Feststellung machen: die Leute kamen verstummt aus dem Felde? Nicht reicher, ärmer an mitteilbarer Erfahrung.[64]

Der Versuch ist als einer der Nachträglichkeit zu verstehen. Es soll im Modus einer Erinnerung eine Erfahrung vermittelt werden, die *nachträglich* die Herausbildung einer historischen Subjektivität nachvollzieht. Diese Form ist, da sie nicht losgelöst von gesellschaftlichen Vermittlungsversuchen existiert, auch durch eine bestimmte ideologische Prägung tangiert. Die Erinnerungstheorie wird derart mit den phantasmatischen Vorstellungen verbunden, dass das Vergessen durch jemanden zu verantworten sein müsste. Die Identifikation dieser mit dem Objekt der vorherigen Projektion liegt dem Subjekt nahe. Das Vergessen selbst enthält neben dieser ideologischen Verkehrung aber auch einen utopischen Rest, weil es wie eine Narbe daran gemahnt, dass da einmal mehr war als das bloß faktisch Gegenwärtige. *Dieses* Vergessen enthält, wie Irving Wohlfarth es ausdrückt, »wie ein pharmakos sein eigenes Heilmittel«[65]. Die Überwindung des Vergessens mit seinen eigenen Mitteln ist das Subversive dieser Konstruktion.

## Subversion antisemitischer Gehalte?

Subversiv ist *Das bucklichte Männlein*, anschließend an die Struktur personalisierender Projektion, nicht zuletzt, insofern es sich einer Figur bedient, die motivhistorisch in einer antisemitischen Tradition steht, in der Darstellung aber deren Schlagrichtung verkehrt. Der antisemitische Gehalt der Figur des Bucklicht Männlein ist heute vermutlich weitgehend vergessen. Benjamin nutzt in der *Berliner Kindheit* als Konstruktionsprinzip Zitate aus dem gleichnamigen Volkslied. Die dabei genutzte Version ist die kanonisch gewordene, die auf Clemens Brentano zurück geht. Brentano nahm das Gedicht in seine Liedersammlung *Des Knaben Wunderhorn. Alte deutsche Lieder* von 1808 auf.[66] Das Bucklicht Männlein beruht seinerseits auf einer Motivtradition, die in das 17. und 18. Jahrhundert führt: In verschiedenen Erzählungen wird mit ähnlichen Motiven operiert. Brentanos Version spitzt bestimmte Aspekte zu und erfuhr eine deutliche Redaktion gegenüber diesem Liedstoff. Diese Zuspitzung schärfte auch vorher schon angelegte antisemitische Gehalte. Das Bucklicht Männlein versammelt so – im Lied Brentanos und in der Tradition, die dieser aufgriff – zahlreiche Momente, die in starker Korrespondenz zu weit verbreiteten antisemitischen Zerrbildern stehen: Das Männlein ist heimtückisch, es operiert versteckt und eignet sich Eigentum raffend an (»Will ich auf mein Boden gehn / Will mein Hölzlein holen, / Steht ein bucklicht Männlein da, / Hat mir's halber g'stohlen.«). Auch die Dimension einer sexuellen Perversität, die oft zu Elementen eines antisemitischen Ressentiments hinzutritt[67], wird aufgerufen, namentlich durch das Auftauchen im Schlafzimmer des lyrischen Ichs, das in den zahlreichen begleitenden Illustrationen zumeist als junges Mädchen abgebildet wird: »Geh ich in mein Kämmerlein / Will mein Bettlein machen / Steht ein bucklicht Männlein da / Fängt als an zu lachen.«

In jenen Illustrationen ähnelt die Physiognomie des bucklicht Männlein auffällig korrespondierenden antisemitischen Karikaturen und Zerrbildern.

All das dürfte dem sich auch selbst affirmativ als solchen verstehenden Antisemiten Brentano bekannt gewesen sein. Neben seiner editorischen und schriftstellerischen Tätigkeit war er vor allem für seine *Antisemitische Tischgesellschaft* berüchtigt, eine zeitgenössisch nicht untypische Form von Gesellschaft, die sich regelmäßig zur Diskussion und antisemitischer Agitation traf. In diesem Kontext muss auch die Aufnahme der beiden Schlusszeilen, also der Gebetsformel (»Liebes Kindlein ach ich bitt, / Bet fürs bucklicht Männlein mit«) interpretiert werden. Durch diese Ergänzung bekam das düstere Lied zum einen eine deutlich optimistische, darin aber auch ostentativ christlich gefärbte Note, die »›Hinzudichtung‹ macht aus dem ›deutschen Volkslied‹ ein christliches«[68]. Das christliche Kind hat dem antijudaistischen Ideologem zufolge den soteriologisch verbrieften Zugang zum Heil, das allen Juden, konkret hier dem antijudaistischen Zerrbild des als boshaft imaginierten Männlein, versperrt bleiben würde. Das Bucklicht Männlein bekommt vor dem Kontext von Brentanos allgemeiner antisemitischer Agitation derart die Funktion, die Gehalte der Tradition des christlichen Antijudaismus für das auch durch Märchen legitimierte Volkstum und das zunehmend säkularisierte Ressentiment des Antisemitismus zu bewahren. Es ist genau diese Form des Motivs, die für die Herausbildung einer spezifischen historischen Subjektivität im 19. Jahrhundert wirkmächtig wurde und deshalb Material für das Programm der *Berliner Kindheit* bot. Teil dieser Subjektivität ist der Boden des modernen Antisemitismus. Benjamin dreht diese Logik wiederum subversiv um, in der Verwendung des zum Ende der Weimarer Republik dominant gewordenen antisemitischen Motivs wird ein diesem gegenläufiges Moment bewahrt.

Benjamin verbindet das antisemitische Zerrbild mit der spezifischen Erinnerungstheorie, das Bucklicht Männlein wird in diesem Kontext »grauer Vogt«[69] genannt, was historisch auf die Figur eines Geldeintreibers verweist, die in einer Konstellation mit ähnlichen »raffenden« Personen und Berufsgruppen steht. Auf dem erwähnten Notizzettel heißt es dazu erläuternd, das Männlein »streicht den Zehnten des Vergessens«[70]

und macht damit die Verknüpfung der Kreatur mit dem antisemitischen Zerrbild noch deutlicher.

Dieses Männlein wird bei Benjamin nun zum einen zu einer ambivalenten Gestalt, anstatt einer sehr eindeutig pejorativen, und, entscheidender, es wird in eine Konstruktion eingebunden, in der relativ klar ist, dass das Männlein für das dargestellte Kind eine Figur von Projektionen ist. Die psychische Funktion des Antisemitismus ist nicht zuletzt die einer projektiven Entlastung. Das Subjekt verlagert seine Schuldgefühle, auch die Erklärung für gesellschaftlich produzierte Armut, der das Kind der *Berliner Kindheit* mannigfach begegnet, in ein externalisiertes Objekt. Dieses Objekt wird in der Entwicklung der Ideologie abstrakter Herrschaft als jüdisch, oder durch Chiffren für Jüdisches imaginiert. Klassische Elemente des Zerrbilds werden aufgegriffen, dabei aber auch gebrochen, und dem Leser in ihrem Charakter als Projektion offengelegt und so bereits durch die Form der Darstellung immanent kritisiert. Dies geschieht also nicht in Form einer herangetragenen Kritik, und das gehört zum subversiven Charakter. Das ist das eine. Das zweite, das den Begriff der Subversion für die Texte zu verwenden berechtigt, ist die Form, in der der Text im Nationalsozialismus veröffentlicht wurde. Hier kam es, um diese Versuche nicht nur zu heroisieren, zu einer gewissermaßen aufgezwungenen Subversion, denn im Exil war es Benjamin nicht mehr so einfach möglich, zu veröffentlichen, schon gar nicht unter seinem Namen. Leichter erkennbar ist das auch subversive Moment der Veröffentlichungspraxis Benjamins bei der Briefanthologie *Deutsche Menschen*[71]. Dieses Buch ist eine Sammlung von Briefen aus der Feder oder dem Umkreis von deutschsprachigen Philosophen, Künstlern und Intellektuellen aus dem Langen 19. Jahrhundert und exponiert, vermittelt über diese, bestimmte Aspekte ihrer Werke. Das Buch entspricht auf einer Erscheinungsebene, so die These hier, dem Ansatz, dass etwas im Nationalsozialismus Akzeptiertes – bekannte und einflussreiche deutsche Persönlichkeiten, wie etwa Goethe, Kant oder Hegel, die in einem Modus von Admiration aufgegriffen werden – nun aber so gewandt wird, dass mittels der Inhalte der spezifischen Briefe nicht ein reaktionärer, sondern ein widerständiger und an die Aufklärung appellierender Gestus verbreitet wurde, der rein gar nichts mit Nationalismus zu tun hatte. *Deutsche Menschen* ist, frei nach Peter Weiss, eine Publikation des Widerstands.

Wenn man Ähnliches nun für *Das bucklichte Männlein* behauptete, dann hätte man als Strategie Folgendes: Der Text, der 1934 in der *Frankfurter Zeitung* veröffentlicht wurde, integriert auf einer Erscheinungsebene eine Kreatur, die dem antisemitischen Zerrbild entspricht, bricht diese aber verkehrend. Die antisemitischen Elemente anhand einer Märchenfigur zu demonstrieren, entsprach zu dieser Zeit bereits einer Bildungspraxis, was den subversiven Charakter des Vorgehens vielleicht abschließend noch einmal verdeutlicht.

Eine der wirkmächtigsten didaktischen Methoden der Nationalsozialisten zur pädagogischen Verbreitung ihres Antisemitismus war damals die *Methode Bild-Gegenbild*. Das heißt, es sollte immer die Doppelbewegung vollzogen werden: Indem man das Zerrbild von gefährlichen, darin aber auch lächerlichen und entstellten Juden und Jüdinnen – das Gegenbild – verbreitete, sollte daran das Bild, die Vorstellung vom deutschen Kollektiv als Gegenteil des Zerrbildes, aufgerichtet werden. Deutsch sein hieß, das Gegenteil des antisemitisch fantasierten Juden zu sein: wohlgestaltet, arbeitend, offen, fleißig, ehrlich, schaffend. Die Methode Bild-Gegenbild wurde auch von dem Biologiedidaktiker Werner Dittrich in Werken wie *Kleine Erb- und Rassenkunde* oder *Erziehung zum Judengegner* über den Nationalsozialistischen Lehrerbund im Programm einer antisemitischen Erweckungspädagogik verbreitet. Dittrichs Koautor war unter anderem Rudolf Wiggers, der die Methode Bild-Gegenbild vermittelt über eine vergleichende Märchenbeschreibung didaktisch konkretisierte[72] und in Lehrerfortbildungen verbreitete. Eine ergänzende didaktische Methode war, dass die Schüler Karikaturen oder Erzählungen, in denen Bilder vorkamen, die den Karikaturen der Juden ähnlich sind, selbst recherchieren sollten.[73] Durch die Methode sollte vermutlich der Eindruck gefestigt werden, dass sich ein jüdischer Einfluss weit erstreckte. Angesichts der zeitgenössischen Bekanntheit des Liedes im Allgemeinen und auch des Märchenbuchs von Georg Scherer im Speziellen wird das Ergebnis solcher Recherchen auch *Das bucklichte Männlein* gewesen sein. Der schulische Ort dieser Übungen war im Übrigen zumeist ein antisemitischer und auch eindeutig rassistischer Biologieunterricht, das Märchen wurde hier also im *Naturwissenschaftsunterricht* als ein Medium genutzt, das als objektive Darstellung von Rassenunterschieden fungierte. Diesen Kontext muss man sich, um den Charakter von Benjamins Veröffentlichung zu verstehen, vergegenwärtigen. Inwieweit ihm all das *en détail* bekannt war, darüber lässt sich nur spekulieren. Aber als jemand, der an zeitgenössischer Pädagogik interessiert war, der den Nationalsozialismus in seiner Bedrohlichkeit erkannte, und an der Verwendung von Märchenstoffen interessiert war, sind ihm die größeren Entwicklungslinien wahrscheinlich nicht verborgen gewesen. Das Bucklicht Männlein Brentanos entspricht allemal dem von den Nazis imaginierten Gegenbild. *Das bucklichte Männlein* Benjamins dekonstruiert dieses aber durch dessen Ambivalenz, indem es als Projektion entlarvt wird. Er zeigt, dass es gar kein dem Männlein entgegenstehendes Bild gibt – Bild und Gegenbild entpuppen sich als homolog. Als Gegenbild entlarvt wird nichts anderes als das Abgespaltene der eigenen, entfremdeten Subjektivität.

Auch der antijudaistische Schluss Clemens Brentanos wird verkehrt. Das Lied endet mit der Bitte des Bucklicht Männlein, in die Gebete eingeschlossen zu werden, eine Bitte, die selbst die Form eines Gebets hat. Ein solches Gebet *um ein* Gebet ist eine Form, die tatsächlich ein theologisch jüdisches Moment hat, nur eben steckt darin nicht die christliche Überlegenheit, gar die der zeitgenössischen Deutschen Christen, die sozusagen herrschaftlich darüber verfügten, ob da jemand zum Heil kommt oder nicht, sondern es wird als Wesen jeden Gebets reflektiert. Das für das Märchen zentrale Formelement, das erlösende Ende, erfährt hier also eine negative Wendung, die Benjamin ähnlich an verschiedenen Stellen entwickelte und die auf die Formel gebracht werden kann, dass von der Hoffnung nichts bleibt als die Hoffnung *auf Hoffnung*. Die Verbindung des Bucklicht Männlein mit zentralen Gedanken der kabbalistischen Tradition, die hier indirekt anklingen, werden explizit im *Kafkaaufsatz* hergestellt. Hier heißt es in einer bekannten Stelle: »Dies Männlein ist der Insasse des entstellten Lebens, es wird verschwinden, wenn der Messias kommt, von dem ein großer Rabbi gesagt hat, daß er nicht mit Gewalt die Welt verändern wolle, sondern nur um ein Geringes sie zurechtstellen werde.«[74]

Das Bucklicht Männlein ist hier der Träger der messianischen Hoffnung, und wieder operiert Benjamin im Aufspüren der Ähnlichkeiten naiv-wortwörtlich: Das durch den Buckel entstellte Männlein verweist auf die Zurechtstellung. Dabei greift Benjamin in seinem allegorischen Verweisungszusammenhang die materialistische Bedeutungsdimension des Buckels auf. Der Buckel ist historisch das Mal der körperlich Arbeitenden. In einem aphoristischen Märchen, das auf eine von Jacob und Wilhelm Grimm kanonisierte Überlieferung Johann Peter Hebels zurückgeht, der für Benjamin der Erzähler von Märchen schlechthin ist[75], wird dieser Bezug exponiert:

> Eine ganze Last hatte sie schon in ihr Tragtuch geschoben und daneben standen zwei Körbe, die mit wilden Birnen und Äpfeln angefüllt waren. »Aber Mütterchen«, sprach er, »wie kannst du das alles fortschaffen?« – »Ich muß sie tragen lieber Herr«, antwortete sie. »Reicher Leute Kinder brauchen es nicht, aber beim Bauern heißt's, Schau dich nicht um, dein Buckel ist krumm.«[76]

In der Allegorie des Bucklicht Männlein ist derart die depravierte Arbeiterklasse in Stellung gebracht. Die darin anklingende politisch-aufklärerische Dimension des Märchens hat Siegfried Kracauer als »Märchenvernunft« bezeichnet. Der Grund, aus dem »die Vernunft des 18. Jahrhunderts die Vernunft der Märchen als ihresgleichen erkannte«, ist deren Bezug auf den Begriff einer befreiten Menschheit, in der der Mensch Zweck seiner selbst werde. Dieses ist auch bei Kracauer eschatologisch gemeint: Die »Märchenvernunft hofft in einer Sprache der Erlösung auf die Ankunft des Menschen, der aus der Vernunft ist«[77].

Beim Buckel gibt es aber auch noch eine zweite materialistische Dimension, die Benjamin an einer Stelle verdeutlicht: Der Rücken der Menschen sei krumm von allen Schätzen, die sie auf dem Rücken tragen müssen. Das heißt, die größer werdende Warensammlung kommt nicht der Befreiung des Menschen zugute, sondern vergrößert das Joch und ist allererst Grund des Buckels als Mal des entstellten und entfremdeten Menschen. Wie bei der Phantasmagorie[78] ist das Bild des Bucklicht Männlein ambivalent: Es versammelt fetischistische und ideologische Verzerrungen und verkörpert die Hoffnung, dass noch in solchen Allegorien Reste dessen sind, was nicht aufgeht, was gegen die Totalität der Ideologie Einwand ist. Das Bucklicht Männlein bündelt diesen subversiven Anspruch der Philosophie Benjamins in einer so kondensierten Weise wie wenig andere seiner Motive.

## ANMERKUNGEN

1 Erstmals deutlich auf die zentrale Bedeutung des Bucklicht Männlein für Benjamin hingewiesen hat vermutlich Hannah Arendt, die ab 1968 ein dreiteiliges biografisches und philosophisches Portrait Benjamins in der Zeitschrift *Merkur* veröffentlichte. Dessen erster Teil, in dem es um die (von Arendt etwas zu eng skizzierte) Verschränkung von Biografie und Philosophie Benjamins ging, trug den Titel *Der Bucklige* (vgl. Arendt, Hannah, »Walter Benjamin, I. Der Bucklige«, in: *Merkur* 22(238) (1968), S. 50–65). Erst in den späten Achtziger- und Neunzigerjahren ist das Bucklicht Männlein in der Benjamin-Forschung stärker berücksichtigt worden. Hier sind vor allem Arbeiten von Irving Wohlfarth, Burkhardt Lindner und Jean-Michel Palmier zu nennen.

2 Implizit, wenngleich häufig nur en passant referenziert, taucht das Motiv an zahlreichen Stellen, besonders in der Phase zwischen der *Einbahnstraße*, jenem Text, mit dem Benjamin die Form der kurzen Denkbilder begründete, und den Vorarbeiten zur *Passagenarbeit*, auf.

3 Hier zitiert nach Benjamin, Walter, *Berliner Chronik / Berliner Kindheit um neunzehnhundert*, in: ders., *Werke und Nachlaß. Kritische Gesamtausgabe*, Bd. 11, Berlin 2019. Im Folgenden zitiert als: *WuN*, Bd. 11.

4 Benjamin, Walter, *Franz Kafka. Zur zehnten Wiederkehr seines Todestags*, in: ders., *Gesammelte Schriften*, 7 Bde., Frankfurt a. M. 1972–1989 (GS I–VII), hier GS II, S. 409–438. Im Folgenden werden die *Gesammelten Schriften* Benjamins unter Angabe des Kurztitels und der Nummer des Bandes zitiert.

5 Treffend polemisiert dagegen haben zuletzt Dirk Braunstein und Christoph Hesse: Braunstein, Dirk / Hesse, Christoph, *Schiffbruch beim Spagat. Wirres aus Geist und Gesellschaft 1*, Freiburg 2021, S. 80–82.

6 Nach seiner *Passagenarbeit* war die Textsammlung der *Berliner Kindheit um neunzehnhundert* das Werk, an dem Walter Benjamin über den längsten Zeitraum hinweg arbeitete, insofern er immer wieder neue Versionen der Texte anfertigte. Publikationspläne eines Buches scheiterten aus verschiedenen Gründen, und so verblieb die einzige Form, in der Texte der *Berliner Kindheit* zu Benjamins Lebzeiten erschienen: einzelne und verstreute Zeitungsartikel.

7 Benjamin, *Berliner Chronik*, in: ders., *WuN*, Bd. 11, S. 7–78, hier S. 38.

8 Benjamin, *Pariser Typoskript*, in: ders., *WuN*, Bd. 11, S. 500–559, hier S. 501.

9 Vgl. ebd., S. 553–554.

10 Benjamin, Walter, *Einbahnstraße*, in: ders., *Werke und Nachlaß. Kritische Gesamtausgabe*, Bd. 8, Frankfurt a. M. 2009.

11 Innerhalb der *Einbahnstraße* gibt es Texte, die alle das Thema Kindheit verhandeln und die in den späteren Textkorpus der *Berliner Kindheit* als Selbstzitat Eingang gefunden haben.

12 Benjamin bestimmt Schicksal als »Schuldzusammenhang des Lebendigen« (Benjamin, *Schicksal und Charakter*, in: ders., *GS* II, S. 171–179, hier S. 175), was außerdem eine anthropologische Dimension hat. Damit gemeint ist die Natur im Menschen, was allerdings dezidiert kein moralischer Begriff von Schuld sei.

13 Benjamin, *Altes Spielzeug*, in: ders., *GS* IV, S. 511–515, hier S. 515. Vgl. auch Giuriato, Davide, *Mikrographien. Zu einer Poetologie des Schreibens in Walter Benjamins Kindheitserinnerungen (1932–1939)*, München 2006.

14 Das ist Burkhardt Lindners Begriff für die undogmatische Weise, in der sich Benjamin auf die Begriffe anderer Autoren bezieht. (Vgl. Lindner, Burkhardt, »Benjamins Transformationen der Psychoanalyse. Eine Rekonstruktion«, in: ders., *Studien zu Benjamin*, Berlin 2016, S. 265–468).

15 Benjamin, *Altes Spielzeug*, S. 515.

16 Wie bei vielen Themen gelangte Benjamin auch bei dieser Frage über eine wechselseitige Abgrenzung von weit verbreiteten Extremen zu seiner eigenen Position.

17 Benjamin, *Altes Spielzeug*, S. 515.

18 Vgl. Ariès, Philippe, *Geschichte der Kindheit*, München 2011.

19 Benjamin greift hier einen Marx'schen Begriff auf, verwendet ihn aber auf eine Weise, die über dessen strikte Bedeutung hinausgeht.

20 Benjamin, *Pariser Typoskript*, S. 553.

21 Obwohl der Begriff aus der marxistischen Tradition stammt, verwendet ihn Benjamin hier in der weiter gefassten Bedeutung, dass Lebendiges versachlicht und damit Gegenstand eines gewalttätigen Zugangs wird.

22 Benjamin, *Schicksal und Charakter*, S. 175.

23 Benjamin, *Pariser Typoskript*, S. 553.

24 Ebd.

25 Auf diese beruft sich Benjamin auch explizit, namentlich auf einem Notizzettel, der den Text in groben Zügen vorstrukturiert. Hier sind als ein Stichwort auch die »Fehlleistungen« genannt. (Benjamin, *Das bucklige Männlein*, in: ders., *WuN*, Bd. 11, S. 374–376, hier S. 374). Die Fehlleistung hat für Benjamin die gleiche Ambivalenz, die sie auch bei Freud hat – als Fehler und kreatives Vermögen zugleich.

26 Benjamin, *Über das mimetische Vermögen*, in: ders., *GS* II, S. 210–213, hier S. 211.

27 Ebd.

28 Benjamin, *Ich packe meine Bibliothek aus*, in: ders., *GS* IV, S. 388–396, hier S. 389.

29 Benjamin, *Das Passagen-Werk*, in: ders., *GS* V, S. 493.

30 Szondi, Peter, *Hoffnung im Vergangenen. Über Walter Benjamin*, in: ders., *Schriften*, Bd. II, Frankfurt a. M. 2011, S. 274–294.

31 Hier zeigen sich Parallelen zu Benjamins bekanntem Zitat zum »Griff [...] an die Notbremse« (Benjamin, *Ms 1100*, zit. n.: ders., *GS* I, S. 1232) und der »Unterbrechung von Abläufen« (Benjamin, *Was ist das epische Theater. Eine Studie zu Brecht*, in: ders., *GS* II, S. 519–530, hier S. 522) als Mittel der Verfremdung des epischen Theaters.

32 Vgl. Benjamin, *Der Sürrealismus. Die letzte Momentaufnahme der europäischen Intelligenz*, in: ders., *GS* II, S. 295–310, hier S. 307.

33 Benjamin, *André Gide. La Porte Étroite*, in: ders., *GS* II, S. 615–617, hier S. 616.

34 Benjamin, *Passagen-Werk*, S. 1024.

35 Benjamin, *Westend*, in: ders., *WuN*, Bd. 11, S. 358–359, hier S. 358.

36 Benjamin, *Der Erzähler. Betrachtungen zum Werk Nikolai Lesskows*, in: ders., *GS* II, S. 438–465, hier S. 458.

37 Vgl. Benjamin, *Lebensläufe*, in: ders., *GS* VI, S. 215–228, hier S. 217.

38 Adorno, Theodor W., *Charakteristik Walter Benjamins*, in: ders., *Prismen. Kulturkritik und Gesellschaft*, Frankfurt a. M. 1955, S. 283–301, hier S. 293.

39 Dies war das ursprüngliche Passagen-Vorhaben von 1927, vgl. Tiedemann, Rolf, *Einleitung des Herausgebers*, in: Benjamin, *Passagen-Werk*, GS V, S. 9–41, hier S. 14–15.

40 Faber, Richard, *»Sagen lassen sich die Menschen nichts, aber erzählen lassen sie sich alles.« Über Grimm-Hebelsche Erzählung, Moral und Utopie in Benjaminscher Perspektive*, Würzburg 2002, S. 35.

41 Ebd., S. 37.

42 Ebd., S. 52.

43 Adorno, Theodor W. / Benjamin, Walter, *Briefwechsel 1928–1940*, Frankfurt a. M. 1994, S. 93.

44 Benjamin, *Franz Kafka*, S. 415.

45 Formal mythologisch sind Märchen dann, wenn sie ätiologische oder genealogische Welterklärungen anbieten. (Vgl. Faber, *»Sagen lassen sich die Menschen nichts, aber erzählen lassen sie sich alles.«*, S. 24).

46 So in einem Brief an Gretel Adorno vom 16. August 1935: Adorno, Gretel / Benjamin, Walter, *Briefwechsel 1930–1940*, Frankfurt a. M. 1994, S. 155.

47 Benjamin, *Kolonialpädagogik*, in: ders., *GS* III, S. 272–274.

48 Benjamin, *Schicksal und Charakter*, S. 175.

49 Ebd.

50 Vgl. Müller, Bernd, *»Denn es ist noch nichts geschehen«. Walter Benjamins Kafka-Deutung*, Köln 1996, S. 18.

51 Benjamin, *Über Sprache überhaupt und über die Sprache des Menschen*, in: ders., *GS* II, S.140–157, hier S. 155.

52 Benjamin, *Franz Kafka*, S. 415.

53 Ebd., S. 432. – Im sogenannten *Kafkabrief* 1934 affirmiert Adorno diesen Aspekt: »Hier empfinde ich die Sätze über die Verschränkung des Deutschen und Jüdischen als ganz entscheidend« (Adorno/Benjamin, *Briefwechsel*, S. 94).

54 Benjamin, *Franz Kafka*, S. 415.

55 Wohlfarth, Irving, »Märchen für Dialektiker. Walter Benjamin und sein ›bucklicht Männlein‹«, in: Doderer, Klaus (Hg.), *Walter Benjamin und die Kinderliteratur. Aspekte der Kinderkultur in den zwanziger Jahren*, Weinheim 1988, S. 121–176, hier S. 134.

56 Benjamin, *Passagen-Werk*, S. 505, zit. u. a. in: Adorno, Theodor W., *Negative Dialektik*, Frankfurt a. M. 1966, S. 201.

57 Benjamin, *Berliner Chronik*, S. 11, S. 13.

58 Ebd., S. 24.

59 Benjamin, *Pariser Typoskript*, S. 501.

60 Ebd.

61 Benjamin, *Über den Begriff der Geschichte*, in: ders., *GS* I, S. 691–704, hier S. 702.

62 Im Notizzettel ist diese Reflexion angekündigt als »Das Bild unserer selbst in der Erinnerung«. (Benjamin, *Das bucklige Männlein*, in: ders., *WuN*, Bd. 11, S. 373–374, hier S. 373).

63 In der *These XVI* nennt er diese Abgrenzung eine des historischen Materialismus: »Der Historismus stellt das ›ewige‹ Bild der Vergangenheit, der historische Materialist eine Erfahrung mit ihr, die einzig dasteht.« (Benjamin, *Über den Begriff der Geschichte*, S. 702).

64 Benjamin, *Erfahrung und Armut*, in: ders., *GS* II, S. 213–219, hier S. 214.

65 Wohlfahrt, *Märchen für Dialektiker*, S. 147.

66 Arnim, L. Achim von / Brentano, Clemens, *Des Knaben Wunderhorn. Alte deutsche Lieder gesammelt von L. Achim von Arnim und Clemens Brentano. Vollständige Ausgabe nach dem Text der Erstausgabe von 1806/1808*, München 1956.

67 Günther, Meike, *Der Feind hat viele Geschlechter. Antisemitische Bilder von Körpern. Intersektionalität und historisch-politische Bildung*, Berlin 2012.

68 Wohlfarth, *Märchen für Dialektiker*, S. 163.

69 Benjamin, *Pariser Typoskript*, S. 554.

70 Benjamin, *Das bucklige Männlein*, S. 373.

71 Benjamin, *Deutsche Menschen*, in: ders., *GS* IV, S. 151–232.

72 Vgl. Harten, Hans-Christian / Neirich, Uwe u. a., *Rassenhygiene als Erziehungsideologie des Dritten Reiches*, Berlin 2006, S. 194.

73 Ebd., S. 195.

74 Benjamin, *Franz Kafka*, S. 432. – Gershom Scholem ist gewissermaßen dieser »große Rabbi«, denn über ihn bezog Benjamin diesen Gedanken.

75 Es gibt auch eine sehr indirekte Referenz auf Hebel im Text des *bucklichten Männlein*, nämlich durch die Diminutiv-Form der Erinnerung, also den sprachlichen Ausdruck dessen, dass in der Erinnerung alles als verkleinert erscheint, worauf Benjamin durch Hebels *Schatzkästlein* stieß. (Vgl. Benjamin, *J. P. Hebels Schatzkästlein des rheinischen Hausfreundes*, in: ders., *GS* II, S. 628).

76 Grimm, Jacob / Grimm, Wilhelm, *Kinder- und Haus-Märchen*, Bd. 2, Göttingen 1850, S. 420.

77 Kracauer, Siegfried, *Das Ornament der Masse*, Frankfurt a. M. 1977, S. 57.

78 Die Phantasmagorie ist Leitkategorie der *Passagenarbeit*. Sie ist dort gerade so bestimmt, dass eine Subjektivität durch gewisse Traumbilder gebildet wird, die auf einem intersubjektiv geteilten Fundus an diesen Bildern basiert, die Benjamin für die Phantasmagorie »Wunschbilder« eines »Kollektivs« nennt. (Benjamin, *Passagen-Werk*, S. 46 f.) Wie Bilder der an den Marx'schen Warenfetisch angelehnten Kategorie der Phantasmagorie pendeln auch die Märchenbilder zwischen der offenkundigen irrealen Verklärung, die das Wesen der Gesellschaftsordnung nicht zu durchdringen vermag, und einem Potential von Aufklärung: »Das Verklärende der Phantasmagorie schlägt um in Aufklärung« (Tiedemann, *Einleitung*, S. 28). Benjamin trachtete derart nach einer Rettung jener Traumbilder der Phantasmagorie, insofern sie über deren Immanenzzusammenhang hinausweist.

Enrico Pfau

# DIE POLITISCHE ÖKONOMIE DER VERWALTETEN WELT ODER DIE WIRKLICHKEIT DES PRIMATS DER POLITIK

> Ich glaube in der Tat, daß die Zeit, in der die entscheidende soziale Schicht von den kleineren Unternehmern gebildet war, bestimmte Eigenschaften, die mit der Freiheit, wenigstens mit der individuellen Freiheit, zusammenhingen, für diese relativ kleine Schicht in höherem Maße entwickelt hat, als sie heute für die Masse der Gesellschaft entwickelt wird. Aber wir haben ja nun gesehen, daß dieses Zeitalter der freien Marktwirtschaft es gerade war, das zu dem gegenwärtigen Zustand geführt hat. Es haben sich nämlich aufgrund dieser Freiheit eben die mächtigeren Unternehmungen nun zusammengeballt zu jenen großen Konzernen, die weitgehend wohl die ökonomische Verantwortung für das tragen, was wir die verwaltete Welt nennen. Denn es handelt sich bei der Verwaltung nicht etwa nur um die Verwaltung durch Regierungen, sondern es handelt sich ebensosehr darum, daß alle Zweige der Wirtschaft sowohl wie der freien Berufe verwaltet sind.
>
> Max Horkheimer[1]

Der Begriff der verwalteten Welt ist ohne eine Auseinandersetzung mit der politischen Ökonomie unverständlich und ist selbst problematisch aufgrund der Kontroversen und Thesen zur Entwicklung des Nationalsozialismus aus dem Kapitalismus. Ein Begriff der verwalteten Welt, der allein aus dem Primat der Politik abgeleitet wird, scheitert an der gesellschaftlichen Realität des Kapitalismus, so sehr man auch glaubt, dieser politisch Herr zu sein. Die fragwürdige Bedeutung des Primats der Politik lässt sich besonders bei Friedrich Pollocks Theorie des Staatskapitalismus zeigen.

> Wo der Volkswirt sich früher über das Rätsel des Tauschprozesses den Kopf zerbrach, findet er unter dem Staatskapitalismus nur mehr Verwaltungsprobleme. Es gibt zwar Grenzen des Staatskapitalismus, aber sie sind einerseits Naturbedingungen, andererseits gerade der Struktur der Gesellschaft geschuldet, die der Staatskapitalismus fortbestehen zu lassen bestrebt ist.[2]

Franz Neumann beschreibt dieses Primat als notwendige Folge der Monopolisierung, durch die der Verwaltungsakt den Vertrag als Garant des Privateigentums ablöst und die Verfügung über den Staatsapparat von höchster Bedeutung wird. Der Kampf gegen den Kapitalismus wird dann zum Kampf um die Festigung der Monopole und ihrer Zerschlagung zugunsten der Massen.[3] Neumann meint das allerdings als Kritik, da er den Begriff des Staatskapitalismus, welcher einerseits kapitalistische Produktion und andererseits das Ende des Privateigentums und des freien Warentausches behauptet, als widersprüchlichen erkennt.[4]

Das Primat der Politik hat sich aber keineswegs als bloße Illusion erwiesen. Es ist der notwendige Standpunkt des bürgerlichen Staates, der sich aus seinem doppelten Wesen als Garant des wirklichen und imaginären Allgemeinen ergibt. Diese Bestimmungen sind in der Marx'schen Kritik an Hegel zu finden. Das imaginäre Allgemeine ist die Illusion von dem erreichbaren Gemeinwohl in der bürgerlichen Gesellschaft, das bei Hegel Form und Inhalt der Bürokratie bestimmt. Das wirkliche Allgemeine ist das Prinzip des Privateigentums, weil es die Form der tatsächlichen Reproduktion der bürgerlichen Gesellschaft und ihrer Mitglieder bildet. Der Staat, der nur wirklich ist und Garant dieses Prinzips sein kann, wenn er sich als eigenständiger Akteur darüber erhebt und ein davon apartes allgemeines Interesse setzt, macht insofern die Illusion vom erreichbaren Gemeinwohl zum Teil der Wirklichkeit.[5] Als wirkliche Macht ist die Bürokratie als seine Exekutive »ein Gewebe von *praktischen* Illusionen oder die ›Illusion des Staats‹«[6]. Als Garant des Prinzips des Privateigentums im Kapitalismus ist er die Wirklichkeit der politischen Ökonomie, doch diese ist nur seine abstrakte Funktion, die ohne das imaginäre Allgemeine nicht zum Staatszweck werden kann. Ohne diese praktische Illusion wäre er kein bürgerlicher Staat, der mit der negativen Freiheit des Gesetzes nicht nur kapitalistische Berechenbarkeit, sondern auch die politische Gleichheit der Staatsbürger untereinander und ihm gegenüber gewährleistet.

Da aber sowohl das Prinzip des Privateigentums sich nicht selbst erhalten kann als auch das imaginäre Allgemeine keine eigene Wirklichkeit in der antagonistischen Gesellschaft hat, muss der Staat dem partikularem Eigentum und den partikularen Interessen ebenso als partikularer Akteur gegenübertreten.[7] Nur in partikularen Akten ist er für die anderen Interessen wirklich, aber diesen Akten hängt auch das Allgemeine an, dessen Legitimation von allen partikularen Interessen begehrt wird, um sich gegenseitig zu behaupten. Sind sie selbst nicht stark genug, versuchen sie sich jeweils die Weihe des Allgemeinen zu geben. Sie begehren die Gesetzeskraft, hinter der das Gewaltmonopol steht, um ihre partikulare Gewalt durch das Allgemeine zu legitimieren. Die Legitimation ist aber nicht die Gewalt selbst, sondern ihre rationalisierte Form. Solange sie an der Weihe des Allgemeinen festhalten, bewahren sie damit auch den Anspruch des imaginären Allgemeinen und somit den Staat als Repräsentant der gesamten Gesellschaft, der nicht nur als ein Akteur unter vielen gilt. Im bürgerlichen Staat bedeutet das die Erhaltung des Rechtsstaats, und der negativen Freiheit des Individuums als Rechtsperson. Er verwirklicht den Anspruch des individuellen Rechtssubjekts. Als äußerer Garant ist er aber auch zugleich Negation dieses Subjekts, indem er diese Rechte gewährt.[8] Als Gewährender mit Gewaltmonopol ist er dadurch virtuell letzter Eigentümer und der wirkliche politische Souverän der bürgerlichen Gesellschaft.

Als Garant des wirklichen Allgemeinen, als ideeller Gesamtkapitalist, ist der Staat insofern ideeller Staatskapitalist, und je mehr er als partikularer Akteur wirklich Staatseigentum für seine Zwecke kapitalistisch anwendet oder über anderes Privateigentum zu seinen Zwecken verfügt, umso mehr wird er wirklicher Staatskapitalist. Er ist damit aber nicht Souverän des Kapitals. Auch als Mittel angewendet, setzt sich das Kapital als etwas vom staatlichen Zweck Verschiedenes durch. Dem Staat geht es da nicht anders als allen im Kapitalismus lebenden Subjekten, die ihre Zwecke an die Dynamik des automatischen Subjekts anpassen müssen und so zu seinen Akteuren werden. Diese Dynamik besteht der Marx'schen Kapitalkritik zufolge in der endlosen Verwertung des Werts, der beständig von der Geldform zur Warenform und wieder zur Geldform wechselt, sich so erhält, vermehrt und im Resultat wieder zu seinem Ausgangspunkt zurückkehrt.[9] Die Anpassung der Menschen an diese Dynamik, unter deren Voraussetzungen sie sich reproduzieren müssen, geht aber nicht auf dessen Wesen: die Produktion und Aneignung von Mehrwert, sondern auf seine Erscheinung: Lohn, Preis und Profit, weshalb die wirkliche Souveränität über den entwickelten kapitalistischen Produktionsprozess nicht realisiert werden kann. Der Staatskapitalismus als System, der die Wirtschaftsgesetze durch seine Steuerung ersetzt, ist daher nur das ideologische Gegenstück zur liberalen Lehre des Marktes, dessen Dynamik und Folgen er einhegen will.

Der Markt ist aber bereits eine rechtliche Einhegung und die Wirklichkeit seiner Momente, die Vertrags- und Gewerbefreiheit ist selbst Gegenstand des partikularen Interessenkonflikts in der bürgerlichen Gesellschaft. Neumann weist darauf hin, dass die Vertrags- und Gewerbefreiheit je nach Stellung im Produktionsprozess und der Konkurrenz verschiedene Bedeutungen haben und daher aus verschiedenen Interessen heraus gefördert oder behindert werden. So setzt auch der Staat verschiedene und gegensätzliche Interventionsmaßnahmen im freien Markt um.[10] Der freie Markt enthält von vornherein seine Negation, die Marktmacht, welche die Herrschaft des einzelnen Privateigentums über anderes ist. Für das Einzelkapital ist es je nach Situation und Größe rational, den Markt einzuschränken, um sich weiter verwerten zu können. Durch die Marktmacht und den Eingriff der Einzelkapitale in den Markt, teils über den Staat vermittelt, wird der Schein der Konkurrenz angegriffen, bis er sogar mitsamt der liberalen Voraussetzungen unglaubwürdig wird. Der Schein betrifft das Theorem von Angebot und Nachfrage als Regulierungsmechanismus der Preise. Es scheint so, dass mit dem Ausgleich der verschiedenen Warenpreise zum Marktpreis auch das Niveau dieses Ausgleichs geschaffen wird. Marx zeigt im *Kapital*, dass *man ohne den vom ihm entwickelten Wertbegriff nur dazu kommt, den Profit durch unerklärliche, beliebige Preiszuschläge erklären zu können. Umgekehrt erscheint die Grundlage für die Wertigkeit einer Ware als eine Komposition voneinander vermeintlich unabhängiger Quellen, dem Profit des Unternehmers, der Rente des Grundeigentümers und dem Arbeitslohn des Arbeiters.*[11]

Mit Auflösung des Scheins der Konkurrenz enthüllt sich das Privateigentum und nicht der faire Wettbewerb ökonomisch konkurrenzfähiger Individuen als Grund der liberalen Theorie.[12] Der Staat, der das Prinzip des Privateigentums schützt und selbst bei Bedarf in den Markt für seine Zwecke eingreift, hat kein Problem mit dieser Entwicklung, solange kein Kapital so weit anwächst, dass es ihn in seiner Monopolstellung des Rechtsgaranten herausfordern kann. Hier liegt die eigentliche Bedeutung des Monopols, das jedes Einzelkapital erreichen will, um sich von der Last der Konkurrenz und den Vorgaben des Staates befreien zu können. Doch die eigentliche Konkurrenz, die Verteilung des Gesamtkapitals auf die verschiedenen Produktionssphären mit unterschiedlicher organischer Zusammensetzung ihrer Kapitale, besteht weiterhin. Das wahre Monopol mag zwar angestrebt werden, scheitert aber an den Grenzen der Zentralisation des Kapitals und der damit verbundenen Sättigung des eingeschränkten Marktes. Das Monopol behindert den Kapitalfluss innerhalb einer Produktionssphäre und wird gegenüber konkurrierendem Kapital anderer Produktionssphären unrentabel. Die organische Zusammensetzung des Kapitals, also das Größenverhältnis von bereits vergegenständlichter Arbeit und lebendiger Arbeit in einem Kapital[13], und die Grenzen der Zentralisation stellen im Kapitalismus immanente Hürden der Monopolbildung dar. Neben der Zentralisation als Tendenz des Kapitals erläutert Marx noch die Konzentration als gegenläufige Tendenz. Bei der Zentralisation ändern nur die einzelnen Kapitale ihre Größe zueinander, während die Konzentration der immer wieder neu sich vollziehende Prozess der Kapitalisierung gesellschaftlichen Reichtums ist, sei er nicht-kapitalistisch oder kapitalistisch produziert.[14] Aus der wachsenden organischen Zusammensetzung zugunsten der bereits vergegenständlichten Arbeit folgt auf der Ebene des gesellschaftlichen Gesamtkapitals der tendenzielle Fall der Durchschnittsprofitrate[15], der der ständige Stachel der kapitalistischen Produktion ist:

> Soweit die Rate der Verwertung des Gesamtkapitals, die Profitrate der Stachel der kapitalistischen Produktion ist (wie die Verwertung des Kapitals ihr einziger Zweck), verlangsamt ihr Fall die Bildung neuer selbständiger Kapitale und erscheint so als bedrohlich für die Entwicklung des kapitalistischen

> Produktionsprozesses; er befördert Überproduktion, Spekulation, Krisen, überflüssiges Kapital neben überflüssiger Bevölkerung.[16]

Zweierlei liegt dann nahe. Der Staat kann die Folgen abmildern oder mit Interventionen versuchen, den Fall der Profitrate zu verhindern. Er kann aber auch wie die Monopole selbst das gegenläufige Interesse haben, diese Grenzen der Monopolbildung mithilfe staatlicher Intervention aufzuschieben oder gar zu sprengen. Solange der Staat sich noch als Garant des imaginären und wirklichen Allgemeinen versteht und als solcher anerkannt ist, wird der Widerspruch dieser gegenläufigen Interessen nicht einseitig aufgelöst, sondern kompromissreich verwaltet. Gilt der Staat aber nicht mehr als Garant des imaginären Allgemeinen, sondern wird als der partikulare Akteur gesehen, der er ist, kann er gekapert und für die eigenen Zwecke gebraucht werden. Dazu passend treten durch den Verfall der bürgerlichen Ideologie, die die Erscheinung der Verhältnisse immer weniger zu rationalisieren vermag, faschistische Bewegungen auf, die den bürgerlichen Staat zugunsten von Volk und Partei abschaffen wollen. Durch die Gewaltmittel von Partei und Staat wurde die Zentralisierung des Kapitals entgegen der Grenzen fortgesetzt. Der so entstehende totalitäre Monopolkapitalismus war aber nur so lange stabil wie er eine räuberische Expansion betrieb.[17] Die ursprüngliche Akkumulation erscheint so wieder als die allgemeine Aneignungsform des Kapitals. Die Arbeitskraft wird durch Zwangsarbeit verschlissen und die geplanten eroberten Gebiete tauchen bereits als Posten in der Buchführung auf. Das hebt die kapitalistische Produktionsweise nicht auf. Die politische Freiheit des doppeltfreien Lohnarbeiters[18] wird kassiert, aber unter ansonsten gleichen Voraussetzungen weiter ausgebeutet. Da der Staat nicht mehr als Repräsentant der Gesellschaft gilt und sich mächtige Parallelorganisationen neben ihm entwickelt haben, entblößt sich die Gesellschaft als Ansammlung gegeneinander um die Macht kämpfender Gruppen. Der Schein der Konkurrenz wird durch die Konkurrenz der verschiedenen Machtgruppen um Zwangsarbeiter, Ressourcen und politische Posten wiederbelebt, aber er wird nicht mehr durch Preiskampf, sondern durch die Anwendung von Individualmaßnahmen durch Staat oder Partei ausgefochten. So blähen sich die Bürokratien der Machtgruppen gewaltig auf, aber verwalten im dauernden Ausnahmezustand mit immer mehr Ausnahmen und mit immer weniger rationalen Regeln.[19]

In seinen ideologischen Versatzstücken[20] ist der Nationalsozialismus aber angetreten, um mit dem Primat der Politik die Wirtschaft gänzlich unter seine Kontrolle zu bringen. Dass ihm das nicht gelingt, reizt seinen antisemitischen Antikapitalismus.[21] Zur Kontrolle dessen, was er für jüdisch hält, werden zwar allerhand Gesetze gemacht und bürokratische Mittel angewendet, aber letztlich ist das Jüdische kein Objekt der Verwaltung mehr. Es kann nicht beherrscht, sondern muss vernichtet werden.[22] Da aber der Nationalsozialismus den Kapitalismus und seine Folgen nicht dadurch beseitigen kann, dass er die Juden ermordet, muss er das Jüdische fortwährend in der Welt finden und vernichten. Rationalität, Intellektualismus und individueller Eigennutz müssen der völkischen, durch das Schicksal gebundenen, Gemeinschaft weichen. Damit und durch die Unterwerfung der Arbeitskraft unter den Befehl untergräbt der Nationalsozialismus aber auch die menschlichen Wesenskräfte, von denen auch das Kapital zehrt, im Großteil der Bevölkerung. Die totale äußere Unterwerfung der Arbeit und die Vernichtung des Geistes sind ein Hindernis der kapitalistischen Produktion und gefährden ihre Stabilität. Die totale Unterwerfung bis hin zur Auslöschung des Individuums ist für die Totalität des Kapitalismus der falsche oder nur unzureichende Totalitarismus. Des Menschen Arbeitskraft muss nicht nur äußerlich, sondern ihrem Selbstverständnis nach unterworfen werden und muss ständig bereit sein, ihre Produktivität aus eigener Motivation heraus selbstständig zu steigern und den Bedürfnissen des Kapitals anzupassen. Der Nationalsozialismus betrachtete den Menschen nur als Werkzeug oder Maschine, starr und abhängig von äußerer Überwachung und Weisung.[23] Aber zu seiner sich immer weiter steigernden Verwertung braucht das Kapital, weil es Automat ist, die Idee des Automaten[24], nicht nur als physische Maschine, sondern angewendet auf den Menschen und seine Arbeitskraft.

Es bildet sich das *Social Engineering* als effiziente äußere Verwaltung von Menschen und der sich verwaltende Mensch als effiziente innere Verwaltung heraus. Ihre Effizienz ist daran zu ermessen, dass anders als bei Befehl und Überwachung der Schein der Freiheit noch gewahrt bleibt und sich so die Wesenskräfte des Menschen zu den im Kapitalismus erforderlichen Zwecken entfalten können. Die äußere Verwaltung, die nicht direkt vorgibt und ihre Zwecke verbirgt, kann leicht als Manipulation interpretiert werden. Für den Einzelnen, der in der bürgerlichen Gesellschaft mit dem äußeren und inneren Anspruch der Selbstkontrolle und Kontrolle über andere konfrontiert ist, bieten sich so mannigfaltige Anlässe für paranoide Reaktionen, bei denen geheimnisvolle Machenschaften hinter den gesellschaftlichen Erscheinungen vermutet werden. Als Erscheinungen bleiben sie zwar immer die gleichen, aber ihre Bedeutung wechselt mit der Ideologie oder dem Wahn, der sich an ihnen abarbeitet. Profit ist immer Profit, aber wird der Profit als Lohn des Kapitalisten verstanden oder als leistungsloses Einkommen? Ist der Preis nur eine hingenommene Folge von Angebot und Nachfrage des Marktes, ein Instrument staatlicher Steuerung der Warenzirkulation oder ein Mittel, um aktiv Konkurrenz auszuschalten? Wie werden Vertrags- und Gewerbefreiheit gedeutet? Aber wie auch immer sich die Menschen auf die Erscheinungen im Kapitalismus beziehen, ändert das nichts an seinen wesentlichen Kategorien. Staaten und Unternehmen können Preise festlegen, aber können damit am Wertgesetz nichts ändern, das gerade die Willkür der Preissetzung abstraft. Am Ende muss nur irgendwer die Kosten bezahlen und sicherlich ist es größeren Unternehmen und besonders Nationalökonomien möglich, manche Kosten für Eingriffe in die Freiheit des Kapitals zu zahlen oder zu verteilen. Die Einschränkung der Warenzirkulation inklusive der Ware Arbeitskraft beseitigt aber nicht die Grundlagen der kapitalistischen Produktionsweise, sondern setzt sie voraus. Je nach Entwicklungsstand des Kapitalismus oder der Kapitale in den einzelnen Produktionssphären kann eine Einschränkung mehr oder weniger im Gegensatz zu diesen Grundlagen stehen. Für bestimmte Einzelkapitale kann es sehr profitabel sein, die Warenzirkulation und die Ware Arbeitskraft einzuschränken. Einfuhrverbote oder die rassistische Sklaverei sind dafür Beispiele. Je nach organischer Zusammensetzung des Kapitals und seiner technischen Entwicklung ist aber eine bestimmte einseitige Unterwerfung der Arbeitskraft oder das Festhalten von großen Unternehmen an ihrer Marktstellung ein Hindernis für die gesamtgesellschaftliche Kapitalverwertung. Die Einzelkapitale und Nationalökonomien müssen sich daher schlussendlich der ihnen unbekannten Gesamtentwicklung beugen oder die Produktion und Aneignung des Mehrwerts mit autoritären Maßnahmen aufrechterhalten.

In diesem Sinne entspricht der Gegensatz zwischen Einzelkapital und Gesamtkapital dem Gegensatz von Einzel- und Gemeinwohl. Letzterer ist ein Gegensatz in allen Gesellschaften, aber erst in der bürgerlichen Gesellschaft tritt er auch für jeden hervor. Denn erst hier ist jeder Einzelne gezwungen sich als an sich seiendes Individuum jedem anderen und der Gemeinschaft gegenüberzustellen. Das ist die Emanzipation des individuellen Menschen auf breiter gesellschaftlicher Basis, aber losgelöst von seinen gesellschaftlichen, also mit anderen Menschen angewandten, Wesenskräften. Das Individuum an sich, wie es in der bürgerlichen Ideologie zentral ist und von dem aus die Gesellschaft gedacht werden soll, ist daher ein abstraktes Individuum, dem seine eigene gesellschaftliche Produktivkraft als Kraft des Privateigentums erscheint und aber nun überhaupt in die Lage versetzt ist, als Individuum mit anderen in Verbindung zu treten.[25]

Das Gemeinwohl entsteht überhaupt erst als eigene ideologische Kategorie, weil das Einzelwohl für jeden durch die Ohnmacht gegenüber der Natur und dann durch die Ohnmacht gegenüber den antagonistischen Vergesellschaftungen der Menschen nicht möglich war bzw. ist. Jede antagonistische Gesellschaft hatte eigene, zumeist jenseitige Formen, in denen der Widerspruch von Einzel- und Gemeinwohl und der Erscheinung der Wesenskräfte ausgetragen wurde. Solche Gesellschaften waren durch Religion illusionär versöhnt. Das Kapital dagegen ist eine, im gesellschaftlichen Produktionsprozess wirkliche, wenn auch nicht die wahre Versöhnung im Diesseits, indem es die Einzelnen, die als Individuen in die von allen früheren Banden losgerissene Konkurrenz gedrängt wurden, unter den Zweck der Verwertung des Werts vereint. Indem das Kapital systematisch die Wesenskräfte der Gattung subsumiert und deren Mitglieder in Beziehung setzt, stellt es die an sich seiende Menschheit wirklich her, aber negativ, weil es sie unter einen ihr fremden Zweck zwingt. Wenn nun die Menschen versuchen, einzeln oder als Gruppe der Kapitalbewegung etwas entgegenzusetzen, haben sie es mit der real und formal subsumierten Gesamtheit der ihnen entfremdeten menschlichen Wesenskräfte zu tun. Dieses Potenzial kann von niemandem einzeln gelenkt werden. Insofern ist das Kapital in seiner Effizienz der Kapitalverwertung den Einzelnen immer voraus. Hier ist die Wahrheit des bekannten liberalen Diktums von der Unplanbarkeit der Märkte zu suchen. Wer die Friktionen und Krisen im Kapitalismus dadurch zu verwalten oder zu vermeiden sucht, indem er direkt das Kapital lenkt, wird noch mehr Friktionen und Krisen erzeugen oder selbst dabei untergehen. Wer unter Marktbedingungen glaubt, systematisch schlauer als der Markt, als alle darunter subsumierten Wesenskräfte der Menschheit, zu sein, wird verlieren.

Dennoch gibt es den Willen und die Notwendigkeit, andere Zwecke zu verfolgen und zu planen. Dies geschieht einerseits durch jeden Einzelnen, der sein Leben im Kapitalismus mit seinen Kräften bestreiten muss, und andererseits durch den Staat, der als ideeller Gesamtkapitalist gegen die Einzelkapitale vorgehen und als Repräsentant der Gesellschaft das imaginäre Allgemeine vertreten muss. Die Wesenskräfte erscheinen daher im Kapitalismus zwischen dem Einzelnen und dem Staat getrennt. Die ideologische Verbindung der beiden ist die bürgerliche Nation, in der der Einzelne nicht nur als irgendein Bürger, sondern bestimmter Bürger erscheint und der Staat nicht nur als bloß fremder beliebiger Herrschaftsapparat, sondern als Gesamtheit der bestimmten Bürger. In dieser Konstruktion kehrt der Widerspruch des Rechts darin wieder, dass einerseits der Bürger als Rechtssubjekt letzter Zweck des Staates ist, andererseits sich die Nation als imaginiertes und durch die staatlichen Handlungen reales Gesamtsubjekt als übergeordneter Zweck darstellt. Sowohl Staat als auch Bürger haben dieses nationale Bedürfnis. Für den Staat ist es ein wesentlicher Teil der Legitimität seiner Herrschaft. Für den Bürger ist es die Gewissheit, dass seine anarchistische Produktion in der bürgerlichen Gesellschaft irgendeinen gemeinschaftlichen Zweck außer seiner selbst hat. Das in die bürgerliche Gesellschaft geworfene abstrakte Individuum ersetzt so die Bande der Familie und der Religion, weshalb der Nationalismus auch beide Momente in sich aufnimmt. In ihm glaubt der Einzelne sich zu transzendieren und sich zu verewigen. In dieser Vorstellung muss die Nation daher selbst etwas Ewiges sein und wird in alle Zukunft verlängert oder auch in die Vergangenheit rückprojiziert. Diese ewige Organisationsform überträgt sich ideologisch auch auf die Organisationen in der Nation. Ihre wirkliche Verstetigung ist aber dem Alltag der kapitalistischen Herrschaft geschuldet, der in der Verwaltung besteht und endlose, wiederkehrende Aufgaben zu absolvieren hat, weil das Kapital die unendliche Aufgabe ist, die nur im stetigen und gesteigerten Fortgang bewältigt wird. Der Nutzen vieler Organisationen ist daher prekär, ebenso wie die Menschen, die darin arbeiten. Auch der Nationalismus ist prekär und in ständiger Gefahr durch die Ohnmacht oder den Misserfolg des Einzelnen oder des Staates gekränkt zu werden. Der Misserfolg ist aber durch die kapitalistischen Krisen notwendig. Sind die Menschen in ihrer wirklichen individuellen Selbsterhaltung oder ihrer imaginären Selbsterhaltung als Nation bedroht, sind sie auch dazu geneigt, beides den Erscheinungen des Wirtschaftsprozesses überzuordnen und unterminieren damit systematisch den freien Fluss des Kapitals, unter das gerade die wirkliche Selbsterhaltung von Individuum und Nation subsumiert ist. Die Menschen müssen dieses ewige ihnen lästige Tun der einerseits notwendigen, aber immer nur aufschiebenden Verwaltung so lange mitmachen, wie sie nicht hinter die Erscheinungen und ihre Ideologie als notwendig falsches Bewusstsein blicken.

Aber auch ein falsches Bewusstsein ist ein wirkliches Bewusstsein. Es vergegenständlicht und erhält sich in den Organisationen, die die Menschen zur Bewältigung der gesellschaftlichen Erscheinungen aufbauen. Das bürokratische Ethos, das Primat der Politik, die Befehlswirtschaft usw. haben alle wirkliche Auswirkungen auf die Menschen und den kapitalistischen Wirtschaftsprozess, können ihn unterstützen, hemmen oder gewähren lassen. Sie liefern als der politische Bestandteil der politischen Ökonomie die Organisationsformen, in denen sich die kapitalistisch unterworfene Arbeitskraft und die kapitalistischen Akteure mit ihrem ans Einzelkapital geknüpften Interesse bewegen. Sie alle entscheiden, ob demokratisch, oligarchisch oder diktatorisch, über das Antlitz des Kapitalismus. Das Kapital stellt zwar aus seiner Verwertungslogik heraus bestimmte Anforderungen, aber schon weil es nur automatisches und nicht bewusstes Subjekt ist, kann es keine Entscheidungen darüber treffen, wie diese Anforderungen zu erfüllen sind. Schon weil es als Gesamtkapital und Einzelkapital mit jeweils spezifischer Zusammensetzung auftritt, müssen sich diese Anforderungen widersprechen. Über das Wertgesetz ist das automatische Subjekt aber immer die letzte Instanz des kapitalistischen Wirtschaftsprozesses und belohnt *post festum* jene, die dem Drang seiner optimalen Verwertung und Verteilung auf die Produktionssphären am besten entsprochen haben und bestraft jene, die dem nicht entsprochen haben. Das automatische Subjekt weiß das jeweils neu herzustellende Verhältnis nicht, aber die darunter subsumierte Gesamtheit der menschlichen Wesenskräfte wird sie finden. Werden diese Wesenskräfte innerhalb einer Nation beschränkt, muss das negative Auswirkungen auf die Produktion des gesellschaftlichen Reichtums, auf die Konkurrenz der Staaten untereinander um Kapital und ihr Gewaltmonopol haben. Die innerhalb der Staaten geführten politischen Auseinandersetzungen zwischen den verschiedenen Kapitalfraktionen, Parteien usw. bestimmen den Charakter und die Verwertungsmöglichkeiten des nationalen Kapitals und je nach vorherrschender ideologischer Linie, die jeweils nur eine Seite der verschiedenen Stufen des kapitalistischen Gesamtprozesses repräsentiert, werden diese Möglichkeiten besser oder schlechter genutzt. So können alle politischen Akteure, sogar oder gerade die Gewerkschaften und Arbeiterparteien, kapitalistische Politik machen wollen und trotzdem verschiedene Resultate erzeugen. So kann es auch kontraproduktive Politik und Verwaltung geben. So kann das, was vor einigen Jahren eine gute Entscheidung war, sich später als schlecht erweisen und umgekehrt. Vormals gut arbeitende Verwaltungen können sich als Hemmnis herausstellen und müssen revolutioniert werden.

Die verwaltete Welt ist daher keineswegs ein starrer, behäbiger, monolithischer Block. In der politischen Ökonomie des Kapitalismus liegt vielmehr eine Dynamik zugrunde, die die Verwaltung der Organisationen ständig in Umfang und Intensität wachsen lässt. Die verwaltete Welt ist demnach die vom Kapitalprozess vorstrukturierte und unterworfene und die vom Primat der Politik beherrschte Welt. Sie hat also eine gesellschaftliche Realität und eine davon verschiedene praktische Illusion und Ideologie. Kommt der Ideologie ihr überschießendes Moment abhanden, dann wird der Mensch, dessen subjektives Selbstverständnis an dieser Ideologie hängt, zum kapitalistischen Automaten der zugleich in den faschistischen Rebellen umschlagen kann. Das ist die von der kritischen Theorie gemeinte Bedrohung der verwalteten Welt für die Individuen.

Sie machen sich dem gesellschaftlichen So-Sein gleich und sind nur insoweit Individuen, wie es für den kapitalistischen Prozess nötig ist.

> Daß das Individuum mit Haut und Haaren liquidiert werde, ist noch zu optimistisch gedacht. Wäre doch in seiner bündigen Negation, der Abschaffung der Monade durch Solidarität, zugleich die Rettung des Einzelwesens angelegt, das gerade in seiner Beziehung aufs Allgemeine erst ein Besonderes würde. Weit entfernt davon ist der gegenwärtige Zustand. Das Unheil geschieht nicht als radikale Auslöschung des Gewesenen, sondern indem das geschichtlich Verurteilte tot, neutralisiert, ohnmächtig mitgeschleppt wird und schmählich hinunterzieht. Mitten unter den standardisierten und verwalteten Mencheneinheiten west das Individuum fort. Es steht sogar unter Schutz und gewinnt Monopolwert. Aber es ist in Wahrheit bloß noch die Funktion seiner eigenen Einzigkeit, ein Ausstellungsstück wie die Missgeburten, welche einstmals von Kindern bestaunt und belacht wurden. Da es keine selbständige ökonomische Existenz mehr führt, gerät sein Charakter in Widerspruch mit seiner objektiven gesellschaftlichen Rolle. Gerade um dieses Widerspruchs willen wird es im Naturschutzpark gehegt, in müßiger Kontemplation genossen.[26]

Der nicht verwaltbare Rest des individuellen Subjekts stellt aber kein Refugium der Menschlichkeit gegen die anschwellende Zweckrationalität dar. Er droht vielmehr unter diesen Umständen sich irrational und gewalttätig zu entladen und reißt das individuelle Subjekt in den Abgrund. Adorno spricht von der Klaustrophobie der Menschheit in der verwalteten Welt, aus der man umso mehr heraus will, umso dichter die Vergesellschaftung wird. Weil gerade diese Dichte der Vergesellschaftung die Flucht verwehrt, steigert das die Wut gegen die Zivilisation.[27] Die Reaktion des verwalteten und sich verwaltenden Menschen entspricht dem, wozu er gemacht wurde und sich selbst gemacht hat. Die verwaltete Welt stellt sich so als gewaltiger Automat zur Entsubjektivierung des Einzelnen dar und lässt das emphatische Individuum, weil es im Räderwerk der Individuums-Performance als bereits verwirklicht scheint, in unerreichbare Ferne rücken.

## ANMERKUNGEN

1 Adorno, Theodor W. / Horkheimer, Max / Kogon, Eugen, *Die verwaltete Welt oder: Die Krisis des Individuums*, in: Horkheimer, Max, *Gesammelte Schriften*, Bd. 13, Frankfurt a. M. 1989, S. 121–142, hier S. 125.

2 Pollock, Friedrich, *Staatskapitalismus*, in: Dubiel, Helmut / Söllner, Alfons (Hg.), *Wirtschaft, Recht und Staat im Nationalsozialismus*, Frankfurt a. M. 1984, S. 81–109, hier S. 98.

3 »In der Periode der Monopolisierung ist die neue Hilfsgarantie des Eigentums nicht mehr der Vertrag, sondern der Verwaltungsakt – die Form, in der der Staat eingreift. Eben deshalb erlangen nun Form und Inhalt der interventionistischen Maßnahmen höchste Bedeutung. Wer greift ein und um wessen willen – dies wird zur wichtigsten Frage der modernen Gesellschaft. Die Verfügung über den Staatsapparat ist daher der Angelpunkt, um den sich alles andere dreht. Dies ist die einzig mögliche Bedeutung des Primats der Politik über die Ökonomie. Soll der Staat die monopolistischen Besitztümer zerschlagen, sie zugunsten der Massen beschränken, oder sollen Eingriffe getätigt werden, um die monopolistischen Positionen zu stärken, um die völlige Eingliederung aller Wirtschaftsbereiche in das Netzwerk industrieller Organisationen voranzutreiben?« (Neumann, Franz, *Behemoth. Struktur und Praxis des Nationalsozialismus 1933–1944*, Frankfurt a. M. 2005, S. 312 f.).

4 Ebd., S. 275.

5 Vgl. Marx, Karl, *Kritik der Hegelschen Rechtsphilosophie*, in: *MEGA* I/2, Berlin 1982, S. 50–52.

6 Ebd., S. 50.

7 Vgl. ebd., S. 49.

8 Diesen Widerspruch in der bürgerlichen Rechtslehre hat Neumann wie folgt hervorgehoben: »Denn Recht meint einmal das objektive Recht, d. h. das vom Souverän gesetzte oder jedenfalls der souveränen Gewalt zurechenbare Recht, zum anderen den Anspruch des Rechtssubjektes. Also einmal die Verneinung der Autonomie des Individuums und zugleich seine Bejahung.« (Neumann, Franz, »Der Funktionswandel des Gesetzes im Recht der bürgerlichen Gesellschaft«, in: *Zeitschrift für Sozialforschung* 6(3) (1980) [1937], S. 542–596, hier S. 543).

9 »Die selbständigen Formen, die Geldformen, welche der Wert der Waren in der einfachen Zirkulation annimmt, vermitteln nur den Warenaustausch und verschwinden im Endresultat der Bewegung. In der Zirkulation G–W–G funktionieren dagegen beide, Ware und Geld, nur als verschiedene Existenzweisen des Werts selbst, das Geld seine allgemeine, die Ware seine besondere, sozusagen nur verkleidete Existenzweise. Er geht beständig aus der einen Form in die andere über, ohne sich in dieser Bewegung zu verlieren, und verwandelt sich so in ein automatisches Subjekt.« (Marx, Karl, *Das Kapital. Kritik der politischen Ökonomie. Erster Band. Der Produktionsprozeß des Kapitals*, in: *MEGA* II/10, Berlin 1991, S. 141). Zur Verbesserung des Leseflusses wurde die Rechtschreibung in diesem und allen folgenden Zitaten aus der MEGA ohne inhaltliche Verluste angepasst.

10 Vgl. Neumann, *Behemoth*, S. 309–312.

11 Marx, Karl / Engels, Friedrich, *Das Kapital. Kritik der politischen Ökonomie. Dritter Band*, in: *MEGA* II/15, Berlin 2004, S. 789–793, S. 837 f.

12 Diese Enthüllung stellt Ludwig von Mises als ein Missverständnis dar und affirmiert dabei diese Entwicklung. Die freie Konkurrenz darf ihm zufolge nicht mit dem sportlichen oder spielerischen Wettbewerb unter gleichen Chancen verwechselt werden. Mises greift eben diejenige Konzeption des Naturrechts an, die von diesem Ideal des Wettbewerbs ausgeht, um damit Interventionen gegen Monopole zu begründen. (Vgl. Mises, Ludwig von, *Kritik des Interventionismus*, Darmstadt 1976, S. 4, S. 44).

13 »Die Zusammensetzung des Kapitals ist in zweifachem Sinn zu fassen. Nach der Seite des Werts bestimmt sie sich durch das Verhältnis, worin es sich teilt in konstantes Kapital oder Wert der Produktionsmittel und variables Kapital oder Wert der Arbeitskraft, Gesamtsumme der Arbeitslöhne. Nach der Seite des Stoffs, wie er im Produktionsprozess fungiert, teilt sich jedes Kapital in Produktionsmittel und lebendige Arbeitskraft; diese Zusammensetzung bestimmt sich durch das Verhältnis zwischen der Masse der angewandten Produktionsmittel einerseits und der zu ihrer Anwendung erforderlichen Arbeitsmenge andrerseits. Ich nenne die erstere die Wertzusammensetzung, die zweite die technische Zusammensetzung des Kapitals. Zwischen beiden besteht enge Wechselbeziehung. Um diese auszudrücken, nenne ich die Wertzusammensetzung des Kapitals, insofern sie durch seine technische Zusammensetzung bestimmt wird und deren Änderungen widerspiegelt: die organische Zusammensetzung des Kapitals. Wo von der Zusammensetzung des Kapitals kurzweg die Rede ist, ist stets seine organische Zusammensetzung zu verstehen.« (Marx, *Das Kapital. Erster Band*, S. 549).

14 Vgl. ebd., S. 560 f.

15 Vgl. Marx/Engels, *Das Kapital. Dritter Band*, S. 155–157.

16 Vgl. ebd., S. 238.

17 Vgl. Neumann, *Behemoth*, S. 329.

18 Die Genese des Lohnarbeiters, der frei von persönlicher Herrschaft, aber auch frei von Produktionsmitteln ist, beschreibt Marx im Kapitel zur ursprünglichen Akkumulation. (Vgl. Marx, *Das Kapital. Erster Band*, S. 659).

19 Wie Neumann anhand des Nationalsozialismus zeigt, gibt es zwar viele berechenbare technische Regeln, aber die Beziehung der Machtgruppen stützt sich auf individuelle Maßnahmen, die durch Berechnung und Zweckmäßigkeit, aber nicht durch Gesetze bestimmt sind. Es gibt keine allgemeinverbindliche Weise, die Widersprüche in der Gesellschaft zu lösen, wie es in Demokratien oder selbst absolutistischen Verfassungen, wo der König wirklich Gesetzgeber ist, geschieht. Zur Beschreibung einer Wirtschaft, die so operiert, hält Pollock die Bezeichnung Befehlswirtschaft für passend. (Vgl. Neumann, *Behemoth*, S. 541–543; vgl. Pollock, Friedrich, »Ist der Nationalsozialismus eine neue Ordnung?«, in: Dubiel, Helmut / Söllner, Alfons (Hg.), *Wirtschaft, Recht und Staat im Nationalsozialismus. Aufsätze des Instituts für Sozialforschung 1939–1942*, Frankfurt a. M. 1984, S. 111–128, hier S. 121).

20 Neumann erklärt mit Verweis auf eine Rede von Mussolini, dass der Faschismus keine rationale Rechtfertigung der Herrschaft mehr versucht und damit keine

einheitliche Ideologie mehr produziert. Auch Adorno bezeichnet den Nationalsozialismus insofern als weniger ideologisch. (Vgl. Neumann, *Behemoth*, S. 534–536; vgl. Adorno, Theodor W., *Minima Moralia*, in: ders., *Gesammelte Schriften*, Bd. 4, Frankfurt a. M. 2003, S. 122).

21 »Die Enteignung jüdischen Besitzes ist zugleich eine Methode, die antikapitalistischen Sehnsüchte des deutschen Volkes zu stillen. Da der Nationalsozialismus das Privateigentum generell nicht angetastet hat, ist es für das Regime von entscheidender Wichtigkeit zu zeigen, dass es die Macht besitzt, es zu nehmen. In den Augen der antikapitalistischen Massen lässt es die Enteignung eines Teils der Bevölkerung als möglich erscheinen, dass das Regime eines Tages zur vorbehaltlosen und totalen Verstaatlichung schreiten könnte – eine von vielen ausländischen Beobachtern, die dazu neigen, das NS-Regime als antikapitalistisch zu bezeichnen, geteilte Erwartung.« (Neumann, *Behemoth*, S. 158).

22 Der Jude oder das Jüdische sind als absoluter, existenzieller Feind nicht integrierbar. So ein Feind kann nur bekämpft und vernichtet werden. Die affirmative Darstellung dieses Feindbegriffs stammt von Carl Schmitt, der ihn auch auf die Juden anwandte. (Vgl. Schmitt, Carl, *Der Begriff des Politischen*, in: *Wissenschaftliche Abhandlungen und Reden zur Philosophie, Politik und Zeitgeschichte* 10 (1932), S. 14–20; vgl. Schmitt, Carl, *Glossarium. Aufzeichnungen der Jahre 1947–1951*, Berlin 1991, S. 18).

23 Der Nationalsozialismus hat zwar stellenweise auch Eigeninitiative gefördert, aber diese wurde immer im Rahmen eines Führerbefehls verstanden. Hans G. Adler bezeichnet das als den nationalsozialistischen kategorischen Imperativ, also so zu handeln, wie der Führer an meiner Stelle handeln würde. (Vgl. Adler, Hans G., *Der verwaltete Mensch. Studien zur Deportation der Juden aus Deutschland*, Tübingen 1974, S. 1001).

24 Pollock bestimmt die Idee des Automaten am Umgang mit der physischen Maschine, aber seine Aussagen können auch auf die unter das Kapital unterworfene Arbeitskraft bezogen werden: »Hier liegt das Neue gegenüber den vorautomatischen Verfahren, auch wenn sie Automaten benutzten. Denn dort erfolgt die Verarbeitung derart, dass nach jedem Schritt nachgeprüft werden muss, ob das jeweils gewünschte Ergebnis auch tatsächlich erreicht worden ist. Die Automation stellt ›eine neue Denkweise dar‹, welche den Verarbeitungsprozess als ›integriertes System‹ auffasst und seine Kontrolle kontinuierlich mit Hilfe der spezifischen (vorwiegend elektronischen, aber auch pneumatischen und hydraulischen) Geräte der neuen Produktionsweise durchführt.« (Pollock, Friedrich, »Automation«, in: *Frankfurter Beiträge zur Soziologie*, Bd. 5, Frankfurt a. M. 1964, S. 90).

25 Vgl. Marx, Karl / Engels, Friedrich, *Die deutsche Ideologie*, in: *MEGA* I/5, Berlin 1970, S. 57.

26 Adorno, *Minima Moralia*, S. 153.

27 Adorno, Theodor W., *Erziehung nach Auschwitz*, in: ders., *Gesammelte Schriften*, Bd. 10.2, Frankfurt a. M. 2003, S. 674–690, hier S. 676 f.

Luise Henckel

# ZUM VERHÄLTNIS DER KRITISCHEN THEORIE ZUR KRITIK DER POLITIK

Äußert man in akademischen Diskussionen zu den politischen oder politiktheoretischen Krisendiagnosen der letzten Jahre die Vermutung, dass ein Blick auf Grundannahmen der Kritischen Theorie vielleicht einige Zusammenhänge in den geführten Debatten erhellen könnte, wird man meist mit der scheinbar gnadenlos offensichtlichen Erkenntnis konfrontiert, die Kritische Theorie hätte zu (real-)politischen Verhältnissen nicht viel zu sagen.[1] Diese Reaktion wundert nicht, vergegenwärtigt man sich das Missverhältnis von Kritischer und Politischer Theorie an zeitgenössischen Universitäten: Wo mit Kritischer Theorie überhaupt noch der an Marx'sche Ökonomiekritik anschließende institutionelle Zusammenhang des »Frankfurter Kreis« (Dubiel) um Max Horkheimer und Theodor W. Adorno bis zu seiner kommunikationstheoretischen Auflösung der 1970er-Jahre gemeint ist, wird diese meist auf ihre ästhetischen oder höchstens noch philosophiegeschichtlichen Implikationen abgeklopft. Die gesellschaftstheoretischen Diskussionen und Forschungen im Umfeld des Instituts für Sozialforschung von den frühen 1930er-Jahren bis in die späten 1960er werden eingedampft auf die Kulturindustriethese der *Dialektik der Aufklärung* und nicht selten gerade aufgrund dieser als mutmaßlich antiquiert beiseitegelegt. Diese Verkürzung wird dabei munter als von den verirrten Stammvätern der Kritischen Theorie intendierte geschichtsphilosophische »Wende« zur Berichtigung der eigenen Theorie ausgegeben, welche eine Beschäftigung mit den davor geführten Diskussionen ohnehin mehr oder weniger überflüssig zu machen scheint.[2]

Währenddessen eiert die Politische Theorie oder wahlweise die mild soziologisch interessierte Politikwissenschaft zwischen Governance-Diskussionen und den alternierend links- oder rechtsschmittianischen Spielereien über »das Politische« herum. Weder die explizit global angelegten Theoretisierungsversuche der Demokratietheorie noch die Gerechtigkeitstheorien zur Bestimmung normativer Ordnungen fragen konsequent genug nach den gesellschaftlichen Bedingungen politischer Herrschaft und deren struktureller Reproduktion.[3] Versuche, »das Politische« als mehr oder weniger magische Zauberformel zur Bestimmung des Sozialen zu installieren, fördern eine einseitige hegemoniale Ableitung des Gesellschaftsbegriffs aus dem Politischen, wobei die konkreten Praktiken der Politik auf die symbolische Ebene reduziert oder völlig ausgeblendet werden.[4] Solche Praktiken wiederum erhalten im Steuerungsparadigma der Governance-Forschung allein konstituierende Funktion, womit die versteckte Grundannahme reproduziert wird, das staatliche Handeln wäre tatsächlich nur durch die mögliche Maximierung des Gemeinwohls bestimmt.[5]

Nicht überraschend erscheint demgegenüber das erklärte Ziel der Kritischen Theorie, Herrschaft von der Möglichkeit ihrer Überwindung aus zu bestimmen, als höchst provokativ. Das Festhalten an einer gewissen Totalität von Gesellschaft, welches die frühe Kritische Theorie vor allem im Rahmen ihrer wissenschaftspolitischen Debatten gegenüber anderen soziologischen Vorstößen verteidigt, stellt für die politikwissenschaftliche Kritik einen der Gründe dar, warum es gar keinen ausgebildeten Politikbegriff in der Kritischen Theorie geben kann. Politik erscheint der aufs Ganze zielenden Betrachtung nur als ein Teilaspekt des gesellschaftlichen Prozesses, der sich in seiner institutionalisierten politischen Form gleichzeitig als vermeintlich so verwickelt mit den Verhältnissen erweist, dass wiederum verändernde politische Praxis zunehmend unmöglich erscheint. Dabei verflacht der Vorwurf der Politikferne häufig zu der hanebüchenen vulgärmarxistischen Zuschreibung, die Kritische Theorie müsse aufgrund des von ihr angenommenen Primats der Ökonomie die Politik als reines Überbauphänomen deuten. Dazu gesellt sich der Vorwurf, die Weigerung der Kritischen Theorie, konkrete Vorlagen für eine zu verändernde Praxis zu liefern, also ihr »Nicht-Mitmachen«[6], mache sie zu einer zwangsläufig unpolitischen Angelegenheit.[7] Horkheimers Zweifel, ob »[...] die Frage der Politik zu einer Zeit aktuell [ist], in der man sie nicht machen kann?«[8] wird dabei als Zeugnis dafür genommen, dass jene in der Kritischen Theorie als unerledigte Aufgabe vor sich hin zu wesen scheint.

Vielleicht aus dem Gefühl, dass in dieser Spannung aber doch mehr politisches Denken anklingt als allgemein angenommen, oder auch aus dem Bangen um die Unzulänglichkeit der eigenen politiktheoretischen Ansätze heraus – der Versuch, Kritische und Politische Theorie kurzzuschließen, bildet trotz allem ein Sujet wiederholter akademischer Versuche. Eine aktuelle Unternehmung in dieser Hinsicht stellt der 2019 von Ulf Bohmann und Paul Sörensen bei Suhrkamp herausgegebene Sammelband *Kritische Theorie der Politik* dar. Mit dem Anliegen, »performativ zu explorieren, *ob* und *wie* eine Kritische Theorie der Politik möglich ist«[9], meinen sich die Autor:innen von den etablierten »Defizit-Diagnosen«[10] zumindest teilweise abzugrenzen, und sehen den Ausweg wie so häufig in der radikalen Pluralisierung der Forschungsansätze. Mehr dieser Diversifikation als einer historischen Rekonstruktion verpflichtet scheint es neben der ins Willkürliche ausufernden Nennung möglicher theoretischer Wahlverwandtschaften zur Kritischen Theorie (der Politik) vor allem um die unbedingt angebrachte Aktualisierung derselben zu gehen.[11] Die Zusammenstellung der Beiträge erweckt den Eindruck, als komme es nur auf den richtigen Anwendungszusammenhang an, um zu »erkunden, ob und wie unter gegenwärtigen Umständen an die klassische Programmatik der Kritischen Theorie politikbezogen angeknüpft werden kann – oder diese womöglich eher abgestoßen oder überwunden werden müsste.«[12] Ob als affirmativer oder problematisierender Bezug zu dem, was die Autor:innen auf sehr unterschiedliche Weise als Kritische Theorie verstehen: Der Sammelband eröffnet ein munteres Angebot an Vorschlägen, mit ihrer vermeintlichen politiktheoretischen/ politischen »Askese«, »Abstinenz« und »Abständigkeit«[13] umzugehen. Der Begriff, den die Herausgeber schließlich wählen, um ein solches Verhältnis zu beschreiben, ist der der »Ambivalenzkonstellation«[14]. Dieser Ausdruck illustriert die offensichtliche Schwierigkeit, die dialektische Konzeption von Politik der Kritischen Theorie theoretisch wirksam abzubilden, ohne sich einfach in die Heterogenität der Debatten zu flüchten. Adorno charakterisiert diese Malaise 1964 wie folgt: »Auf der einen Seite eben dieses Ideologische, daß die Politik nur das verdeckt, was sich in Wirklichkeit darunter abspielt, und auf der anderen Seite das Politische als das Potential, gleichzeitig eben das, was sich darunter abspielt, zu verändern.«[15] Eine solche Konzeption ist eben nicht durch eine bloße Aufgliederung in unterschiedliche Theorieangebote zu lösen, von denen sich nur die jeweils angenehmen herauszupicken wären.

## Die Wissenschaftskritik des Instituts für Sozialforschung

Das heißt allerdings nicht, dass das Verständnis der »Sphäre der Politik«[16] in der Entwicklungsgeschichte der Kritischen Theorie nicht auch Gegenstand von Diskussionen und Revisionen war. Mit Helmut Dubiel gesprochen, gilt es, die Kontinuität der Theorieentwicklung anhand der inhaltlichen Diskontinuität zu entfalten.[17] Damit fest verbunden ist die Annahme, dass die Entwicklung der Kritischen Theorie nicht auf eine völlige Abkehr ihrer materialistischen ökonomischen Grundannahmen engzuführen wäre. Vielmehr besteht die Überzeugung, dass ihre Untersuchungen und Auseinandersetzungen der angestrebten Überwindung der bestehenden Herrschaftsverhältnisse verpflichtet blieben und die Durcharbeitung dieser die einzige Möglichkeit bleibt, Potenziale – wenn auch in Teilen verschüttet – zur Überwindung dieser Verhältnisse aufzuzeigen.[18] Eine solche Rekonstruktion der historischen Entwicklung der Debatten um den Politikbegriff verdeutlicht immer wieder, dass die Theorieproduktion der Kritischen Theorie als Ausdruck historischer Erfahrung verstanden werden muss und die Frage der Politik dabei tatsächlich an den innersten Kern dieses Erfahrungszusammenhangs rührt. Dabei reflektiert eine Kritische Theorie der Politik ihre mögliche Verwissenschaftlichung immer schon mit.[19] Gerade Max Horkheimers wiederholte Thematisierungen der internen Politisierung von Wissenschaft, welche bewusst in die theoretische Arbeit eingebunden gehöre, verdeutlicht den Zusammenhang zwischen der Kritik der Politik und der Kritik der vorausgesetzten Grundannahmen, Problemdefinitionen und Forschungsmethoden politischer Wissenschaft. Ein solches Politikverständnis hat, der Kritischen Theorie nach, genau wie dessen Verwissenschaftlichung eine eigene Historizität.[20] Dementsprechend wäre der Gedanke, wie vernünftig über Politik zu sprechen sei, eng mit der Funktionsweise des Instituts für Sozialforschung selbst verbunden: Einerseits bestimmte die Abwehr der zunehmenden Isolierung der Einzelwissenschaften und ihrer positivistischen Selbstverständnisse die Einrichtung der institutseigenen Interdisziplinarität, bei der die politische Staatstheorie explizit allerdings erst ab Mitte der 1930er-Jahre in das Aufgabengebiet der Rechtstheoretiker Franz Neumann und Otto Kirchheimer fiel, andererseits war die Aktualisierung der Marx'schen Kritik der politischen Theorie, und zwar als Untersuchung der gesellschaftlichen Totalität, ein alle Bereiche überlagerndes Anliegen. Dem folgend wurde zwar an Marx angeschlossen, dabei aber spätestens mit der Übernahme der Institutsleitung durch Max Horkheimer 1931 ein sozialwissenschaftliches Programm abseits orthodoxer ökonomischer Analysen gewählt. So galt es, die politische Ökonomie in ihrer umfassenden Produktions- und Reproduktionsweise in allen Einzelgebieten kritisch sichtbar zu machen und politisch zu adressieren. Der Vorwurf gegenüber der Kritischen Theorie, den Bereich der Politik- und Staatswissenschaften systematisch aus diesem Abbildungszusammenhang herausgelassen zu haben, knüpft sich gekränkt an die Feststellung, dass das Fach der Staatswissenschaften nicht explizite Erwähnung in Horkheimers Antrittsrede zur Übernahme der Institutsdirektion fand.[21] Angesichts der (von ihm) diagnostizierten Unzulänglichkeit der Sozialtheorie – so betonte er damals – könne die Lösung nicht sein, einen neuen Sinn des Staates oder des Rechtes einzurichten, sondern:

> Vielmehr kommt es heute darauf an, [...] auf Grund aktueller philosophischer Fragestellungen Untersuchungen zu organisieren, zu denen Philosophen, Soziologen, Nationalökonomen, Historiker, Psychologen in dauernder Arbeitsgemeinschaft sich vereinigen [...][22].

Der fachwissenschaftliche Lehrstuhl an der Frankfurter Universität, welcher mit der Leitung des Instituts traditionell verbunden ist, wurde mit dem Antritt Horkheimers von einem Lehrstuhl der wirtschaftlichen

Staatswissenschaft in einen der Sozialphilosophie umgewandelt.[23] Diese Wende stellte aber anstelle der vermeintlichen Abkehr von rechts- und staatswissenschaftlichen Überlegungen vielmehr eine Untermauerung der fachübergreifenden Orientierung der Sozialwissenschaft dar.[24] Trotzdem wird der Leitungswechsel gerne als Ausgangspunkt eines »eklatante[n] institutionentheoretische[n] Defizit[es] der traditionellen Kritischen Theorie der Frankfurter Schule«[25] dargestellt. Diese Kritik enthält allerdings die Vorstellung, die Kritische Theorie hätte mit den programmatisch aufgenommenen Fachwissenschaften feste wissenschaftliche Departments angelegt, wovon einige mehr oder weniger häufig vernachlässigt worden seien. Die dahinterstehende Behauptung, der Kritischen Theorie habe es an Interesse zu staatswissenschaftlicher Forschung gemangelt, blendet außerdem auch die »interne Logik, mit der der Diskurs des Politischen sich ausbildet und sich in Politik, Recht und Soziologie des Staates differenziert, bevor dann diese Ausdifferenzierungen sich eventuell in einer eigenständigen Disziplin des Politischen integrieren lassen [...]«[26], aus, welche die Verwissenschaftlichung politischer Fragen in der Weimarer Republik im Besonderen prägte. Die Betrachtung der zeitgenössischen, im Bestehen begriffenen Politikwissenschaft kann, wenn man sie mit der historischen und ideologiekritischen Verfahrensweise der Kritischen Theorie konfrontiert, aufzeigen, weshalb bestehende staatswissenschaftliche Angebote eher Gegenstand der kritischen Untersuchung als affirmativ zu übernehmendes Theorieprogramm waren. Die politikwissenschaftliche Landschaft, wie sie sich der Kritischen Theorie seinerzeit präsentierte, war weniger von bereits fest institutionalisierten Departments geprägt, sondern schien vielmehr »wissenschaftlich auf der Suche nach ihrem Gegenstand und der ihm adäquaten Methode«[27] zu sein. An kaum einer deutschen Universität gab es in den 1920er-Jahren tatsächliche Bemühungen, eine »Politikwissenschaft« zu etablieren; stattdessen standen politisch höchst aufgeladene Debatten in Fächern wie der Staatsrechtslehre und der Geschichtswissenschaft auf der Tagesordnung.[28] Welche Funktion insbesondere erstere im ideologischen Reproduktionszusammenhang einnahm, beschrieb der sowjetische Rechtstheoretiker Eugen Paschukanis Anfang der 1920er-Jahre bereits sehr treffend:

> Eine solche allgemeine Rechtstheorie, die nichts erläutert, die von vornherein den Tatsachen der Wirklichkeit, das heißt des gesellschaftlichen Lebens den Rücken kehrt und mit Normen hantiert, ohne sich für deren Ursprung [...] noch für deren Zusammenhang mit irgendwelchen materiellen Belangen zu interessieren, kann freilich nur höchstens in dem Sinne auf den Namen Theorie Anspruch erheben, in dem man zum Beispiel von einer Theorie des Schachspiels zu sprechen pflegt.[29]

Die mit der Anlage der Kritischen Theorie korrespondierende Idee, die Rechtsform als historisch gewordene Form zu untersuchen, lag also weitab der etablierten Rechtswissenschaft. Paschukanis beobachtet sehr versiert, wie der Versuch, eine solche Rechtstheorie als Begründungszusammenhang für die Untersuchung des Staates zu etablieren, notwendig in die Ideologieproduktion führt:

> Die Macht als Garant des Marktaustausches kann dagegen nicht nur in der Sprache des Rechts ausgedrückt werden, sondern stellt sich selbst als Recht und nur als Recht dar, das heißt verschmilzt ganz mit der abstrakten objektiven Norm. Darum ist jetzt jede juristische Staatstheorie, die *alle* Funktionen des Staates erfassen will, notwendigerweise inadäquat. Sie kann keine treue Spiegelung aller Tatsachen des staatlichen Lebens sein, sie gibt nur einen ideologischen, das heißt verzerrten Widerschein der Wirklichkeit.[30]

Die historisch gewachsene Verwaltungshoheit der Geschichts- und Rechtswissenschaften über die Sphäre der Politik drückte sich als bürgerliche Ineinssetzung von bestehenden Verhältnissen und der möglichen wissenschaftlichen Beschreibung derselben als natürlich gegebene aus. Die sich langsam herausbildende genuine Form der Wissensproduktion um den Begriff des Politischen hingegen wurde Ende der 1920er-Jahre schließlich umkämpfter Gegenstand zwischen den bestehenden Disziplinen der Staatsrechtslehre, Geschichte und Nationalökonomie und den neuen Fächern der Soziologie – wiederum unterteilt in Weber'sche politische Soziologie, die von Gustav Radbruch entworfene Rechtssoziologie sowie die Wissenssoziologie nach Karl Mannheim – und der Anthropologie, die insbesondere als politische Anthropologie Ausprägung bei Helmuth Plessner fand.[31] Aus Perspektive der Kritischen Theorie musste sich aber auch die sich als Avantgarde verstehende neue Bezugnahme auf

»das Politische« bei Carl Schmitt und Plessner im Endeffekt als umgekehrte Wiederholung des etablierten rechtspositivistischen Diskurses entlarven. Schmitts und Plessners Konzepte eint dabei ein Begriff des Politischen, der den staatlichen Bereich weit übersteigt. Vielmehr wird nach ihnen der Mensch anthropologisch als politisches Wesen – schon immer als von der Freund-Feind-Unterscheidung mitbestimmt – verstanden.[32] Dieser Totalanspruch der Konzepte, als alle Kultur- und Lebensbereiche erfassender, wendet sich oberflächlich genau gegen die bürgerlich-liberale Konzeption und ihre den unterschiedlichen Lebensbereichen zugeordneten Wissenschaften. Für Plessner und auch Schmitt gilt es, »den Primat des Politischen für die Wesenserfassung des Menschen [...]«[33] zu etablieren, eine Wesenserfassung, die, ganz dem darin enthaltenen Totalanspruch nach, alle damit verbundenen Erkenntnisse fundamental affiziert.[34] Diese »potentielle Dynamik, daß das Politische alles erfassen könne bzw. von jedem Bereich her alle anderen Bereiche erfasse: das Politische als das Totale«[35] und das darin bereits offen angekündigte Umschlagen in die reale politische Totalität des Nationalsozialismus enthüllt sich erst aus der Perspektive der Kritischen Theorie als in einer Kontinuität zur bürgerlichen Gesellschaft stehend[36]. Das selbsterklärte *ganz Neue* in Schmitts und Plessners Konzept des Politischen bereitet die Entfaltung des vermeintlich *ganz Anderen* des Tausendjährigen Reichs vor und verdeckt gleichzeitig die jeweiligen Wurzeln im Liberalismus.[37] Die wissenschaftlichen Debatten um die Möglichkeiten und Grenzen »politischer« Kategorien wie Macht und Volk, die den Übergang der 1920er- in die 1930er-Jahre prägen, entziffern sich so als Teil des gesellschaftlichen Bewusstseins für die sich verändernde Rolle des Staates.[38] Der Streit um die Deutungshoheit von Politik und Staat funktioniert allerdings nicht nur, wie Hauke Brunkhorst schreibt, als Zusammenhang, in dem sich beide Seiten gegenseitig verstärken:

> Die Verselbständigung des Rechts hat zwangsläufig eine dem positivistischen Zeitgeist geschuldete Neutralisierung der Politik zur Folge, die dann zum Anlass einer erbitterten, die politisch denkenden Intellektuellen links und rechts [...] vereinenden Polemik gegen Kelsens reine Rechtslehre wurde.[39]

Ganz der Funktionslogik der bürgerlichen Rechtstheorie nah, verhinderte die Anthropologisierung des Politischen jegliche historische Auseinandersetzung und Differenzierung von Recht und Staat und entpuppte sich spätestens in dem Moment als Affirmation des Totalitarismus, in dem das Machtstreben der Einzelnen und die ersehnte Herausbildung eines homogenen Volkskörpers als schon immer gesetzte menschliche Eigenschaft verewigt wurden.

Aus der Perspektive der Kritischen Theorie bieten die beiden mehr oder weniger etablierten Angebote der politischen Wissenschaften der Weimarer Republik also nur eine Apologie des Bestehenden in seinen konservativen wie totalitären Tendenzen. Dass an so eine Staatswissenschaft bzw. politische Philosophie nicht emanzipatorisch angeschlossen werden kann, weil sie zur Verklärung der eigentlichen gegenwärtigen Herrschaftsverhältnisse beiträgt, verdeutlicht eben jene Antrittsrede von Horkheimer, die so häufig herangezogen wird, um mangelndes politikwissenschaftliches Bewusstsein zu beweisen. Seine dort ausgeführte Diagnose zur Wesensähnlichkeit der seinerzeitigen sozialphilosophischen Versuche zueinander, aber auch zu den positivistischen Wissenschaften, funktioniert genauso für den politiktheoretischen Diskurs der damaligen Zeit. Der Einsatz der Kritischen Theorie motiviert sich nun eben durch die Erkenntnis, dass die gegenwärtigen wissenschaftlichen Angebote – so unterschiedlich sie sich weltanschaulich auch gestalten – als Apologie des Bestehenden, als Nichtantasten der Verhältnisse, deren ideologisch produzierter Ausdruck die jeweiligen Gegenstände und Ideen der Sozialtheorien wären, zu verstehen sind. Bevor darauf eingegangen werden soll, inwiefern diese Erkenntnis die Arbeit am Politik- und Staatsbegriff der Kritischen Theorie – insbesondere in ihrer Auseinandersetzung mit dem Übergang des bürgerlichen Liberalismus in den totalitären Faschismus – prägte, gilt es auszuleuchten, inwieweit eine zeitgenössische marxistische Theoriebildung bereits Reflexionen auf diese Gegenstände vorbereitet hatte.

## Zur Rezeption materialistischer Staatstheorie

Die tatsächlichen Versuche in den 1920er- und 1930er-Jahren, eine politische Formbestimmung des Kapitalismus zu leisten, wurden vermeintlich erst mit dem neu erwachten Interesse an materialistischer Staats- und Politikbestimmung in den 1970er-Jahren breiter rezipiert. Auch dem Horkheimer-Kreis wird häufig das Übersehen der avanciertesten zeitgenössischen Versuche staatstheoretischer Ökonomiekritik – von beispielsweise Antonio Gramsci oder dem bereits erwähnten Eugen Paschukanis – attestiert.[40] Den bis dato nur den Klassengehalt des bürgerlichen Staates untersuchenden, instrumentalistischen Analysen Engels' und Lenins setzte insbesondere Paschukanis eine anders gewendete Formanalyse des Staates entgegen, welche den bei Marx bereits verstreuten Verweisen auf einen außerökonomischen Garanten des Tauschverhältnisses systematisch folgte. In dem 1923 verfassten Werk *Allgemeine Rechtslehre und Marxismus*, an dem Paschukanis arbeitete, während er in der Berliner Vertretung der UdSSR als Rechtsberater tätig war, führt er im Anschluss an Marx aus, wie sowohl der ungehinderte Warentausch und die damit einhergehende Konkurrenz des kapitalistischen Systems als auch die doppelte Freiheit der Lohnabhängigen eben nur gewährleistet sind, wenn keine direkte Zwangsgewalt gegenüber diesen, aber auch innerhalb der eigenen Klasse durch die Bourgeoisie ausgeübt wird.[41] Eine auch außerökonomisches Recht fixierende, sanktionierende und damit notwendige Gewalt müsse dementsprechend von allen Klassen getrennt sein. Daraus ergebe sich die spezifische »Besonderung« des Staates.[42]

Vor dem Hintergrund des jungen Sowjetstaates entwickelt, enthielten Paschukanis' Überlegungen zur Rechtslehre in ihrem Versuch, die historische Bedingtheit der Rechtsform und damit die Rechtsform analog zur Marx'schen Bestimmung des Kapitals als gesellschaftliches Verhältnis zu entlarven, weit über die bestehenden Prämissen des traditionellen Marxismus hinausreichende Sprengkraft. Er verfolgte zwar die von Marx und besonders Engels skizzierte und von Lenin 1917 explizit fortgeführte These vom baldigen, unter der Bedingung der Entmachtung des Kapitals automatischen Absterben des Staates (und des Rechts), seine Erkenntnisse zur (relativen) Selbstständigkeit des Staates liefen der instrumentalistischen Vorstellung vom Wesen des Staates aber weitgehend entgegen.[43] Der Zusammenhang zwischen der Etablierung der öffentlichen und subjektlosen Gewalt des Staates, mit der andere, neue Formen von Herrschaft einhergehen, und der Freisetzung des kapitalistischen Marktes ist bei Paschukanis trotzdem nicht als einfaches Ableitungsverhältnis gedacht. Der Staat schaffe als Garant des freien Warenverkehrs die Voraussetzung für das Agieren der Individuen als bürgerliche Rechtspersonen im Kapitalverhältnis als freie und gleiche, und abstrahiere damit von ihrer jeweiligen Besonderheit. Vor dem Staat wird so abstrakte Gleichheit hergestellt, wobei das kapitalistische Gesamtinteresse jegliche Einzelinteressen transzendiere und gegen diese durchgesetzt werden muss, wodurch gleichzeitig die gesellschaftliche Ungleichheit verstetigt werde: »Verdankt der Staat seine Existenz dem durch das Kapital erzeugten Gegensatz von Kapital und Lohnarbeit, so ist sein Zweck, die Aufrechterhaltung dieses Gegensatzes eben qua Gewaltmonopol zu erzwingen.«[44]

Paschukanis' Erkenntnis der Notwendigkeit einer dritten Partei als Personifizierung der Verkehrsregeln zwischen den Warenbesitzern bzw. der Aufrechterhaltung der kapitalistischen Produktion und Reproduktion durch Institutionen des Liberalismus, denen eine gewisse Verselbstständigungstendenz innewohnt, war nichts Neues. Zwar wird die Rezeption nicht müde zu betonen, dass das versprochene Staats-Buch von Marx nun einmal nie geschrieben wurde, Ausführungen zur Perpetuierung der Ungleichheit durch die Allgemeinheit der bürgerlichen Rechtsform finden sich aber zum Beispiel schon 1843 in Marx' Antwort auf Bruno Bauers *Judenfrage*.[45] Prominent sind in diesem Bereich auch seine Aussagen zu den Warenhütern und der Bedingung des Austauschs derselben: »Rechtsverhältnis, dessen Form der Vertrag ist, ob nun legal entwickelt oder nicht, ist ein Willensverhältnis, worin sich das ökonomische Verhältnis widerspiegelt.«[46] Ebenfalls immer wieder bemüht, wenn es um Marx' Staatsbegriff geht, werden seine Analysen der parlamentarischen Demokratie in der Beschreibung der Konstituierung und des Endes der Zweiten Französischen Republik durch den Staatsstreich von Napoléon III. Seine Darstellung, wie die Bourgeoisie die durch die parlamentarische Demokratie erlangte politische Macht zugunsten der Aufrechterhaltung der ökonomischen Verhältnisse freiwillig wieder aufgibt, zeugt von einer sehr hellsichtigen Einschätzung bezüglich der politischen Potenziale der Bourgeoisie. Die Genese einer solchen Involution (Agnoli), welche den gesellschaftlichen Antagonismus verstetigt, aber um seine möglichen, revolutionären Spitzen bringt, verdeutlicht außerdem die Vorstellung, dass die Politik oder die Demokratie für die bürgerliche Klasse eben nicht bloß ein jederzeit verfügbares Instrument darstellt, sondern ihnen eine Eigendynamik innewohnt, deren Grenzen nur durch die Aufrechterhaltung der ökonomischen Funktionsweise gegeben sind.

Die Grundlage der Marx'schen Ausführungen wiederum findet sich wenig überraschend in der bürgerlichen Rechtsphilosophie, maßgeblich bei Hegel, und zwar in dem »um seiner restaurativen Tendenzen, um der Apologie des Bestehenden, um des Staatskults willen verrufensten Hegelschen Werk, der Rechtsphilosophie«[47]. Die antagonistische Einrichtung der Gesellschaft beschreibt Hegel hier als Totalität, die ihre eigenen Widersprüche selbst zu schlichten nicht in der Lage scheint. Charakteristisch zum Ausdruck gebracht sind solche Gedanken im Abschnitt zur Polizei und Korporation: »Es kommt hierin zum Vorschein, daß bei dem *Übermaße des Reichtums* die bürgerliche Gesellschaft *nicht reich genug* ist, d. h. an dem ihr eigentümlichen Vermögen nicht genug besitzt, dem Übermaße der Armut und der Erzeugung des Pöbels zu steuern.«[48] Worauf dann im nächsten Paragrafen das Urteil folgt:

> Durch diese ihre Dialektik wird die bürgerliche Gesellschaft über sich hinausgetrieben, zunächst diese bestimmte Gesellschaft, um außer ihr in anderen Völkern, die ihr an den Mitteln, woran sie Überfluß hat, oder überhaupt an Kunstfleiß usf. nachstehen, Konsumenten und damit die nötigen Subsistenzmittel zu suchen.[49]

Adorno zieht in seinen *Drei Studien zu Hegel* deutliche Konsequenz aus dieser von Hegel beobachteten Zwickmühle – er schreibt: »Der Staat wird verzweifelt als eine jenseits dieses Kräftespiels stehende Instanz angerufen.«[50] Hegels Darlegung dieser aussichtslosen Dialektik, welche das »unersättliche und destruktive Expansionsprinzip der Tauschgesellschaft enthält«[51], flüchtet sich so in den Ausweg der repressiven Befriedung:

> Die polizeiliche Vorsorge verwirklicht und erhält zunächst das Allgemeine, welches in der Besonderheit der bürgerlichen Gesellschaft enthalten ist, als eine *äußere Ordnung und Veranstaltung* zum Schutz und Sicherheit der Massen von besonderen Zwecken und Interessen, als welche in diesem Allgemeinen ihr Bestehen haben, so wie sie als höhere Leitung Vorsorge für die Interessen (§ 246), die über diese Gesellschaft hinausführen, trägt. Indem nach der Idee die Besonderheit selbst dieses Allgemeine, das in ihren immanenten Interessen ist, zum Zweck und Gegenstand ihres Willens und ihrer Tätigkeit macht, *so kehrt das Sittliche* als ein Immanentes in die bürgerliche Gesellschaft *zurück;* dies macht die Bestimmung der *Korporation* aus.[52]

Für Adorno ist dieser Versuch Hegels, das zweckorientierte Nebeneinander durch die Anrufung des Staates in ein emanzipatorisches Miteinander zu verwandeln, kein überraschendes Abweichen oder unwesentliches Beiwerk, sondern vielmehr sich selbst entlarvendes Zeugnis der Betrachtung des Tatsächlichen:

> Daß Hegel derlei Gedanken in der Rechtsphilosophie, als erschräke die Dialektik vor sich selber, durch jähe Verabsolutierung einer Kategorie – des Staates – abbrach, rührt daher, daß seine Erfahrung zwar der Grenze der bürgerlichen Gesellschaft sich versicherte, die in ihrer eigenen Tendenz liegt, daß er aber als bürgerlicher Idealist vor dieser einen Grenze doch innehielt, weil er keine reale geschichtliche Kraft jenseits der Grenze vor sich sah.[53]

Erst aus dem Blick der Marx'schen Kritik enthüllt sich die fortwährende Besonderung des Staates vielmehr als Gewährleistung der verstetigten Ungleichheit. Während bei Hegel der Staat als vollkommene Vermittlung der besonderen Interessen der Individuen und damit der Rückführung der Sittlichkeit in die Gesellschaft fungiert, erkennt Marx die Scheinform solcher Allgemeinheit, worunter die eigentliche Trennung von bürgerlicher Gesellschaft und Staat zum Verschwinden gebracht werden soll. Anna-Sophie Schönfelder schreibt über Marx' Beobachtungen:

> Weil die allgemeine Angelegenheit in der bürgerlichen Gesellschaft nirgends wirklich sei, habe der moderne Staat [...] die sonderbare Erfindung gemacht, die allgemeine Angelegenheit als eine bloße Form sich anzueignen und sich damit unter dem Namen der Vermittlung von der Gesellschaft abgetrennt.[54]

Paschukanis' Überführung der Marx'schen Überlegungen in eine ganze Theorie des bürgerlichen Rechtsverhältnisses ist entgegen der weitverbreiteten Suggestion seiner Zeitgenossen ganz und gar nicht unbemerkt geblieben. Auf die Veröffentlichung des auf Russisch betitelten Werkes *Allgemeine Theorie des Rechts und Marxismus* 1924 folgten in den Jahren darauf schnell die zweite, dritte und vierte Auflage und 1929 die deutsche Übersetzung, welche vom Justitiar der Kommunistischen Partei Deutschlands, Felix Halle, herausgegeben wurde. Rezipiert wurde die Schrift in Deutschland im Anschluss nicht nur von den Rechtsphilosophen Hans Kelsen und Gustav Radbruch[55], sondern auch von den deutschsprachigen Marxisten, maßgeblich angeregt durch eine Rezension des Sozialisten und Juristen Karl Korsch für das Archiv für die Geschichte des Sozialismus und der Arbeiterbewegung, der Zeitschrift des sich noch unter der Leitung von Carl Grünberg befindlichen *Instituts für Sozialforschung*. Korsch würdigt darin die »von einem dermaßen radikalen, das heißt der Sache bis zum Grunde gehenden, materialistischen Prinzip ausgehende Kritik der geschichtlichen Gesamterscheinung des Rechts«[56]. Er betont die von Paschukanis geleistete Erneuerung Marx'scher Gedanken, schreibt sogar von dem Versuch einer »Wiederherstellung der marxistischen Rechtslehre«[57], welche von den auch von Korsch in unterschiedlichster Form kritisierten »Reformistische[n] und bürgerliche[n] Mißbildungen«[58] des (wissenschaftlichen) Marxismus inzwischen vergessen worden war.[59] Korsch sieht allerdings Paschukanis' Schrift eingebettet in das geschichtliche Moment der Übergangsperiode des Sowjetsozialismus, dessen schon festgestecktes Ziel »seine ganze Betrachtungsweise unvermeidlich illusionär«[60] färben müssen. Die »theoretische revolutionäre Bedeutung«[61] von Paschukanis' Werk – der in seiner Schrift offen ausgesprochene Glaube an die Unmöglichkeit der Aufrechterhaltung von Staat und Recht in der sozialistischen Gesellschaft – wurde dem Staatskommunismus aufgrund des offensichtlichen Widerspruchs zur forcierten politischen Linie sehr schnell unlieb: Sieben Jahre nach Korschs Rezension wurde Eugen Paschukanis im Rahmen der ersten Welle des Großen Terrors verhaftet und hingerichtet.

Im Umfeld des Instituts für Sozialforschung gab es also eine breite Auseinandersetzung mit bestehenden Marx'schen und marxistischen

Ausführungen zur Sphäre der Politik. Im Gegensatz zur sich etablierenden politischen Aufmerksamkeit gegenüber dieser betont der materialistische Ansatz – zumindest tun dies seine avancierten Versuche – die Kontinuität von (eigenlogischer) Staatlichkeit im bürgerlichen Kapitalismus. Wird in der Rezeption diese Anschlussnahme häufig ausgeblendet, ist sie elementar für die historische Rekonstruktion der Kritik der Politik der Kritischen Theorie, welche sich in besonders elaborierter Form unter anderem bei Franz Neumann findet.

1937, im Jahr von Paschukanis' Hinrichtung, greift der Jurist Franz Neumann in der nun im Exil veröffentlichten Zeitschrift für Sozialforschung das Thema der bürgerlichen Rechtsform wieder auf.[62] Mit explizitem Bezug auf Paschukanis' *Allgemeine Rechtslehre und Marxismus*[63] folgt Neumann dessen ideologiekritischem Verfahren und widmet sich einer kurzen Darstellung der Entwicklung der Rechtstheorie und der Frage, wie diese über die Jahrhunderte hinweg versucht habe, den Widerspruch zwischen dem objektiven Recht der souveränen Gewalt und dem einforderbaren subjektiven Recht zu lösen. Entscheidende Passagen greifen dabei einschlägige Formulierungen von Marx und Paschukanis auf:

> Die Rechtsperson ist die ökonomische Charaktermaske des Eigentumsverhältnisses. Als Maske verhüllt sie das wahre Gesicht, verdeckt, dass das Eigentum nicht nur subjektives Recht ist, sondern zugleich auch »Herrschafts- und Knechtsverhältnisse« begründet. Die Konnexgarantie des Eigentums, der Vertrag, ist Vertrag zwischen freien und gleichen Rechtspersonen. Aber diese Freiheit und Gleichheit ist nur eine rechtliche. Die abstrakte Gleichheit der Vertragsparteien verhüllt ihre ökonomische Ungleichheit. Der Arbeitsvertrag im Besonderen ist ein Vertrag zwischen dem rechtlich gleichen Arbeiter und dem rechtlich gleichen Unternehmer. Seine Form lässt nichts davon ahnen, dass der Unternehmer über den Arbeiter verfügt. Die Staatsperson allein soll Träger der Souveränität sein, und die positivistische Staatstheorie lehnt es deshalb ab, von einer Organ-Souveränität zu sprechen. Sie verbirgt, dass soziale Gruppen, Menschen über andere Menschen herrschen.[64]

Neumanns Ausgangspunkt ist allerdings ähnlich wie bei Paschukanis schon rekonstruktiv. Er schreibt von der rückschauenden Perspektive auf die bürgerliche Rechtsform und ihren Niederschlag im Rechtspositivismus, während der neue »Institutionalismus« beidem bereits den Kampf angesagt hat.[65] Staatssouveränität stellt 1937 in Deutschland keine äußere Gewalt mehr dar, sondern hat sich im Nationalsozialismus in die Gewalt der organisierten Gemeinschaft selbst verwandelt. Das Gemeinschaftsrecht hat jede Trennung zwischen öffentlichem und Privatrecht aufgehoben. Neumanns Text analysiert also die Genese des Rechtspositivismus in der bürgerlichen Gesellschaft, der Fluchtpunkt dieser Darstellung besteht aber in der bereits vollzogenen Auflösung dieser theoretischen Form im totalen System der nationalsozialistischen Staatsform. Wo Paschukanis unter der Annahme eines baldigen Absterbens der bürgerlichen Rechtsform den Blick zurückwirft, tut Neumann das gleiche unter dem Eindruck ihrer autoritären Umwerfung.[66]

In Übereinstimmung mit Carl Schmitt beobachte auch Neumann, wie die zunehmenden Staatsinterventionen in der Weimarer Republik die Sphäre des Politischen stärkten, er begriff dieses Politische allerdings nicht als ontologische Kategorie, die wiederum Staats- und Rechtswesen bedingen würde. Nach Söllner versucht Neumann vielmehr, das Gegenteil nachzuweisen: statt der »politischen Determination des Rechts die zunehmende Verrechtlichung des Politischen.«[67] Für den Aufsatz, den Franz Neumann 1937 dann für die *Zeitschrift für Sozialforschung* verfasste und der größtenteils eine pointierte und um gegenwärtige Bezüge angereicherte Zusammenfassung seiner zweiten Promotionsschrift darstellt, thematisiert er wiederum Carl Schmitts Begriff vom allgemeinen Gesetz. In einem großen historischen Bogen führt er aus, welche Rolle dem positiven Gesetz im Liberalismus zukommt. Den zunehmenden totalen Glauben an die Herrschaft des Gesetzes charakterisiert er als fest mit der bürgerlichen Klasse verbunden.[68] Das allgemeine (und unabänderliche Gesetz) biete die Voraussetzung für Vertragssicherheit und die Zuverlässigkeit rechtlicher Abläufe und für Neumann damit auch für die staatliche Schaffung der Gewaltenteilung.[69] Seine Ausführungen machen aber deutlich, dass Liberalismus entgegen seiner Ideologie keinesfalls von einer hermetisch funktionierenden Rationalität geprägt ist – gerade aufgrund seiner inhärenten Widersprüche seien eingreifende Maßnahmen des Souveräns unumgehbar.[70] Als Spezifik des deutschen Bürgertums wiederum stellt er dessen Desinteresse gegenüber der traditionellen Vermittlung von Rechts- und Staatsform im Liberalismus dar.[71] Der Rechtsstaat als Idee der deutschen Bourgeoisie kennt kein notwendiges demokratisches Äquivalent – es komme zur »Abspaltung der Rechtsform von der politischen Struktur des Staates«[72]. Jene Tendenz bedeutet für Neumann nicht nur den »Sieg des Positivismus«, sondern auch die Möglichkeit, dass dieser, unter den Bedingungen der durch den Weltkrieg beschleunigten Kapitalkonzentration und der damit einhergehenden Entwicklung zum Monopolkapitalismus, seine eigene gesellschaftliche Grundlage zunehmend auflöse.[73]

Die Stoßrichtung des ganzen Textes besteht in dem Versuch, diesen Funktionswandel zu erklären. Neumann erläutert nah an Paschukanis, wie das juristische Vokabular des Positivismus die gesellschaftlichen Verhältnisse verhüllt habe. Der Begriff der *Staatsperson* verdecke beispielsweise die Tatsache, dass die dieser Person zugeschriebene Souveränität tatsächlich von einer gesellschaftlichen Gruppe ausgeübt werde, die gleichzeitig die genauen Grenzen bestimmen würde, bis wohin Eingriffe in ihre Souveränität zu dulden seien. Mit der Konzentration der gesellschaftlichen Macht durch die Kapitalkonzentration würde nun der »Institutionalismus, der die Rechtstheorie der Monopolwirtschaft ist«[74], den im Positivismus die Verhältnisse verdeckenden und damit perpetuierenden Begriff der *Rechtsperson* in Institutionen wie der Gemeinschaft, dem Volk etc. auflösen.[75] Er betont dabei:

> Im Monopolkapitalismus bleibt zwar das Privateigentum an Produktionsmitteln als einigende Rechtsfigur der gesamten bürgerlichen Epoche unangetastet, aber das allgemeine Gesetz und der Vertrag verschwinden und werden durch individuelle Maßnahmen des Souveräns ersetzt.[76]

Die Analyse des Funktionswandels verdeutlicht, dass sowohl Rechtspositivismus als auch Institutionalismus in ihrer Reproduktion der Gewährleistung und Verwaltung des (konzentrierten) Privateigentums geeint sind, darüber aber beide verkennen – oder politisch sogar ausschließen wollen –, dass sich im bürgerlichen Recht mehr Möglichkeit zur individuellen Selbstbestimmung findet, als sich im Rechtspositivismus niederschlägt. Gerade die autoritäre Abschaffung der Rechtsperson enthüllt noch einmal deutlicher, dass der Rechtspositivismus zwar diese als Charaktermaske reproduziert habe, aber gerade in der formalen Allgemeinheit des Gesetzes »nicht nur kapitalistische Berechenbarkeit«, sondern auch »ein Minimum an Freiheit« garantiert sei, »da die formale Freiheit zweiseitig ist und so auch den Schwachen wenigstens rechtliche Chancen einräumt.«[77] Dieses Minimum des Liberalismus leitet Neumanns Analyse an und bestimmt nicht nur den Abstand zu jeglicher Affirmation der institutionalistischen Kritik am Liberalismus, welche sich mittlerweile als Apologetik des Nationalsozialismus entlarvt hat, sondern bietet auch den Ausgangspunkt für die Vorstellung einer emanzipatorischen Überwindung der Verhältnisse. Den im Rechtssubjekt verbürgten Anspruch auf Freiheitsrechte – die moderne Individualität – gelte es nach Neumann trotz ihrer Verwicklung mit den kapitalistischen Verhältnissen zu retten. Erst vor dem Hintergrund der Abschaffung der abstrakten Rationalität enthülle sich das in ihr verbürgte Emanzipationspotenzial.[78]

In der politikwissenschaftlichen und soziologischen Rezeption zur Kritischen Theorie werden Franz Neumann und Otto Kirchheimer gelegentlich in einer gewissen Paria-Stellung zum Institut für Sozialforschung beschrieben.[79] Diese Darstellung verknüpft sich dabei häufig mit dem Vorwurf, die vermeintliche Scheu von Seiten Horkheimers und Pollocks, Neumann und Kirchheimer enger in die Institutsarbeit einzubinden, hätte – abgesehen von noch auszuführenden konkreten inhaltlichen Differenzen – an der allgemeinen Aversion der Kritischen Theorie gegenüber politiktheoretischen Absichten gelegen.[80] Nicht umsonst werden deshalb häufig gerade diese beiden herangezogen, um die »schwierige« Stellung von Rechts- und Staatstheorie im Institut nachzuweisen. Unter anderem werden die Ausführungen von Neumann und Kirchheimer »als produktiver rechts- und politiktheoretischer Alternativstrang zur gesellschaftstheoretischen Perspektive der Hauptprotagonisten der Frankfurter Schule«[81] bezeichnet. Gerade Neumanns Text aus der Zeitschrift für Sozialforschung verdeutlicht allerdings nicht nur die geführte Auseinandersetzung mit zeitgenössischer materialistischer und positivistischer

Staats- und Rechtstheorie, sondern vor allem auch eine Engführung mit der Liberalismuskritik, die insbesondere Max Horkheimers Arbeit der späten 1930er-Jahre bestimmte.

## Die politiktheoretische Bedeutung der Liberalismuskritik der Kritischen Theorie

Den Funktionswandel, den Neumann auf Ebene der Rechtstheorie untersucht, erläutern Horkheimer und auch Marcuse in den 1930er-Jahren auf Ebene der bürgerlichen Philosophie und Sozialtheorie und nehmen dabei auch psychoanalytische Deutungsmuster zu Hilfe. Sie entlarven in ihren Texten den liberalistischen Harmoniegedanken als Selbsttäuschung, bei der von der reinen Abwesenheit direkter Unterdrückung auf die Anwesenheit von individueller Selbstbestimmung geschlossen werde.[82] Auch ihre Ausführungen sind schon vor dem Hintergrund der autoritären Auflösung der bürgerlichen Gesellschaft entworfen und wollen aufzeigen, wie trotz der entgegengesetzten Behauptung in der nationalsozialistischen Ideologie eine tiefe Verwandtschaft zwischen Liberalismus und totalitärer Staatsauffassung besteht.[83] Allerdings sind die Texte in der *Zeitschrift für Sozialforschung* auch von dem Versuch gezeichnet, »neue« Elemente im deutschen Autoritarismus herauszustellen. Dieser Doppelcharakter ist es wohl auch, der häufig als Unentschlossenheit und insbesondere Ungenauigkeit der Theorie ausgelegt wird. Insbesondere in Horkheimers einschlägigen Aufsätzen ist diese Gleichzeitigkeit von untersuchter Kontinuität und den Überlegungen zu einem qualitativen Umschlagen in etwas ganz Anderes sichtbar, was sich im Monopolkapitalismus ankündige.[84] Gleichzeitig wird darin auch die interne Politisierung, die jeder Theorie zwangsläufig anhafte und auch die Kritische Theorie an mancher Stelle in direkte Nähe des politischen Kampfes rücke, betont.[85] Letzteres dürfte unter anderem der Grund sein, warum Horkheimer einer Neuveröffentlichung dieser Aufsätze erst in den 1960er-Jahren zustimmte, als die essayistischen Abhandlungen zum Liberalismus bereits als Raubdrucke unter den Studierenden kursierten. Der Ausgangspunkt der Analysen der 1930er-Jahre wiederum besteht für Horkheimer und auch Marcuse in der Beobachtung, dass die Veränderung der Produktionsverhältnisse – maßgeblich der Rückgang der Bedeutung des Privateigentums und des Marktes unter der Macht der Monopole – eine »alle Machtmittel mobilisierende starke Staatsgewalt«[86] erfordere. Diese Veränderung hätte eine entsprechende (Neu-)Organisation der Gesellschaft zur Folge, in der der Bedeutungsgewinn der industriellen Bürokratie, welche die juristischen Eigentümer wesentlich ersetze, sich auch in der Ideologieproduktion niederschlage.[87] Damit kündige sich ein qualitativer Bruch in der Gesellschaftsstruktur an, welcher aber nur aus seiner Kontinuität aus dem Liberalismus heraus verstanden werden könne. Der in den Texten vorgenommenen kritischen Analyse des Liberalismus wird dabei heute gelegentlich vorgeworfen, zu starke ökonomistische Ableitungen vorgenommen zu haben.[88] In der zu orthodoxen Anschlussnahme an die Marx'sche Analyse der bürgerlichen Gesellschaft hätte die Kritische Theorie die Möglichkeiten der politischen Autonomie, welche über die Idee der Funktionalität des Politischen für die Ökonomie hinausweise, systematisch ausgeblendet, kurz: Für Marx bedeutet die Sphäre des Politischen die Konstitution und Legitimation des Herrschaftsverhältnisses – die Kritische Theorie schließe nun an diese »Nachrangigkeit des Politischen«[89] fatalerweise an. Dass dieser Vorwurf nur sehr bedingt haltbar ist, zeigt die mit Neumann bereits angerissene Ambivalenz, welche die Kritische Theorie der bürgerlichen Lebenswelt zuweist. Sie ist nicht nur nostalgischer und mit Sehnsucht besetzter Ort eines Überschusses großbürgerlicher Humanität, sondern verweise gerade durch ihr eigenes politisches wie auch kulturelles Potenzial noch auf eine anders einzurichtende Gesellschaft. So schreibt Horkheimer 1937 in *Traditionelle und kritische Theorie*:

> Einerseits hat sie [die Kritische Theorie, L. H.] die juristischen Beziehungen auch früher nicht als Wesen, sondern als Oberfläche des gesellschaftlichen Sachverhalts angesehen und weiß, daß die Verfügung über Menschen und Dinge bei einer besonderen Gruppe der Gesellschaft bleibt, die zwar weniger im Inland, desto erbitterter aber im Weltmaßstab mit anderen ökonomischen Machtgruppen konkurriert. [...] Andererseits scheint der Theorie mit der Beseitigung jedes inhaltlich bestimmten Rechts, die durch die ökonomische Machtkonzentration bedingt ist und in den Verhältnissen der autoritären

> Staaten vollendet wird, mit einer Ideologie zugleich ein Kulturfaktor zu verschwinden, der keineswegs nur eine negative, sondern auch eine positive Seite hat.[90]

Trotz dieser angelegten Möglichkeit scheint für Horkheimer aber im Liberalismus das Festhalten am Herrschaftsprinzip zu überwiegen, welches dann im Faschismus zu sich selbst finde. Sätze wie: »Das Profitstreben endet heute in dem, was es stets schon war: im Streben nach gesellschaftlicher Macht«[91] scheinen die beobachtete Kontinuität trotz dialektischer Formulierung teleologisch festzuschreiben. In der Rezeption ist es insbesondere diese scheinbare Unausweichlichkeit der geschichtlichen Entwicklung, mit welcher Horkheimers Analyse auf ein fehlgehendes Politik-, aber auch Ökonomieverständnis verweise.[92] Damit sehen viele Rezipient:innen eine nihilistische Geschichtsphilosophie in Horkheimers Aufsätze eingewandert, womit die Kritische Theorie aufgrund einer Verkürzung Marx'scher Begriffe oder vermeintlichem Desinteresse an politischem Emanzipationspotenzial zu einer funktionalistischen Geschichtslogik verkomme, welche jeglichen Ausbruch aus dieser undenkbar mache.[93] Dem wäre zu entgegnen, dass das hermetische Ewigkeitsnarrativ des Herrschaftsprinzips, welches in Horkheimers Ausführungen angeblich anklinge, von ihm selbst als ideologisches Prinzip des Liberalismus entlarvt wird. Er spricht von einer »narzisstische[n] Projektion des eigenen zeitbedingten Ichs in alle Ewigkeit [sic!]«[94]. Statt einer affirmativen Übernahme dieser Vorstellung wäre den Texten also vielmehr die akkurate Analyse der blendenden Ideologie des Liberalismus zu attestieren: Die positivistische Rechtstheorie und selbstgerechte Moralphilosophie dieser Epoche bedingen die Ausbildung einer deutschen bürgerlichen Klasse, welche sich völlig unbestimmt zu dem sie mitkonstituierenden Staatsprinzip verhalten kann.[95] Mit dieser Präzisierung wäre auch auf diejenigen Vorwürfe zu antworten, welche Horkheimer einen funktionalistischen Ökonomismus unterstellen, der nicht ausreichend erkläre, warum der Liberalismus nicht überall in Faschismus umschlage.[96]

Trotz dieser durch die bürgerliche Ideologieproduktion versicherten Kontinuität besteht für Horkheimer aber eine qualitative Neuerung in der spezifischen Organisation der staatlichen Maßnahmen im Autoritarismus, welche zwar ökonomisch hervorgebracht seien, wesentliche Momente der liberalistischen Ökonomie aber zu kassieren scheinen. Während bei Marcuse sehr klar wird, dass nicht nur die staatlich-rechtlich garantierte Wirtschaftsfreiheit, sondern auch die durch diese erforderten staatlichen Eingriffe zum Liberalismus dazugehören[97], bleiben Horkheimers Ausführungen zur Rolle des Staates im Liberalismus etwas uneindeutig. Er schreibt von der Notwendigkeit staatlicher Maßnahmen zur Reproduktion des gesellschaftlichen Ganzen »[v]or- und nachher« – sprich: vor und nach der liberalistischen Epoche. Aber auch hier hilft der Blick auf seinen Ideologiebegriff weiter. Die liberalistische Ideologie fungiert nach Horkheimer als Artikulation der gesellschaftlichen Interessen, welche die egoistischen Einzelinteressen übersteigen würden. Wo sonst der Staat durch direkte Eingriffe ein solches Interesse auch gegen den Widerstand Einzelner durchsetzen würde, übernehme dies im Liberalismus teilweise die herrschende Ideologie.[98]

Die Veränderung, die der Staat im Faschismus erfährt, ist für Horkheimer die zu einem nun tatsächlichen Machtinstrument einer beherrschenden Gruppe. Eine solche ist nicht mehr unbedingt deckungsgleich mit der Klasse der Eigentümer von Produktionsmitteln. Mit dem Ausbau des administrativen Apparats sieht er in der Gruppe der Verwalter dieses Apparats eine neue Konsolidierung der Bürokraten heraufziehen, welche zunehmend mit der Herrschaft der Eigentümer von Produktionsmitteln zusammenfallen würde: »Der Begriff des Staates verliert vollends seinen Widerspruch zum Begriff einer herrschenden Partikularität, er ist der Apparat der koalierten Führer, ein privates Machtwerkzeug und dies je mehr er sich verselbstständigt, je mehr er vergottet wird.«[99] Die nationalsozialistische Verstaatlichung wäre damit nicht als Vergesellschaftung zu verstehen, sondern als Reprivatisierung zugunsten staatstreuer Konzerne.[100] Es ließe sich wohl sagen, dass die Schriften der 1930er-Jahre noch vor dem Hintergrund einer Übereinkunft aller im Umfeld des exilierten Instituts für Sozialforschung forschenden Wissenschaftler verstanden werden können. Der Fokus lag auf der Entlarvung und Charakterisierung des Übergangs vom Liberalismus in den Faschismus – die unterschiedlichen Perspektiven und darin enthaltenen Auseinandersetzungen mit positivistischer wie materialistischer Theorie zu Staat und Politik wurden analysiert und zusammengeführt. Die Ideologiekritik blieb dabei zentrales Verbindungselement über die Spezialgebiete der einzelnen Wissenschaftler hinweg, auch weil darin die explizit politische Aufgabe der Kritischen Theorie über mögliche Differenzen hinweg verkörpert wurde: die bestehenden Verhältnisse aus der Perspektive ihrer Überwindung heraus zu betrachten. Die Vorwürfe der Verkürzung in den ökonomischen, wie auch politischen Darstellungen der Aufsätze sind somit zwar nachvollziehbar, aber nicht unbedingt einleuchtend hinsichtlich der Diagnose, die Kritische Theorie hätte die bürgerliche »Entpolitisierung« affirmiert.

## Zur politischen Deutung des Nationalsozialismus

Der geteilte Konsens der Wissenschaftler um das Institut für Sozialforschung herum drohte aber schon kurz darauf an der Frage nach der noch bestehenden Möglichkeit einer politischen Überwindung des Gegebenen auseinanderzubrechen. Die Veränderung zum Monopolkapitalismus bei gleichzeitiger Beobachtung einer scheinbaren Vorherrschaft des Staates führte die Kritische Theorie an ein Deutungsproblem heran, welches zu einer berühmt gewordenen Kontroverse um die adäquate Beschreibung des Nationalsozialismus führte. Alfons Söllner und Helmut Dubiel bezeichnen die Rolle des NS-Regimes für die Kritische Theorie als »das traumatische Gravitationszentrum ihrer gesamten wissenschaftlichen und politischen Orientierung«[101]; und auch wenn man diese Einschätzung nicht teilt, stellen sich die Diskussionen um die Deutung der nationalsozialistischen Politik bis heute als scheinbarer »Sündenfall« der Kritischen Theorie dar. Bei den Debatten geht es vor allem um den höchst umstrittenen Begriff des »Staatskapitalismus«. Die darin ausgesprochene Diagnose scheint – damals übrigens auch für Neumann und Kirchheimer – einen Widerspruch in sich zu bedeuten: Ihre Verfechter könnten nicht die Diagnose des Kapitalismus aufrechterhalten, wenn in ihrer Analyse gleichzeitig das Primat der Ökonomie durch das Primat der Politik ersetzt werden würde.[102] Mit einer solchen Unternehmung hätte man sich endgültig von Marx' Kritik der politischen Ökonomie entfernt. Dies sei darauf zurückzuführen, dass der Horkheimer-Kreis Marx ohnehin von Anfang an nicht verstanden habe und diese Lücke jetzt mit dem Kunststück eines »philosophische[n] Eingriff[s]«[103] zukleistern müsse.

Die Darstellungen der Staatskapitalismusdebatte scheinen sich beinahe alle einig darin zu sein, dass vor allem die »relativ dominante Position von Pollock innerhalb des Frankfurter Instituts für Sozialforschung«[104] für die politik- und ökonomietheoretischen Verwirrungen, welche Horkheimer und mit Abstrichen auch Adorno attestiert werden, in Verantwortung zu nehmen wäre. Die wissenschaftliche Arbeit von Pollock, der – so lautet häufig das Narrativ – nur durch seine enge Freundschaft mit Horkheimer den Posten als »Chefökonom« am Institut für Sozialforschung übernommen habe, hatte sich in den späten 1920er- und frühen 1930er-Jahren vor allem mit den Grenzen und Möglichkeiten einer Planwirtschaft auseinandergesetzt. Im Laufe dieser Beschäftigung und angesichts der Entfaltung der weltgeschichtlichen Ereignisse waren seine Hoffnungen auf eine tatsächlich funktionierende sozialistische Planwirtschaft mehr und mehr geschwunden. Die Basis, auf die sich seine Hoffnungen allerdings gestützt hatten, nämlich die Entwicklung der Produktivkräfte, bildete nun gleichzeitig die Voraussetzung für eine neue Deutung der Entwicklungen. Schon in seinen Texten in der *Zeitschrift für Sozialforschung* 1932 und 1933 kündigte sich die Vorstellung an, dass die Auswirkungen der Weltwirtschaftskrise 1929, welche den beinahen Zusammenbruch des kapitalistischen Systems markierte, die Marktfunktionen und die Rolle des Staates langfristig affizieren würden, und eine »Rückkehr« zum automatistischen Liberalismus demzufolge nicht möglich sei.[105] 1941 veröffentlichte er in *Studies in Philosophy and Social Science den Text State Capitalism. Its Possibilities and Limitations*[106]. Die nachhaltige Erfahrung der ökonomischen Reaktion auf die Weltwirtschaftskrise, welche statt eines Endes aber die Widerstandskraft des Kapitalismus bewiesen hatte, brachte Pollock schließlich zu der Ergänzung, dass der ökonomische Krisenmechanismus des Kapitalismus, den Marx ausführlich analysiert hatte, mittlerweile durch Staatseingriffe still gestellt und der Markt tendenziell durch Planung ersetzt worden sei. Rein ökonomisch wäre damit eine Möglichkeit gegeben, den Kapitalismus als organisierendes System ins Endlose zu verlängern. Die staatlich kontrollierte Monopolwirtschaft des Nationalsozialismus, aber auch die Wirtschafts- und Sozialreformen, die in den Vereinigten Staaten unter Präsident Roosevelt beschlossen wurden, lieferten für ihn die empirischen Beweise für die These einer staatlich planenden Stabilisierung der kapitalistischen Produktionsweise. Damit ergänzten Pollocks Überlegungen die politiktheoretischen Auseinandersetzungen des Instituts mit der Frage, wie eine Überwindung des antagonistischen Gesellschaftsverhältnisses überhaupt noch möglich sei, wenn der Staat durch weitgehende Bedürfnisbefriedigung seiner Bürger:innen einen Integrationsmechanismus in Gang setze, der zwar objektiv den Mangel beseitige, die Herrschaftsverhältnisse aber aufrecht zu erhalten in der Lage wäre. Obwohl Pollock später durchaus betonte, dass das Wertgesetz weiter wirksam sei, bedeutete die Privilegierung des Politischen über das Ökonomische in der Festsetzung eines »Staatskapitalismus« erst einmal eine Aufgabe des Wertgesetzes: »The replacement of the economic means by political means as the last guarantee for the reproduction of economic life, changes the character of the whole historic period.« Und weiter: »Where the economist formerly racked his brain to solve the puzzle of the exchange process, he meets, under state capitalism, with mere problems of administration.«[107] Nach Pollock sei Staatskapitalismus sowohl in »totalitärer« bzw. »autoritärer« als auch »demokratischer« Prägung möglich. Vorzeigebeispiel für die totalitäre Variante ist offensichtlich der Nationalsozialismus. Seine Beschreibung des nationalsozialistischen Systems als »staatskapitalistisch« in dem 1941 erschienen Aufsatz *Ist der Nationalsozialismus eine neue Ordnung?* führte schließlich zum berüchtigten Streit mit Franz Neumann, der in seinem Buch *Behemoth* den »neuen« Charakter des Nationalsozialismus bestritt und ihn als »Unstaat« bezeichnete, in der die barbarische Herrschaft von Gruppen unter entwickelten (monopol-)kapitalistischen Umständen, die keinen durch die Planung eines »Einzelkapitalisten« forcierten Bruch mit der privatwirtschaftlichen Macht voraussetze, zu beobachten sei. Der Faschismus gestaltet sich damit als

> imperialistisch-terroristischer Lösungsversuch einer kapitalistischen Fundamentalkrise [...], der die ihr zugrunde liegenden sozio-ökonomischen Widersprüche und politischen Konflikte nicht aufhebt, sondern mit Gewalt nach innen und außen unterdrückt: Diktatur und Krieg(swirtschaft).[108]

Neumanns Empörung über Pollocks Konzeption richtete sich weniger gegen den behaupteten Bedeutungszuwachs politischer Direktiven oder gegen die damit und mit dem Anwachsen des administrativen Apparats verbundenen grundlegende Veränderung des Rechtssystems; beide Beobachtungen teilte er. Auch die zunehmende Autorität der politischen Gewalt über Geld, Preise und Arbeitskraft finden sich in beiden Analysen, wenn auch Neumann empirisch unterfüttert herausstellt, dass der »Primat der Politik« in der deutschen Wirtschaft keinesfalls durchgesetzt sei. Vor allem die vermeintliche Unveränderbarkeit des staatskapitalistischen Systems ist es, die Neumanns Unmut hervorruft, beruht seine Charakterisierung des nationalsozialistischen Systems doch auf einer gewaltvollen und nicht aufrechtzuerhaltenden Unterdrückung, während Pollocks Beschreibung auf eine ewige Stabilisierung der Verhältnisse hinauslaufe. Er kritisiert dementsprechend Pollocks Staatskapitalismustheorie in einem Brief an Horkheimer scharf: »Dass ich den Aufsatz ablehne, kann weder Pollock noch Sie überraschen. Er widerspricht von der ersten bis zur letzten Seite der Theorie des Instituts.«[109] Die in Pollocks Theorie für Neumann ausgesprochene Abwendung von einer marxistischen Hoffnung, das Gegebene noch in einen besseren Gesellschaftszustand überführen zu können, reicht über die reine Analyse des Nationalsozialismus hinaus. Der Kapitalismus, der im staatskapitalistischen Modell seine eigenen Krisen für seinen Selbsterhalt zu verstetigen wusste, würde sich damit endgültig als System ohne Ende erweisen, bei dem die Wahl schlussendlich nur noch zwischen seiner autoritären oder seiner demokratischen Variante bliebe. Die darin anklingende Unausweichlichkeit der kapitalistischen Herrschaft wird in der Rezeption häufig zum Ursprung der »pessimistische[n] Haltung«[110] der Kritischen Theorie erklärt. Dabei wird allerdings außen vor gelassen, welche Erkenntnisse in Pollocks Deutungsvorschlag enthalten sind. Während Neumann in seiner Argumentation am Standpunkt des Klassenkampfes festhält, untersucht Pollock das Problem von einer bürokratischen Perspektive aus und fragt also, ob die staatskapitalistische Planung theoretisch funktionieren könne. Darin wird nicht nur angezeigt, dass die Auflösung von Markt und Privateigentum eben nicht ausreichen könne, um einen sozialistischen Wandel herbeizuführen, sondern auch der Blick auf einen Widerspruch gelenkt, der über Klasse und Eigentum hinausreicht.[111] Lässt man einmal die Frage außen vor, ob Pollocks Analyse des Nationalsozialismus tatsächlich fehlerhaft ist, und nimmt stattdessen seine Anmerkung ernst, dass der Staatskapitalismus eher als »Modell«[112] zu verstehen sei, dem keinesfalls bereits ein in der Form existierendes Vorbild zugrunde läge, wird deutlich, dass die in der Rezeption omnipräsente Zuspitzung der politiktheoretischen Defizite der Kritischen Theorie auf Pollocks verwerflichen »Einfluss« entscheidende Aspekte in Pollocks Theorie übersieht, die mitunter als hellsichtige Vorschau auf den spätkapitalistischen Wohlfahrtsstaat verstanden werden können.[113]

Pollocks an der Erfahrung der Roosevelt'schen Reformpolitik geschärfte Analyse des demokratischen Staatskapitalismus bietet Erklärungsansätze für das Machtmotiv, das sich im modernen Staat manifestiert. Ist damit vielleicht auch keine völlige Ersetzung des Profitmotivs verbunden, erklärt es doch weniger widersprüchlich und näher an Marx als andere Theorien die Zugeständnisse, die der moderne Staat auch gegen die Kapitalinteressen gewährt (beispielsweise die Legalisierung von Gewerkschaften). Dass der Staat aus einem Interesse daran, die eigenen Strukturen zu erhalten, bestimmte Widersprüche produziert, klingt in Pollocks Staatskapitalismus leise an. Dabei könnte man sagen, dass sich an dem vermeintlichen Zusammenfallen von Staats- und Kapitalinteresse, welches Pollock anhand der US-amerikanischen Politik der 1930er-Jahre skizzierte, ein entsprechendes Gegenstück zu den materialistischen Überlegungen Paschukanis' abzeichnet. Auf den ersten Blick erscheint der Pollock'sche Staatskapitalismus nun als exaktes Gegenstück, als Aufhebung dieser Besonderung des Staates. Die politische Sphäre schickt sich bei Pollock an, die ökonomische endgültig zu subsumieren, während sie bei Paschukanis unter Umständen noch als »gleichgültig« bzw. »neutral« gegenüber der sich im Warentausch reproduzierenden Gesellschaft verstanden werden kann.[114] Zwar tritt der Staat bei Paschukanis noch nicht als Planer und Krisenmanager auf, allerdings lässt sich diskutieren, inwieweit die »von Paschukanis akzeptierte klassische Trennung in Staat und Gesellschaft«[115] in seiner Analyse aufrechterhalten wird; schließlich schreibt er auch von dem »während des Kriegs beobachtete[n] Verwachsen privatkapitalistischer und staatlicher Organisationen zu einem gewaltigen

System des bürgerlichen Staatskapitalismus«[116]. Entgegen Paschukanis' vorsichtigem Optimismus, in dieser Veränderung auch die Engels'sche Voraussetzung für die sozialistische Neuorganisation der Gesellschaft auszumachen, wäre mit Verweis auf Pollocks demokratischen Staatskapitalismus die kapitalistische Form des Staats selbst als integraler Bestandteil des bestehenden Produktionsverhältnisses zu entlarven.[117] Damit wird die Grenze deutlich, die staatliche Politik in Bezug auf den Kapitalismus immer schon haben musste: nämlich dessen Erhalt. Begreift man die 1930er-Jahre als eine Zeit des durch die Wirtschaftskrise neu erwachten Interesses des Staates am Erhalt des ökonomischen Systems, übergeht man das durch die Besonderung verschleierte, schon immer vorhandene Grundinteresse des modernen Staates, den Kapitalismus zu reproduzieren. Wo die Planungsdiskussionen Perspektiven zu eröffnen scheinen, in denen sich eben jener »getrennte[] Apparat«[118] öffentlicher Macht in legislativer wie exekutiver Hinsicht der Verwaltung des Kapitalismus zuwendet, ist diese Verwaltung schon Teil seiner Stofflichkeit selbst.[119] Diese Feststellung tangiert und beantwortet auf ihre Weise die eigentliche Grundfrage jedes materialistischen Fragens nach der Sphäre des Staats: Inwieweit kann die besonderte »Kollektivperson«, die vermeintlich das allgemeine Interesse aller Gesellschaftsmitglieder verkörpert, das Verhältnis bzw. das Recht abschaffen, von dem sie sich selbst ableitet?[120]

## Vom »Staatskapitalismus« zum »Wohlfahrtsstaat«: Der 16. Deutsche Soziologentag 1968

Während Paschukanis' Antwort unweigerlich sowjetisch ausfällt[121], erkennt die Kritische Theorie in der Entwicklung zum Monopolkapitalismus statt eines möglichen sozialistischen Überschusses vielmehr den Selbsterhaltungsmechanismus des Herrschaftsapparates.[122] Die Unnachgiebigkeit des Herrschaftsverhältnisses, auch über dessen scheinbare ökonomische Grundlage hinweg, enthüllt erst den liberalen Staat als schon in seiner Stofflichkeit und seiner relativen Autonomie mit dem Kapitalverhältnis verwoben. Die Frage nach der Durchsetzung des Staatskapitalismus, auch nach dem Ende des Zweiten Weltkrieges, beantwortet die

Kritische Theorie in weiten Teilen vage. Mit dem Sieg der Alliierten gegen den Nationalsozialismus erscheint die Pollock'sche Analyse des totalitären Staats auf den ersten Blick als geschichtsphilosophisch aufzulösender Anachronismus der Kritischen Theorie.[123] Horkheimers »herrschaftstheoretische Erweiterung des Klassenbegriffs«[124] in seiner Rackettheorie kann durchaus als Versuch verstanden werden, die staatspolitischen Erkenntnisse im Postnazismus weiterzudenken: »Der kritische Begriff des Racket ermöglicht die Kritik des Souveräns aus der Perspektive des einzelnen, isolierten Individuums. Die Allgegenwart des Staates erscheint als Allgegenwart der Rackets [...].«[125]

Dieses ausgelieferte Individuum als Ausgangspunkt der Kritischen Theorie der Nachkriegszeit erhält spezifische Formationen des politischen Bewusstseins im Staatskapitalismus, insbesondere dessen demokratischer Form. Damit zeichnet sich eine Verwicklung der Demokratie mit den Verhältnissen ab, die jegliche Transzendierung zunehmend zu verunmöglichen scheint. Diese vermeintliche politische Abgeschlossenheit der Nachkriegssituation, in der Adorno, Horkheimer und Pollock wieder nach Deutschland bzw. die Schweiz zurückkehren, impliziert eben auch die tendenzielle Verunmöglichung der Autonomie des Einzelnen. Um ein dialektisches Fragen nach Politik zu erlauben, in dem diese sowohl als ideologischer Schein ökonomischer Verhältnisse als auch als einzige Möglichkeit, letztere zu verändern, verstanden werden kann, bedarf es schließlich der Sphäre einer Politik, in der autonome Willensbildung und nicht reine durch Monopolisierungstendenzen hervorgebrachte Interessenkonkurrenz herrschen würde – welche der Bundesrepublik der Nachkriegszeit aber durchaus weiter diagnostiziert wird.[126] Diese Situation affiziert nicht nur die theoretische Arbeit der Kritischen Theorie, sondern auch ihre pädagogische Praxis. Adorno sieht sich in seiner Lehrtätigkeit vor das Dilemma gestellt, politisch zu bilden, ohne Anweisung zur politischen Praxis geben zu können. Einen prominenten Grund im zunehmenden Verzicht auf einen affirmativen oder kritisch beleuchteten Politikbegriff bildet außerdem die Annahme – zumindest Adornos und Horkheimers –, dass Politik mittlerweile kompromittiert worden sei durch das, was im Namen des Sozialismus im Ostblock geschehe: nämlich eine expansive, mehr oder minder imperialistische Machtpolitik oder ein

Herrschaft-Halten bestimmter Gruppen unter völliger Aufgabe des eigentlich sozialistischen Motivs, dass die politische Aktion zu terminieren habe in der Abschaffung der Politik.[127]

Wo Bürokratie und technische Maßnahmen den direkten Zwang verdecken, welcher das Recht ersetzt hat, das – zumindest theoretisch – als Durchsetzung bestimmter politischer Ziele fungiert, bleibt nicht viel außer »diese[r] Unmöglichkeit, sich unter Politik viel vorzustellen.«[128] Adornos Beschreibung der bundesrepublikanischen Gegenwart, die er besonders in seinen Vorlesungen vorlegt, verschränkt den Eindruck eines durch umfassende soziale Kontrolle zugerichteten Individuums mit dem des andauernden Konzentrationsprozesses des Kapitals und eines bis dato beispiellosen Staatsinterventionismus zu einer »Parodie der klassenlosen Gesellschaft«[129]. Der zunehmende Kumulationspunkt seines politischen Fragens besteht in der Feststellung der Rolle, welche die Wissenschaft – maßgeblich die Soziologie – in dieser Parodie noch zu spielen habe, wenn sie mehr sein wolle »als die Abkürzung der unter ihr befaßten Fakten [...]«[130].

Eine tatsächliche Pointierung der politischen Theorie der Kritischen Theorie lässt sich dementsprechend in den Debatten des *16. Deutschen Soziologentags* erkennen, der 1968 ausgerechnet in Frankfurt am Main stattfand. Er kann als Kumulationspunkt der bisher entfalteten Stränge der institutsinternen Auseinandersetzungen verstanden werden – nicht mehr vorgebracht von all seinen Mitgliedern, sondern vielmehr vom letzten verbliebenen Pressesprecher in Gestalt Adornos. Gleichzeitig stellt er in Aussicht, was eine tatsächliche Aktualisierung dieser Erkenntnisse vielleicht hätte vermögen können. Dabei entlarven die auf ihm geführten Debatten auch die Schwierigkeiten, die sich bei einer solchen produktiven Anknüpfung sofort ergaben. Auf die in der gegenwärtigen Akademie aufgeworfene Frage nach dem »Ort« der Politik innerhalb der Kritischen Theorie, könnte man so polemisch antworten: Frankfurt im Mai 1968. Der damalige Soziologentag entfaltete sich als ausgesprochen aufsehenerregende Veranstaltung. Inmitten der Hochphase der Studentenproteste und vor dem Hintergrund des Prager Frühlings hatte man beschlossen, erstmalig öffentliches Publikum – das hieß größtenteils Studierende –

zu den Plenarveranstaltungen zuzulassen.[131] Im Januar hatte der spätere parlamentarische Staatssekretär im Auswärtigen Amt, der Soziologe Ralf Dahrendorf, den Vorsitz der *Deutschen Gesellschaft für Soziologie (DGS)* von Adorno übernommen; Tradition war allerdings, dass der scheidende Vorsitz noch das Sujet des kommenden Soziologentags bestimmen durfte, und obwohl Adorno behauptete, dieses sei in »teamwork«[132] gewählt worden, verfestigte sich im Vorfeld des Kongresses nicht ganz zu Unrecht der Eindruck, Adorno würde ein soziologisches Heimspiel vorbereiten. Der ausgewählte Titel – zu dem Dahrendorf später anmerken sollte: »Schon die Art und Weise, in der Fragen gestellt werden, gehört zu den restriktiven Bedingungen einer Diskussion, auch einer Fachdiskussion«[133] – lautete: *Spätkapitalismus oder Industriegesellschaft?* Die Frage erlegte den Referenten[134] scheinbar eine notwendige Positionierung auf, der sich Adorno wiederum gekonnt dialektisch zu entziehen vermochte. Trotzdem weckte die dem Kongress so schon im Vorfeld nahegelegte Lagerbildung Erinnerungen an die Auseinandersetzungen des sogenannten Positivismusstreits, der 1961 im Rahmen einer Arbeitstagung der *DGS* zwischen Adorno und Karl Popper entflammt war. Gleichzeitig befand sich die *DGS* in der schwierigen Situation, dass die Soziologie Ende der 1960er-Jahre mittlerweile zum absoluten Erfolgsfach avanciert war und dabei dringend einer wissenschaftlichen Standortbestimmung bedurfte.[135] Ralf Dahrendorf fasste die möglichen Entwicklungslinien der Soziologie in seiner Eröffnungsansprache wie folgt zusammen:

> Auf der einen Seite steckt in der Soziologie der Anspruch, daß wir kritisch die gesellschaftlichen Verhältnisse, in denen wir leben, relativieren, und daß wir dies auch mit der Absicht tun, verändernd in die Wirklichkeit einzugreifen. Dies ist der kritische Anspruch, der mit der gesamten Geschichte der Soziologie verbunden ist. Auf der anderen Seite steckt in der Soziologie die Möglichkeit, vielleicht auch der Anspruch, daß sie sich als fachliche Einzelwissenschaft in den verschiedenen Themenbereichen, zu denen sie etwas beitragen kann, entwickelt.[136]

Dahrendorfs einleitende Worte, die er als noch nicht einmal 40-jähriger FDP-Landtagsabgeordneter mit einer roten Nelke im Knopfloch vortrug, lassen seinen Anspruch durchklingen, das Fach der Soziologie nicht nur als vermeintlichen Ausbildungsort kritischen Bewusstseins, sondern vielmehr als praxisorientierte Reformwissenschaft zu etablieren.[137] Er beendete seine Ansprache mit einer fast prophetischen Bemerkung:

> Ich könnte mir denken, daß es zu unseren Vorstellungen einer weiteren Entwicklung der deutschen Soziologie und ihrer wissenschaftlichen Gesellschaft gehören wird, daß auch Tagungen dieser Art, wie sie in der Tradition der Deutschen Soziologentage stehen, in Zukunft nicht mehr stattfinden.[138]

In den darauffolgenden sechs Jahren sollte tatsächlich kein weiterer Soziologentag mehr ausgerichtet werden – der Frankfurter Kongress bildete auch für die *DGS* eine einschneidende Zäsur.

Adornos Einleitungsvortrag, der später unter dem Titel *Spätkapitalismus oder Industriegesellschaft?* veröffentlicht wurde, wird häufig eine im Unterschied zur Terminologie seiner damaligen Hauptwerke *Negative Dialektik* und *Ästhetische Theorie* überraschende Renaissance marxistischen Vokabulars diagnostiziert.[139] Dies ist kein Zufall, bieten seine Ausführungen schlicht ein pointiertes Resümee der kritisch-theoretischen Staatsbetrachtung der letzten 30 Jahre. Die Wahl des Titels der Veranstaltung bereitet dabei besonders anschaulich die dialektische Notwendigkeit im gegenwärtigen soziologischen Fragen vor: Adorno führt aus, wie beide Begriffe – Spätkapitalismus wie Industriegesellschaft – in einer Absolutierung als konstituierende Kategorie fehlgehen müssen.[140] Zur wissenschaftlichen Abstraktion gezwungen, wäre laut ihm davon zu sprechen, dass die gegenwärtige Gesellschaft nach dem Stand ihrer »Produktiv*kräfte*«[141] durchaus Industriegesellschaft sei, ihren »Produktions*verhältnissen*« nach allerdings zweifellos Kapitalismus.[142] Er führt damit anschaulich vor, wie die von ihm im akademischen Handgemenge verteidigte dialektische Theorie eben keine Strukturen vorgeben kann und will, in welche die aufzufindenden Ergebnisse der Soziologie dann möglichst gänzlich hineinpassen sollen. Viele Passagen seines Vortrags stellen sich als Zusammenschau der institutseigenen Debatten um Staat und Politik dar, angepasst auf die spätkapitalistischen Verhältnisse:

> Die gegenwärtige Gesellschaft weist, trotz aller Beteuerungen des Gegenteils, ihrer Dynamik, des Anwachsens der Produktion, statische Aspekte auf. Sie rechnen den Produktionsverhältnissen zu. Diese sind nicht länger mehr allein solche des Eigentums, sondern der Administration, bis hinauf zur Rolle des Staats als des Gesamtkapitalisten. Indem ihre Rationalisierung der technischen Rationalität, den Produktivkräften, sich anähnelt, sind sie fraglos flexibler geworden. Dadurch wird der Schein erweckt, das universale Interesse sei nur noch das am Status quo und Vollbeschäftigung das Ideal, nicht das an der Befreiung von heteronomer Arbeit.[143]

Damit charakterisiert er das Erstarren des von der Kritischen Theorie entlarvend begleiteten Gesellschaftsprozesses in einer falschen Totalität, die eben endgültig keine einer einheitlich sich vorwärts bewegenden Menschheit mehr sei, sondern sich im Gegenteil gewaltvoll gegen diese richte. Die Produktionsverhältnisse scheinen die sie längst transzendierenden Produktivkräfte weiter auf dem zur kapitalistischen Reproduktion notwendigen Niveau zu halten, während die nötige Spontaneität derjenigen, die tatsächlich ein objektives Interesse an der Überwindung dieser Verhältnisse haben, durch die Rechtfertigungsmechanismen (staatlicher) Verwaltung gar nicht erst aufkomme.[144] Wesentlichen Teil zu dieser Stillstellung leistet für Adorno die Wissenschaft, wenn sie durch falsche Kategorisierungen und den Impuls, die Ergebnisse unbedingt für die schon immer falsche Praxis zuzurichten, »die einfachste Kenntnis und Erfahrung der bedrohlichsten Vorgänge und der wesentlichen kritischen Ideen und Theoreme (...)«[145] verunmöglicht. Dass er dabei die drohenden Entgegnungen und Diskussionen des Kollegiums im Rahmen der Tagung bereits antizipiert und ihnen eine klare Rolle in dieser Verunmöglichung zuweist, macht Adorno schließlich mit einer explizit politischen Finte deutlich, wenn er sagt: »Daß Produktivkräfte und Produktionsverhältnisse heute eines seien und man deshalb die Gesellschaft umstandslos von den Produktivkräften her konstruieren könne, ist die aktuelle Gestalt gesellschaftlich notwendigen Scheins.«[146] Die Wissenschaft als (Mit-)Produzentin des ideologischen Schleiers auszumachen, welcher die tatsächlichen Möglichkeiten von etwas anderem verdecke – mit dieser Spitze schließt sich der Kreis nahezu ungebrochen zur Weimarer Wissenschaftskritik der Kritischen Theorie.

Noch interessanter als diese in jeder Hinsicht pointierte Wiederholung und aktualisierte Zuspitzung der Thesen der vergangenen 30 Jahre aber gestaltet sich ein zweiter eng mit dem von Adorno verwobener Vortrag. Der ursprüngliche Redner des ersten Panels, der Industriesoziologe Manfred Teschner, welcher kurz zuvor vom Institut für Sozialforschung auf den neugeschaffenen Lehrstuhl für Soziologie an der Technischen Hochschule Darmstadt gewechselt war, war wenige Wochen vor dem Soziologentag erkrankt, und es hatte sich eine Gruppe junger wissenschaftlicher Mitarbeiter am Institut für Sozialforschung gefunden, die zu dem Titel *Herrschaft, Klassenverhältnis und Schichtung* an seiner statt ihre ambitionierten Thesen vortrugen. Mit dem vor allem in der Gewerkschaftsforschung tätigen Joachim Bergmann, dem Arbeitssoziologen und späteren Leiter des Instituts für Sozialforschung Gerhard Brandt, dem Verwaltungsforscher Klaus Körber, dem Marx-Experten Ernst Theodor Mohl und dem damaligen wissenschaftlichen Mitarbeiter von Jürgen Habermas, Claus Offe, trat nicht nur der akademische Mittelbau überhaupt erstmals auf einem deutschen Soziologentag in Erscheinung, sondern auch namhafte Mitglieder und Vertreter des Sozialistischen Deutschen Studentenbundes und der Außerparlamentarischen Opposition.[147] Das in der Erinnerung Offes »mit heißer Nadel genähte ›Gruppenreferat‹ von jungen Leuten«[148] versuchte sich mit der Kritischen Theorie im Rücken an einer materialen Analyse des zeitgenössischen Wohlfahrtsstaats, welche weitaus elaborierter ausfiel als Offes Beschreibung vermuten lässt. Der Vortrag lässt dabei erahnen, welches wissenschaftliche, aber auch politische Potential die tatsächlich am Institut für Sozialforschung stattfindende empirische Forschung, verzahnt mit den staatstheoretischen Grundannahmen der Kritischen Theorie, haben konnte. War auch Teschners Vortrag als materiale Ergänzung zu Adornos theoretischen Ausführungen gedacht gewesen, wollte der Frankfurter Mittelbau seine Chance über eine solche Darlegung hinaus nutzen, Möglichkeiten von verändernder Praxis mitten auf einem etablierten Kongress der versteinerten Wissenschaftslandschaft unterzubringen. Die direkte Korrespondenz mit Adornos Vortrag wird dabei mehr als deutlich. Obwohl Adorno auch im Nachklang stets beteuerte: »Ich habe in meinen Schriften niemals ein Modell für irgendwelche Handlungen und zu irgendwelchen

Aktionen gegeben. [...] Ich habe niemals irgend etwas gesagt, was unmittelbar auf praktische Aktionen abgezielt hätte«[149], muss der Auftritt des Frankfurter Instituts für Sozialforschung als gemeinsamer politischer Vorstoß inmitten der Grundsatzdebatten um die Rolle der Wissenschaft in der spätkapitalistisch verharrenden Gesellschaft verstanden werden.[150] Die Politik als Gestalt einer Ideologie, die ihrerseits in der Lage wäre, fundamentale Veränderung der Verhältnisse hervorzubringen, wird nicht zuletzt durch die größere Nähe der Mitarbeiter-Gruppe zum politischen Aktivismus klar adressiert. Getragen zum einen von dem »ausgeprägten, gegen Parteien, Parlamente und staatliche Verwaltungen (und gegen Polizei und Justiz sowieso) und die mit Institutionen immer verbundene[n] Grenzziehungen gewendeten anti-institutionellen Affekt« sowie einem umfassenden »Voluntarismus«, dem »Hang zur apokalyptischen Vorahnung« und der »Propaganda der Tat«[151], verstanden sich die Vortragenden augenscheinlich nicht nur als theoretischer Katalysator kritischer Gesellschaftsbetrachtung, sondern auch als Träger genau jener Spontaneität, die Adorno in der Gegenwart als zunehmend verschüttet klassifiziert hatte. Trotz all der berechtigten Kritik, die Adorno dem Aktivismus der 1960er-Jahre entgegenhielt – hatte ihn dieser selber wiederholt zur taktischen Zielscheibe diverser Aktionen gemacht[152] –, lässt sich wohl einräumen, dass der vermutlich in Absprache geplante Auftritt auf dem Soziologentag 1968 einen vielleicht letzten taktischen Zusammenschluss beider Fraktionen verkörperte.

Auch Bergmann, Brandt, Körber, Mohl und Offe beginnen ihre Ausführungen mit der Feststellung, dass Modelle politischer Herrschaft in der gegenwärtigen Wissenschaft meist nur nachträglich auf materiellen Bedingungen der Sozialstruktur angewandt werden würden, statt sie umgekehrt aus der sozio-ökonomischen Struktur heraus zu begreifen.[153] Sie stellen fest, dass die Perpetuierung des sozialen Systems wesentlich von dem Funktionieren der Produktionsorganisation abhängig ist; eine Gesellschaftsanalyse, die nur von dem Stand der Produktivkräfte heraus denkt, also Elementares nicht in den Blick bekommen könne.[154] Untersucht werden von ihnen ganz explizit die »institutionellen Arrangements«[155], welche sie auf die restriktive Bedingung politischen Handelns, einen von Otto Kirchheimer wieder aufgenommenen Begriff, hin befragen.[156] Den in der traditionellen Soziologie und Politikwissenschaft diagnostizierten Bedeutungsverlust des Parlaments und die zunehmende Kompetenzübertragung politischer Entscheidungen auf Verwaltungsorgane deuten sie dementsprechend ganz im Sinne der Kritischen Theorie nicht als immanente, »unentrinnbare Konsequenzen gesellschaftlicher Entwicklung, als Ausdruck der fortschreitenden Komplizierung der Verhältnisse in modernen Industriegesellschaften«[157], sondern als Interventionszwang zur Aufrechterhaltung der kapitalistischen Vergesellschaftung, hervorgebracht durch die in dieser enthaltenen Widersprüche.[158] Dabei wird noch einmal präzise betont, dass die öffentliche Gewalt dementsprechend nicht als Ausdruck eines partikularen Klasseninteresses zu verstehen wäre, welches die staatlichen Maßnahmen bewusst zu dessen eigenem Vorteil zu lenken wisse: »Das heißt aber, daß immanente Tendenzen des Prozesses der kapitalistischen Entwicklung nicht notwendig als objektive hingenommen, sondern durch politische Entscheidungen unter Umständen auch konterkariert werden.«[159] Innerhalb des Kapitalverhältnisses besitzt die öffentliche Gewalt also einen gewissen sozialpolitischen Aktionsspielraum, der, primär motiviert durch die Selbsterhaltung, trotzdem kein Raum autonomer Entscheidungen sein kann. Die Aufgabe gegenwärtiger politischer Soziologie sieht die Gruppe genau darin, die restriktiven Bedingungen dieses möglichen politischen Handelns herauszustellen.[160] Unmittelbar danach bestimmen die Vortragenden die restriktiven Bedingungen des Herrschaftssystems »im Zwang zur Erhaltung privater Verfügungsgewalt über die Produktionsmittel«[161] und bestärken damit die zuvor von Adorno schon emphatisch herausgestrichene fortwährende Bedeutung des Klassenbegriffs.[162] Im Anschluss wird von den Referenten schlüssig aufgezeigt, wie aus dieser Bedingung die politischen Ziele und Mechanismen der Vollbeschäftigung, Einkommenspolitik und auch Gewerkschaftsarbeit resultieren.[163] Das vermeintliche Gleichgewicht der ökonomischen Verwertung werde dabei nur durch die Interventionen des Staates aufrechterhalten, während trotzdem weiter das Primat der privaten Interessen gelte.

Die pointierte Aktualisierung der kritischen Staatstheorie, die die Referenten auf die wohlfahrtsstaatliche Sozialpolitik anwenden, wird deutlich in der Bloßstellung der Unfähigkeit dieser Sozialpolitik, die tatsächliche Ungleichheit der primären Einkommensverteilung zu korrigieren, was nicht zuletzt das regressive Steuersystem zu verantworten hätte, welches eine Reinvestition von Kapital der unteren Einkommensklassen systematisch ausschließe.[164] Als Dreh- und Angelpunkt dieses Herrschaftssystems macht die Gruppe aber eben trotzdem nicht mehr eine deutlich bestimmbare Klasse aus, sondern ein »politisches Zentrum«[165], von dem aus mithilfe technischer und administrativer Maßnahmen Systemrisiken – sprich ökonomische Krisen und Wachstumsstörungen sowie Legitimationsdefizite – minimiert werden sollen: »In dieser Struktur des Verhältnisses von Ökonomie und Staat degeneriert ›Politik‹ zu einem Handeln, das zahlreiche und immer neu auftauchende ›Vermeidungsimperative‹ befolgt.«[166] Folgen dieser reinen Vermeidungspolitik stellen sie unter anderem an Erosionserscheinungen politischer Ideologien und der zunehmenden Unmöglichkeit genuin demokratischer Willensbildung fest, welche in dem gegenwärtigen System keine Funktion erfüllen könne.[167] Die Frankfurter Vertreter plädieren dafür, das von ihnen beschriebene Herrschaftssystem als einen neuen Strukturtyp kapitalistischer Gesellschaft ernst zu nehmen.[168] Sie beschreiben damit einen staatlich regulierten Kapitalismus, der durchaus entscheidende Parallelen zu der von der Kritischen Theorie bereits beschriebenen Konzentration politischer Entscheidungen auf Verwaltungsebenen hat, aber explizit – um das Element demokratischer Wohlfahrtssteuerung ergänzt – erst in seiner spätkapitalistischen Ewigkeit zu sich zu kommen scheint.

Der Vortrag des Mittelbaus auf dem Soziologentag muss in einer Betrachtung der Kritischen Theorie der Politik aber nicht nur als wesentlicher Kumulationspunkt erscheinen, weil er die ausgeführten Theorielinien empirisch anreichert und um konkrete Analysen der Sozialpolitik ergänzt, sondern auch weil an ihm abgelesen werden kann, als wie kurzlebig sich eine solche Zusammenführung sowohl in der wissenschaftlichen als auch der politisch-aktivistischen Landschaft schließlich erweisen musste. Ein wesentlicher Grund für diese Entwicklung ist sicherlich in der in sich berechtigten Ergänzung der Systeme vertikaler Ungleichheit (Klasse, Schicht) zu sehen, welche die Gruppe um Bergmann und Offe 1968 ebenfalls vorstellt. Die »politisch determinierten Bestimmungsgründe von Lebenschancen«[169] müssen, ihrer Argumentation nach, als sonst unberücksichtigte Kategorie in die Beschreibung sozialer Ungleichheit mit aufgenommen werden, da die bestehenden Ungleichheiten eben nicht mehr einfach nur als Ausdruck der ökonomischen Machtverhältnisse deutbar wären. Außerdem würde die zunehmende staatliche Verteilung der Daseinsvorsorge die Befriedigung von Lebensbedürfnissen wie Gesundheit, Bildung und Wohnraum zunehmend von politischen Entscheidungen abhängig machen, deren Defizite unabhängig vom Einkommen theoretisch fast alle gleichermaßen treffen könnten.[170]

Diese subkulturelle Erweiterung des Ungleichheitsschemas um Kategorien wie Erziehung und Konsumverhalten bezeichnet die Gruppe als »horizontale Disparitäten«[171]. Die Disparität der Lebensbereiche wächst ihrer Beobachtung nach dabei durch den unterschiedlichen Entwicklungsabstand zwischen tatsächlich institutionalisiertem und möglichem Niveau des technischen und gesellschaftlichen Fortschritts – was Adorno noch klassisch marxistisch als Missverhältnis zwischen Produktivkräften und Produktionsverhältnissen begreift. Diese Ergänzung um politisch determinierte Benachteiligungsformen im spätkapitalistischen Herrschaftssystem ist per se keine zu verwerfende Ergänzung einer an Marx anschließenden Soziologie. Die außerparlamentarisch geschulte Gruppe des Frankfurter Mittelbaus kann es sich allerdings nicht nehmen lassen, mit dieser Pluralisierung von Diskriminierung auch die Hoffnung auf eine neue politische Organisationsform zu verbinden, und widmet ihre letzten Minuten der ausdrücklichen Hoffnung, neue Aktions- und Artikulationsformen in den Disparitäten aufspüren zu können.[172] Ihnen ist zwar durchaus bewusst, dass das umwerfende Potenzial der unterschiedlichen benachteiligten Gruppen, sich unter einem gesammelten Interesse zusammenzuschließen und zu organisieren, gerade aufgrund der horizontalen Struktur und zum Teil widerstreitenden Positionierung, als noch sehr viel unwahrscheinlicher erweisen muss als vor dem Hintergrund einer orthodoxen Klassenherrschaft; trotzdem liegt die Emphase auf einem möglichen »Außerhalb« des politischen Systems, welches in ihrer Darstellung als mobilisierbar erscheint.[173]

## Resümee

Der Soziologentag von 1968 steht damit emblematisch für Mut und Schwäche einer Kritischen Theorie der Politik. Einerseits kann festgehalten werden, dass die Kritische Theorie in ihren Debatten seit den späten 1920er-Jahren einen Politikbegriff einzukreisen weiß, der insbesondere in den spätkapitalistischen Verhältnissen sein volles Erklärungspotenzial entfalten kann – gerade, wenn er um die entsprechende Analyse sozialpolitischer Rechtsverhältnisse ergänzt wird. Das Referat von Bergmann, Brandt, Körber, Mohl und Offe beweist dabei die Treffsicherheit der aufgestellten Theoreme und stellt andererseits den klaren Anfang des Missverständnisses dar, dem sich ein Großteil der Schüler der Kritischen Theorie spätestens nach Adornos Tod 1969 anschließt: dem stetigen Auffinden eines aus der Totalität der spätkapitalistischen staatlichen Zurichtung Herausfallenden. Adorno verteidigt die Gruppe um Bergmann und Offe im Anschluss an ihr Referat gegen Dahrendorfs »extemporierte Salve[n] von Fragen, deren Protokoll zehn Druckseiten umfasst«[174]. Seine Antwort, in der anklingt, dass Dahrendorf die Vorstellung einer herrschaftsfreien Gesellschaft durchaus unheimlich ist, lautet: »Die Möglichkeit, daß die Welt zu schön werde, ist für mich so arg schreckhaft nicht.«[175] Allerdings müsste aus Adornos Perspektive der zu emphatischen Indienstnahme der horizontalen Ungleichheiten für den revolutionären Kampf entgegengehalten werden, dass auch solche innerhalb der ungestörten Entwicklung zunehmender Kapitalkonzentration zwangsläufig der Tendenz folgen müssen, bestätigender Teil der gesellschaftlichen Totalität zu werden. Der Blick auf die historische Artikulation solcher Politik(en) in den *Neuen Sozialen Bewegungen* (*NSB*) der 1980er-Jahre könnte eine solche Vermutung bestätigen. Das kritische Staatsverständnis, das im Mai 1968 von der Schülergeneration noch offengehalten wird, verschwindet schließlich unter der tatsächlichen Interessenkonkurrenz der Bewegungslogiken, in denen der Staat zum stetigen Adressaten der erwünschten (umwelt- oder sozialpolitischen) Veränderungen angerufen wird, wobei er doch derjenige ist, der ihren Anliegen der eigenen Verfasstheit nach nur bedingt Beachtung schenken kann. Gleichzeitig beweist die Konkursmasse von 1968 in ihrer Auflösung in den *NSB* ihr eigenes Modell des politischen Legitimationsdrucks schließlich damit, dass der Großteil der tatsächlich geforderten Veränderungen früher oder später von der staatlichen Seite angegangen wurde – außer der wirklichen Abschaffung von Herrschaft.

Die Zusammenstellung der langjährigen Debatten um Politik und Staat mit den Diskussionen auf dem Frankfurter Soziologentag verdeutlicht das Problem, das sich auch jede heutige Bezugnahme auf das kritisch-theoretische Politik- und Staatsverständnis einhandelt. Sobald der Ausgangspunkt einer Kritischen Theorie der Politik darin gewählt wird, programmatisch an diese anknüpfen zu wollen, gestaltet sich die Charakterisierung, was nun Politik oder Staat aus dieser Perspektive wäre, als fast notwendig verkürzt. Die Begriffe der Kritischen Theorie, welche sich sowohl als Ausdruck historischer Erfahrung als auch als Ausdruck eines Willens zu einer richtigen Gesellschaft im Laufe der Geschichte zwangsläufig unterschiedlich politisch artikulieren müssen, obwohl sie gerade darin einen solchen Willen zum Anderen bewahren, bringen das Problem mit sich, dass jeder Moment in der Heterogenität der Theoriegeschichte als möglicher Aktualisierungspunkt verstanden werden kann. An anderer Stelle müsste der Frage nachgegangen werden, welche Bedingungen der historischen Instanz der Kritischen Theorie sich seit und vielleicht auch wegen 1968 so sehr verändert haben, dass sie in der Bezugnahme als scheinbar hermetische Regeleinheit oder produktiver Baukasten zur Beleuchtung aller möglichen sozialen Kämpfe verstanden wird, und nicht als historisch auf ihre Bedingungen reflektierender theoretischer Einspruch. Ausgehend von der hier versuchten Rekonstruktion, enthüllt sich das Politische nicht als etwas eindeutig Identifizierbares in der Kritischen Theorie, von dem man das Nicht-Politische abgrenzen könnte. Vielmehr enthält ihre kritische Reflexion der Gesellschaft zwangsläufig das Fragen nach politik- oder staatstheoretischen Legitimationsmustern, wo diese als solche wirksam sind. Den Vorwürfen, die sich gegenüber der scheinbaren »Leerstelle« einer politischen Theorie des frühen Instituts für Sozialforschung entfalten, wäre so zu entgegnen, dass die darin enthaltene Vorstellung, was denn eine »Politische Theorie« tatsächlich sei, auf die darin enthaltenen verdeckten Bedingungen zurückgebunden gehöre. Wer eine klassische politikwissenschaftliche Institutionentheorie in der frühen

Kritischen Theorie erwartet, wird genauso wenig fündig werden wie jemand, der sich aktualisierbare Anweisungen politischer Praxis erhofft. Statt einer stillen Einheit wäre die Kritische Theorie als das durchaus sehr politisch motivierte Bedürfnis zu begreifen, aufzudecken, was jede politische Theorie selbst an Rechtfertigungsversuchen der herrschaftsförmigen Gesellschaft enthält.

## ANMERKUNGEN

1 In dem vorliegenden Beitrag wurde sich für die Schreibweise der Kritischen Theorie mit großem K als Bezeichnung für Arbeitszusammenhang um das Institut für Sozialforschung entschieden, insbesondere nach der Übernahme des Direktorpostens durch Max Horkheimer bis zu Theodor W. Adornos Tod 1969.
2 Henning, Christoph, *Philosophie nach Marx. 100 Jahre Marxrezeption und die normative Sozialphilosophie der Gegenwart in der Kritik*, Bielefeld 2005, S. 354.
3 Vgl. Buckel, Sonja / Martin, Dirk, »Aspekte einer gesellschaftskritischen Theorie der Politik«, in: Bohmann, Ulf / Sörensen, Paul (Hg.), *Kritische Theorie der Politik*, Frankfurt a. M. 2019, S. 243–266, hier S. 254 ff.
4 »Die Gesellschaft wird in ihrer Existenz nicht unterstellt oder ignoriert, sondern politisch überhaupt erst und immer wieder von Neuem konstitutiert.« (Demirović, Alex, »Das Scheitern der Agonistik. Zur kritischen Theorie des Politischen«, in: Bohmann, Ulf / Sörensen, Paul (Hg.), *Kritische Theorie der Politik*, Frankfurt a. M. 2019, S. 179–208, hier S. 190).
5 Buckel/Martin, *Aspekte*, S. 251.
6 In Anlehnung an Leo Löwenthal: *Mitmachen wollte ich nie. Ein autobiographisches Gespräch mit Helmut Dubiel*, Frankfurt a. M. 1980.
7 Popitz, Heinrich, »Protokoll der Diskussion zu den Beiträgen: Herrschaft, Klassenverhältnis und Schichtung«, in: Adorno, Theodor W. (Hg.), *Spätkapitalismus oder Industriegesellschaft? Verhandlungen des 16. Deutschen Soziologentages*, Stuttgart 1969, S. 100–116, hier S. 107.
8 Horkheimer, Max / Adorno, Theodor W., *Diskussion über Theorie und Praxis*, in: Horkheimer, Max, *Gesammelte Schriften*, Bd. XIII, Frankfurt a. M. 1989, S. 32–72, hier S. 24.
9 Bohmann, Ulf / Sörensen, Paul, »Zur Kritischen Theorie der Politik heute«, in: ders. (Hg.), *Kritische Theorie der Politik*, Frankfurt a. M. 2019, S. 9–59, hier S. 10.
10 Ebd., S. 19.
11 Ebd., S. 36.
12 Ebd., S. 10 f.
13 Ebd., S. 15.
14 Ebd., S. 14.
15 Adorno, Theodor W., *Nachgelassene Schriften, Abteilung IV: Vorlesungen*, Bd. XII, Frankfurt a. M. 2008, S. 67.
16 Ebd.
17 Dubiel, Helmut, *Wissenschaftsorganisation und politische Erfahrung. Studien zur frühen Kritischen Theorie*, Frankfurt a. M. 1978, S. 17.
18 Postone, Moishe, *Zeit, Arbeit und gesellschaftliche Herrschaft. Eine neue Interpretation der kritischen Theorie von Marx*, Freiburg 2010, S. 148.
19 Buckel/Martin, *Aspekte*, S. 249 f.
20 Dubiel, *Wissenschaftsorganisation*, S. 72, S. 128.
21 Buchstein, Hubertus, »Kritische Theorie der Politik. Max Horkheimer und Otto

Kirchheimer in der Kontroverse«, in: *Leviathan* 47(2) (2019), S. 215–243, hier S. 216 f.

22 Horkheimer, Max, *Die gegenwärtige Lage der Sozialphilosophie und die Aufgaben eines Instituts für Sozialforschung*, in: ders., *Gesammelte Schriften*, Bd. III, Frankfurt a. M. 1988, S. 29.

23 Ebd., S. 30.

24 »Das Wort ›Sozialforschung‹ beansprucht nicht, auf der Landkarte der Wissenschaften, die heute ohnehin sehr fragwürdig erscheint, neue Grenzlinien einzuzeichnen. Die Untersuchungen auf den verschiedensten Sachgebieten und Abstraktionsebenen, die es hier bedeutet, werden durch die Absicht zusammengehalten, daß sie die Theorie der gegenwärtigen Gesellschaft als ganzer fördern sollen.« (Horkheimer, Max, »Vorwort«, in: *Zeitschrift für Sozialforschung* 1(1) (1932), S. 1; vgl. auch Dubiel, *Wissenschaftsorganisation*, S. 150).

25 Buchstein, *Kritische Theorie*, S. 216.

26 Gangl, Manfred, »Einleitung«, in: ders. (Hg.), *Das Politische. Zur Entstehung der Politikwissenschaft während der Weimarer Republik*, Frankfurt a. M. 2008, S. 7–20, hier S. 17.

27 Ebd., S. 9.

28 Bleek, Wilhelm, *Geschichte der Politikwissenschaft in Deutschland*, München 2001, S. 228. Als einzige Ausnahme kann die 1920 in Berlin eröffnete Deutsche Hochschule für Politik gelten, bei der aber auch nicht unbedingt schon eine akademisierte Form politischer Wissenschaft angenommen werden kann. Dank ihrer nationalpolitischen Schlagseite wurde sie entgegen der Darstellung ihres damaligen Leiters Ernst Jäckh ohne besonderen Widerstand vom nationalsozialistischen Regime übernommen. (Vgl. Söllner, Alfons, »Gruppenbild mit Jäckh. Anmerkungen zur »Verwissenschaftlichung« der Deutschen Hochschule für Politik während der Weimarer Republik«, in: Göhler, Gerhard / Zeuner, Bodo (Hg.), *Kontinuitäten und Brüche in der deutschen Politikwissenschaft*, Baden-Baden 1991, S. 41–64).

29 Paschukanis, Eugen, *Allgemeine Rechtslehre und Marxismus*, Freiburg 2003, S. 49.

30 Ebd., S. 137 f.

31 Gangl, »Einleitung«, S. 14.

32 Plessner, Helmuth, »Macht und menschliche Natur. Ein Versuch zur Anthropologie der geschichtlichen Weltansicht«, in: ders., *Gesammelte Schriften*, Bd. V, Frankfurt a. M. 1981, S. 135–234, hier S. 192.

33 Ebd., S. 200.

34 Gangl, Manfred, »›Das Politische ist das Totale‹. Carl Schmitts Bestimmung des Politischen«, in: ders. (Hg.), *Das Politische. Zur Entstehung der Politikwissenschaft während der Weimarer Republik*, Frankfurt a. M. 2008, S. 37–56, hier S. 50.

35 Ebd., S. 52.

36 »In Wirklichkeit aber tritt in dieser von S. ausgemalten pluralistischen Auflösung nicht nur der illusionäre und widerspruchsvolle Charakter der bisherigen parlamentarisch-liberalen Staatsform in Erscheinung, sondern ein viel tiefer liegender, auf der heute gegebenen ökonomischen Grundlage dem ganzen bürgerlichen Staat

innewohnender Konflikt: der Widerspruch zwischen den sich entwickelnden Produktivkräften und den jeweilig fixierten Produktionsverhältnissen und der aus diesem Widerspruch entspringende Gegensatz und Kampf der gesellschaftlichen Klassen. Und gerade dieser Widerspruch wird nicht überwunden, sondern nur noch einmal und sogar in verschärfter Form aktualisiert in jenem faschistischen ›Totalstaat‹, von dessen endlicher Herankunft, heute ganz ebenso unkritisch wie einst die liberalen Bourgeois von ihrem ›Rechtsstaat‹, die positive Lösung des von ihm behandelten Staatsproblems erwartet.« (Korsch, Karl, »Besprechung von Schmitt, Karl [sic!], Der Hüter der Verfassung«, in: *Zeitschrift für Sozialforschung* 1(1) (1932), S. 204–205, hier S. 204).

37 »In der Tat waren in all seinen scharfen, meist antithetischen Begriffsbestimmungen Minen angelegt, die ihre eigentliche Sprengkraft erst unter dem Nationalsozialismus entfalten sollten.« (Gangl, »Totale«, S. 53).

38 »Die Dezentrierung des Staats ist eine Bewegung, der sich die Staatsrechtslehre nach dem Sturz jenes Staates, den Max Weber noch für ›unzerstörbar‹ gehalten hatte, im Ganzen nicht entziehen konnte. Die Relativierungen des Staats an der Politik (Schmitt), am Recht (Kelsen) oder an der Gesellschaft (Preuß), die den Staat je nach Perspektive zum Staat des Politischen, des Rechts oder der Gesellschaften macht, auf der einen, und die Transformation des Staatsrechts in Verfassungsrecht auf der anderen Seite hängen eng zusammen.« (Brunkhorst, Hauke, »Vom Staatsrecht zur Politikwissenschaft«, in: Gangl, Manfred (Hg.), *Das Politische. Zur Entstehung der Politikwissenschaft während der Weimarer Republik*, Frankfurt a. M. 2008, S. 57–63, hier S. 59. Auch: Gangl, »Totale«, S. 51; Korsch, »Hüter«, S. 204).

39 »Während die Verselbständigung des Politischen das verfassungsrechtliche Gebot der Unterwerfung des Staats unter die politische Willensbildung des Volkes zur Dynamisierung und Entstaatlichung rechtsfreier Souveränität vereinseitigt, vernachlässigt umgekehrt Kelsens ›Staatslehre ohne Staat‹ die demokratische Bestimmtheit des Rechts zugunsten des verfassungsrechtlichen Verbots rechtsfreier Räume.« (Brunkhorst, *Staatsrecht*, S. 60).

40 Hirsch, Joachim, »Staatskapitalismus? Zur Kontroverse zwischen Friedrich Pollock, Max Horkheimer und Franz Neumann in Bezug auf den Charakter des nationalsozialistischen Systems«, in: Ruschig, Ulrich / Schiller, Hans-Ernst (Hg.), *Staat und Politik bei Horkheimer und Adorno*, Baden-Baden 2014, S. 60–72, hier S. 60.

41 Damit gibt er die Antwort auf die von ihm präzise gestellte Frage, die der Marxismus bis dato nur unzureichend beantwortet hatte: »[...] warum wird der Apparat des staatlichen Zwanges nicht als privater Apparat der herrschenden Klasse geschaffen, warum spaltet er sich von der letzteren ab und nimmt die Form eines unpersönlichen, von der Gesellschaft losgelösten Apparats der öffentlichen Macht an?« (Paschukanis, *Rechtslehre*, S. 139).

42 Paschukanis, *Rechtslehre*, S. 142 f.

43 Paschukanis' Glauben an das Verschwinden der rechtlichen Elemente unter dem Sozialismus ging so weit, dass er vorschlug, das Wort »Recht« aus dem Namen

des *Instituts für Sowjetaufbau und Recht*, dem er vorstand, streichen zu können. (Vgl. Walloschke, Tanja, »Eugen Paschukanis. Eine biographische Notiz«, in: Paschukanis, *Rechtslehre*, S. 195–205, hier S. 199).

44 Ruschig, Ulrich, »Weiterdenken in marxistischer Tradition. Die Lehre vom autoritären Staat«, in: Ruschig, Ulrich / Schiller, Hans-Ernst (Hg.), *Staat und Politik bei Horkheimer und Adorno*, Baden-Baden 2014, S. 73–103, hier S. 76.

45 Marx, Karl, *Zur Judenfrage*, in: ders. / Engels, Friedrich, *Marx-Engels-Werke*, Bd. 1, Berlin 1967, S. 347–377, hier S. 369 ff.

46 Marx, Karl, *Das Kapital. Kritik der politischen Ökonomie. Erster Band. Der Produktionsprozess des Kapitals*, in: ders. / Engels, Friedrich, *Marx-Engels-Werke*, Bd. 23, Berlin 1967, S. 99.

47 Adorno, Theodor W., *Drei Studien zu Hegel*, in: ders., *Gesammelte Schriften*, Bd. V., Frankfurt a. M. 2005, S. 274.

48 Hegel, Georg Wilhelm Friedrich, *Grundlinien der Philosophie des Rechts*, in: ders., *Werke*, Bd. VII, Frankfurt a. M. 1986, S. 390.

49 Ebd.

50 Adorno, *Drei Studien*, S. 275. Auch: »Die Hegelsche Apologetik und Resignation ist die bürgerliche Charaktermaske, welche die Utopie vorgebunden hat, um nicht sogleich erkannt und ereilt zu werden; um nicht in der Ohnmacht zu verbleiben.« (Ebd., S. 290).

51 Ebd., S. 274.

52 Hegel, *Grundlinien*, S. 393.

53 Adorno, *Drei Studien*, S. 318. Auch: »Nirgends ist die Hegelsche Philosophie der Wahrheit über ihr eigentliches Substrat, die Gesellschaft, nähergekommen als dort, wo sie ihr gegenüber zum Aberwitz wird.« (Ebd., S. 276).

54 Schönfelder, Anna-Sophie, »Untergehende oder moderne Herrschaftsformen? Marx über Revolution und Restauration in Europa«, in: Bohlender, Matthias / Schönfelder, Anna-Sophie / Spekker, Matthias (Hg.), *Wahrheit und Revolution. Studien zur Grundproblematik der Marx'schen Gesellschaftskritik*, Bielefeld 2020, S. 77–116, hier S. 95.

55 In *Sozialismus und Staat* sowie *Allgemeine Rechtslehre im Lichte materialistischer Geschichtsauffassung* (1955) widmet er sich im längeren Aufsatz *The communist theory of law* nochmals explizit der marxistischen Rechtstheorie Paschukanis'. Auch: Obermayr, Linda Lilith, *Die Kritik der materialistischen Rechtstheorie. Zu Paschukanis' Begriff der Rechtsform*, Weilerswist 2022.

56 Korsch, Karl, »E. Paschukanis. Allgemeine Rechtslehre und Marxismus. Versuch einer Kritik der juristischen Grundbegriffe«, in: *Archiv für die Geschichte des Sozialismus und der Arbeiterbewegung* 15(15) (1930), S. 303–310, hier S. 306.

57 Ebd., S. 303.

58 Ebd.

59 Ausnahmen stellen für Korsch die Ausführungen von Emil Lask und Georg Lukács dar. (Vgl. ebd., S. 303).

60 Ebd., S. 309.

61 Ebd., S. 306.

62 Vgl. Neumann, Franz, »Der Funktionswandel des Gesetzes im Recht der bürgerlichen Gesellschaft«, in: *Zeitschrift für Sozialforschung* 6 (6) (1937), S. 542–596.

63 Vgl. ebd., S. 554.

64 Ebd., S. 587 f.

65 Ebd., S. 574 ff.

66 Neumann ist neben dem Juristen Otto Kirchheimer einer der beiden ausgebildeten Rechtstheoretiker, die maßgeblich mit dem *Institut für Sozialforschung* verbunden werden. Er kam 1936 im Londoner Exil mit Theodor W. Adorno und dem sich in Emigration befindlichen Institut in Berührung, während er dort seine zweite Promotion *Herrschaft des Gesetzes* abschloss. Im selben Jahr emigrierte er weiter nach New York und arbeitete dort für das nun an die Columbia University angegliederte Institut. Kirchheimer folgte 1937. Beide hatten in ihrer Forschung mit einer Verbindung von klassischer Verfassungswissenschaft und Gesellschaftstheorie bereits Analysen des politischen Systems der Weimarer Republik vorgelegt (Brunkhorst, *Staatsrecht*, S. 61). Außerdem befanden sich beide in enger Auseinandersetzung mit Carl Schmitt und Analysen des politischen Systems der Weimarer Republik, von dem sie einige elementare Begriffe übernahmen. Dieser Zusammenhang kann an dieser Stelle nicht ausgeführt werden, wurde aber maßgeblich untersucht in: Kennedy, Ellen, »Carl Schmitt und die ›Frankfurter Schule‹. Deutsche Liberalismuskritik im 20. Jahrhundert«, in: *Geschichte und Gesellschaft* 12(1) (1986), S. 380–419. Und: Söllner, Alfons, »Jenseits von Carl Schmitt: wissenschaftsgeschichtliche Richtigstellungen zur politischen Theorie im Umkreis der ›Frankfurter Schule‹«, in: *Geschichte und Gesellschaft* 12(1) (1986), S. 502–529 sowie ders., *Deutsche Politikwissenschaftler in der Emigration. Studien zu ihrer Akkulturation und Wirkungsgeschichte*, Opladen 1996, S. 59 f. wie auch Bavaj, Riccardo, »Otto Kirchheimers Parlamentarismuskritik in der Weimarer Republik. Ein Fall von ›Linksschmittianismus‹?«, in: *Vierteljahresheft für Zeitgeschichte* 55(1) (2007), S. 33–51.

67 »Diese Akzentverlagerung, die den substanziellen und normativen Demokratiebegriff durch das soziologische Studium der politischen und sozialen Machtverhältnisse zu ersetzen fordert, ändert die Krisendiagnose scheinbar wenig und dennoch ums Ganze.« (Söllner, *Emigration*, S. 61, vgl. auch ebd., S. 64).

68 Neumann, *Funktionswandel*, S. 580.

69 »Die Gewaltenteilung ist, ganz abgesehen von ihrer politischen Bedeutung, das organisatorische Element der freien Konkurrenz, weil es Zuständigkeiten und klare Abgrenzungen zwischen den verschiedenen Tätigkeiten des Staates schafft und hierdurch die Rationalität des Rechtes und seiner Anwendung garantiert.« (Ebd., S. 563).

70 Ebd., S. 564. Darin besteht für Neumann auch das produktive und nicht hintergehbare Potenzial des Liberalismus: »Die Allgemeinheit des Gesetzes und die Unabhängigkeit des Richters wie die Doktrin der Gewaltenunterscheidung haben deshalb Aufgaben, welche die Bedürfnisse der freien Konkurrenz transzendieren.« (Ebd., S. 565).

71 Er bezeichnet das deutsche Bürgertum als »ökonomisch aufsteigende, politisch aber stagnierende Klasse« (ebd., S. 566).

72 Ebd.

73 »Die Verwandlung des Begriffes der Vertragsfreiheit aus einem sozialen Begriff, der [den] Austausch gleichwertiger Leistungen gleichstarker Wettbewerber meinte, in einen formal juristischen Begriff trug dazu bei, dass sich auf der Basis und mit Hilfe des Vertragssystems der Monopolkapitalismus entfaltete, in dem Vertrag und allgemeines Gesetz eine durchaus sekundäre Rolle spielen.« (Ebd., S. 564 f.).

74 Ebd., S. 591.

75 Ebd., S. 590.

76 Ebd., S. 595.

77 Ebd., S. 594.

78 Scheit, Gerhard, *Suicide Attack. Zur Kritik der politischen Gewalt*, Freiburg 2004, S. 72.

79 Buchstein, *Kritische Theorie*, S. 216; vgl. auch Söllner, Alfons, »Politische Dialektik der Aufklärung. Zum Spätwerk von Franz Neumann und Otto Kirchheimer (1950–1965)«, in: Bonß, Wolfgang / Honneth, Axel (Hg.), *Sozialforschung als Kritik. Zum sozialwissenschaftlichen Potential der Kritischen Theorie*, Frankfurt a. M. 1982, S. 281–326, hier S. 314.

80 Ebd., vgl. auch Hirsch, *Staatskapitalismus?*, S. 68; Ruschig, Ulrich / Schiller, Hans-Ernst, »Einleitung« in: dies., *Staat und Politik*, S. 9–17, hier S. 11.

81 Buchstein, Hubertus, »Einleitung zu diesem Band«, in: Kirchheimer, Otto, *Faschismus, Demokratie und Kapitalismus. Gesammelte Schriften*, Bd. II, Baden-Baden 2018, S. 7–116, hier S. 8.

82 Wallat, Hendrik, »Horkheimers Liberalismuskritik der 1930er Jahre«, in: Ruschig, Ulrich / Schiller, Hans-Ernst, *Staat und Politik*, S. 18–40, hier S. 23.

83 Maßgeblich entfaltet in: Marcuse, Herbert, »Der Kampf gegen den Liberalismus in der totalitären Staatsauffassung«, in: *Zeitschrift für Sozialforschung* 3(3) (1934), S. 161–195.

84 Zu diesen Aufsätzen gehören: *Egoismus und Freiheitsbewegung (Zur Anthropologie des bürgerlichen Zeitalters)* von 1936, in dem Horkheimer erläutert, wie sehr die Egoismuskritik eigentlich als Teil der moralisierenden Selbstverleugnung des Liberalismus zu verstehen wäre: »Die Kritik am Egoismus paßt besser in das System dieser egoistischen Wirklichkeit als seine offene Verteidigung; denn es beruht in steigendem Maß auf der Verleugnung seines Charakters; das öffentliche Gelten der Regel wäre gleichzeitig auch ihr Untergang.« (in: *Zeitschrift für Sozialforschung* 5(5) (1936), S. 169). Außerdem: *Traditionelle und kritische Theorie* von 1937, worin abseits einer Programmbestimmung des Instituts auch die Auswirkungen der Konzentration und Zentralisation des Kapitals für die Rolle der Ideologien des politischen Apparats ausgeführt werden, sowie der 1939 verfasste Text *Die Juden und Europa*, in dem Horkheimer endgültig die Wandlung vom liberalistischen Kapitalismus in den autoritären Monopolkapitalismus ausformuliert.

85 »Es gibt keine Theorie der Gesellschaft, auch nicht die des generalisierenden Soziologen, die nicht politische Interessen mit einschlösse, über deren Wahrheit anstatt in scheinbar neutraler Reflexion nicht selbst wieder handelnd und denkend, eben in konkreter geschichtlicher Aktivität entschieden werden müsste. Daß der Intellektuelle sich so hinstellt, als bedürfe es zunächst einer nur von ihm zu leistenden schwierigen Denkarbeit, um zwischen revolutionären, liberalistischen und faschistischen Zielen und Wegen die Wahl zu treffen, ist überhaupt verwirrend. [...] Die Avantgarde bedarf der Klugheit im politischen Kampf, nicht der akademischen Belehrung über ihren sogenannten Standort.« (Horkheimer, Max, »Traditionelle und kritische Theorie«, in: *Zeitschrift für Sozialforschung* 6(6) (1937), S. 245–294, hier S. 275). In der Neuveröffentlichung wurde teilweise auch das Vokabular angepasst, wodurch der Eindruck entsteht, dass die Gültigkeit der Beobachtungen auch über die monopolkapitalistische Periode des Nationalsozialismus hinausreichen soll; aus Monopolkapitalismus wurde an einigen Stellen Spätkapitalismus.

86 Marcuse, *Der Kampf gegen den Liberalismus*, S. 174.

87 Horkheimer, »Die Juden und Europa«, in: *Zeitschrift für Sozialforschung* 8(1) (1939–1940), S. 115–137, hier S. 120.

88 Weyand, Jan, »Souveränität und Legitimation. Ein Essay über das Verschwinden des Politischen in der Kritischen Theorie«, in: jour fixe Initative Berlin (Hg.), *Souveränitäten: von Staatsmenschen und Staatsmaschinen*, Münster 2010, S. 13–42, hier S. 14; vgl. auch: Wallat, *Horkheimers Liberalismuskritik*, S. 111.

89 Ebd., S. 112.

90 Horkheimer, *Traditionelle und kritische Theorie*, S. 287.

91 Horkheimer, *Die Juden und Europa*, S. 120.

92 Weyland, *Souveränität*, S. 30.

93 Postone, *Zeit*, S. 175 f., vgl. auch Henning, *Philosophie nach Marx*, S. 351 f.

94 Horkheimer, Max, »Zum Rationalismusstreit in der gegenwärtigen Philosophie«, in: *Zeitschrift für Sozialforschung* 3(1) (1934), S. 1–53, hier S. 47.

95 Diese Entwicklung des Rechtspositivismus beschreibt auch Ingo Müller in: ders., *Furchtbare Juristen. Die unbewältigte Vergangenheit der Deutschen Justiz*, Berlin 2014, S. 15. Allerdings verdeutlicht Müllers ausführliche Studie auch, dass weniger Positivismusgläubigkeit als machtverherrlichende Staatsfixiertheit die juristische Realität des Nationalsozialismus bildete und auch von dieser aus verstanden werden muss (vgl. ebd., S. 395 f.). Er betont, wie schnell die – Anfang des 19. Jahrhunderts durchaus in Teilen sehr progressive – deutsche Justiz, welche sich durchaus gegenüber der repressiven preußischen Staatsorgane behauptet hätte, spätestens mit der Reichsgründung und einer Reihe von »ultrakonservativer Säuberungsmaßnahmen« (ebd., S. 12), zur Staatstreue und politischen Opportunität erzogen wurde. Die permanente Hinwegsetzung der NS-Rechtsprechung über das positive Recht muss also weniger im Rechtspositivismus selbst als in der Geistesverwandtschaft der bürgerlichen Konservativen der Weimarer Republik zu der nationalsozialistischen »Verständnislosigkeit gegenüber Humanität, Zivilisation und Rechtskultur« (ebd., S. 395) zu suchen sein. Müller beschreibt überzeugend, wie gerade die juristischen Formeln der »Staatsnotwehr« oder des »Staatsnotstands« schon

vor der eigentlichen politischen Machtergreifung der Nationalsozialisten die Verschiebung des Interesses des Rechts zu einem Interesse des Staats in der Rechtspraxis vorbereiten (ebd., S. 32 f.).

96 Weyland, *Souveränität*, S. 33.

97 Marcuse, *Der Kampf gegen den Liberalismus*, S. 166.

98 So würde z. B. die bürgerliche Ideologie eine Eindämmung des Konkurrenzprinzips so weit legitimieren, dass es nicht über die tatsächlich beherrschbaren Grenzen expandiere: »Insoweit erscheint in der versittlichten Menschenbetrachtung ein rationales Prinzip in mystifizierter, idealistischer Gestalt.« (Horkheimer, *Egoismus*, S. 168).

99 Horkheimer, *Die Juden und Europa*, S. 125.

100 Für die für Horkheimer eher unübliche Dichte an empirischen Nachweisen im Text *Die Juden und Europa* war wohl auch Otto Kirchheimer verantwortlich, der wesentliche Zuarbeit für Horkheimer leistete. Auch für diese enge Zusammenarbeit wird teilweise betont, dass Horkheimer Kirchheimers Zahlen »so weit zurechtlegte, dass dieser darin kaum noch zu erkennen ist. Denn Horkheimer spitzte die Darlegung Kirchheimers so weit zu, dass daraus das vollständige Verschwinden der Zirkulationssphäre im Faschismus wurde – was durch die Zahlenangaben in Kirchheimers Zuarbeit nicht gedeckt war.« (Buchstein, *Kritische Theorie*, S. 222). Das Verschwinden des klassischen Marktes und in Teilen auch der Bedeutung des Privateigentums bildet die wohl kontroverseste Behauptung in Horkheimers Schriften zum Liberalismus. Die Kritik daran verweist häufig auf eine von Marx übernommene Universalisierung bestimmter Tendenzen in der Dialektik von Produktivkräften und Produktionsverhältnissen, welche in der Folge eine hermetische Stillstellung jeglicher ökonomischer Gesetzmäßigkeiten mit sich bringen würde. (Vgl. Postone, *Zeit*, S. 141 f.; vgl. auch Weyand, *Souveränität*, S. 38).

101 Horkheimer, Max / Pollock, Friedrich u. a., *Wirtschaft, Recht und Staat im Nationalsozialismus. Analysen des Instituts für Sozialforschung 1939–1942*, Hamburg 1981, S. 8.

102 Postone sieht in den Bezeichnungen einen Widerspruch: »Wenn Markt und Privateigentum tatsächlich die kapitalistischen Produktionsverhältnisse ausmachen, dann sollte die idealtypische postliberale Form nicht mehr als kapitalistisch betrachtet werden. Wenn dagegen diese neue Form, der (vermeintlichen) Abschaffung jener Strukturen zum Trotz, als kapitalistisch gekennzeichnet wird, dann verlangt dies eine andere Bestimmung der für den Kapitalismus wesentlichen Produktionsverhältnisse. Oder anders, diese Neubestimmung sollte dazu führen, die Identifizierung von Markt und Privateigentum mit den für die kapitalistische Gesellschaft wesentlichen Produktionsverhältnissen auch für die liberale Phase des Kapitalismus infrage zu stellen.« (Postone, *Zeit*, S. 165).

103 Henning, *Philosophie nach Marx*, S. 346.

104 Hirsch, Joachim / Bauer, Ullrich u. a., »Der Staat in der frühen Kritischen Theorie bezeichnet so etwas wie eine Leerstelle«, in: Bittlingmayer, Uwe H. / Demirović, Alex u. a. (Hg.), *Handbuch Kritische Theorie*, Wiesbaden 2016, S. 1–16, hier S. 3.

105 Pollock, Friedrich, »Die gegenwärtige Lage des Kapitalismus und die Aussichten einer planwirtschaftlichen Neuordnung«, in: *Zeitschrift für Sozialforschung* 1(1)

(1932), S. 8–27, hier S. 15 ff.; Pollock, Friedrich, »Bemerkungen zur Wirtschaftskrise«, in: *Zeitschrift für Sozialforschung* 2(1) (1933), S. 321–354.

106 Wieder abgedruckt in: Arato, Andrew / Gebhardt, Eike, *The Essential Frankfurt School Reader*, New York 1990, S. 71–94. Auf Deutsch auch erschienen in: Pollock, Friedrich, »Staatskapitalismus«, in: Dubiel, Helmut (Hg.), *Stadien des Kapitalismus*, München 1975, S. 81–109.

107 Pollock, *State Capitalism*, S. 91.

108 Wallat, *Horkheimers Liberalismuskritik*, S. 36.

109 Neumann an Horkheimer, in: Horkheimer, Max, *Gesammelte Schriften*, Bd. XVII, Frankfurt a. M. 1996, S. 103 f.

110 Henning, *Philosophie nach Marx*, S. 352. In einer solchen Zuspitzung schwingt auch die Ausblendung der weltgeschichtlichen Ereignisse mit, die der Kritischen Theorie tatsächlich Anlass gaben, die Möglichkeiten zur emanzipatorischen Überwindung der Verhältnisse infrage zu stellen: Das Ausbleiben einer kommunistischen Revolution im Westen Anfang der 1920er-Jahre und natürlich die unfassbaren Verbrechen der Deutschen an den europäischen Juden. Besser wird dieser Zusammenhang ausgeführt bei Postone, *Zeit*, S. 143.

111 Nach Postone charakterisiert das Pollock zwar hellsichtig, aber unbeabsichtigt. (Vgl. Postone, *Zeit*, S. 168).

112 Lenhard, Philipp, *Friedrich Pollock. Die graue Eminenz der Frankfurter Schule*, Frankfurt 2019, S. 212.

113 Neben umfangreicher ökonomischer Kritik an Pollocks Staatskapitalismusthese finden sich im Rahmen der sogenannten Staatsableitungsdebatte auch eine ganze Reihe marxistischer Einsprüche gegen die Monopolkapitalismustheorie überhaupt: Altvater, Elmar, »Wertgesetz und Monopolmacht«, in: *Zur Theorie des Monopols*, Argument Sonderband 6 (1975), S. 129–198 und Ebbighausen, Rolf (Hg.), *Monopol und Staat. Zur Marx-Rezeption in der Theorie des staatsmonopolistischen Kapitalismus*, Frankfurt 1974.

114 Gruber, Alex / Ofenbauer, Tobias, »Der Wert des Souveräns. Zur Staatskritik von Eugen Paschukanis«, in: Paschukanis, *Rechtslehre*, S. 19.

115 Ebd., S. 20.

116 Paschukanis, *Rechtslehre*, S. 129 f.

117 Paschukanis ist vorsichtig damit, dem scheinbaren Bedeutungswandel staatlicher Steuerung zu viel sozialistisches Potenzial zuzuschreiben. Im Gegensatz zu anderen Marxisten oder marxistischen Juristen möchte er diese Entwicklung nicht als Vorbereitung einer sozialistisch zu deutenden Veränderung des Rechtsverhältnisses begreifen. (Vgl. ebd., S. 130). Unerlässliche Voraussetzung für ein Umschlagen bleibt für ihn »die Klassenrevolution des Proletariats« (ebd., S. 129). Und selbst für die an diese anschließende Übergangsperiode betont er die Gleichzeitigkeit von rein administrativen Planungsprozessen und ihrem fortbestehenden Ausdruck in liberaler Rechtsform, solange eine einheitliche planmäßige Wirtschaft erst noch aufgebaut werde. Allerdings bedenkt er durchaus, wie der »allmähliche Sieg« (ebd., S. 132) der Tendenz eines administrativen Planens das sukzessive Absterben der Rechtsform überhaupt bedeuten könne. Der Moment, in dem dieses Abster-

ben auch die Stunde der »endgültigen Befreiung« einleiten könne, sieht er wiederum noch als »Perspektiven der unermeßlichen Zukunft« (ebd., S. 132 f.).

118 Ebd., S. 141.

119 Der Übergang von der klassischen Besonderung zum Zusammenfallen des Staats mit dem Kapital wird ebenfalls bei Heinz Langerhans thematisiert: »Die Weltkrisen haben Kapital und Staat, jene beiden Seiten des gesellschaftlichen Grundverhältnisses zu einem einzigen Schutzpanzer eingeschmolzen, um deren Fortbestand zu sichern. Aus dem automatischen Subjekt Kapital mit dem Garanten Staat als besonderem Organ ist das einheitliche Staatssubjekt Kapital geworden. Der Staat ist heute mehr als der bloß ›ideelle‹ Gesamtkapitalist, was in seinen vermehrten Funktionen zum Ausdruck kommt.« (Zit. n. Scheit, Gerhard, *Die Meister der Krise. Über den Zusammenhang von Vernichtung und Volkswohlstand*, Freiburg 2001, S. 46).

120 Scheit, *Suicide Attack*, S. 70.

121 Fiele nur das allgemeine Interesse mit dem proletarischen Klasseninteresse zusammen, würden die Marktgesetze automatisch außer Kraft gesetzt werden. Zwar ist ihm bewusst, dass es das Herrschaftsverhältnis ist, welches in seiner fetischisierten und abstrakten Form als ideologische Verdopplung der Wirklichkeit zu untersuchen wäre (Paschukanis, *Rechtslehre*, S. 140). Gerade in Formulierungen wie dem »Rechtsstaat als fata morgana« (ebd., S. 146) findet sich aber eine falsche Abstraktion der tatsächlichen Verwaltung des Staates vom Individuum und damit auch eine falsche Auflösung von allem, was nicht unterm Recht zu subsumieren wäre, als unterdrücktes Klasseninteresse (Scheit, *Suicide Attack*, S. 70 f.).

122 Adorno schreibt später in der *Negativen Dialektik*: »Die Zählebigkeit der Herrschaft nach dem Sturz dessen, was die Kritik der politischen Ökonomie zum Hauptobjekt hatte, ließ die Ideologie billig triumphieren, welche Herrschaft sei's aus angeblich unabdingbaren Formen gesellschaftlicher Organisation, etwa der Zentralisierung, sei's aus solchen des aus dem realen Prozeß herausabstrahierten Bewußtseins – der ratio – deduziert und dann der Herrschaft, mit offenem Einverständnis oder unter Krokodilstränen, unendliche Zukunft prophezeit, solange organisierte Gesellschaft irgend sei« (Adorno, Theodor W., *Negative Dialektik*, in: ders., *Gesammelte Schriften*, Bd. 6, Frankfurt a. M. 2003, S. 316).

123 Henning, *Philosophie nach Marx*, S. 353 f.

124 Lindemann, Kai, »Der Racketbegriff als Herrschaftskritik«, in: Ruschig, Ulrich / Schiller, Hans-Ernst (Hg.), *Staat und Politik bei Horkheimer und Adorno*, Baden-Baden 2014, S. 104–128, hier S. 106.

125 Ebd., S. 343 f.

126 »Da die Möglichkeit, Widersprüche zu denken und Dialektisches zu denken, überhaupt in zunehmendem Maße verkümmert und einer einfachen, zweiwertigen Logik im Bewußtsein der Menschen Platz macht, so wird ein solcher Begriff von Politik überhaupt nicht mehr erfaßt.« (Adorno, Theodor W., *Vorlesungen*, S. 68).

127 Ebd. Ähnliche Stellen finden sich auch in: Adorno, *Negative Dialektik*, S. 204 f.

128 Ebd., S. 68.

129 Ebd., S. 114.

130 Ebd., S. 12.

131 Lepenies, Wolf, »Dilemma eines Kongresses – Dilemma der Soziologie: Über den 16. Deutschen Soziologentag in Frankfurt«, in: *Soziale Welt* 19(2) (1968), S. 172–182, hier S. 181. Vgl. zum zeitgeschichtlichen Kontext auch: Offe, Claus, »Akademische Soziologie und politischer Protest: Der Frankfurter Soziologentag 1968«, in: Soeffner, Hans-Georg (Hg.), *Transnationale Vergesellschaftungen*, Wiesbaden 2013, S. 977–984.

132 Adorno, Theodor W., »Einleitungsvortrag zum 16. Deutschen Soziologentag«, in: Adorno, Theodor, W. (Hg.), *Spätkapitalismus oder Industriegesellschaft? Verhandlungen des 16. Deutschen Soziologentages in Frankfurt a. M. 1968*, Stuttgart 1969, S. 12–26, hier S. 12.

133 Dahrendorf, Ralf, »Herrschaft, Klassenverhältnis und Schichtung«, in: Adorno, *Spätkapitalismus*, S. 88–99, hier S. 89.

134 Es sprachen tatsächlich nur Männer.

135 Dahrendorf sagte dazu in seiner Eröffnungsrede: »Vielleicht hat mancher etwas unerwartet Sturm geerntet, wo er Wind gesät hat [...]« (Dahrendorf, Ralf, »Ansprache zur Eröffnung des 16. Deutschen Soziologentages«, in: Adorno, *Spätkapitalismus*, S. 3–8, hier S. 4).

136 Ebd., S. 5.

137 Offe, »Akademische Soziologie«, S. 980.

138 Ebd., S. 8.

139 Johannes, Rolf, »Das ausgesparte Zentrum. Adornos Verhältnis zur Ökonomie«, in: Schweppenhäuser, Gerhard (Hg.), *Soziologie im Spätkapitalismus. Zur Gesellschaftstheorie Theodor W. Adornos*, Darmstadt 1995, S. 41–67, hier S. 63, vgl. auch: Bensch, Hans-Georg, »Bestimmungen zu Staat und Herrschaft bei Adorno«, in: Ruschig, Ulrich / Schiller, Hans-Ernst, *Staat und Politik*, S. 175–190, S. 182.

140 Adorno, »Einleitungsvortrag«, S. 15.

141 Ebd., S. 18. Im Original ist das »*kräfte*« kursiv gedruckt. Ob es sich dabei um einen schriftlichen Hinweis auf Adornos Betonung – auch »Produktions*verhältnisse*« erhält diese Schreibweise – oder einen Verweis auf Marx handelt, der ab der zweiten Auflage des *Kapital* explizit von der »Produktiv*kraft*« (der Arbeit) schreibt, ist unklar (vgl. Bensch, »Bestimmungen«, S. 186).

142 Adorno, »Einleitungsvortrag«, S. 18.

143 Ebd., S. 20.

144 Ebd.

145 Ebd., S. 21.

146 Ebd., S. 25.

147 Mohl leitete beispielsweise etwa zur selben Zeit gemeinsam mit Hans-Jürgen Krahl eine sehr renommierte Marx-Lesegruppe, die so stark besucht wurde, dass sie aufgeteilt werden musste.

148 Offe, »Akademische Soziologie«, S. 981. Offes Rückschau auf die Frankfurter Ereignisse im Mai 1968 haftet eine gewisse Scham über den eigenen aktivistischen Idealismus bzw. das »bei Adorno gelernte Totalitätsdenken« (S. 982) an, in der auch die Distanzierung von der von ihm in den 1970er- und frühen 1980er-Jahren vorgelegten Spätkapitalismustheorie anklingt. In Teilen liest sich der Beitrag von

Bergmann/Brandt/u.a. bereits als maßgeblich von Offe angeleitete Vorarbeit zu seiner späteren Theorie.

149 Adorno, Theodor W., »Keine Angst vor dem Elfenbeinturm. Spiegel-Gespräch mit dem Frankfurter Sozialphilosophen Professor Theodor W. Adorno«, in: *Der Spiegel* 19 (1969), S. 204–209, hier S. 204.

150 Betrachtet man die Arbeitsweise, die am Institut für Sozialforschung Ende der 1968er-Jahre herrschte, liegt wohl auch die Vermutung nahe, dass beide Referate in enger Zusammenarbeit miteinander verfasst wurden. Adornos Angewohnheit, sich empirische Nachweise oder auch einschlägige Marxstellen von seinen Mitarbeitern zuarbeiten zu lassen, ist zumindest mündlich von Detlev Claussen überliefert. Die Präsentation der in diesem Sinne ausnahmsweise einmal wirklichen »Frankfurter Schule« auf dem Soziologentag sowie einschlägige Formulierungen in Adornos Einleitungsvortrag lassen durchaus die Vermutung zu, dass wesentliche Teile davon – den Formulierungen nach – zumindest von Claus Offe »mitverfasst« wurden.

151 Offe, »Akademische Soziologie«, S. 979. Offe betont in seiner Rückschau auf den Soziologentag ebenfalls die unglaublich aufgeladene Stimmung, zu der die vielen politischen Ereignisse, welche sich um den Mai 1968 herum ereigneten, ihrerseits beitrugen. Dazu gehörte, neben der Drohung der Notstandsgesetzgebung durch die seit 1966 regierende Große Koalition, dem Einzug der NPD in sieben von elf Landesparlamente und dem drei Monate zuvor in Berlin ausgerichteten Internationalen Vietnamkongress, ganz besonders auch die Rundfunkmeldung, die Offe während des Soziologentags erreichte: dass der Studentenführer Rudi Dutschke in Berlin auf der Straße erschossen worden sei (vgl. ebd., S. 983). Wie nahe die Mitarbeitergruppe sich diesem politischen Aktivismus fühlten, verdeutlicht wohl am besten die Anekdote, dass sie am Ende der an ihr Referat anschließenden Diskussion verkündeten, ihr Honorar dem Fonds der amerikanischen Kriegsdienstverweigerer zur Verfügung zu stellen und außerdem alle anderen Redner aufforderten, es ihnen gleichzutun. Popitz, Heinrich, »Protokoll der Diskussionen zu den Beiträgen: Herrschaft, Klassenverhältnis und Schichtung (Bergmann, Joachim; Brandt, Gerhard; Körber, Klaus; Mohl, Ernst Theodor; Offe, Claus) & Herrschaft, Klassenverhältnis und Schichtung (Dahrendorf, Ralf)«, in: Adorno, *Spätkapitalismus*, S. 100–116, hier S. 116.

152 Adorno, »Elfenbeinturm«, S. 208.

153 Bergmann, Joachim / Brandt, Gerhard u.a., »Herrschaft, Klassenverhältnis und Schichtung«, in: Adorno, *Spätkapitalismus*, S. 67–87, hier S. 67.

154 Ebd., S. 68.

155 EBd.

156 Ebd., S. 69.

157 EBd.

158 Ebd., S. 71. »Im historischen Kontext stellen sich mithin die entscheidenden Aspekte des politischen Strukturwandels als spezifische Reaktionen und Antworten auf Veränderungen der Wirtschaft- und Sozialstruktur, genauer gesagt, auf die Aufhebung des sich selbst regulierenden Marktsystems im Zuge der Kapitalkonzentration und -zentralisation heraus.« (Ebd.).

159 Ebd., S. 72.
160 EBd.
161 EBd.
162 »Genauer gesagt haben die private Verfügungsgewalt über die industriellen Großunternehmungen und die dieser Verfügungsgewalt zugeordneten Investitionsentscheidungen als entscheidende restriktive Bedingung politischen Handelns heute zu gelten. Das aber besagt nichts anderes, als daß das Klassenverhältnis, das sich am Merkmal des Zugangs zu und des Ausschlusses von Verfügungsgewalt über die Produktionsmittel bemißt, als Rahmen und Schranke politischer Herrschaft zu begreifen ist.« (Ebd., S. 73).
163 Ebd., S. 74 f.
164 Ebd., S. 78.
165 Ebd., S. 82.
166 Ebd., S. 83.
167 Ebd., S. 85.
168 »Entscheidend neu an dieser Struktur ist, daß nicht mehr das politisch artikulierte und kanalisierte Interesse einer herrschenden Klasse, geschweige denn irgendeiner anderen Instanz, den konkreten Gehalt staatlicher Entscheidungen determiniert, sondern daß die in den Mechanismus privatwirtschaftlicher Kapitalverwertung auf hochorganisierten Märkten eingebauten, aber manipulierbaren Stabilitätsrisiken diejenigen präventiven Handlungen und Maßnahmen vorzeichnen, die akzeptiert werden müssen, solange sie mit dem bestehenden politischen Legimitationsangebot irgend in Einklang zu bringen sind.« (Ebd., S. 83).
169 Ebd., S. 80.
170 Ebd., S. 81. Ähnliches reißt auch Adorno an, wenn er schreibt: »Stets noch sind die Menschen, was sie nach der Marxischen Analyse um die Mitte des 19. Jahrhunderts waren: Anhängsel an die Maschinerie, nicht mehr bloß buchstäblich die Arbeiter, welche nach der Beschaffenheit der Maschinen sich einzurichten haben, die sie bedienen, sondern weit darüber hinaus metaphorisch, bis in ihre intimsten Regungen hinein genötigt, dem Gesellschaftsmechanismus als Rollenträger sich einzuordnen und ohne Reservat nach ihm sich zu modeln.« (Adorno, »Einleitungsvortrag«, S. 18).
171 Bergmann/Brandt/u. a., »Herrschaft«, S. 85.
172 EBd.
173 Ebd., S. 86 f.
174 Offe, »Akademische Soziologie«, S. 981.
175 Popitz, »Protokoll der Diskussionen«, S. 105. Dahrendorfs scharfer Angriff auf das Referat richtete sich eigentlich weniger gegen den Vortrag des Mittelbaus selber, der als tatsächliches Kompromissangebot an Dahrendorfs Schichtungstheorie erst später von ihm als solcher verstanden wurde, sondern eher gegen Adornos Einleitungsvortrag.

Simon Helling

# PRODUKTIVER SCHMERZ ANSTELLE DES HILFLOSEN

## Funktionen des Widerspruchs im Bildungsprozess: Gegenstand, Herrschaft, Regression

Seit ungefähr zehn Jahren wird im schulischen Bereich eine Orientierung am Konzept der Kompetenz forciert, das ursprünglich von der OECD im Rahmen der PISA-Studien konzipiert, später in den zentralen Curricula der Bundesländer verbindlich und dann in den jeweiligen schulinternen Curricula ausgearbeitet wurde. Dabei sollen die als Kompetenzen bezeichneten Fertigkeiten und Fähigkeiten vor allem so bestimmt sein, dass sie »in variablen Situationen erfolgreich und verantwortungsvoll«[1] genutzt werden können. Der so generierte höhere Output soll einerseits auf eine standardisierte Messbarkeit gebracht werden;[2] andererseits scheint als die umfassende Leitkompetenz die Selbstorganisation der Schüler zu fungieren.[3] Beide Aspekte – die Nutzanwendung wie die Selbstorganisation – haben in der Pädagogik theoretische Vor- und Mitläufer. Ein Vorläufer der Orientierung an der Anwendbarkeit kann im schüler- und handlungsorientierten Unterricht gesehen werden, das Leitbild der Selbstorganisation ist auch dasjenige des pädagogischen Konstruktivismus. Schülerorientierung heißt, dass von den Interessen der Schüler ausgegangen werden soll, handlungsorientierter Unterricht soll, wie Hilbert Meyer, einer seiner Hauptvertreter, schreibt, »so oft wie möglich zu Ergebnissen kommen, die man anfassen oder vorführen, mit denen man spielen oder arbeiten kann, die augenblicklich oder auch später noch für den Schüler Gebrauchswert haben.«[4] Der pädagogische Konstruktivismus als Mitläufer der Kompetenzorientierung ist vor allem eine Theorie über den Lernprozess, die davon ausgeht, dass alle Gegenstände vom lernenden Schüler individuell konstruiert werden und daher kein eigentliches Lehren möglich sei. Dabei vernachlässigt die eine Theorie die zentrale Funktion des Widerspruchs im Bildungsprozess; die andere hingegen berücksichtigt ihn auf eine Weise, die seine Funktion neutralisiert, weil sie nicht begründen kann, dass der Widerspruch zu einem Bildungsprozess führt und nicht bloß zu Verwirrung. Jene Funktion ist aber selbst in sich widersprüchlich und soll daher in ihren sich widersprechenden Bedeutungen entwickelt werden: Zunächst soll betrachtet werden, wie sich im Bildungsprozess jeder neue Gegenstand als Widerspruch geltend macht, sodann dass es herrschaftliche Widersprüche gibt, die nicht diese bildungstheoretisch notwendige Funktion besitzen, schließlich dass, weil es solche Widersprüche gibt, eine die Progression ermöglichende Regression nötig wird.

## I. Gegenstand

Die ersten Stadien von Denken und Fühlen des Säuglings werden häufig in Termini einer undifferenzierten Identität beschrieben. Jean Piagets Theorie der Erkenntnisgenese etwa geht davon aus, »dass der Säugling überhaupt nicht zwischen einer Außenwelt, die aus vom Subjekt unabhängigen Objekten zusammengesetzt ist, und einer Innen- oder subjektiven Welt unterscheidet«,[5] sodass er Veränderungen der Gegenstände als seine eigenen erfährt. Nach Sigmund Freuds psychodynamischer Theorie zeichnet sich dieses Stadium durch primären Narzissmus aus, sodass in diesem Zustand »das Kind sich selbst mit seiner ganzen Libido besetzt«[6]. Diese undifferenzierte oder auch abstrakte Identität ist mit Leid behaftet: Sofern eine eigentlich fremde Quelle dem Säugling die Mittel der Befriedigung entzieht, wird dieses als der eigene Mangel erlebt, der in pure Verzweiflung münden muss. Um dieses Leiden aufzuheben, muss jene Identität differenziert werden. Der allgemeine Ausdruck dieses Ziels von Differenzierung ist die Identität von Identität und Unterschied:[7] Ich beziehe mich zum einen auf mich und unterscheide das von mir Differierende und indem ich dies auf bestimmte Weise tue, bin ich im Selbstbezug beim Anderen und im Bezug auf Anderes bei mir selbst. Dabei garantiert der Selbstbezug, dass nicht Vorstellungen im Subjekt vorkommen, die als unverstandene mit den übrigen Bewusstseinsinhalten auseinanderfallen. Die Kontinuität des Selbstbewusstseins ist damit selbst eine Vorstellung, »die alle andere muß begleiten können«[8]. Der Bezug aufs Andere wiederum garantiert, dass der Selbstbezug nicht bloß abstrakt dem Anderen gegenüber gesetzt wird, die Identität mit sich somit nicht durch Ignoranz gegenüber dem, was den übrigen Vorstellungen widerspricht, erkauft wird. In Bildungsprozessen muss dieses allgemeine Ziel in vielen kleinen Schritten erreicht werden, konkreter, wenn auch immer noch recht allgemein gesprochen, durch die Differenzierung von Ich und Außenwelt, die Differenzierung der Außenwelt in unterschiedlich bedeutsame Objekte, die Differenzierung des Subjekts selbst in die Seele und einen ihr zugehörigen, aber nicht mit ihr identischen Leib und so weiter. Wie aber werden diese Schritte vollzogen, welcher Weg führt von der abstrakten zur in sich differenzierten Identität?

Wohl alle, die einen nicht nur fremdbestimmten Bildungsprozess durchlaufen haben, haben in diesem Augenblicke des Durchbruchs gehabt, Augenblicke, in denen ihnen ein Licht aufging, sie zu einer unvermuteten Evidenz gelangten. Auch wenn es gerade solche Augenblicke zu sein scheinen, auf die es ankommt, ist doch schwer eine Bildung vorstellbar, in der die sich Bildenden übergangslos von einer Evidenz zur anderen prozessieren. Nötig, wenn auch gern vermieden, sind daher die Phasen von Unklarheit und Verwirrung. Sie sind Ausdruck davon, dass sich ein Widerstand des Objekts gegen die Vorstellungen und Gefühle des Subjekts geltend macht, den es noch nicht verarbeitet hat. Logisch drückt sich diese Verwirrung als Widerspruch aus, nach seiner allgemeinen Formel: A ist B und Nicht-B; übersetzt in die am Bildungsprozess beteiligten Instanzen: Das Subjekt ist Objekt und Nicht-Objekt. Indem das Subjekt seine Identität in bestimmte seiner Vorstellungen setzt und sich mit diesen Vorstellungen auf das Objekt bezieht, das Objekt aber nur teilweise mit diesen Vorstellungen übereinstimmt, widerspricht das Objekt als Ganzes der bloß partikularen Vorstellung des Subjekts von ihm. In den Widersprüchen, auf die die Einzelnen in ihrem eigenen Denken stoßen, macht sich die Objektivität gegen die bisherige Vorstellung von ihr geltend.

Dass es Widersprüche gibt und es sie in jedem Bildungsprozess geben muss, bedeutet nicht, dass sie gegenüber jenen Evidenzmomenten die eigentliche Wahrheit seien. Ihrer logischen Geltung nach sind sie Irrtümer des Individuums, dem sie unterlaufen.[9] Als solche sind sie aber den sich Bildenden nicht bewusst, weil sie meist nicht explizit vertreten werden. Eher ist die Phase vor der Erkenntnis von einer Unbestimmtheit gekennzeichnet, in der man zu einem Thema noch nicht einmal eine bestimmte Meinung hat. Nur wenn man explizit gefragt würde, würde man wahrscheinlich einen Irrtum begehen. Eine bestimmte Meinung zu vertreten, ist zwar auch keine Garantie dafür, dass diese Meinung wahr ist. Doch erst wenn die Unbestimmtheit verlassen wurde und das Individuum sich seine Vorstellungen als die seinigen, also als Meinung zuschreibt, besteht die Möglichkeit, dass Irritationen dieser Meinung das Individuum selbst betreffen und ein Bedürfnis erzeugen, die Irritation aufzulösen.[10]

Entsprechend hat der Widerspruch bei Hegel seine Vorläufer in den Bestimmungen der Verschiedenheit und des Gegensatzes.[11] Diese sind Arten des Unterschieds: Die Verschiedenheit ist der Unterschied, in dem das Unterschiedene gleichgültig gegeneinander ist, keine bestimmte Beziehung aufeinander hat. Die Beziehung des Verschiedenen geschieht durch eine dritte Instanz, mit der, ohne allzu viel in den Text der *Wissenschaft der Logik* hineinzulegen, auf die Vorstellung eines den Objekten äußerlichen Subjekts angespielt wird. Diese äußerliche Beziehung stellt fest, dass die Unterschiedenen in einer Hinsicht gleich, in einer anderen Hinsicht ungleich sind. Die Feststellung, dass die Unterschiedenen nicht nur durch die dritte Instanz, sondern an sich selbst gleich und ungleich sind, macht den Gegensatz aus. In ihm wird die Beziehung von Gleichheit und Ungleichheit reformuliert: Eines der unterschiedenen Momente ist positiv, das andere negativ. Durch diese Benennung wird die Selbstständigkeit der Unterschiedenen postuliert, die allerdings *auch* eine Beziehung aufeinander haben. Der Übergang zum Widerspruch geschieht dadurch, dass diese Beziehung in die Momente selbst hinein verlegt wird: Das Positive ist nur positiv, weil es sich negativ auf das Negative bezieht, das Negative ist als selbstständiges Moment gegen das Positive selbst positiv.[12] So stellt sich diese Bewegung als ein Heraustreiben des Widerspruchs dar, der schon in der Verschiedenheit und im Gegensatz latent war, aber erst als expliziter zu sich selbst kommt. Ähnlich kann der Bildungsprozess als ein wiederholtes Durchlaufen dieser logischen Bestimmungen angesehen werden, durch das sich die Beziehung von Subjekt und Objekt intensiviert, bis sie im Widerspruch einen Wendepunkt erreicht. Durch zunächst äußerliche Beschreibung können Eigenschaften eines Objekts festgestellt werden, die bereits durch das bisherige Wissen der Lernenden erreichbar sind. Durch Einführung von Fällen, in denen das Wissen der Lernenden nicht mehr zureicht, kann hingegen der Widerspruch hervorgetrieben werden. Insofern die Lernenden noch an ihren bisherigen partikularen Vorstellungen vom Gegenstand festhalten, an ihnen ihre Identität zu haben meinen, bedroht es sie in ihrer vermeintlichen Selbstständigkeit und kann daher das Bedürfnis provozieren, den Widerspruch aufzulösen.

Hegel beschreibt diese Auflösung zunächst so, als wolle er nur ein Wortspiel machen: Der sich widersprechende Gegensatz sei »nicht nur *zugrunde*, sondern *in seinen Grund zurückgegangen*«[13]. Das sieht zunächst deshalb wie ein Wortspiel aus, weil das hier in eins gesetzte tatsächlich Unterschiedliches bedeutet: Wenn etwas aufgrund seiner Widersprüchlichkeit zugrunde geht, dann existiert es nicht mehr, wenn es dagegen in seinen Grund zurückgeht, dann gewinnt es sozusagen Boden unter den Füßen, existiert also noch. Die Verwendung solcher Homonyme hat bei Hegel allerdings oft die Funktion, die Einheit des Unterschiedenen zu betonen. In diesem Fall gehen zwar auch die partikularen, sich widersprechenden Bestimmungen zugrunde, aber nicht vollständig, sondern nur ihre scheinbare Selbstständigkeit. Sie sind nun vielmehr auf die ihnen angemessene Bedeutung eingeschränkt. Der Grund ist damit zunächst vor allem die Benennung des Prozesses, wie sich die sich Widersprechenden miteinander vermitteln. Als fortdauernder Prozess hat er gegenüber seinen sich auflösenden einzelnen Bestimmungen eine neue Stabilität etabliert.[14]

So sind jene erwähnten Augenblicke von Evidenz ihrer logischen Geltung nach Auflösung von Widersprüchen durch Gründe. Diese konkrete Einsicht in den Grund ist aber erst mittels des Durchgangs durch den Widerspruch erreicht worden. Er erst garantiert, dass im Lernen zum einen auf das lernende Individuum Rücksicht genommen wird, insofern eine der an sich widersprüchlichen Vorstellungen vom Objekt die Meinung der Lernenden ist. Zum anderen garantiert der Widerspruch auch, dass die Einsicht wirklich neu und nicht bloße Subsumtion unter schon vorhandene Vorstellungen ist. Hegel schreibt: »Etwas ist also lebendig, nur insofern es den Widerspruch in sich enthält«[15]. Insofern ist auch die Beziehung zum Gegenstand erst eine lebendige, wenn sie den Widerspruch verarbeitet hat.

Der Widerspruch ist damit aber auch wesentlich eine Übergangsbestimmung. Nicht er, sondern der Grund ist das Ziel. Dennoch ist es gerade der Widerspruch, auf den in einem Bildungsprozess der Fokus gelegt werden sollte. Der Unbestimmtheit, aber auch Unklarheit über einen bestimmten Gegenstand ist dadurch entgegenzuarbeiten, dass der Fokus darauf gelegt wird, *was genau* am Gegenstand eigentlich nicht verstanden wird. Indem auf diese Weise die Verlaufsform des Unverstandenen verfolgt wird, ist man Hegel zufolge schon so gut wie beim Grund, der nur noch die Zusammenfassung dieses Prozesses ist. Dass es subjektiv so scheint, als würde sich diese abschließende Synthese von selbst ergeben, beschreibt Fichte: »*Wir* machen ja die Wahrheit nicht [...]; sondern die Wahrheit macht sich selber durch eigene Kraft, wo sie nur die Bedingung ihrer Erzeugung antrifft«[16]. Der Fokus der bildenden Anstrengung auf den Widerspruch ist allerdings auch nicht absolut zu nehmen: Er darf nicht als Rechtfertigung des sadistischen Typs von Lehrern dienen, die mit Freude ihren Schülern die eigenen Fehler und Unzulänglichkeiten vorhalten. Diese Lehrer erfüllen die ihnen zugedachte Bildungsaufgabe nicht, indem sie gerade durch genaue Kenntnis möglicher Widersprüche der Schüler diese auflösen und zur Einsicht in den Grund verhelfen könnten.

Was genau aber der jeweils zu erreichende Grund ist und wie über den Widerspruch zu ihm hingeführt werden kann, differiert je nach Gegenstandsbereich. Am nächsten liegt die Explikation wohl bei den Naturwissenschaften. Hier ist der Grund das Naturgesetz, das die Erscheinungen bestimmt. Den Anlass dazu, ein Gesetz hinter den Erscheinungen zu vermuten, hat wohl auch historisch die Irritation geboten, die durch die Unterbrechung der Abläufe entstand, an die man sich durch ihre Regelmäßigkeit gewöhnt hatte. Diese Phänomene – z. B. solche, die auf die Kugelgestalt der Erde schließen lassen – gaben entsprechend Anlass zu einer Modellbildung, die sowohl die Abweichung als auch den Normalfall erklären konnte. Wegen dieser Parallelität von Phylo- und Ontogenese fordert der Naturwissenschaftsdidaktiker Martin Wagenschein die »›Wiederentdeckung einer Wissenschaft von Anfang an‹, an der Hand eines herausfordernden und aufschließenden Problems, das uns die unpräparierte Wirklichkeit aufgibt«[17]; oder anders formuliert: so, wie das Problem in der alltäglichen Erfahrung entstand, bevor die Menschheit die Mittel zu seiner Lösung gefunden hatte.[18]

Wenn hingegen in der Kunst der Grund das ist, was Adorno das Formgesetz nennt,[19] dann hat dieser in der ästhetischen Sphäre einen anderen Status als in der naturwissenschaftlichen: Er ist letztlich für jedes Kunstwerk ein individueller und in ihm bereits fixierter. Die Natur ist nicht Manifestation des menschlichen Geistes, selbst wenn er ihre Gesetze bestimmen kann, die Kunst ist solche Manifestation. Das könnte nahelegen zu fordern, dass die sich Bildenden bloß alle Elemente des geistig bereits bestimmten Kunstwerks aufnehmen und in sich abbilden sollten. So aber wären sie nicht in der Lage zu beurteilen, ob das Kunstwerk gelungen ist, und wären auf eine Autorität angewiesen, die ihnen bestimmte Kunstwerke als wertvoll deklarieren würde, ohne dass auch dieses Urteil aus einsichtigen Gründen erfolgte. Um dieses autoritätsgebundene Verhalten zur Kunst zu durchbrechen, ist zunächst ein äußerer und damit das Gelingen bezweifelnder Standpunkt einzunehmen. Anders als in der Naturwissenschaft ergibt sich dieser Standpunkt aber nicht aus der natürlichen Begrenzung der menschlichen Sinne, sondern ist konventioneller Art: So können bestimmte Elemente des Kunstwerks bestimmte Assoziationen hervorrufen, etwa der Klang von traditionellen Instrumenten die Assoziation, dass hier Musik für alte Leute gespielt würde. Es kann aber auch die Form des Werkes auf das Schema von Formtypen, wie etwa die Sonatenhauptsatzform, herunter gebrochen werden. Bestätigt das Kunstwerk diesen äußerlichen Standpunkt, ist das Ausweis seines Misslingens: im ersten Fall, weil es nicht gelang, den ersten Impuls weiter zu differenzieren; im zweiten, weil es als bloße Erfüllung des Schemas starr und akademisch wird. Hat sich beim Rezipierenden bereits eine produktive ästhetische Einbildungskraft gebildet, kann der Widerspruch auch selbstständig erzeugt werden: indem man sich Alternativen zum bereits Vorhandenen ersinnt, also überlegt, wie es wäre, wenn die Musik an dieser Stelle anders verliefe, das Bild mit anderer Technik gemalt wäre oder der Text mit anderen sprachlichen Mitteln gestaltet wäre.[20] Lassen sich jene Vorannahmen oder dieses selbstständig Imaginierte aber in den Widerspruch zum Werk bringen, zeigt sich die Individualität des Kunstwerks und das Verhältnis des Subjekts zu ihm wird zu einem lebendigen.

Die Philosophie schließlich will als Wissenschaft der Wissenschaften die Geltung der jeweiligen einzelwissenschaftlichen Gründe nochmals begründen. Vor allem in der klassischen deutschen Philosophie wurde als dieser übergreifende Grund das vernünftige Selbstbewusstsein identifiziert. Dessen Formen machen sich in bestimmter Weise in jeder gültigen Erkenntnis geltend. Weil sie aber so in jeder Erkenntnis schon vorhanden sind und um auch hier nicht in das bloß abbildende Verhältnis zum Gegenstand zu kommen, kann der Widerspruch selbstständig durch Produktion von Abweichungen erzeugt werden. In der *reductio ad absurdum* wird das Gegenteil des eigentlich einzusehenden Prinzips versuchsweise angenommen, um so mittels der daraus folgenden absurden und widersprüchlichen Konsequenzen die Einsicht in die Geltung und die Reichweite jenes Prinzips zu provozieren. Jene Abweichungen müssen allerdings nicht nur selbstständig erzeugt werden, sondern können sich auch der Beispiele aus den einzelnen Wissenschaften bedienen, die ohne Bewusstsein der Grenze des Geltungsbereichs ihrer Wissenschaft ihre Axiome auf andere Bereiche ausdehnen, so etwa in der Ausdehnung der Biologie auf gesellschaftliche Phänomene.

Gegenüber solcher bewussten Einsicht in den Grund sind frühe Bildungsprozesse vor allem Aneignung von Gewohnheiten. Der Grund, in den solche Prozesse zurückgehen sollen, sind die konkreten Fähigkeiten des Lesens, Schreibens, Rechnens. Diese Prozesse sind dann erfolgreich, wenn der Weg ihrer Aneignung verschwunden ist, also der Widerspruch nicht mehr ins Bewusstsein tritt, damit weitere geistige Funktionen auf ihnen aufbauen können. *Während* ihrer Aneignung machen sich dennoch Widersprüche geltend, aber eher als somatische Widerstände, die sich zwar als logische Widersprüche ins Bewusstsein heben lassen, aber nicht zwingend zu Bewusstsein kommen müssen. Für den Aneignungsprozess kann dieses Bewusstsein hilfreich sein, sowohl für die Übenden als auch für die, die bei dieser Übung helfen, *im Resultat* muss es insofern verschwinden, als es nicht mehr Ausdruck des noch vorhandenen somatischen Widerstands sein darf, wenn die Gewohnheit als ein Können oder eine Fertigkeit erscheinen soll.

Die beschriebene fundamentale Funktion des Widerspruchs kommt in den eingangs erwähnten didaktischen Theorien nicht oder falsch zur Geltung. Der schülerorientierte Unterricht steht vor dem Problem, dass nicht jedes Interesse des Schülers auch zielführend für das Erlernen von Unterrichtsgegenständen ist. Zumal kann, wenn sich die Schüler vor allem für das interessieren, was sie schon kennen, kaum ein wirklich neuer Gegenstand den Schülern zu Bewusstsein kommen. Das bewegt Hilbert Meyer, der an der Schülerorientierung festhalten will, dazu, zwischen subjektiven und objektiven Schülerinteressen zu unterscheiden.[21] Das Problem, wie aber die subjektiven zu objektiven Interessen werden sollen, wird nicht diskutiert, vielmehr wird die Lösung im Schema des handlungsorientierten Unterrichts vorgegeben, dass sich Schüler und Lehrer auf ein Handlungsprodukt einigen – in den grafischen Schemata Meyers dargestellt durch zwei sich vereinigende Pfeile.[22] Entweder wird dadurch aber eben kein neuer Gegenstand gelernt, sondern nur das schon Bekannte nach Anleitung praktisch ausgeführt; oder der Widerspruch wird dadurch versteckt, dass der Lehrer den Schülern den neuen Gegenstand im Einigungsprozess unterjubelt; dann aber taucht er bei der Ausführung der Handlungsanleitung auf, als Widerspruch zu den bisherigen manuellen oder geistigen Fähigkeiten. Ein Abbruch und erneute Reflexion über das Handlungsprodukt ist aber im Schema nicht vorgesehen.

Der Konstruktivismus berücksichtigt den Widerspruch unter dem Namen Perturbation. Zwar sei, so wird in scheinbarer Anlehnung an neurobiologische Erkenntnisse behauptet, das lernende System autopoietisch, das heißt, es schaffe seine Strukturen selbst. Aber Anlass zu dieser Neuausrichtung bieten die Störungen, die als Perturbation bezeichnet werden. Die Aktivität der Lehrerin oder des Lehrers soll sich nun auf die Auslösung solcher Perturbationen beschränken. Ausdrücklich abgelehnt wird, dass die Lehrperson bei der Behebung dieser Störungen eine Richtung vorgibt. Dies sei unreflektierte Besserwisserei und im Übrigen gar nicht möglich, weil die Schüler sowieso die Lösung selbst konstruierten. Man könne, so Reinhard Voß, gar nicht wissen, was das jeweils Beste für die Schüler sei.[23] In der Konsequenz heißt das, man könne nicht wissen, ob es besser sei, dass die Schüler lesen, schreiben und rechnen können oder nicht, oder ob es besser sei, ob sie auf die Zumutungen der kapitalistischen Gesellschaft mit einer bestimmten Kritik dieser Gesellschaft oder mit paranoischen Wahnkonstruktionen reagieren. Diese Konsequenzen müssen aber die ziehen, die zwar den Widerspruch berücksichtigen, aber insofern verabsolutieren, als sie seine Auflösung durch einen objektiv einsehbaren Grund bestreiten.

## II. Herrschaft

Wenn die Aneignung von Können oder Wissen gelingt, dann hat sich die ursprünglich vorausgesetzte, so aber nur abstrakte Identität des Subjekts als in sich differenzierte wiederhergestellt. Den Zustand gelingender Bildung hat der Didaktiker Wolfgang Klafki Ende der 1950er-Jahre mit der Formel der doppelseitigen Erschließung zu fassen versucht: »Bildung ist Erschlossensein einer dinglichen und geistigen Wirklichkeit für einen Menschen [...]; aber das heißt zugleich: Erschlossensein dieses Menschen für diese seine Wirklichkeit«[24]. Ein Mensch, der sich seine Wirklichkeit erschlossen hat, versteht sie. Eine Wirklichkeit, die einen Menschen erschlossen hat, hat ihre Ansprüche in ihm geltend gemacht. Die Vorstellung von Symmetrie, die in dieser Formel mitschwingt, setzt voraus, dass die Gegenstände ihre gelingende Aneignung zulassen, sie zumindest potentiell durch Vernunft erschließbar sein müssen. So müssen sie freilich dem sich bildenden Individuum erscheinen, wenn es seinen Bildungsprozess nicht von vornherein abbrechen will. So allerdings ist die Wirklichkeit nicht.[25] Wie weit sich die Natur durch Vernunft erschließen lässt, hat die moderne Naturwissenschaft praktisch bewiesen. Ob sich die gesellschaftliche Wirklichkeit als zweite Natur auf gleiche Weise begreifen lässt, ist hingegen davon abhängig, wie weit sie Resultat vernünftiger menschlicher Handlungen ist. Dieser vernünftige Anteil menschengemachter Wirklichkeit ist aber seit Menschengedenken immer Mittel zum gesellschaftlich bestimmenden Zweck der Herrschaft gewesen. Herrschaft ist nicht mit Macht identisch. Nach der Definition Max Webers bezeichnet Macht »jede Chance, innerhalb einer sozialen Beziehung den eigenen Willen auch gegen Widerstreben durchzusetzen, gleichviel worauf diese Chance beruht«[26]. Die so verstandene Macht kann Herrschaft höchstens ihrer formalen Seite nach beschreiben. Es lässt sich aber auch so etwas wie die Macht des Begriffs mit dem zwanglosen Zwang des besseren Arguments denken, bei der zwar auch ein Widerstreben vorhanden sein kann, das aber rational überwunden wird. Insofern die Übernahme des fremden Willens von der eigenen Einsicht abhängig gemacht wird, fehlt solcher Macht die Fremdbestimmung, die der Herrschaft wesentlich ist.[27] Daher ist Herrschaft in der materialistischen Tradition als ausschließende Verfügung einiger Menschen über das Mehrprodukt der Gesellschaft bestimmt worden.[28] Diese Definition gibt den materiellen Grund an, warum die Befehlenden Gehorsam bei ihren Untertanen finden: Sie stehen unter der ständigen Todesdrohung, dass ihnen bei Ungehorsam die Mittel ihres Lebens entzogen werden. Hegel entwickelt die Herrschaft denn auch unmittelbar aus dem Kampf auf Leben und Tod, der an sich schon der Widerspruch ist, dass ein Individuum leben und nicht leben soll. Dieser Widerspruch wird nun nicht dadurch gelöst, dass beiden Kontrahenten ihr Recht auf Leben zugestanden wird und die Todesdrohung, die Menschen als irrtumsanfällige natürliche Lebewesen immer auch füreinander bedeuten, begrenzt und damit unschädlich gemacht wird. Stattdessen vereinseitigt sich der Widerspruch: Einige sind bedroht, andere drohen. Stabilität erlangt dieser Ausgang, indem die Drohenden die Bedrohten zur Arbeit für die eigenen Bedürfnisse zwingen und so als Herren über Knechte befehlen.[29] Vom archaischen Modell Hegels unterscheidet sich heutige Herrschaft auf zweierlei Weise: Sie ist zum einen strukturell verankert und dadurch anonym. Zwar gibt es immer noch Personen, die funktional eher dem Hegel'schen Herrn oder dem Knecht entsprechen und denen es daher unterschiedlich gut oder schlecht ergeht. Wer allerdings die verschiedenen Funktionen ausfüllt, ist – anders als im archaischen oder feudalen Willkürrecht – nicht entscheidend für die Aufrechterhaltung der Herrschaft. Weil dies vor allem durch die formal gleiche Rechtsprechung bei materieller Ungleichheit geschieht, erscheint das geltende Recht als anonyme Gewalt. Zum anderen ist die Herrschaft zumindest in den Zentren der kapitalistischen Produktion derart sozialstaatlich eingehegt, dass die meisten Beherrschten nicht mehr unmittelbar mit dem Tod bedroht sind. Sie hat die nicht mehr so offensive, aber umso mehr demoralisierende Form angenommen, von den Möglichkeiten der Entfaltung des eigenen Lebens abgeschnitten zu sein, auf einem gegenüber den objektiven Möglichkeiten restringierten Niveau herum dümpeln zu müssen.

In allen diesen Formen aber findet der Widerspruch seine Verlaufsform und damit seinen Grund in der Herrschaft. Deren Vermittlungsleistung ist aber ein Kompromiss. In ihm kommt nicht, wie in der logischen Vermittlung bei Hegel, den beiden Seiten erst als Moment des Grundes ihr volles Recht zu, sondern in welches Verhältnis sie treten, hängt vom zufälligen Kräfteverhältnis der Beteiligten ab. Keiner oder keinem der Beteiligten kann es in diesem Verhältnis gelingen, sich als in sich differenzierte Identität zu setzen, weil allen ihre Identität als Menschheit verwehrt ist, selbst wenn solche Unmöglichkeit für die Herrschenden keine Reduzierung der Mittel ihrer Interessenverfolgung bedeutet. Will sich jemand eine Bestimmung dieser herrschaftlichen Wirklichkeit aneignen – und je dichter das gesellschaftliche Netz, desto mehr tangiert sie jeden auch noch so neutral wirkenden Gegenstand – so wird das, wie man sich auch stellen mag, nicht auf vernünftige Weise gelingen. Solange es nicht in der Macht der Einzelnen steht, diese Wirklichkeit zu ändern, bleibt ihnen nur auf Basis des in gelingender Bildung aufgehobenen Widerspruchs dem herrschaftlichen Widerspruch zu widersprechen. So ließe sich auch Adornos Umkehrung der Formel Hegels verstehen, der Suche nach der Identität in der Nichtidentität »wäre zunächst die Nichtidentität in der Identität zu kontrastieren«[30]. Dass der Widerspruch hier zum bloß gewissermaßen performativen Widersprechen wird, deutet eben auf die Machtlosigkeit des Individuums hin: Es kann die Differenz von Identität und Differenz nur feststellen, nicht aber aufheben.

Das einzige Ziel, das in diesem Zusammenhang Aussicht auf Erfolg hat, ist, sich mit dieser Wirklichkeit so zu arrangieren, dass man in ihr einen auskömmlichen Platz findet. Dazu hilft es, die Anforderungen, die einem von der herrschaftlichen Wirklichkeit aufgenötigt werden, als sachliche Anforderungen zu interpretieren. Ein Institut für Fernkurse wirbt damit, dass man »mit Bildung zum Erfolg« komme. In dieser Vorstellung geht beides zusammen: Wer sich anstrengt und sich bildet, wird es weit bringen, zumindest weiter als die, die sich weniger anstrengen. Diese Vermischung wird dadurch begünstigt, dass sich beide Anforderungen – die sachliche und die herrschaftliche – in derselben logischen Form darstellen lassen, nämlich als Widerspruch zur zunächst abstrakten Identität. Werden die herrschaftlichen Anforderungen als sachliche verstanden, dann bedeutet Misserfolg, dass man die Dinge nicht richtig verstanden hat, oder man selbst zu große, unberechtigte Ansprüche gestellt hat, die folglich reduziert werden müssen. Wer keinen Erfolg hat, genügt gemäß dieser falschen Assoziation von Gegenstand und Herrschaft nicht nur nicht in Bezug auf diese Gesellschaft, sondern an sich nicht. Dabei misslingt die Differenzierung der abstrakten Identität, weil versucht wird, sich mit unvernünftigen Elementen der Gesellschaft zu identifizieren. Zu diesem Zweck muss das Subjekt die eigenen Bedürfnisse, mit deren grundsätzlichem Triebimpuls es sich zu identifizieren hätte, damit sie ihrer weiteren Bestimmung durch Bildung offen wären, als unvernünftiges Anderes von sich fernhalten. In einer vernünftigen Organisation von Bildung wäre hingegen nicht vorauszusetzen, dass irgendjemand an sich nicht genügen würde, sondern vielmehr die Bildungsfähigkeit aller zu unterstellen, die aufgrund unterschiedlicher individueller Voraussetzungen unterschiedliche Mittel und unterschiedlich viel Zeit bräuchten. Werden umgekehrt in sich kritisch dünkender Intention die sachlichen Ansprüche als herrschaftliche verstanden, beharren die Individuen vor jeglichen Bildungsanstrengungen auf ihre individuelle Borniertheit – so etwa, wenn schwierige Texte als epistemische Gewalt empfunden werden.[31]

Gesellschaftlich wirklich ist Bildung in der Form, wie sie in den für sie geschaffenen Institutionen organisiert wird.[32] Auch hier setzt sich Herrschaft weniger aufgrund der Willkür Einzelner durch, z. B. durch die autoritäre Charakterstruktur von Lehrern, sondern vor allem strukturell, d. h. durch Rechtsvorschriften. Die rechtsgültigen Dokumente, die die einzelnen Institutionen vergeben zwecks Übertritt in eine nächsthöhere oder als Ausweis einer Qualifikation zur Bewerbung auf dem Arbeitsmarkt, sind die Abschlusszeugnisse. Darüber, ob sie überhaupt vergeben werden und welche Wertigkeit ihnen beigemessen wird, entscheidet die auf ihnen verzeichnete Abschlussnote, die der Durchschnitt vieler einzelner im Laufe der Schule oder der Universität erworbenen Noten ist. Die einzelnen Noten wiederum werden gegeben für in Prüfungen erbrachte Leistungen. Welche Leistung aber erbracht wurde, lässt sich nicht an der Note ablesen, da diese durch quantitative Vergleichgültigung unterschiedlicher Qualitäten gewonnen wird, also indem Fehler gezählt und die Fehleranzahl auf eine Notenskala aufgetragen wird. Damit geht der Notengebung die Funktion ab, die ihr in manchen pädagogischen Theorien beigemessen wird, nämlich Schüler oder Studenten über den Stand ihres Wissens oder Könnens zu informieren. Dazu müssten die einzelnen Fehler bezeichnet werden, rückgemeldet werden, ob es Fehler sind, die sich durch mehr Üben aus der Welt schaffen lassen oder ob sie auf grundsätzliche Verständnisschwierigkeiten hindeuten. Dem Herrschaftszweck dient die Vergleichgültigung durch Notengebung, indem sie eine Vergleichbarkeit schafft, die teilweise die Zugangsberechtigungen zu gesellschaftlichen Funktionen regelt, teilweise potentiellen Arbeitgebern als Anhaltspunkt bei der Beurteilung von Bewerbern um einen Arbeitsplatz dient. Wäre der Zweck der Bildungsinstitutionen die umfassende Bildung all derer, die in ihr lernen, also nach Comenius allen alles allseitig zu lehren, müsste den sich Bildenden die Mittel dazu an die Hand gegeben werden, von denen eines ausreichend Zeit ist. Weil aber der bestimmende Zweck der Institution nicht dieser, sondern die Sortierung von Schüler- oder Studentenschaft ist, wird das Lernen als Leistungslernen, d. h. »als geistige Anstrengung in knapper Zeit«[33] organisiert. Das heißt, die Prüfungen werden zu einem Zeitpunkt angesetzt, zu dem bei notwendig unterschiedlichen Voraussetzungen nicht alle schon alles verstanden haben können, um so einen Unterschied im Prüfungsergebnis zu produzieren. Ist das Ergebnis nicht ausreichend divers, kann im Nachhinein immer noch die Übersetzung der Fehleranzahl auf die Notenskala angepasst werden. Die einzelne Note ist dann vor allem Auskunft darüber, wie die entsprechende Leistung im Verhältnis zu allen anderen zum selben Zeitpunkt erbrachten Leistungen bewertet wurde. Wenn Schüler bereits früh an diese Form der Beurteilung gewöhnt werden, gewöhnen sie sich zugleich daran, die Sache nicht um ihrer selbst willen sich anzueignen, sondern zum Zweck der Durchsetzung in der Konkurrenz. Damit ist in den gegenwärtigen Bildungsinstitutionen strukturell die Vermischung von sachlichem und herrschaftlichem Widerspruch angelegt. Insofern die Abschlussnote aus der Anpassung an diese Anforderungen resultiert, lässt sich an ihr »das Profil der individuellen Bereitschaft, sich dauerhaft am Leistungslernen zu beteiligen«[34], ablesen und damit der Grad an »selbstbewusstem geistigen Opportunismus«[35].

Die objektive Verbindlichkeit, aber auch die subjektive Selbstverständlichkeit, mit der dieses System betrieben wird, scheinen Bildung aus den nach ihr benannten Institutionen auszuschließen. Der Herrschaftszweck ist aber nicht alldurchdringend und wird dadurch konterkariert, dass sich auch in der Institution immer wieder ein Interesse an der Sache einstellt, ernsthafte Diskussionen oder einschneidende geistige Erfahrungen entstehen. Um diese Augenblicke gegen ihre herrschaftliche Überformung zu sichern, ist ein Bewusstsein des Widerspruchs von beidem nötig. Dessen konkrete Artikulation ist nach Heydorn unter den gegebenen Verhältnissen der entscheidende biografische Fortschritt: »Nichts was wir bewußt erfahren, macht so sehr leiden, denn man kann es artikulieren, in einer Erkenntnis verschwinden lassen oder sich auch nur belügen; Kindheit muß jedes Leiden verdoppeln.«[36] »Die Erfahrung dieser Widersprüche wird dem Kind nicht erspart; es geht darum, sie so früh als möglich bewußt zu machen, produktiven Schmerz an die Stelle des hilflosen zu setzen.«[37]

## III. Regression

Wo das Bewusstsein fehlt, erscheint dem Kind undifferenziert die herrschaftliche als sachliche Anforderung und umgekehrt. Weil es sie noch nicht bewusst bewältigen kann, arrangiert es sich mit ihnen durch die Ausbildung von unverstandenen Gewohnheiten. Diese Gewohnheiten zeichnen sich durch Triebverzicht aus, ohne dass das Triebziel in sei es auch sublimierter Form wieder eingeholt würde. So werden sie zu irrationalen Dispositionen, also zur Bereitschaft, dem verdrängten, aber weiterhin drängenden Trieb irrationale Ausdrucksformen zu verschaffen.[38] Von diesen irrationalen Ausdrucksformen ist, wie sich gezeigt hat, der

Antisemitismus die gesellschaftlich gefährlichste, weil er zum einen in seiner Wahnhaftigkeit relativ stabil, zum anderen massentauglich ist. Ihr zentraler Mechanismus ist der der pathischen Projektion, also die Darstellung eigener, uneingestandener Regungen an fremden Menschen. Die zentrale irrationale Disposition im Bereich der Bildung ist die Halbbildung, die Adorno und Horkheimer in enger Verwandtschaft zum Antisemitismus sehen: »Falsche Projektion ist der Usurpator des Reiches der Freiheit wie der Bildung; Paranoia ist das Symptom des Halbgebildeten.«[39] In der Halbbildung ist das, was die Bildungsinstitutionen den sich in ihr Bildenden strukturell nahelegen, nämlich sich nicht für die Sache an sich zu interessieren, sondern sich ihrer vor allem als Mittel in der Konkurrenz zu bedienen, dem Individuum als Disposition zu eigen geworden:

> Der aufs Wissen abgezogene Gedanke wird neutralisiert, zur bloßen Qualifikation auf spezifischen Arbeitsmärkten und zur Steigerung des Warenwerts der Persönlichkeit eingespannt. So geht jene Selbstbesinnung des Geistes zugrunde, die der Paranoia entgegenarbeitet.[40]

Das heißt nun nicht, dass alle, die der schulisch, universitär oder medial vermittelten Halbbildung ausgesetzt sind, automatisch Antisemiten würden, aber das Potential an Selbstbesinnung, das den Werken der klassischen Bildung innewohnt, geht so verloren, indem jene Werke entweder deformiert, gar nicht erwähnt oder durch genuin kulturindustrielle Produkte ersetzt werden.

Um diesen Dispositionen entgegenzuarbeiten, hat Adorno in seinen Vorträgen zur Erziehung und Bildung in der BRD der Nachkriegszeit immer wieder die Psychoanalyse bemüht:

> Der Haß gegen sie ist unmittelbar eins mit dem Antisemitismus, [...] weil Psychoanalyse genau in jener kritischen Selbstbesinnung besteht, welche die Antisemiten in Weißglut versetzt. So wenig, allein schon des Zeitfaktors wegen, etwas wie eine Massenanalyse sich durchführen läßt, so heilsam wäre doch, fände strenge Psychoanalyse ihre institutionelle Stelle, ihr Einfluß auf das geistige Klima in Deutschland, auch wenn er bloß darin bestünde, daß es zur Selbstverständlichkeit wird, nicht nach außen zu schlagen, sondern

> über sich selbst und die eigene Beziehung zu denen zu reflektieren, gegen die das verstockte Bewußtsein zu wüten pflegt.[41]

Adornos Forderung ist nicht, alle Menschen im Nachkriegsdeutschland individuell zu therapieren – dies wäre nicht durchführbar, selbst wenn es vielleicht wünschenswert wäre. Wenn aber die Psychoanalyse durch institutionelle Verankerung einen heilsamen Einfluss auf das geistige Klima in Deutschland hätte haben sollen, dann muss es in ihr Elemente geben, die aus der spezifisch therapeutischen Situation übertragbar sind auf öffentliche oder institutionelle Bildungsprozesse. Dieses *tertium comparationis* ist die Selbstbesinnung. Wer sich auf sich selbst besinnt, hält in der rastlosen Verwirklichung seiner Zwecke inne, weil ihm etwas an diesen Zwecken zweifelhaft geworden ist. Während diese Zwecke zuvor als genuiner Ausdruck der eigenen Person begriffen wurden, ist diese Selbstgewissheit irritiert worden. Vielmehr erscheinen sie nun als heteronome Bestimmungen, die sich das Individuum unfreiwillig zu eigen gemacht hat. Die Folge der Selbstbesinnung ist das Erschrecken über die Tatsache jener Heteronomie.

Die Psychoanalyse versucht solche Augenblicke der Irritation und des Erschreckens auszulösen, indem sie die konkrete Entstehung der irrationalen Disposition und ihrer Ausdrucksweise nachweist, die falschen Gedankengänge nachzeichnet, die dazu geführt haben, dass man meinen konnte, der fremde Zweck sei der eigene. Am detailliertesten hat Freud dies am Traum beschrieben.[42] Dessen Aufbau geht aus von einem Wunsch, der tagsüber aufgrund zensierender Instanzen keine Erfüllung finden konnte, seien es Versagungen der natürlichen oder sozialen Umwelt generell, spezifische andere Menschen oder innere Gewissensbisse. Die ersatzweise Erfüllung im Traum nimmt Elemente des Wunsches wie auch der zensierenden Instanz und überführt sie assoziativ, vor allem durch die Mechanismen von Verdichtung und Verschiebung, in solche, bei denen der ursprüngliche Wunsch unkenntlich geworden ist. Weil sie als solche meist unstimmig geworden sind, werden sie durch sekundäre Bearbeitung zu einer scheinbar kohärenten Erzählung gemacht. Analog vollzieht sich Freud zufolge auch der Aufbau anderer irrationaler Phänomene wie der Fehlleistungen oder der genuin psychischen Krankheit.[43]

Alle diese Phänomene sind aber Kompromissbildungen zwischen dem Anspruch des Wunsches, verwirklicht zu werden, und dem der zensierenden Instanz, dass der Wunsch nicht verwirklicht werde. Die irrationale Ausdrucksform macht sich die Versagung des Wunsches insofern zu eigen, als sie den Wunsch in einer ihm selbst unkenntlich gewordenen Form erscheinen lässt. Auf diese Weise karikiert die Kompromissbildung die rationale Vermittlung zwischen Wunsch und Wirklichkeit.

Analog zum Freud'schen Schema ließe sich die individuelle Entstehung des modernen Antisemitismus so deuten, dass er zwar Ausgang von dem Gefühl der Unterdrückung nimmt und dem Impuls, dass diese Unterdrückung nicht sein soll. Die irrationale Kompromissbildung verkehrt aber diesen Impuls, da gar nicht gegen die Ursachen der Unterdrückung agiert wird, sondern diese in die Darstellung integriert werden.[44] Diesem in sich widersprüchlichen Bedürfnis entspricht die politische Situation der Weimarer Republik wie des Nachkriegsdeutschlands, in der zwar formal demokratische Verhältnisse bestanden, die aber als von außen ermöglichte nicht dankbar angenommen wurden und in denen man sich lieber mit der eigenen autoritären Tradition als dem Eigenen identifizierte. Die Ursache der Unterdrückung, das Kapitalverhältnis, wird unkenntlich gemacht, indem es verdichtet wird auf die Sphäre des Finanzkapitals, in der dem Schein nach gar kein Bezug mehr auf die Sphäre materieller Arbeit besteht und deren Geldvermehrung daher wie Betrug aussieht. In dieser Sphäre wird dann wiederum der psychische Akzent auf das Jüdischsein einiger ihrer Mitglieder gelegt, sodass die Assoziation eine Gruppe ausgewählt hat, deren Bekämpfung keine große Mühe macht, weil sie als Minderheit in der eigenen Gesellschaft im Ganzen wehrlos ist, die zugleich aber die eigentliche Ursache unangetastet lässt. In fortschreitender Assoziation werden zu der als abstrakt angesehenen Seite der Finanzsphäre weitere als abstrakt angesehene Eigenschaften als typisch jüdisch gekennzeichnet, so z. B. Intellektualität. Projektiv werden dieser Gruppe dann die eigenen aggressiven Impulse unterlegt und im Sinne einer großen Erzählung scheinbar kohärent gemacht, etwa in der Erzählung von der Weltverschwörung des Judentums.

In diesem Rahmen verändert sich noch einmal die bildungstheoretische Funktion des Widerspruchs. Zwar ist er auch hier die Anzeige einer zu überwindenden, irrtümlichen Meinung. Die Spekulation über irrationale Gründe einer bestimmten Meinung fängt ja nicht einfach aus dem Nichts an oder einfach weil man die betreffende Person nicht mag, sondern weil die Meinung im Widerspruch steht zu dem Objekt, auf das sie sich bezieht. Ist dieses Objekt selbst Subjekt, wie im Fall des Antisemitismus, so wird dieser Widerspruch zur praktischen Bedrohung. Wenn allerdings auf solche Widersprüche in irrationalen Meinungen hingewiesen wird, erzeugt dies bei denen, die diese Meinungen vertreten, nicht automatisch das Bedürfnis, sie aufzulösen. Weil sie stattdessen an ihrer Aufrechterhaltung ein praktisches Interesse haben, werden sie dem Widerspruch eher mit Rationalisierungen begegnen, anstatt ihn aufzugeben. Dass sie wirklich aufgegeben werden, ist aber nur von der beschriebenen Selbstbesinnung zu erwarten: indem die irrationale Disposition aus einem verdrängten Wunsch und der Amalgamierung mit der versagenden Instanz erklärt wird und das betreffende Individuum sich schreckhaft bewusst wird, dass es sich bei ihm wirklich so verhält, wie ihm geschildert wurde.

Damit geht diese Bildungsbewegung zwar auch von einem Widerspruch aus, nämlich von dem, der die Irrationalität des irrationalen Phänomens kennzeichnet, kehrt aber zu einem anderen Widerspruch zurück, nämlich zu dem zwischen dem ursprünglichen Trieb und der ihn versagenden Instanz. So ist diese Bildungsbewegung im Gegensatz zum Hegel'schen Modell wesentlich regressiv, nämlich Wiederbelebung einer überwunden geglaubten Situation. Insofern sie bewusst betrieben wird, ist sie aber nicht, wie das irrationale Phänomen selber, uneingestandene Regression, sondern Regression im Dienste des Ichs. Die irrationalen Meinungen, von denen diese Bildungsbewegung ausgeht, werden damit – wiederum anders als bei Hegel – nicht zu Momenten in einer sie aufhebenden Wahrheit. Die Aufgabe der Bildung besteht bei ihnen vor allem darin, dass sie aufhören, indem sie zerstört werden. Antisemitismus wird nicht dadurch überwunden, dass auf den Widerspruch zum real existierenden Judentum hingewiesen wird, weil das Vorurteil über die Juden eine nicht ganz richtige Annahme über sie gewesen wäre. Dem falschen Bedürfnis, das sich darzustellen sucht, geht es gar nicht spezifisch um die Juden, sondern es benutzt sie gewissermaßen als Material, um sich darzustellen. Damit hat die Kritik solcher Meinungen aber eine doppelte

Aufgabe: zum einen die Unwahrheit der irrationalen Meinung durch den Nachweis ihrer Widersprüchlichkeit, also durch immanente Kritik aufzuzeigen, zum anderen ihre Entstehung mittels irrationaler Mechanismen, durch Assoziation und Kompromissbildung zu erraten.[45]

Der Widerspruch, zu dem zurückgekehrt wird, kann das individuelle Unglück der persönlichen Biografie bezeichnen, z. B. zu strenge oder gleichgültige primäre Bezugspersonen. Wenn das empirische Ich gegenüber der frühkindlichen Situation zwar stärker geworden ist, den ursprünglichen Konflikten aber noch unbewusst erliegt, so kann, wie Freud sagt, die Auflösung zugleich die Lösung sein, weil der Konflikt gegenstandslos geworden ist.[46] Hat aber die ursprünglich versagende Instanz ihren Grund in gesellschaftlicher Herrschaft, so ist das Ziel ein anderes als in der individuellen Therapie. Während hier die Aussicht ist, dass die Patienten wieder gesund werden und ohne die Leiden der psychischen Krankheit leben können, erneuert die bildende Selbstbesinnung den Wunsch im Widerspruch zur Herrschaft, fügt aber diesem Widerspruch das Bewusstsein hinzu. Diese intellektuelle Auflösung bedeutet aber nicht zugleich die praktische Lösung, denn die Herrschaft verschwindet nicht dadurch, dass man sich ihrer bewusst wird.

Solange daher die Praxis, von der die psychoanalytisch inspirierte Auflösung gesellschaftlicher Irrationalität ausgeht, dem herrschenden Allgemeinen gegenüber partikular bleibt, ist sie zunächst auf Bildung, gewissermaßen auf die Praxis der Theorie beschränkt. Diese Beschränkung ist damit aber wesentlich eine von quantitativen gesellschaftlichen Kräfteverhältnissen, die herrschaftskritische Bildung in manchen Bereichen zulassen oder nicht, und als solche Grenze pragmatischer Art das, was sich sinnvollerweise als Grenze der Aufklärung bezeichnen lässt. Die Grenzen der Aufklärung sind damit keine prinzipiellen, das heißt, sie liegen nicht in der Vernunft selbst. Das allerdings haben Adorno und Horkheimer bisweilen in der *Dialektik der Aufklärung* suggeriert. So werden die »bündig rationalen, ökonomischen und politischen Erklärungen« für den Antisemitismus abgelehnt, »denn die mit Herrschaft verknüpfte Rationalität liegt selbst auf dem Grunde des Leidens.«[47] Hierbei ist noch unklar, ob Vernunft wesentlich oder zufällig mit Herrschaft verknüpft ist. Dass sie es wesentlich sei, scheint aus Formulierungen Adornos in der »Negativen Dialektik« hervorzugehen: »Der Schein von Identität wohnt jedoch dem Denken selber seiner puren Form nach inne. Denken heißt identifizieren. Befriedigt schiebt begriffliche Ordnung vor das, was Denken begreifen will.«[48] Es liegt aber nicht in der puren Form der Identität, ob eine einmal ergriffene Bestimmung gegen alles ihr Widersprechende verteidigt wird oder ob sie sich zur in sich differenzierten Identität, zur Identität von Identität und Nicht-Identität weiterentwickelt. Es ist vielmehr eine psychische Disposition, ob die logische Form der Identität zum Identitätszwang wird. Diese psychische Disposition wird von gesellschaftlichen Faktoren begünstigt, genauer: Die Nötigung, sich im allgemeinen Konkurrenzkampf durchzusetzen, begünstigt die Ausbildung von Narzissmus. Dieser ist »eine verzweifelte Anstrengung des Individuums, wenigstens zum Teil das Unrecht zu kompensieren, daß in der Gesellschaft des universalen Tauschs keiner je auf seine Kosten kommt«[49], und zwar durch das psychische Mittel, »seine ungenutzten Triebenergien auf sich selbst zu lenken.«[50]

Der Suggestion, die Grenzen der Aufklärung seien prinzipielle, hat Adorno in dem späteren Vortrag *Zur Bekämpfung des Antisemitismus heute* widersprochen: »Man tut gut daran, diese Grenzen nicht so zu deuten, wie wenn sie bezeugten, der Antisemitismus sei ein Urphänomen. Auch sie wären aus der Dynamik der Gesellschaft abzuleiten.«[51] Wer eine Grenze aufzeigt, ist, wie Adorno selbst im Rückgriff auf die Hegel'sche Logik ausführt,[52] zugleich über sie hinaus: Grenzen können immer nur innerhalb eines Ganzen gezogen werden, nicht das Ganze begrenzen, weil dann wiederum ein Merkmal angegeben werden müsste, wodurch sich das Ganze von etwas anderem abgrenzt, dann aber eine Kenntnis dieses Anderen, somit auch eine das erste Ganze und sein Anderes umfassende Perspektive, somit die auf ein größeres Ganzes eingenommen werden müsste. Der Antisemitismus ist kein Urphänomen, das prinzipielle Grenzen hätte, die die Aufklärung nicht überschreiten könnte, weil die historische Entstehung und Funktionsweise gesellschaftlicher Herrschaft nicht notwendig, sondern zufällig sind und als solche bewusst gemacht werden können.

Wenn aber durch die angegebene Bildungsbewegung der Herrschaft entgegenstehende Wünsche wiederbelebt und diese Wünsche in ihrem

Recht gegen die Herrschaft erkannt werden sollen, dann muss dem sich bildenden Subjekt diese Herrschaft selbst als irrational einsichtig sein. Andernfalls liegt es nahe, dass die Wünsche des Individuums, weil sie nicht verwirklicht werden können und daher keinen Ankerpunkt in der Realität haben, umgekehrt als irrational angesehen und verdrängt werden. Der Nachweis der Irrationalität der Herrschaft ist aber nicht, wie Adorno manchmal nahelegt, eigentlich ganz einfach einzusehen, weil die Gesellschaft durch Monopolbildung besonders durchsichtig geworden wäre. Er setzt vielmehr ein intensives Nachdenken über diese Gesellschaft voraus, weil sich auch in ihr Momente von Rationalität und Irrationalität vermischen, ansatzweise die Durchdringung der Marx'schen Kritik der politischen Ökonomie. Diesen Nachweis verstehen zu wollen, setzt somit wiederum eine Ahnung voraus, dass etwas nicht stimmen kann, die Nichtbefriedigung des Wunsches, dass Unrecht nicht sein soll. Insofern dieser Wunsch noch nicht vom Bewusstsein eingeholt ist, ist eins seiner Elemente das, was Adorno als Hinzutretendes bezeichnet.[53] Dieses ist notwendiges Moment moralischen Handelns, da das Bewusstsein des moralisch Richtigen für die wirkliche Handlung nicht ausreicht, sondern es zusätzlich »auch eines Anderen, in Bewußtsein nicht sich Erschöpfenden, Leibhaften« bedarf.[54] Als vom Bewusstsein unterschiedenes Moment kommt es in den alltäglichen Zwecken, von denen das Individuum weiß, nicht vor. Um es in Prozessen der Bildung zur Geltung zu bringen, braucht es daher Bedingungen der Muße, die den Bildungsprozess nicht von vornherein auf eben jene vorhandenen Zwecke einschränken und in denen sich das Individuum diesem moralischen Impuls hingeben kann. Dass kritische Bildung einen solchen Impuls voraussetzt, heißt aber nicht, dass er generell bei manchen Menschen vorhanden sei, bei manchen nicht. Prinzipiell muss er als zu bildende Substanz jedem Menschen zugeschrieben werden, auch wenn er durch sozialen Druck so verkümmern oder man sich so gegen seine Implikationen verhärten kann, dass er als zu bildende Substanz nicht mehr zugänglich erscheint. Auch als noch offener muss er aber gebildet werden, da er in seiner unmittelbaren Gestalt, als Empörung, sich an einem Einzelfall entzündet, über das Recht oder Unrecht dieser Empörung als einer unmittelbaren Reaktion aber nicht aufgrund ihrer selbst entschieden werden kann. Entsprechend hält Adorno am Hinzutretenden fest, dass es »intramental und somatisch in eins«[55] sei und erwägt hinsichtlich seiner phylogenetischen Entstehung,

> daß das, was ursprünglich Reflex war, eine Tendenz hat, gegenüber diesem bloß Reflexhaften sich zu verselbständigen, – wahrscheinlich gerade im Zusammenhang mit jenem Sich-Zurücknehmen des Subjekts aus der Welt und in eins mit der Tendenz zur Stärkung des Ichs,

sodass »das reflexhafte Reagieren schließlich selbst in den Dienst des Ich-Prinzips tritt«[56]. Analog mag am Anfang eines Prozesses kritischer Bildung daher jener leibhafte, an einer konkreten Situation sich entzündende Impuls stehen, der allerdings auch dann nicht völlig ohne geistige Bestimmung sein wird und sich als Anfang eines erst einsetzenden Prozesses immer nur retrospektiv konstruieren lässt. Diesen Impuls zu erhalten und zu verstärken, gelingt hingegen nur in der Wechselwirkung zwischen ihm und der theoretischen Anstrengung, sein Recht in der Wirklichkeit nachzuweisen, also der Kritik der Herrschaft. Sie setzt jenen Impuls voraus und belebt ihn gleichzeitig wieder, wenn auch in veränderter, gebildeter Form.

Bleibt solche Reflexion des Impulses aus, kann sie jene gesellschaftlich bedingte, narzisstische Disposition zur Folge haben, die sich im Identitätszwang ausdrückt. Der Identitätszwang wiederum erscheint in der öffentlichen Meinung als eine spezifische Form der Ideologie, die als sekundäre von primärer Ideologie zu unterscheiden wäre. Primäre Ideologie ist das, was Marx als die unterschiedlichen Formen des Fetischismus bezeichnet hat: Vorstellungen über die gesellschaftlichen Verhältnisse, die sich notwendig einstellen, sobald man in dieser anfängt zu handeln. Jeder, der kauft oder verkauft, schreibt – vielleicht nicht explizit theoretisch, aber praktisch – einem Produkt menschlicher Arbeit die scheinbar natürliche Eigenschaft zu, einen Wert zu besitzen.[57] Die Notwendigkeit, mit der diese Vorstellungen sich einstellen, ist keine absolute, sondern eine relative, nämlich abhängig eben von dem Zweck, unter den historisch gegebenen gesellschaftlichen Bedingungen zu handeln. Weil man sich aber im Nachdenken von diesen Bedingungen frei machen kann,

kann ihre Unwahrheit eingesehen werden. Auch sekundäre Ideologie stellt sich mit relativer Notwendigkeit ein, aber der Zweck, von dem sie abhängt, ist enger gefasst: sich unter den gegebenen gesellschaftlichen Bedingungen wohlzufühlen. Es ist das Bedürfnis nach der Idylle, nach einer ungebrochenen Identität mit gebrochenen Verhältnissen.[58] Je stärker dieses Bedürfnis und je weniger es den Menschen objektiv möglich ist, es zu erfüllen, desto wahnhafter wird die Konstruktion, durch die jenes Gefühl sich doch noch einstellen soll; wenn auch unter der Voraussetzung, dass diese relative Notwendigkeit nicht durch Selbstbesinnung und Erkenntnis der gesellschaftlichen Verhältnisse unterbrochen wird.

Ob sich solche Wahnkonstruktionen auflösen lassen, hängt von einer Reihe von Zufällen ab, die nur teilweise in der Macht der Aufklärenden liegen, zumal wenn sie als öffentliche verstanden wird: Zum einen muss die Spekulation, die die verdrängte Vorstellung und den Weg der falschen Assoziation errät, die falschen Gedanken der Aufzuklärenden auch wirklich treffen, wozu in öffentlicher Aufklärung die unmittelbaren Reaktionen der Rezipienten fehlen, an denen der Therapeut seine Interpretation bestätigen oder korrigieren kann;[59] zum anderen müssen die Aufzuklärenden den Aufklärenden so viel Vertrauen entgegen bringen, dass sie bereit sind, das ihnen Demonstrierte auf sich zu beziehen – was als Gefühlsbindung an den Arzt auch die Voraussetzung gelingender Therapie ist.[60]

Sekundäre Ideologie drückt sich aber nicht nur in paranoischen Konstruktionen wie dem Antisemitismus aus, sondern auch in der milderen Form von Meinungen, die einen Zweifel an den gesellschaftlichen Verhältnissen mit den Beschwichtigungen übertönen wollen, dass es damit schon seine Richtigkeit haben wird, dass die Leute sich schon etwas dabei gedacht haben werden und dass sich ja auch sonst keiner beschwert. Solche Beschwichtigungen haben die Funktion, aufbrechendes Unwohlsein durch Uminterpretation einer Irritation abzuhalten. Da Bildungsprozesse wesentlich Verarbeitungen von Irritationen sind, werden solche Dispositionen und die mit ihr einhergehenden Meinungen zur Bildungsverhinderung. So kann sich jemand, der permanent schlecht in der Schule abschneidet, dieses Unglück so erklären, dass er einfach zu dumm oder zu faul ist. Diese Selbstzuschreibung wird dann zur sich selbst erfüllenden Prophezeiung, wenn gar nicht erst versucht wird, Schwierigkeiten oder

Unverständnis zu überwinden, weil man eben nicht der Typ dafür sei. Solche Disposition kann sich auch auf die verschiedenen Gegenstandsbereiche beziehen: Man ist dann eher der naturwissenschaftlich-technische oder der ästhetisch-sprachliche oder der politisch interessierte Typ. Dass man in einem bestimmten Bereich gut ist, bemisst sich vor allem daran, dass man in den anderen Fachbereichen weniger gut ist. Diese werden durch spezifische Meinungen abgewertet, die weniger den Gegenstand treffen als der unverarbeiteten Erfahrung mit ihm einen irrationalen Ausdruck verschaffen. Demnach zeichnen sich die naturwissenschaftlichen Fächer durch eine kalte Rationalität aus, die Humaniora sind unverbindliche Laberfächer. Diese Meinungen werden oft noch durch eine Präsentationsweise gestützt, die etwa naturwissenschaftliche Erkenntnisse wie bloße Fakten präsentiert, ohne die spezifischen und das heißt historisch-gesellschaftlichen Bedingungen ihrer Entstehung zu thematisieren; oder die die verschiedenen Interpretationen eines Textes, eines Musikstückes, eines Bilds unvermittelt als nicht weiter zu verhandelnde Geschmackssache nebeneinander stehen lässt. Dem hätte eine Lehre entgegenzuwirken, die die scheinbare Plausibilität jener Meinungen aufbricht, indem sie sie auf die Umstände zurückführt, die für die Verkehrung ihres ursprünglichen Gehalts verantwortlich sind. So wäre die Verkehrung des Versprechens der Naturwissenschaften aufzuzeigen, die Menschen von den Zwängen der ersten Natur zu befreien, weil ihre technische Anwendung unter Bedingungen der zweiten Natur geriet, in deren Resultat sie kalt, also gleichgültig gegen die Bedürfnisse der Einzelnen wurde. Ebenso wäre die Verkehrung der Intention von Kunstwerken aufzuzeigen, einen sinnlich objektiven Ausdruck gesellschaftlicher Verhältnisse und damit die Möglichkeit konkreter Selbsterkenntnis zu schaffen, weil sie unter Bedingungen der Kulturindustrie geriet, in deren Resultat objektiv Kunstwerke stehen, die den Individuen ihre eigene Befindlichkeit bloß zurückspiegeln, und die subjektiv eine Konsumentenhaltung erzeugt, die Widersprüche zur eigenen Befindlichkeit als Schuld des Künstlers verbucht.[61]

Diese Vermittlungen sind selbst noch recht abstrakt und müssten am einzelnen Gegenstand und eingehend auf die Disposition bestimmter Subjekte entwickelt werden. Dass diese falschen Verbindungen sich als öffentliche nicht in der gleichen Weise einsichtig machen lassen wie in der therapeutischen Situation, sollte nicht daran hindern, sie gegenüber dem Publikum, also Schülern, Studenten, Lesern oder Hörern, auf dieselbe Weise zu behandeln wie in der Therapie: indem man sie errät und dem Publikum vorhält.[62] Vielleicht treffen sie ja zu und geben den Angesprochenen die Möglichkeit, sich von ihnen zu lösen, welche Möglichkeit sich nicht böte, wenn die Spekulation unausgesprochen bliebe; »ein wenig unzulängliche, nur teilweise wirksame Aufklärung ist immer noch besser als gar keine.«[63]

## ANMERKUNGEN

1 So die immer wieder herangezogene Kompetenzdefinition von Weinert (vgl. Weinert, Franz Emanuel, *Leistungsmessungen in Schulen*, Weinheim/Basel 2001, S. 27 f.). Zur Kritik der Orientierung am Nutzen: Gruschka, Andreas, »Kompetenzorientierung ist nicht eine Erfindung von Pädagogen, sondern von der OECD in Paris«, in: *Bildungsklick*, 05.03.2018. https://bildungsklick.de/schule/detail/kompetenzorientierung-ist-nicht-eine-erfindung-von-paedagogen-sondern-von-der-oecd-in-paris [letzter Zugriff: 04.01.2022].

2 Vgl. Gelhard, Andreas, *Kritik der Kompetenz*, Zürich 2018, S. 18–20.

3 Erpenbeck nennt Kompetenzen generell »Selbstorganisationsdispositionen des Handelns« (Erpenbeck, John, »Kompetenz«, in: Sandkühler, Hans Jörg (Hg.), *Enzyklopädie Philosophie*, Darmstadt 2021, S. 1269.

4 Meyer, Hilbert, *Unterrichtsmethoden*, Bd. II, Frankfurt a. M. 1987, S. 402.

5 Piaget, Jean, *Meine Theorie der geistigen Entwicklung*, Weinheim/Basel 2003, S. 44.

6 Laplanche, Jean / Pontalis, Jean-Bertrand, *Das Vokabular der Psychoanalyse*, Bd. I, Frankfurt a. M. 1972, s. vor allem *Narzißmus, primärer, sekundärer*, S. 320.

7 Vgl. Hegel, Georg Wilhelm Friedrich, *Wissenschaft der Logik. Lehre vom Sein (1832)*, Hamburg 2008, S. 63.

8 Kant, Immanuel, *Kritik der reinen Vernunft*, Hamburg 1998, B 132.

9 Widersprüche sind auch dann nicht die Wahrheit, wenn sie, wie im folgenden Abschnitt ausgeführt wird, Realität als Herrschaft haben. Zwar muss dann diese ihre Realität anerkannt werden, aber zugleich muss die Differenz zur ganzen und das heißt auch praktischen Wahrheit angegeben werden: dass die Gesellschaft kein Reich der Zwecke ist, in der alle nicht bloß als Mittel, sondern immer zugleich als Zweck an sich selbst behandelt würden. Wenn es objektive Widersprüche gibt, dann kann der ideelle Ausdruck der ganzen Wahrheit nur in der Bezeichnung der Unwahrheit *als* Unwahrheit bestehen. Allerdings ist bei objektiven Widersprüchen der Grund, warum sie dem Individuum als Irrtum unterlaufen, unterschiedlich: nicht individuelle, sondern objektive Unzulänglichkeit.

10 In der Erkenntnis ist das Moment, dass das Wissen mir angehört, zwar auch noch vorhanden, aber es macht nicht den Grund der Geltung aus, dass dieses Wissen wahr ist. Vgl. zum Begriff der Meinung als notwendige, aber mangelhafte Stufe des Bewusstseins: Hegel, Georg Wilhelm Friedrich, *Phänomenologie des Geistes*, Hamburg 1988, S. 61, S. 72 f.

11 Vgl. zum Folgenden Hegel, Georg Wilhelm Friedrich, *Wissenschaft der Logik. Lehre vom Wesen (1813)*, Hamburg 1992, S. 35–50.

12 Vgl. ebd., S. 51 f., S. 56.

13 Ebd., S. 54.

14 Vgl. ebd., S. 55.

15 Ebd., S. 61.

16 Fichte, Johann Gottlieb, *Die Wissenschaftslehre von 1804*, in: ders., *Ausgewählte Werke in sechs Bänden*, Bd. IV, Darmstadt 2013, S. 202.

17 Wagenschein, Martin, *Verstehen lehren. Genetisch – Sokratisch – Exemplarisch*, Weinheim/Basel 1989, S. 94. Wagenschein zitiert: Wittenberg, Alexander Israel, *Bildung und Mathematik*, Stuttgart 1963, S. 67 ff.

18 Ebd., S. 89 f.

19 Vgl. Adorno, Theodor W., *Ästhetische Theorie*, in: ders., *Gesammelte Schriften*, Bd. 7, Frankfurt a. M. 1970, S. 208, S. 215 f.

20 In eine ähnliche, wenn auch nicht didaktisch intendierte Richtung gehen Benjamins Überlegungen zum Gedichteten (im Gegensatz zum Gedicht), das sich ihm zufolge auszeichnet durch »eine Auflockerung der festen funktionellen Verbundenheit, die im Gedicht selbst waltet«. Dessen Erzeugung hat aber die Einsicht in das Gedicht selbst zum Zweck: »So besteht die Einsicht in die Fügung des Gedichts in dem Erfassen seiner immer strengeren Bestimmtheit«, also in der Rücknahme jener probeweisen Lockerung (Benjamin, Walter, *Zwei Gedichte von Friedrich Hölderlin. »Dichtermut« – »Blödigkeit«*, in: ders., *Gesammelte Schriften*, Bd. II.1, Frankfurt a. M. 1977, S. 105–125, hier S. 106).

21 Vgl. Meyer, *Unterrichtsmethoden*, S. 413 f.

22 Vgl. ebd., S. 405 f.

23 Vgl. Voß, Reinhard, »Unterricht ohne Belehrung. Kontextsteuerung, individuelle Lernbegleitung, Perspektivenwechsel«, in: ders. (Hg.), *Unterricht aus konstruktivistischer Sicht. Die Welten in den Köpfen der Kinder*, Weinheim/Basel 2005, S. 50.

24 Klafki, Wolfgang, »Kategoriale Bildung. Zur bildungstheoretischen Deutung der modernen Didaktik«, in: ders., *Studien zur Bildungstheorie und Didaktik*, Weinheim/Basel 1963, S. 43.

25 Weil auch Klafki Zweifel an der von ihm suggerierten Symmetrie hat, leitet er die Erschließung des Menschen durch die Wirklichkeit mit einem »aber« ein, vgl. Bulthaup, Peter, *Einige Überlegungen zu Adornos Theorie der Halbbildung*, in: *Pädagogische Korrespondenz* 36 (2007), S. 60–66, hier S. 62.

26 Weber, Max, *Wirtschaft und Gesellschaft. Grundriss der verstehenden Soziologie*, Frankfurt a. M. 2005, S. 38.

27 Max Webers Definition der Herrschaft geht nur ein wenig über die Formalität seiner Machtdefinition hinaus. Herrschaft bedeute »die Chance, für einen Befehl bestimmten Inhalts bei angebbaren Personen Gehorsam zu finden« (Weber, *Wirtschaft und Gesellschaft*, S. 38). Auch der Gehorsam könnte prinzipiell von der eigenen Einsicht abhängig gemacht werden, aber das Moment der Überlegung, das jeder Einsicht vorausgehen muss, geht verloren, wenn sie auf einen Befehl reagiert.

28 Vgl. Bensch, Hans-Georg, *Der Reichtum der Gesellschaften. Mehrprodukt und Reproduktion als Freiheit und Notwendigkeit in der Kritik der politischen Ökonomie*, Lüneburg 1995, S. 17.

29 Vgl. Hegel, *Phänomenologie des Geistes*, S. 130–133.

30 Adorno, Theodor W., *Negative Dialektik*, Frankfurt a. M. 1970, S. 157.

31 Dieser Vorwurf wird etwa Heydorn gemacht von Boenicke, Rosemarie, *Bildung, absoluter Durchgangspunkt. H.-J. Heydorns Begründung einer kritischen Bildungstheorie*, Weinheim 2000, S. 18.

32 Vgl. zum Folgenden: Huisken, Freerk, *Erziehung im Kapitalismus. Von den Grundlügen der Pädagogik und dem unbestreitbaren Nutzen der bürgerlichen Lehranstalten*, Hamburg 2016, S. 206–238.

33 Ebd., S. 213.

34 Ebd., S. 216.

35 Ebd., S. 219.

36 Heydorn, Heinz-Joachim, »Zu einer Neufassung des Bildungsbegriffs«, in: ders., *Werke. Studienausgabe*, Bd. 4, Wetzlar 2004, S. 93.

37 Heydorn, »Neufassung«, S. 94.

38 Vgl. Freud, Sigmund, *Die Verdrängung*, in: ders., *Das Ich und das Es und andere metapsychologische Schriften*, Frankfurt a. M. 1960, S. 63.

39 Horkheimer, Max / Adorno, Theodor W., *Dialektik der Aufklärung*, in: Horkheimer, Max, *Gesammelte Schriften*, Bd. 5, Frankfurt a. M. 1987, S. 225.

40 Ebd., S. 228.

41 Adorno, Theodor W., »Was bedeutet: Aufarbeitung der Vergangenheit«, in: ders., *Erziehung zur Mündigkeit. Vorträge und Gespräche mit Hellmut Becker 1959–1969*, Frankfurt a. M. 1970, S. 25.

42 Vgl. zum Folgenden Freuds Vorlesungen zu manifestem Trauminhalt und latenten Traumgedanken, zur Traumzensur, Traumarbeit und zur Wunscherfüllung (Freud, Sigmund, *Vorlesungen zur Einführung in die Psychoanalyse*, in: ders., *Studienausgabe*, Bd. I, Frankfurt a. M. 1969, S. 128 ff., S. 148 ff., S. 178 ff., S. 217 ff.). Anders als in der Freud'schen Darstellung, die immer vom konkreten Phänomen auf die zugrundeliegenden Mechanismen zurückschließt, referiert die folgende Darstellung nur das Resultat und ist insofern dogmatisch.

43 Vgl. Freuds Parallelisierung der Elemente dieser Phänomene: ders., *Vorlesungen*, S. 142 f., S. 351 f.

44 Postone nennt den Antisemitismus eine Form »kapitalistischer Unzufriedenheit«. (Postone, Moishe, »Antisemitismus und Nationalsozialismus«, in: ders., *Deutschland, die Linke und der Holocaust*, Freiburg 2005, S. 190.) Das ist insofern treffend, als im Attribut sowohl die Herkunft des Ressentiments als auch – hinsichtlich seiner konkreten Artikulation – das grundsätzliche Einverständnis mit jener Produktionsweise bezeichnet ist, gegen die es sich vordergründig richtet.

45 Auf diese doppelte Weise hat auch Adorno die Heidegger'sche Philosophie kritisiert: durch immanente Kritik wie auch als Ausdruck eines falschen, des ontologischen Bedürfnisses. Erstes geschieht im Abschnitt *Sein und Existenz*, zweites im Abschnitt *Das ontologische Bedürfnis* des Kapitels *Verhältnis zur Ontologie* in *Negative Dialektik*. Falsch ist das ontologische Bedürfnis insofern, als es nicht unverstellt die eigene Bedürftigkeit zum Ausdruck bringt, sondern sie mit den herrschaftlichen Bedingungen amalgamiert, unter denen sie zum Ausdruck kommen muss.

46 Vgl. Freud, Sigmund, *Traumdeutung*, Frankfurt a. M. 1961, S. 92.

47 Adorno/Horkheimer, *Dialektik der Aufklärung*, S. 200.

48 Adorno, *Negative Dialektik*, S. 17.

49 Adorno, Theodor W., *Die revidierte Psychoanalyse*, in: ders., *Gesammelte Schriften*, Bd. 8, Frankfurt a. M. 1972, S. 33.

50 Ebd.

51 Adorno, Theodor W., »Zur Bekämpfung des Antisemitismus heute«, in: ders., *Kritik. Kleine Schriften zur Gesellschaft*, Frankfurt a. M. 1971, S. 120.

52 Vgl. Adorno, Theodor W., *Erfahrungsgehalt*, in: ders., *Gesammelte Schriften*, Bd. 5, Frankfurt a. M. 1970, S. 305.

53 Vgl. hierzu auch Schweppenhäuser, Gerhard, »Humane Zellen im inhumanen Allgemeinen? Adornos negative Moralphilosophie«, in: Ellmers, Sven / Elbe, Ingo (Hg.), *Die Moral in der Kritik. Ethik als Grundlage und Gegenstand kritischer Gesellschaftstheorie*, Würzburg 2011, S. 170–172.

54 Adorno, *Negative Dialektik*, S. 228.

55 Ebd.

56 Adorno, Theodor W., *Zur Lehre von der Geschichte und von der Freiheit*, Frankfurt a. M. 2001, S. 329.

57 Vgl. Marx, Karl, *Das Kapital. Kritik der politischen Ökonomie. Erster Band. Der Produktionsprozeß des Kapitals*, in: *Marx-Engels-Werke*, Bd. 23, Berlin 1962, S. 86.

58 Vgl. Bulthaup, Peter, *Die Aktualität von Adornos Kritik am ontologischen Bedürfnis*, S. 1. digitale-sammlungen.gwlb.de/content/00066273/00066273.pdf [letzter Zugriff: 18.01.2022].

59 Vgl. Freud, *Vorlesungen*, S. 286.

60 Vgl. ebd., S. 43.

61 Vgl. Gruschka, Andreas, *Erkenntnis in und durch Unterricht. Empirische Studien zur Bedeutung der Erkenntnis- und Wissenschaftstheorie für die Didaktik*, Wetzlar 2009, S. 67.

62 Vgl. Freud, *Vorlesungen*, S. 420.

63 Adorno, Theodor W., *Erziehung nach Auschwitz*, in: ders., *Erziehung zur Mündigkeit*, S. 84.

# AUTORINNEN UND AUTOREN

MAXI BERGER ist Professorin für Kulturwissenschaften und lehrt und forscht an der Fakultät Gestaltung der Hochschule Wismar in den Studiengängen Kommunikationsdesign und Medien sowie Design zu den ästhetischen, ethischen und gesellschaftstheoretischen Voraussetzungen von gestalterischen Prozessen in Kunst, Medien und Design.

JOHANNES BRUNS ist Lehrbeauftragter am Institut für Philosophie der Universität Oldenburg. Seine Beschäftigung gilt den klassischen Texten und Themen der Philosophie, der Kritik der politischen Ökonomie und der kritischen Theorie. Darüber hinaus hegt er eine Leidenschaft für die Analyse von Filmen. Zuletzt beschäftigte er sich mit den Begriffen von Subjektivität und systematischer Erkenntnis im Zusammenhang ihrer historischen Genese und ihrer Stellung als conditio sine qua non kritischer Theorie.

LEA FINK promoviert zum Metaphysik-Begriff der Kritischen Theorie. Sie hat Philosophie und Geschichte in Freiburg und Berlin studiert. Außerdem arbeitet sie als Stadtführerin zu historischen, politischen und philosophischen Themen in Berlin.

SIMON HELLING promoviert zu philosophischen Modellen transzendierender Bildung bei Fichte, Hegel, Adorno und Heydorn. Neben der philosophischen Bildungstheorie besteht ein weiterer Schwerpunkt seiner Arbeit in der ästhetischen Theorie. Er lehrt an der Universität Wuppertal im Rahmen eines Projekts zur Lehrerbildung.

MICHAEL HEIDEMANN studierte Philosophie und Politikwissenschaft in Münster und Oldenburg. Er ist Mitglied des Gesellschaftswissenschaftlichen Instituts Hannover e. V., publiziert u. a. in der *sans phrase. Zeitschrift für Ideologiekritik* und hält Vorträge zu Themen der kritischen Theorie.

LUISE HENCKEL hat in Lüneburg und Frankfurt am Main Kulturwissenschaften, Politikwissenschaft und politische Theorie studiert. Sie hält Vorträge und Workshops zur Kritik des Antisemitismus, der Geschichte der deutschen Linken, materialistischer Staatstheorie und der Technikkritik der Kritischen Theorie. Aktuell beschäftigt sie sich mit den Diskussionen auf dem und um den Deutschen Soziologentag 1968 in Frankfurt am Main.

PHILIP HOGH ist Professor für praktische Philosophie an der Universität Kassel. Seine Arbeitsschwerpunkte liegen in der Kritischen Theorie mit besonderen Schwerpunkten in der Anthropologie, der Naturphilosophie und der Moralphilosophie. Aktuelle Publikationen: »Two Sorts of Natural History. On a Central Concept in Critical Theory and Ethical Naturalism«, in: *European Journal of Philosophy 2022;* »›Auch die Natur wartet auf die Revolution.‹ Ansätze einer advokatorischen Ethik der Natur in der Kritischen Theorie«, in: *Deutsche Zeitschrift für Philosophie* 69(5) (2021); *Der Vorrang des Objekts. Negative Dialektik heute*, hrsg. gemeinsam mit Maxi Berger, Stuttgart 2022.

CAROLYN ISELT ist wissenschaftliche Mitarbeiterin der Berlin-Brandenburgischen Akademie der Wissenschaften und Lehrbeauftrage an der Carl von Ossietzky Universität Oldenburg. Die Promotion erfolgte an der WWU Münster zum Thema *Individualität und Kunst. Zum Problem ihrer normativen Bestimmung in Hegels Phänomenologie des Geistes.* Ihre Arbeitsschwerpunkte liegen in der Kunstphilosophie/Ästhetik, der politischen wie Rechtsphilosophie, der klassischen deutschen Philosophie, Marx' Kritik der politischen Ökonomie und der kritischen Theorie.

ENRICO PFAU studierte Philosophie, Soziologie und Politikwissenschaften und promoviert derzeit an der Carl von Ossietzky Universität Oldenburg zum Begriff der verwalteten Welt in der Kritischen Theorie.

JAN RICKERMANN lebt in Bremen. Seine Forschungsschwerpunkte sind politische Philosophie und Ideengeschichte. Publikationen u. a.: »Die ›letzte Sinnlosigkeit‹. Zur Kritik des Kommenden Politischen Existentialismus bei Giorgio Agamben«, in: *Zeitschrift für kritische Sozialtheorie und Philosophie* 5(2) (2018); »›Wenn wir dich eliminieren, verlieren wir nichts‹, Zur Gesellschaftslehre des Kommunismus der Roten Khmer«, in: *sans phrase. Zeitschrift für Ideologiekritik* 9 (2016).

# HERAUSGEBERIN UND HERAUSGEBER

JARO EHLERS studierte in Oldenburg Sozialwissenschaften sowie Philosophie im Bachelor und absolviert dort seit 2018 den Fachmaster Philosophie. Er ist langjähriges Mitglied des Fachschaftsrates Philosophie Oldenburg und war mehrere Jahre im AStA tätig. Im Jahr 2015 veröffentliche er den Sammelband *Kritik und Versöhnung. Beiträge im Handgemenge kritischer Theorie.*

KATRIN HENKELMANN hat nach dem Abschluss ihres Psychologiestudiums in Trier ein Masterstudium der Philosophie an der Universität Oldenburg aufgenommen. Sie ist seit einigen Jahren in der politischen Bildungsarbeit aktiv und gab 2020 den Band *Konformistische Rebellen. Zur Aktualität des autoritären Charakters* mit heraus.

MICHA KEITEN studierte Geschichte und Philosophie in Osnabrück und Kassel, bevor er ein Masterstudium der Philosophie an der Universität Oldenburg aufnahm. 2022 veröffentlichte er einen Aufsatz zum Verhältnis von Antisemitismus und Rassismus.

ASKAN SCHMIDT studierte Philosophie, Sozialwissenschaft und Politikwissenschaft in Marburg und Oldenburg. Er beschäftigt sich mit kritischer Theorie, Geschichtsphilosophie und Psychoanalyse. Daneben ist er bildungs- und hochschulpolitisch aktiv.

ANDREAS STAHL studierte Politikwissenschaft sowie Philosophie in Trier und absolviert nun sein Masterstudium der Philosophie in Oldenburg. Er ist seit mehreren Jahren in der politischen Bildung aktiv (u. a. Rosa Salon) und gab 2020 den Band *Konformistische Rebellen. Zur Aktualität des autoritären Charakters* mit heraus. Zurzeit beschäftigt er sich vor allem mit Antisemitismus, Holocaustgedenken, kritischer Theorie, dem politischen Islam und Rassismus.